国家社科基金重大招标项目
"中国礼制变迁及其现代价值研究"（12&ZD134）

Zhu Xi's
Historical Thought

朱熹的史学思想（修订本）

汤勤福 著

中国社会科学出版社

图书在版编目（CIP）数据

朱熹的史学思想/汤勤福著．—修订本．—北京：中国社会科学出版社，2022.3
（2022.8 重印）

ISBN 978 – 7 – 5203 – 9540 – 3

Ⅰ.①朱… Ⅱ.①汤… Ⅲ.①朱熹(1130 – 1200)—史学—思想评论
Ⅳ.①K092.442

中国版本图书馆 CIP 数据核字(2022)第 018732 号

出 版 人	赵剑英
责任编辑	宋燕鹏
责任校对	夏慧萍
责任印制	李寡寡

出　　版	中国社会科学出版社
社　　址	北京鼓楼西大街甲 158 号
邮　　编	100720
网　　址	http://www.csspw.cn
发 行 部	010 – 84083685
门 市 部	010 – 84029450
经　　销	新华书店及其他书店

印　　刷	北京明恒达印务有限公司
装　　订	廊坊市广阳区广增装订厂
版　　次	2022 年 3 月第 1 版
印　　次	2022 年 8 月第 2 次印刷

开　　本	710×1000　1/16
印　　张	28.5
插　　页	2
字　　数	421 千字
定　　价	158.00 元

凡购买中国社会科学出版社图书，如有质量问题请与本社营销中心联系调换
电话：010 – 84083683
版权所有　侵权必究

提　　要

　　朱熹史学思想是当时经济、政治、民族关系诸多因素共同影响下的产物，与两宋时期盛行的理学和重视鉴戒的史学有着密切的关系，同时也有史家学的影响。

　　朱熹的历史哲学由三个层次组成，即会归天理纲常的历史决定论、注重时势变化的历史损益论、讲究心术本领的历史经世论。这种历史哲学与其格物致知的历史可知论是密不可分的。

　　朱熹对治史态度的看法，是围绕着"明天理"而展开的。他提出先经后史的治史顺序说和劝善惩恶的治史价值论。

　　在治史方法上，他强调由博返约，要求最终达到认识无所不在的天理的程度，以利自己的道德修养；他主张采取校勘、考证、辨伪、训诂等实证的治史方法。

　　朱熹的史著编纂思想内容十分丰富。他强调辨明正统，作为史著编纂的纲领；提出史体互补的编著体例，这具有较大的价值；他继承前代进步史家提倡的秉笔直书的优良传统。本书还考证了朱熹亲撰《资治通鉴纲目》的过程，否定了宋末王柏提出的该书为赵师渊所撰的影响达700余年的观点，揭示了朱熹史著编纂思想演变的轨迹。

　　史学批评是朱熹理学思想表现得最充分的方面。他评论史著既重义理又强调史实的正确与否；用道德标准去衡评史学人才，这对清代著名学者章学诚有较大的影响；对历史人物的评价上，首先采用义理标准，其次才是功业标准。

朱熹史学思想具有浓厚的理学色彩，以天理论作为理论基石，构成一套"以理阐史，以史证理"的哲理性很强的理论体系，是宋代其他史家所不及的。在他去世后长达700余年的中国封建社会中，没有人能打破这一理论体系，并重新建立一套完整的史学理论去取代它。在朱熹被"圣人化"的过程中，其史学思想中的落后因素对后世产生了较大的影响，对日本等国也有一定影响。

目　　录

第一章　朱熹史学思想形成的历史背景 …………………… (1)
　　一　翻天覆地的经济变革 …………………………………… (2)
　　二　危机四伏的政治局面 …………………………………… (4)
　　三　错综尖锐的民族矛盾 …………………………………… (6)
　　四　重视鉴戒的两宋史学 …………………………………… (7)
　　五　朱熹史学的家学渊源 …………………………………… (10)

第二章　朱熹的历史哲学 …………………………………… (14)
　　一　回归天理纲常的历史决定论 …………………………… (14)
　　二　注重时势变化的历史损益论 …………………………… (19)
　　三　讲究心术本领的历史经世论 …………………………… (26)
　　四　强调格物致知的历史可知论 …………………………… (34)

第三章　朱熹的治史态度 …………………………………… (42)
　　一　先经后史的治史顺序说 ………………………………… (42)
　　二　劝善惩恶的治史目的论 ………………………………… (56)
　　三　明道正谊的治史功利说 ………………………………… (67)
　　四　当世之用的社会价值论 ………………………………… (82)

第四章　朱熹的治史方法论 ………………………………… (93)
　　一　由博返约的治史途径 …………………………………… (93)

二　博采善择的史料收集方法 ……………………………（106）
　　三　强调实证的治史方法论 ………………………………（113）

第五章　朱熹的史著编纂思想 …………………………………（138）
　　一　辨明正统的编纂纲领 …………………………………（138）
　　二　史体互补的编著体例 …………………………………（145）
　　三　秉笔直书的良史风范 …………………………………（147）
　　四　信真传远的史著语言 …………………………………（155）
　　五　从朱熹亲撰《通鉴纲目》看其编纂思想的演变 ………（163）

第六章　朱熹的史学批评思想 …………………………………（178）
　　一　"重理""据实"的史著评论法 ………………………（178）
　　二　偏重道德的史学人才观 ………………………………（188）
　　三　崇义理而讲功业的人物评价法 ………………………（202）

第七章　朱熹史学思想在宋代史学上的地位 …………………（215）
　　一　朱熹与吕祖谦的史学思想比较 ………………………（215）
　　二　朱熹与郑樵的史学思想比较 …………………………（238）
　　三　朱熹与叶适的史学思想比较 …………………………（245）
　　四　朱熹史学思想对后世的影响 …………………………（278）

第八章　朱熹史学思想对日本及朝鲜半岛的影响 ……………（287）
　　一　朱熹思想进入日本的时间 ……………………………（287）
　　二　朱熹史学思想对日本的影响 …………………………（298）
　　三　朱熹史学思想对朝鲜半岛的影响 ……………………（326）

附录一 …………………………………………………………（336）
　朱熹年谱要略 ………………………………………………（336）
　朱熹生前主要著述流传考 …………………………………（358）
　有关"朱陈之辩"的几个问题 ……………………………（369）

朱熹编修《资治通鉴纲目》的再探讨……………………（387）
"道统"之辩：再论"朱陈之辩"……………………………（397）
朱熹是个"空谈义理"的理学家吗？………………………（411）

附录二 ……………………………………………………（421）
引用书目 …………………………………………………（421）

附录三 ……………………………………………………（431）
"博士学位论文"评议意见 ………………………………（431）

后　记 ……………………………………………………（442）

修订版补记 ………………………………………………（445）

第一章

朱熹史学思想形成的历史背景

朱熹学问博大精深，于哲学、史学、文学、美学、教育学、伦理学、考据学均有研究，有很高的造诣，因此《宋元学案·晦翁学案》称之"致广大，尽精微，综罗百代"，评价不可谓不高。作为一代学术宗师，朱熹给后代留下了极为丰富、珍贵的思想遗产，其中，他的史学思想又很有特色，而过去学界对此研究颇少。①

黄震曾说，"世不患不见其（朱熹）明理之书，患不见其政论之书"②。此政论之书除其他内容外，也较多地反映了朱熹的史学思想。朱熹既有《伊洛渊源录》《八朝名臣言行录》《资治通鉴纲目》之类很有特色的史学著作，也在其著述中写下了不少专论史学或涉及史学的文章；至于黎靖德所编的《朱子语类》中，除散见各卷之外，专论历代和当代（两宋）史事的便有10余卷之多。正如邓艾民先生所说，"朱熹对于文学和史学的贡献，在《语类》中也有所保存。《语类》有关这方面的谈话虽然很散漫，但却极为广泛。其中片言只语，可能是他多年研究的结论，往往击中要害，发人深思"③；钱穆先生甚至说，"朱子理学大儒，经学大儒，抑其史学精卓，亦旷世无匹"④。

---

① 参见林庆彰《朱子学研究书目》（1900—1991）"史学"部分，台北文津出版社1992年版。

② 黄震：《黄氏日抄》卷90《晦庵与江玉汝往复帖序》，文渊阁《四库全书》，台北商务印书馆1982年版，第960页。

③ 邓艾民：《朱熹与朱子语类》，黎靖德编《朱子语类》附录，中华书局1986年版，第18页。

④ 钱穆：《朱子新学案》，巴蜀书社1986年版，第1595页。

朱熹史学思想的形成不是偶然的，而是两宋时期经济、政治、民族关系、史学以及其他史家学影响诸方面因素共同作用下的产物。

一 翻天覆地的经济变革

首先，唐宋时期经济制度的变革，尤其是田制、税制的变革，给社会带来了重大变化，促进了封建制度的继续发展，朱熹从历史角度对这一现象进行了探研，也就是说，唐宋的经济变革是朱熹史学思想形成的重要因素之一。

唐中期到宋代是中国古代经济发展史上的一个翻天覆地的时期。延续300余年之久的均田制和租（庸）调制在唐中期彻底崩溃了，代之而起的是两税法，即封建的土地国有制寿终正寝了，而大地主土地私有制兴起了。随之而来的是农民对国家的封建依附关系日趋削弱，新的封建租佃关系的确立，以及庶族地主势力的壮大。从历史发展角度来分析，这种社会变革是历史的进步。从宋代封建经济的发展程度来分析，它已达到了前所未有的高度，是我国封建社会的继续发展时期。我国著名的宋史专家漆侠先生在分析了宋代经济状况后指出："把宋代划入封建社会后期、社会生产走下坡路的这种看法，是缺乏坚实的根据的……那种只看到我国封建社会缓慢、长期停滞，而没有看到我国封建时代社会生产力在唐、宋特别是两宋时期的高度发展——正是这个高度发展把宋代中国推进到当时世界经济文化发展的最前列。"[①] 笔者认为这一结论是

[①] 邓广铭、漆侠：《两宋政治经济问题》，知识出版社1988年版，第69页。邓广铭先生说："（宋代）依然处于（中国）封建社会缓慢上升的时期，也可称之为中期。"见同上书第10—11页。漆侠先生的力作《宋代经济史》写道："由于（宋代）农业劳动生产率的空前提高，宋代手工业、商业和城市经济也就以前所未有的步伐而迅速地和较大幅度地增长起来。随着社会经济的全面发展，封建租佃关系在全国范围内取得了主导地位，以太湖流域为中心的两浙地区，出现了以实物和货币为形态的定额地租，商品货币关系也急速地发展起来，——社会经济关系也发生了相应的变化。所有这些发展，不仅为前代所未有而且也远远超过欧洲诸国的发展，达两三世纪之久。只是由于女真贵族、蒙古贵族所代表的落后经济关系的渗透，以及这种关系与汉族大地主阶级所代表的农奴制关系相结合，成为我国社会前进的阻力，因此，从十四世纪之后，我国社会的发展逐渐地缓慢、迟滞下来……至于那种认为我国封建社会自宋代即开始走下坡路的论谈，就更缺乏事实根据，不符合历史实际了。"上海人民出版社1987年版，第2—3页。

可信的。

当然，在看到两宋经济高度发展的同时，也须看到两税法在确立及演变过程中带来了一些流弊，因为它无法消除苛捐杂税，反而使之日趋繁重；大地主私有制的产生，也使土地兼并合法化和激烈化，必然造成"势官富姓，占田无限，兼并冒伪，习以成俗"①，"有力者无田可种，有田者无力可耕"②的严重贫富不均现象。一旦出现"户口、税赋帐籍，皆不整举，吏胥私隐税赋，坐家破逃，冒佃侵耕，诡名挟户，赋税则重轻不等，差役则劳役不均"③的状况，矛盾就会激化。宋朝建立后，农民反抗斗争比前代更为强烈，甚至提出了"均贫富"的口号，正反映出唐宋时期经济变革所带来的深刻影响。由此，北宋的不少大臣力图解决这一社会变革过程中的危机，力图使封建王朝的统治能够正常运转，从而宣扬和制定了种种不同的经济措施，如胡安国、张载等人力主恢复井田制度，程颢也从"酌古变今，均多恤寡"角度提出了"经界"模式，至于范仲淹等人推行的庆历新政、王安石倡导的熙宁变法，都或多或少地实行了一些变革措施，他们的目的无非是调整阶级关系，从而达到使赵宋王朝长治久安的目的。事实上，无论是胡安国等人恢复井田制的空谈，或是庆历新政和熙宁变法，都没有达到这一目的。

到南宋，这种经济制度变革的余波仍在深刻地影响着南宋王朝的统治，朱熹深切地感觉到它的震颤。由此，他对这一问题，尤其对长达8年之久的王安石变法进行了反复的分析和研究，肯定"那时也是合变时节"，"熙宁更法，亦是势当如此"。④ 当然，对王安石的具体变法措施，朱熹并不完全赞成，认为改革整体上不合"三代法度"⑤，甚至加以严厉的批评，这种言论在朱熹文集、《朱子语类》中比比可见。朱熹对井田制度也作过研究，认为"封建井田，乃圣王之制，公天下

---

① 脱脱：《宋史》卷173《食货志》，中华书局1977年版，第4164页。
② 李焘：《续资治通鉴长编》卷27，雍熙三年七月甲午，中华书局1979年版，第621页。
③ 徐松辑：《宋会要辑稿》食货一二，上海古籍出版社2014年版，第6229页。
④ 黎靖德编：《朱子语类》卷130，第3097、3101页。
⑤ 黎靖德编：《朱子语类》卷130，第3098页。

之法，岂敢以为不然！但在今日恐难下手。设使强做得成，亦恐意外别生弊病，反不如前，则难收拾耳。"① 又说"程先生幼年屡说须要井田封建，到晚年又说难行……想是它经历世故之多，见得事势不可行。"② 可见，朱熹虽然肯定井田是圣王之制，但并不赞成在当时恢复实行，而是力主经界并身体力行地实行之。如果暂且不论朱熹的结论正确与否，而是从当时历史条件着眼来分析，那么朱熹对唐中期以来的土地制度的重大变革是拳拳在心，既从历史发展的角度、具体的历史条件来分析这一问题，也溯源寻根，企望在对远古历史的借鉴中寻求出路。可见，社会经济制度的重大变革促使朱熹探研古史，换句话说，即对朱熹史学思想的形成起到了重要作用。

二 危机四伏的政治局面

其次，两宋时期复杂多难的政治局面也是朱熹史学思想形成的原因之一。

赵宋是继五代而来的封建王朝，鉴于唐末藩镇割据、五代军阀跋扈的历史教训，宋初自太祖开始，陆续采取了解除禁军高级将领的军权而归殿前、马、步"三衙"，分离统兵权和调兵权、选拔和补充禁军，实行更戍法等一系列集中军权的措施，在一定程度上改变了唐末五代"方镇太重，君弱臣强"③ 的武人骄横逞强的局面。然而，由于军权过于集中，兵将分离，"元戎不知将校之能否，将校不知三军之勇怯"④，严重削弱了军队的战斗力。同时，基于宋初统治者抱有"可以利百代者，惟养兵"⑤ 的思想，大量招募农民为兵，致使禁军从宋初的19万3千人激增到仁宗时的82万6千人，加上厢军，军队总数

---

① 黎靖德编：《朱子语类》卷108，第2680页。
② 黎靖德编：《朱子语类》卷97，第2495页。
③ 李焘：《续资治通鉴长编》卷2，建隆二年七月戊辰，第49页。
④ 李焘：《续资治通鉴长编》卷30，端拱二年正月乙未，第668页。
⑤ 晁说之：《景迂生集》卷1《元符三年应诏封事》，文渊阁《四库全书》，台北商务印书馆1982年版，第16页。

达"一百二十五万"①，养兵之费猛增。军队人数虽多，但缺乏严格的训练，加之兵将分离，因而素质较差，战斗力不强，在与辽、西夏的战争中屡屡战败，赵宋不得不用大量的绢帛银帑来换取暂时的安宁。况且，宋代科举之滥，选官无有穷极，"恩荫"之法又使皇亲国戚、达官贵人子弟大量进入官僚行列，官吏之多实为前代罕见。仁宗时宋祁深叹："天下有定官无限员……州县不广于前，而官五倍于旧"②，如此，人浮于事，俸禄有增无减，国家财政岂有不困乏之理！加之宋初立下"不抑兼并"和"田制不立"的政策，统治者认为"富室连我阡陌，为国守财尔。缓急盗贼窃发，边境扰动，兼并之财，乐于输纳，皆我之物"。③ 这种过度纵容官僚地主的政策，必然导致兼并的狂潮，形成富者田连阡陌，贫者无立锥之地的贫富尖锐对立的状况。显然，冗兵、冗官、冗费的"三冗"矛盾导致北宋艰窘多难的政治局面，也造成国库困乏的财政状况。

农民负担沉重，在难以生存时，不得不脱离户籍，成为浮民，甚至遁入空门。据统计，仁宗景祐年间，全国僧尼达到 43 万 4 千余人④。因此，北宋一代阶级矛盾十分尖锐，自王小波、李顺起义后，各地农民反抗斗争此起彼伏，"一夫倡乱百夫从之，百夫倡乱千万人从之"⑤，这种局面于北宋一代始终没有改观。而南宋统治者苟且求安，偏安江南一隅，积弊日重，更使国势每况愈下。再加上两宋时期各政治集团之间的政治观点不同，朋党之间的斗争也十分激烈，这种内讧也削弱了赵宋王朝的实力。生于南宋初年的朱熹，对当时弊政耳闻目睹，深有感触，因而在宣扬理学思想的同时，也期望以史为鉴，力图寻求一条挽救危亡的路径，这是朱熹史学思想形成的政治原因。

朱熹对宋朝弊政批评很多，如对北宋过于集中兵权一事，指出：

---

① 脱脱：《宋史》卷187《兵志一》，第4574页。
② 脱脱：《宋史》卷284《宋祁传》，第9594页。
③ 王明清：《挥麈录·余话》卷1引王铚语，上海书店出版社2009年版，第221页。
④ 郭朋：《宋元佛教》，中华书局1981年版，第7页。
⑤ 张九成：《张九成集》卷12《状元策第一道》，中国社会科学出版社2021年版，第372页。

"本朝鉴五代藩镇之弊,遂尽夺藩镇之权,兵也收了,财也收了,赏罚刑政一切收了,州郡遂日就困弱。靖康之祸,虏骑所过,莫不溃散。"① 平心而论,朱熹从总结历史经验教训的角度来评述北宋弊政与集权关系,不能不承认有其合理之处。他批评宋代科举"误人知见,坏人心术,其技愈精,其害愈甚"②。他清醒地看到科举制度带来的冗官之弊,因而也加以针砭:"国家官爵布满天下,而所以予之者,非可以限数也"③,提出"不若且就今日之官罢其冗员,存其当存者,亦自善"④。显然,朱熹的看法是有道理的。当然,朱熹是为了挽救南宋危亡,为统治者提供历史经验教训而阐述历史的,他推崇司马光的《资治通鉴》,编纂《资治通鉴纲目》《八朝名臣言行录》的原因也就在此。不过仍须指出,作为一个学者,能够看到当时的弊政,并且进行抨击,力求改变现状,其进步性是无可怀疑的。

三 错综尖锐的民族矛盾

两宋时期尖锐复杂的民族矛盾,也是朱熹史学思想形成的因素之一。

众所周知,契丹、党项、女真等族在与赵宋长达近300年的抗衡中,民族矛盾甚为尖锐。就北宋而言,北方雄踞着契丹族,西北崛起了党项,他们虎视眈眈,威胁着地处中原的赵宋王朝。由于北宋内部问题重重,难于抵御这些少数民族强悍的铁骑,中原地区屡受冲击。两宋理学家们都无法回避强敌当前,国家危亡这一严峻的现实。因此,他们都比较注重对历史的研究,企望在经史之中寻出抗御北方异族的攘夷之计,于是严别夷夏就理所当然地成为他们的旗帜。

被称为"宋初三先生"的胡瑗、孙复、石介,已启两宋理学之端倪,黄百家说:"理学虽至伊洛而精,实自三先生而始,故晦庵有

---

① 黎靖德编:《朱子语类》卷128,第3070页。
② 朱熹:《朱熹集》卷58《答宋容之》,四川教育出版社1996年版,第2972页。
③ 朱熹:《朱熹集》卷26《上宰相书》,第1133页。
④ 黎靖德编:《朱子语类》卷112,第2732页。

'伊川不敢忘三先生'之语"①，朱熹确实十分尊崇三先生。

胡瑗等人都比较重视对历史的研究，总结历史上的经验教训。如胡瑗治《春秋》，阐大义、别夷夏，开创两宋治《春秋》而涉及当代史的学术风气；孙复著《春秋尊王发微》12卷，"以考时之盛衰，而推见王道之治乱"②；而石介由于仕途多艰，更是"遇事发愤，作为文章，极陈古今治乱成败，以指切当世，贤愚善恶，是是非非，无所讳忌"③。他著有《唐鉴》《政范》《三朝圣政录》等史书。理学先驱三先生的治史精神，对两宋理学家有很大影响。他们虽然从不同角度来阐述《春秋》，但是一致肯定和强调尊王攘夷的观点，因此不能不承认理学先驱们治经论史、以史阐经的学术风格，开启了两宋理学重视史学的先河。强调这一点至关重要，因为朱熹在论述《春秋》时是继承和发展了这一传统。

不过，我们还要进一步指出，朱熹生活的南宋初年，女真铁骑横扫中原，直驱江淮，因而他所处的时代与胡瑗等人所处的时代十分相似，故朱熹继承了理学先辈的别夷夏、筹修攘的传统，重视史学研究，在建构自己的理学体系时主动把史学纳入这一轨道，因而可以说尖锐复杂的民族矛盾也是朱熹史学思想形成的因素之一。

四　重视鉴戒的两宋史学

两宋时期史学十分发达，尤其强调明变会通的借鉴作用，以此为赵宋王朝提供经验教训，这与儒学经世致用的观点基本一致，故自称为儒学嫡派的两宋理学家就必然或多或少地涉入史学研究，而作为集大成者朱熹则进一步用理学观点来研究历史，阐述历史，重视史学的鉴戒作用，并把史学作为经学的附庸，一并纳入理学思想体系。因此可以说，两宋重视历史鉴戒作用的史学研究，促成了朱熹史学思想更

---

① 黄宗羲：《宋元学案》卷2《泰山学案》，中华书局1986年版，第73页。
② 欧阳修：《欧阳文忠集》卷27《孙明复先生墓志铭》，四部丛刊本，第150页。
③ 欧阳修：《欧阳文忠集》卷34《孙明复先生墓志铭》，第182页。

趋丰富，使其史学思想更臻完善。

北宋是承五代后周而建立起来的王朝。由于唐末五代军阀横行，天下大乱，王朝更替异常迅速，因此，如何从这些历史事实中吸取经验教训，以巩固宋王朝的长治久安，是个极其现实的课题，这便使许多学者致力于史学的研究，这是造成宋代史学发达的原因之一。而宋代帝王也对此予以赞赏，表示鼓励，这就更加促进史学的发展。

北宋王朝在建国之初时就开始修史，企望总结历史经验教训来使王朝长治久安。开宝六年（973）四月，宋太祖便下令修《旧五代史》，次年闰十月修成。"甲子，监修薛居正等上新修《五代史》百五十卷。明日，上谓宰相曰：'昨晚观新史，见梁太祖暴乱丑秽之迹，乃至如此，宜其旋被贼虐也'"①。显然可见，宋朝从建国之初便极为重视历史的鉴戒作用。太宗也非常重视历史的经验教训，他通读《太平御览》，声称"此书千卷，朕欲一年读遍"②，以便从中吸收经验教训。仁宗庆历年间下令修《新唐书》，至嘉祐五年（1060）成书225卷；而英宗时，司马光始作《历代君臣事迹》，书成，神宗题以《资治通鉴》之名，有强调鉴戒资治的含义。到南宋，帝王对此仍较重视，如李焘在淳熙十年（1183）三月写成北宋一代历史，孝宗题名为《续资治通鉴长编》，"甚重之，以其书付秘书省"③，其"资治"的鉴戒之意是十分明显的。由于宋代帝王如此重视史学，而以探研"性命道德"为主的理学家，如果仅仅局限于抽象的哲学思维中，则难以符合当时的时势，难以符合宋代帝王的资治需要，更难以使理学发扬光大。因此只有涉足史学，以理学思想来研究史学，同时发掘历史中值得借鉴的经验教训以供时用，才有可能使理学思想受到封建帝王的青睐。所以，从宋初的三先生开始到朱熹，乃至与朱熹同时代的理学家及其一些后学，治经不忘治史，虽说各有侧重不同，但谈论历代兴亡治乱几乎成了他们的口头禅。胡安国撰《春秋传》30卷，远承孟子

---

① 李焘：《续资治通鉴长编》卷15，开宝七年闰十月甲子，第326页。
② 李焘：《续资治通鉴长编》卷24，太宗兴国八年十一月庚辰，第559页。
③ 李心传：《建炎以来朝野杂记》甲集卷4《续资治通鉴长编》，中华书局2000年版，第113页。

《春秋》经世说，近禀孙复《春秋尊王发微》及程颐《春秋》说，他自称："虽微辞奥义或未贯通，然尊君父、讨乱贼、辟邪说、正人心，用夏变夷，大法略具，庶几圣王经世之志小有补云。"① 胡安国着重阐发了尊王攘夷、经世致用的观点，用理学思想重新解释《春秋》，颇具理论色彩，因此受到朱熹的推崇："胡氏《春秋传》有牵强处，然议论有开合精神"②，"牵强"指史实或有不确，而"议论"则是说其用理学思想解释《春秋》。值得注意的是，当时的理学与史学有着千丝万缕的关系。《新唐书》的主要作者之一欧阳修，是十分推崇孙复《春秋尊王发微》的人，认为此书有助于治道。而恰恰是那个提出"删削冗长，举撮机要，专取关国家盛衰，系生民休戚，善可为法，恶可为戒者，为编年一书"，用以"监前世之兴衰，考当今之得失，嘉善矜恶，取是舍非"③ 的司马光，又是与理学家程颢、程颐兄弟的关系极为密切。由此可见，两宋时期的史学与理学关系非比一般，理学家进入史学领域也就没有什么可奇怪的了。

作为理学集大成者朱熹的史学思想的形成，还与他的友人治史有一定的关系。例如，著名理学家张栻，也十分赞赏《春秋传》，认为它有利于"扶三纲，明大义，抑邪说，正人心"④，显然这是从理学角度来肯定胡氏《春秋传》的。而张栻谈史的言论颇多，今见于《南轩全集》卷16《史论》，是其史评的结集。当时与朱熹、张栻合称"东南三贤"的吕祖谦，更沉湎于史学，他钩沉历代典章制度而成《历代制度详说》，还著有《春秋左氏传说》《左氏博议》《大事记》等史著，力倡经世致用，重视史学的借鉴作用，开创了"婺学"一派，在当时有广泛影响，对后代更是有深远的影响。至于陈亮、叶适等人，也都热衷于治史。朱熹在与他们交往过程中，对他们治史的状况多有评判，也正是在这些评判中，形成了朱熹史学思想中的史评方面内容。

---

① 胡安国：《胡氏春秋传》卷首《春秋传序》，文渊阁《四库全书》，台北商务印书馆1982年版，第6页。
② 永瑢等：《四库全书总目》卷27《春秋传》，中华书局1965年版，第219页。
③ 司马光：《资治通鉴》卷294"臣光言"，中华书局1956年版，第9607、9608页。
④ 张栻：《张栻集》卷4《建宁府学游胡二公祠堂记》，中华书局2015年版，第78页。

因而，朱熹友人治史对朱熹史学思想形成也是有很大关系的。

从上述所列举的资料来分析，朱熹史学思想的形成与两宋史学的发展是分不开的，而这种较为偏重于鉴戒的史学，对朱熹的影响是很大的。如朱熹刻意编著的《资治通鉴纲目》和《八朝名臣言行录》，他就明确表示有"鉴戒"之意，要"有补于世教"[①]。同时，朱熹又是极其注重理学，因而极力主张先经后史、以经为本，要求研读史书与体验"天理"结合起来，即"会归一理"。这种"以理阐史，以史证理"的史学方法与治史观点，正是朱熹义理史学的鲜明特色。凡此种种，都说明朱熹史学思想的形成并不是偶然的，而是时代条件使然。虽说他比较偏重于探讨性命道德之学，但无视或否定朱熹在史学方面的努力和成就，则难以反映朱熹理学思想的全貌，事实上，史学思想正是朱熹理学思想的重要组成部分之一。而且，朱熹"以理阐史，以史证理"的史学思想在当时也颇具特色，并且对当时以及后代都产生了重要的影响。如果能辨明朱熹的史学思想，则可以对两宋理学渗透史学、理学对宋代以后的史学演变所起的作用，作出比较客观而又全面的评价，舍此，中国史学史的后半阶段脉络就会含混不清，概括偏颇，就难以写出一部真正有价值的符合中国史学真实情况的史学史专著。

五　朱熹史学的家学渊源

朱熹的史学思想与其家学也有一定的关系。朱熹所受到的家学影响，大致可从以下三个方面来讨论。

第一，其父朱松对朱熹进行了史学的启蒙教育。朱松为程颐弟子罗从彦的学生，曾供职史馆，于经学、史学都有一定的造诣。据《宋史·朱熹传》称：朱熹自幼受到朱松的启蒙教育，研读四书五经，打下了经学、史学的基础。更重要的是朱松在秦桧把持朝政时上奏章反对对金屈膝议和，倡言自强，图谋恢复失地，因此被排挤出朝廷，贬

[①] 《朱熹集》卷75《八朝名臣言行录序》，第3948页。

为尤溪尉。而朱熹则随侍在旁,并且对这段生活印象甚为深刻。朱熹晚年追忆道:"绍兴庚申,熹年十一岁,先君罢官行朝,来寓建阳登高丘氏之居。暇日,手书此赋以授熹,为说古今成败兴亡大致,慨然久之。"文中所说朱松手书之事,指"为儿甥读《光武纪》,至昆阳之战,熹问何以能若是,为道梗概,欣然领解,故书苏子瞻《昆阳赋》畀之"①。可见,在朱熹幼年时,其父曾为他"为说古今成败兴亡大致",已对朱熹进行了史学的启蒙教育。实际上,朱熹对其父读史的印象是极为深刻的:"熹之先君子好左氏书,每夕读之,必尽一卷乃就寝,故熹自幼未受学时已耳熟焉"②。显然朱熹自幼耳濡目染,深受其父喜读史书的影响。这种影响伴随着朱熹的一生,朱熹69岁时还保存着其父手书的《昆阳赋》,并题字曰:"追念畴昔,如昨日事。而孤露之余,霜露永感,为之泫然流涕,不能自已,复书此以示儿辈云。"③朱熹在几十年的生涯中,也是读了不少史书,这与其父对他的影响是有一定关系的。朱熹曾为朱松作行状,其中云"(朱松)又发愤折节,益取六经诸史百氏之书伏而读之,以求天下国家兴亡理乱之变,与夫一时君子所以应时合变先后本末之序,期于有以发为论议,措之事业"④,这里也是提到其父读史的。

第二,提倡直笔的良史作风给朱熹的影响。朱熹为其父作的行状中还特意提及蔡卞《哲宗实录》中"宣仁附传实公(朱松)所分,所以辨明诬谤、分别邪正者,于体为尤重。而公考订精密,直笔无隐,论者美之"⑤。所谓"考订精密,直笔无隐",朱熹在其他地方也多次提到:"先吏部作《实录》云:'梁焘、刘挚同时死岭表,人皆冤之'"⑥,"国史此事是先君修正,云:'刘挚梁焘相继死岭表,天下至

---

① 朱熹:《朱熹集·续集》卷8《跋韦斋书昆阳赋》,第5291—5292页。
② 朱熹:《朱熹集》卷82《书临漳所刊四经后·春秋》,第4248页。
③ 朱熹:《朱熹集·续集》卷8《跋韦斋书昆阳赋》,第5292页。
④ 朱熹:《朱熹集》卷97《皇考左承议郎守尚书吏部员外郎兼史馆校勘累赠通议大夫朱公[松]行状》,第4972页。
⑤ 朱熹:《朱熹集》卷97《朱公(松)行状》,第4978页。
⑥ 黎靖德编:《朱子语类》卷130,第3126页。此段包扬、辅广共记。

今哀之！'"① 朱熹所作的行状应该说是有根据的，在《韦斋集》中朱松自称"某江东书生也，素无他技能，又去为州县之吏，益碌碌不见齿于流俗。独尝究观载籍以来天下国家兴亡治乱之变，与夫一时君子所以应时合变先后本末之序"②，"考质是非，以上下其议论"③。在朱熹的史学编纂思想中恰恰也提倡直笔，应该说是与其父影响有一定关系的。

第三，朱松的爱国主义思想给朱熹以较大的影响。上述提到的朱松反对秦桧的议和而被贬官，就是明显的证据。在朱松的《韦斋集》中保存了不少诗文，其中不乏充满爱国主义思想、赞颂为国捐躯忠臣的诗篇，如《杂小诗八首之八》"避世山中只树亭，绿荫绕舍忽青青。抛书自笑爬沙手，要挽天河洗甲兵"④；《夜坐》"九秋风露浩难平，伍子祠南鹤唳清。坐听儿曹谈往事，世间更觉总忘情"⑤；另外还有歌颂唐代为抗击安史叛兵而献身的忠臣许远、张巡的《睢阳谒双庙》等作品。笔者认为朱松对朱熹的影响是很大的，正如黄宗羲所说："豫章（罗从彦）称韦斋才高而智明，其刚不屈于俗，故朱子之学虽传自延平，而其立朝气概，刚毅绝俗，则依然父之风也。"⑥ 综观朱熹一生，其力抵和议，受挫不馁，道古说今而讽议朝政，这与他所受的家庭熏陶确实是有很大关系的。在历史研究中，朱熹评价历史人物时，常常以他们是否爱国作为标准之一，也应该说与他本人的这种爱国思想是有关系的，从中曲折地反映出他所受到的来自家庭的这一爱国思想传统所产生的作用。例如，朱熹在评价屈原时，十分重视屈原爱国主义的人格，反对把屈原说成是个失意之怨臣，就是明显的例证。

---

① 黎靖德编：《朱子语类》卷130，第3125页。此段叶贺孙记。
② 朱松：《韦斋集》卷9《上胡察院》，文渊阁《四库全书》，台北商务印书馆1982年版，第517页。
③ 朱松：《韦斋集》卷9《上胡察院》，第517页。
④ 朱松：《韦斋集》卷6《杂小诗八首》，第488页。
⑤ 朱松：《韦斋集》卷6《夜坐》，第489页。
⑥ 黄宗羲：《宋元学案》卷39《豫章学案》，第1296页。

以上从五个方面大致勾勒出朱熹史学思想的主要来源。笔者认为：基于上述基础之上的朱熹史学思想，必然具有十分明显的时代特色，必然与当时最为敏感的经济问题、政治问题、民族问题，以及其他社会问题结合得极为紧密，也就是说，朱熹的史学思想是一种与当时社会息息相关的思想，在以下的论述中，将会更加清楚表明这一点。

第二章

朱熹的历史哲学

朱熹的历史哲学是他的哲学体系、伦理道德学说在社会历史方面的运用和贯彻,是其史学思想的哲学基础。朱熹在考察社会历史问题时,把评史和论政结合起来,以评史为手段来抒发自己的政治和伦理道德主张;同时借助对社会历史现象的分析,阐述自己的哲学观点。两者相辅相成,形成其"以理阐史,以史证理"的很有特色的历史哲学与治史方法论。

过去,虽然有些学者对朱熹的历史哲学作过一些研究,但是只注意到它的表层,缺乏深层的、立体的分析。而实际上,朱熹的历史哲学内涵十分丰富,具有多层次的结构,概括起来说,便是回归天理纲常的历史决定论、注重时势变化的历史损益论、讲究心术本领的历史经世论、强调格物致知的历史可知论。

一 回归天理纲常的历史决定论

朱熹的历史哲学的最高层次是"理"(或称"天道""道""太极")。在朱熹看来:它决定了世界的产生、人类历史发展;它贯穿着朱熹对历史事件的评述、历史人物的评价、史著的编纂、史学批评的价值取向等等一系列重大问题的看法,是其哲学思想在史学方面最突出的表现。

朱熹明确指出:"合天地万物而言,只是一个理","有此理,便有此天地;若无此理,便亦无此天地,无人无物,都无该载了!有理,便有气流行，发育万物"①，即天地万物、人类活动都是由理决定的；没有理，便没有一切。他强调"理"是永恒的，"未有天地之先，毕竟是先有此理"，"万一山河大地都陷了，毕竟理却只在这里"②，即"理"先于天地万物，又不依赖天地万物存亡而独立存在。但在同时，朱熹也承认"理未尝离乎气"，"理又非别为一物，即存乎是气之中；无是气，则是理亦无挂搭处"。③ 显然，这种观点又与上述看法有矛盾，而这种矛盾正是导致他的"理"决定论必然是不周全的，因此，他在论述人类历史产生及评论人物、史事等问题上也产生种种矛盾之处，也就难以一贯。

朱熹说："道，须是合理与气看。理是虚底物事，无那气质，则此理无安顿处。《易》说'一阴一阳之为道'，这便是兼理与气而言。阴阳，气也；'一阴一阳'，则是理矣。"④ 显然，朱熹认为万事万物由气构成，而气则是由理派生的，受理制约；理是虚的事物，即是看不见摸不着的抽象事物。

问题在于抽象的理与活生生的具体的历史如何沟通起来？两者关系究竟如何？朱熹在处理两者关系时，把难以捉摸的"理"转换为可见可闻的伦理道德——三纲五常。他说："宇宙之间，一理而已……其张之为三纲，其纪之为五常，盖皆此理之流行，无所适而不在"⑤，"道即理也，以人所共由而言则谓之道，以其各有条理而言则谓之理。其目则不出乎君臣、父子、兄弟、夫妇、朋友之间，而其实无二物也"⑥，因此，"天下之事莫不有理，为君臣者有君臣之理，为父子者有父子之理，为夫妇，为兄弟，为朋友，以至于出入起居、应接事物之际，亦莫不各有理焉"⑦。显然，朱熹把"理"视同于日常生活之伦

---

① 黎靖德编：《朱子语类》卷1，第1—2页。
② 黎靖德编：《朱子语类》卷1，第1、4页。
③ 黎靖德编：《朱子语类》卷1，第3页。
④ 黎靖德编：《朱子语类》卷74，第1896页。
⑤ 朱熹：《朱熹集》卷70《读大纪》，第3656页。
⑥ 朱熹：《朱熹集》卷49《答王子合》，第2369页。
⑦ 朱熹：《朱熹集》卷14《甲寅行宫便殿奏札二》，第547页。

理纲常,渗透到出入起居、应接事物及人际关系各种人类活动、关系中去,强调它的指导作用,换句话说,社会历史也是由"理"决定的。抽象之"理"就这样与现实的历史"结合"起来了。

朱熹还使用了"天道"与"人道"这两个概念,把抽象之理与日常生活之理有机结合起来。在他看来,"道之在天下者未尝亡,惟其托于人者或绝或续,故其行于世者有明有晦。是皆天命之所为,非人智力之所能及也。夫天高地下,而二气五行纷纶错糅,升降往来于其间,其造化发育、品物散殊,莫不各有固然之理。而最其大者,则仁、义、礼、智之性,君臣、父子、昆弟、夫妇、朋友之伦是已。是其周流充塞,无所亏间,夫岂以古今治乱为存亡者哉!"① 前面那个"道"字,即是"天道","托于人者"即是所谓"人道"。他在《资治通鉴纲目序》中说"岁周于上而天道明矣,统正于下而人道定矣,大纲概举而鉴戒昭矣,众目毕张而毚微著矣"②,明确表示自己编写这本史著的目的,就是体现"天道"与"人道"的鉴戒作用。在他看来,两者紧密结合而无间,从人道便可以反映出天道来,从而具有鉴戒作用。例如,他声称"圣贤之言行,古今之得失,礼乐之名数,下而至于食货之源流,兵刑之法制",可以"考诸载籍之文,沉潜参伍,以求其故",这是因为"天下之理其必有以尽其纤悉而一以贯之"③,如果懂得这一点,即使"开辟之初,其事虽不可知,其理则具于吾心,固可反求而默识"④。所谓"非人智力之所能及",即承认历史发展有一种不以人们意志为转移的客观力量,换言之,就是历史发展的客观规律,这是有价值的看法。然而,朱熹又把"人道"——封建伦理道德等同于"天道",宣扬这种"人道"具有永恒性,显然是一种形而上学的先验的伦理史观,只不过是朱熹企图把自己的理学体系凌驾于客观规律之上的奢望而已。

朱熹在沟通抽象之理与三纲五常时,借助了"气化万物"这一环

---

① 朱熹:《朱熹集》卷78《江州重建濂溪先生书堂记》,第4073—4074页。
② 朱熹:《朱熹集》卷75《资治通鉴纲目序》,第3948页。
③ 朱熹:《朱熹集》卷80《福州州学经史阁记》,第4154—4155页。
④ 朱熹:《楚辞集注》卷3《天问第三》,上海古籍出版社1979年版,第50页。

节，他说：

> "阴阳"虽是两个字，然却只是一气之消息，一进一退……做出古今天地间无限事来。①
>
> 天道流行，发育万物，其所以为造化者，阴阳五行而已。而所谓阴阳五行者，又必有是理而后有是气，及其生物，则又必因是气之聚而后有是形。故人物之生必得是理，然后有以为健顺仁义礼智之性；必得是气，然后有以为魂魄五脏百骸之身。②

这里值得注意的是：第一，气的阴阳消长形成万事万物，气是物质的；但气随理而生，则万事万物一旦生成，理已具于其中。第二，古今天地间无限事的变化，都是气之阴阳消长的运动，即物质的运动；但由于理对气的制约作用，这些事、物的演变必将受到理的支配及决定。第三，气的阴阳消长所形成古今天地间事物的演变，非人之智力所能改变，它有自身运动的规律。显然，朱熹在强调气在社会历史中的作用时，认为它不以人的意志为转移，闪烁着哲人的睿智，然而又在气之上安了一个无形无象、难以捉摸的理，同时又引申为三纲五常，使哲人睿智蒙上了一层神秘的色彩，因此也难以逃脱后人的批评与质难。众所周知，历史的发展有其自身不为人们意志所转移的客观规律，而不可能是由人们制定出来的某种道德规范所决定的。朱熹在探讨历史发展规律时，把封建的伦理道德表述为决定人类历史发展的具有永恒不变的起着决定作用的力量，显然是不科学的，产生这种错误的根本原因，是由于他在理气关系上过分强调了理的决定作用，忽视了物质的气的决定作用而导致的，于是在理气论上出现了两重性矛盾的错误。

这里还须讨论朱熹对气的阴阳消长运动规律的论述。朱熹说：

---

① 黎靖德编：《朱子语类》卷74，第1879—1880页。
② 朱熹：《四书或问·大学或问上》，上海古籍出版社、安徽教育出版社2001年版，第3页。

"天地之化包括无外，运行无穷，然其所以为实，不越乎一阴一阳两端而已"①，"盖天地之间，只有动静两端，循环不已，更无余事，此之谓易。而其动其静，则必有所以动静之理焉，是则所谓太极者也"②，"易是变易，阴阳无一日不变，无一时不变"③，"变是自阴之阳，忽然而变，故谓之变；化是自阳之阴，渐渐消磨将去，故谓之化"④，"壹阴、壹阳，言其变化循环，无有穷已也"⑤。从这些论述中，可以知道朱熹已经看到了事物变化、历史运动有"忽变"，也有"渐化"，甚至也把阴阳动静推向了无限，涉及宇宙的无限性问题，这种认识在当时是很有见地的。但是，朱熹又把这种无限性纳入循环论，使这种忽变只成为周而复始的圆周运动，实质上否定了事物、历史的运动、变化会产生一种质的飞跃，显示出朱熹认识论上的不足。郭沫若先生在评价荀子思想时曾批评荀子："只承认变化而看不出进化，只承认循环而看不出发展"⑥，这对我们评价朱熹是有启示意义的。

朱熹用这种循环论来阐述历史的运动和历史的事件。他吸取张载、邵雍的"术数"说，尤其推崇邵雍的皇极经世元会运世说，以十二万九千六百年为一元；一元有十二会，一会一万八千年；一会有三十运，三百六十年一运；一运十二世，三十年为一世；"到得一元尽时，天地又是一番开辟"⑦，如此运行不息。那么"一元尽时"如何重新开辟？朱熹在回答包扬问天地是否会坏时说："（天地）不会坏。只是相将人无道极了，便一起打合，混沌一番，人物都尽，又重新起"⑧。显然，这是循环论的观点。天地运行，人物存亡是循环无端的，而决定他们的理却是永恒的，万一山河大地都陷了，理仍然存在。而作为理在社会历史中所使用的概念——三纲五常，当然也是永恒的，所谓

---

① 朱熹：《朱熹集》卷76《金华潘公文集序》，第3984页。
② 朱熹：《朱熹集》卷45《答杨子方》，第2153页。
③ 黎靖德编：《朱子语类》卷74，第1895页。
④ 黎靖德编：《朱子语类》卷74，第1887页。
⑤ 朱熹：《楚辞集注》卷2《九歌·大司命》，第38页。
⑥ 郭沫若：《十批判书·荀子批判》，人民出版社1954年版，第186页。
⑦ 黎靖德编：《朱子语类》卷24，第597页。
⑧ 黎靖德编：《朱子语类》卷1，第7页。

"纲常千万年磨灭不得……只是……盛了又衰，衰了又盛，其势如此"①。正由于此，朱熹在编纂《资治通鉴纲目》时，严格把握了这个"理"决定论的原则，因而他的学生李方子称《纲目》"义正而法严，辞核而旨深，陶熔历代之偏驳，会归一理之纯粹，振麟经之坠绪，垂懿范于将来"②，无非是赞颂朱熹的《纲目》能"会归一理"。

总而言之，朱熹的理决定论是其历史哲学的最高层次，是朱熹哲学思想在社会历史研究中的具体运用。换言之，是朱熹借助论述社会历史来论证自己的哲学思想。在他理气动静的表述中，只有量的变化，没有质的飞跃；只讲循环，不讲进化，显示出他的历史哲学的严重的缺陷，用这种历史哲学来研究历史问题，就必然捉襟见肘，必然存在极大的局限性。

二 注重时势变化的历史损益论

朱熹历史哲学的第二个层次是势。

陈仲蔚曾问柳宗元论封建一事，朱熹答道："（柳）子厚说'封建非圣人意也，势也'，亦是。但说到后面有偏处，后人辩之者亦失之太过……且封建自古便有，圣人但因自然之理势而封之，乃见圣人之公心。且如周封康叔之类，亦是古有此制。因其有功、有德、有亲，当封而封之，却不是圣人有不得已处。若如子厚所说，乃是圣人欲吞之而不可得，乃无可奈何而为此！不知所谓势者，乃是自然之理势，非不得已之势也。"③ 这段话有两点值得注意：其一，"理势"合称，势是"事势"，即肯定了"势"这一范畴是"理"的规定之下的一种趋势，两者的关系不是并列关系，而是从属关系。其二，"势"是一种必然的趋势，即所谓"势不容已"④；而不是任何人（甚至如圣人）

---

① 黎靖德编：《朱子语类》卷24，第597页。
② 李方子：《资治通鉴纲目序》，朱熹《资治通鉴纲目》，朱杰人、严佐之、刘永翔主编《朱子全书》，上海古籍出版社、安徽教育出版社2002年版，第3503页。
③ 黎靖德编：《朱子语类》卷139，第3303页。
④ 黎靖德编：《朱子语类》卷108，第2679页。

的"不得已之势",即承认了势具有不以人类意志所转移的客观规律。如朱熹在评论分封制与郡县制时说:"周自东迁之后,王室益弱……至秦时,是事势穷极,去不得了,必须如此做也"①;在评论禹时执玉帛者万国到战国时仅剩七雄的历史趋势时说:"这是事势必到这里,虽有大圣大智,亦不能遏其冲。"② 显然,所谓事势是必然之事势,反映出朱熹一方面用理学观点硬套历史事件,强调理决定一切的观点;另一方面则肯定势(事势)是一种不以人的意志为转移的必然趋势,又含有合理的因素。

在朱熹对"势"的论述中,最有价值的部分是对"机"的论述,这一观点源于理学先驱周敦颐。周敦颐说:"天下,势而已矣。势,轻重也。极重不可反。识其重而亟反之,可也。反之,力也。识不早,力不易也。力而不竞,天也。不识不力,人也。天乎?人也。何尤!"③ 意思是:天下大势有轻重之分,极严重时不可挽回;只有识其严重马上挽回,便可以了;挽回它靠力量,认识不早,力量不易积聚;有力量而不能挽回,那是天意;不认识而且无力量,那是人为的因素。这里论述势、力、认识早晚之间的关系,含有一定的合理因素。朱熹接受了周氏的观点,并有所发展。他在解释这段话中"极重不可反。识其轻重而亟反之,可也"时说:"是说天下之势,如秦至始皇强大,六国便不可敌。东汉之末,宦官权重,便不可除。绍兴初,只斩陈少阳,便成江左之势。重极,则反之也难;识其重之机而反之,则易。"④ 显然可见,朱熹在基本同意周氏的观点基础上,又提出了"机"(时机)是解决问题的重要条件,主张"审微于未形,御变于将来"⑤,即要求审时度势,掌握解决问题的最佳时机;并认为"会做事

---

① 黎靖德编:《朱子语类》卷134,第3209页。
② 黎靖德编:《朱子语类》卷84,第2181页。
③ 周敦颐:《周子通书》卷27章《势》,《周敦颐集》,中华书局2009年版,第34—35页。
④ 黎靖德编:《朱子语类》卷94,第2410页。
⑤ 黎靖德编:《朱子语类》卷108,第2684页。

底人，必先度事势，有必可做之理，方去做"①，"圣人固视天下无不可为之时，然势不到他做，亦做不得"②。这些论述清楚地表明了朱熹对"机"的认识，强调审时度势地掌握问题的时机，这是很有见地的。

朱熹用"机"这一观点来讨论历史问题和当时社会问题的言论很多。如《朱子语类》卷35有一段问"太王翦商"之事，朱熹答道："《诗》云：'至于太王，实始翦商。'《左传》云：'泰伯不从，是以不嗣。'要之，周自日前积累以来，其势日大，又当商家无道之时，天下趋周，其势自尔。至文王三分有二，以服事殷，孔子乃称其'至德'，若非文王，亦须取了。"③ 显然，朱熹认为周有"自日前积累以来，其势日大"的前提条件，又恰好遇上"商家无道之时"，即把握了可以灭商的"时机"，才得以一举灭商。朱熹在孝宗初立时，上了封事，提出"因时、顺理、乘势"的治国策略，他说："然而祖宗之境土未复，宗庙之仇耻未除，戎虏之奸谲不常，生民之困悴已极。方此之时，陛下所以汲汲有为，以副生灵之望者，当如何哉！然则今日之事，非独陛下不可失之时，抑国家盛衰治乱之机，庙社安危荣辱之兆，亦皆决乎此（时）矣！"④ 这儿朱熹也是用"时""机"来谈论解决当时的政治问题的。朱熹在《与留丞相书》中说："天下事势有消长宾主之不同，以《易》而言，方其复而长也，一阳为主于下，而五阴莫之能遏。及其遇而消也，五龙夭矫于上，而不足以当一阴羸豕蹢躅之孚，甚可畏也。丞相观于今日之势，孰为主而方长乎？孰为客而方消乎？孰能制人而孰为制于人者乎？于是焉而汲汲乎以求天下之贤以自助，使之更进迭入，日陈安危治乱之明戒，以开上心，排抑阴邪，无使主势小倾而陷入其党，尚恐后时而无及于事，不精而未免有失，亦何遽至预忧其分别太甚而为异日之患乎？"⑤ 这里，朱熹要求留正能

---

① 黎靖德编：《朱子语类》卷108，第2684页。
② 黎靖德编：《朱子语类》卷108，第2684页。
③ 黎靖德编：《朱子语类》卷35，第945页。
④ 朱熹：《朱熹集》卷11《壬午应诏封事》，第439页。
⑤ 朱熹：《朱熹集》卷28《与留丞相书》，第1212页。

正确地把握当时之"势",以便进君子,退小人,以造成理想的政治局面。且不论朱熹所谓的理想局面究竟如何,但至少可以看出他对"时机"是极其重视的。

朱熹对"势"的看法,是从古代圣贤的"损益"思想中发展而来的。他说:"便是圣人无不可为之时。若时节变了,圣人又自处之不同。"①"时节变了"指具体的历史条件的变化,"圣人又自处之不同"则是指采取不同的方法。这种不同的方法,朱熹称为"损益"。朱熹在回答门人徐寓问损益时说:"势自是如此。有人主出来,也只因这个势,自住不得,到这里方看做是如何。惟是圣人能顺得这势,尽得这道理。以下人不能识得损益之宜,便错了,坏了,也自是立不得。"② 暂且不论其中包含着的夸大个人在历史上作用的错误,但朱熹明确地讲了"势"不以圣人、人主的个人意志为转移,强调他们也只能顺势去损益而已,只是处理得"宜"(适中)与否,这种观点确实也有一定可取之处的。

那么,朱熹的损益观有哪些特点呢?概括起来有以下几个方面:

其一,损益必须循"理",在社会历史中也就是遵循伦理纲常。朱熹说:"'随时变易以从道'主立卦爻而言,然天理人事皆在其中"③;"所谓损益者,亦是要扶持个三纲、五常而已"④。他强调"三纲、五常,亘古亘今不可易",因此,"所因之礼,是天做底,万世不可易;所损之礼,是人做底,故随时更变","所因,谓大体;所损益,谓文为制度,那大体是变不得底。虽如秦之绝灭先王礼法,然依旧有君臣,有父子,有夫妇,依旧废这个不得"⑤。显然,朱熹要求在绝对维护"理"(伦理纲常)的前提下,才允许对一般制度做些损益,这是他的"理"决定论所规定的,显示其思想上的保守性。

其二,损益必须适时。上述已说及"随时变易""随时变更"便

---

① 黎靖德编:《朱子语类》卷93,第2351页。
② 黎靖德编:《朱子语类》卷24,第597页。
③ 朱熹:《朱熹集》卷44《答方伯谟》,第2080页。
④ 黎靖德编:《朱子语类》卷24,第598页。
⑤ 黎靖德编:《朱子语类》卷24,第595页。

是强调适时，适时就是掌握"机"，即掌握应该损益的时机，如此便容易取得效果。这里再举一例：有学生问"使圣人得行其志"将会如何，朱熹答道："这般难处说，只看挨到临时事势如何。若使天命人心有个向合处，也自不由圣人了。"① 这种"临时事势如何"，就是强调损益必须适时。

其三，损益必须合宜。众所周知，朱熹是极为推崇《周礼》的，强调它是圣人所作。然而他仍然认为有损益的必要。他说："百世以下有圣贤出，必不踏旧本子，必须斩新别做。如《周礼》如此繁密，必不可行"②，因此应该"酌今之宜而损益之"③，"求其可行者而已"，如果完全按照《周礼》，"其势也行不得"。④ 对于礼仪变革，朱熹明确说到"只就今人所行礼中删修，令有节文、制数、等威足矣"，而且"必须简易疏通，使见之而易知，推之而易行"。⑤ 这里，朱熹所说的是损益必须符合一定的历史条件，这是一层意思；另一层意思是损益必须适"度"，如他认为周朝柔弱、纤细周致，而秦王朝则变得强戾、简易无情，这是"秦变得过了"，又如"秦既鉴封建之弊，改为郡县，虽其宗属，一齐削弱。至汉，遂大封同姓，莫不过制"；又如熙宁变法是"势有不容已者，但变之自不中道"。⑥ 朱熹的论述十分清楚地表明了损益必须审时度势、准确把握时机与损益程度的观点。

由上可见，朱熹的损益观并不是简单的加减法，而是一种强调根据一定历史条件的选择，虽然其中不乏错误之处，但是他看到了事物在历史发展过程中所必然要起的变化，由此而提出要适时、合宜地进行损益，还提出适"度"这一问题，接触到事物变化的"度"的界限，这些都是有可取之处的。但是，朱熹把损益限定在伦理纲常所允许的范围之内，过分强调了理的决定作用，显示出他的保守的一面。

---

① 黎靖德编：《朱子语类》卷47，第1180页。
② 黎靖德编：《朱子语类》卷84，第2178—2179页。
③ 黎靖德编：《朱子语类》卷84，第2188页。
④ 黎靖德编：《朱子语类》卷84，第2185页。
⑤ 黎靖德编：《朱子语类》卷84，第2177、2179页。
⑥ 黎靖德编：《朱子语类》卷24，第599页。

这里再进一步分析朱熹的古今观。以往有不少学者认为朱熹尊崇三皇五帝、仰慕周公、推崇孔子，是个守旧复古的代表人物，这种观点至今仍然有较大的影响。笔者认为似可商榷。诚然朱熹思想中有保守因素，也说过汉唐不如三代之类话，但把他贬为守旧复古派是证据不足的。这里先从以下三个方面来讨论。

首先，朱熹的历史循环论与历史倒退论不是一回事。老子主张小国寡民，"使有什伯之器而不用"，"使人复结绳而用之"①，而且一旦回到历史的起点便不再有变化，历史表现为单向倒退的直线运动，这是典型的复古倒退论。而朱熹持历史循环论，认为"势"决定了历史是向前发展的，并且认为随时损益、变革，只有到了"天下无道极了"这种极端的情况下，才会"重新混沌一番"，然后又重新发展，历史显示出来的是一种周而复始的圆周运动。朱熹曾说："今人只认前日所行之事而行之，便谓之循典故，也须拣个是底始得"②；还嘲笑墨守祖宗成规而反对变革者："今呆底人，便只守此为不可易之典，才触动著，便说是变动祖宗法制"③；甚至在学生问"孔子监前代而损益之，及其终也，能无弊否"，朱熹断然回答："恶能无弊！"④ 这里哪有复古倒退、守旧的味道？

其次，朱熹主张适时合宜的损益观，侧重于当时现实，并非倒退复古可相提并论的。朱熹确实歌颂过三代，但他认为三代仍是不断在变化发展，并非一成不变的。他说"使夫子而得邦家，则将损益四代，以为百王不易之法，不专于从周矣"⑤，也就是说，朱熹认为即使是孔圣人损益前代而制成的礼法制度，必将也会产生弊病，实质上朱熹宣扬的是一种侧重当今的观点。朱熹说："今则且理会当世事尚未尽，如刑罚，杀人者不死，有罪者不刑；税赋，则有产者无税，有税

---

① 朱谦之：《老子校释》第 80 章，中华书局 1984 年版，第 307—308 页。
② 黎靖德编：《朱子语类》卷 108，第 2688 页。
③ 黎靖德编：《朱子语类》卷 128，第 3075 页。
④ 黎靖德编：《朱子语类》卷 24，第 599 页。
⑤ 朱熹：《朱熹集》卷 44《答黄直翁》，第 2133 页。

者无产，何暇议古？"① 基于此，朱熹认为"居今之世，若欲尽除今法，行古之政，则未见其利，而徒有烦扰之弊"②。这里也毫无复古倒退的意思。

最后，朱熹推崇三代，打着圣贤旗号的目的，在相当程度上是在于批判两宋弊政，这是朱熹在当时历史条件下的一种积极入世的方法。由于两宋封建专制主义日趋严厉，朱熹以三代圣贤为挡箭牌，以评判秦汉以降的史事、借批判汉唐之君的人欲之私来批评宋代帝王，以避免杀身之祸。下面举一段比较典型的话：

> 天下不可谓之无人才，如靖康建炎间，未论士大夫，只如盗贼中，是有多少人！宗泽在东京收拾得诸路豪杰甚多，力请车驾至京图恢复。只缘汪黄一力沮挠，后既无粮食供应，泽又死，遂散而为盗，非其本心。自是当时不曾收拾得他，致为饥寒所迫，以苟旦夕之命。后来诸将立功名者，往往皆是此时招降底人。所以成汤说："万方有罪，在予一人！"圣人见得意思直如此。③

虽说朱熹蔑称反抗的农民为"盗贼"，但他却明确指出农民反抗是由于当政者处理不当和"饥寒所迫"导致的，甚至还称义军中人才颇多。当然，朱熹并没有直接批评徽、钦、高宗，只批评了投降派汪、黄诸人，但他在后面引用成汤之语，显然是曲折地批评了两宋之际的几个皇帝。又如对两宋弊政弊法，朱熹说："立一个简易之法，与民由之……惟繁故易废。使孔子继周，必能变通使简易，不至如是烦碎。今法极繁，人不能变通，只管筑塞在这里。"④ 这里也是借孔子能变通来曲折地批评宋代皇帝不能变通，墨守祖宗成法。朱熹所上的奏章大多打着圣贤旗号，其原因也就在这里。

通过上述分析，笔者认为把朱熹说成是守旧复古的历史倒退论者

---

① 黎靖德编：《朱子语类》卷108，第2684页。
② 黎靖德编：《朱子语类》卷108，第2682页。
③ 黎靖德编：《朱子语类》卷130，第3135页。
④ 黎靖德编：《朱子语类》卷108，第2683页。

是站不住脚的，也不符合历史的真实情况。实际上，说朱熹是个借用古代圣贤旗号的托古改制的"历史损益论者"更为恰当。当然，托古改制者并非千人一面，他们之间的差别是十分悬殊的，如王莽的托古改制是纯粹搬用西周的礼仪制度，可以说是历史倒退论者；康有为的托古改制则是为了推行维新变法制度，因而可称为历史进步论者；朱熹托古改制则是比较温和的历史循环论者，三者的差异是十分明显的。

三　讲究心术本领的历史经世论

朱熹历史哲学的第三个层次是心术。所谓心术，即是指人的主观意志。如：

> 却就汉祖、唐宗心术微处痛加绳削①。
>
> 太宗杀建成元吉，比周公诛管蔡，如何比得！太宗无周公之心，只是顾身。②
>
> 圣人之心未感于物，其体广大而虚明，绝无毫发偏倚，所谓天下之大本者也。③
>
> 大抵科举之学误人知见，坏人心术，其技愈精，其害愈甚。④
>
> 向见所与诸生论说左氏之书，极为详博。然遣词命意，亦颇伤巧矣。恐后生传习，益以浇漓，重为心术之害。愿亟思所以反之，则学者之幸也。⑤
>
> 苏氏兄弟（轼、辙）乃以（张）仪、（苏）秦、老、佛合为一人，其为学者心术之祸最为酷烈，而世莫之知也。⑥

---

① 朱熹：《朱熹集》卷36《答陈同甫》，第1600—1601页。
② 黎靖德编：《朱子语类》卷136，第3246页。
③ 朱熹：《朱熹集》卷67《舜典象刑说》，第3517页。
④ 朱熹：《朱熹集》卷58《答宋容之》，第2972页。
⑤ 朱熹：《朱熹集》卷33《答吕伯恭》，第1415页。
⑥ 朱熹：《朱熹集》卷46《答詹元善》，第2229页。

上述数例，或专指帝王或指圣人帝王并称或专指圣贤和泛指一般士大夫、学者，显然心术一词是泛指人的主观意志。这里再举一段朱熹给汪应辰的信中的话，它更为典型：

> 明公若察其愿忠之意，而宽其忘分之诛，则愿深考圣贤所传之正，非孔子、子思、孟、程之书不列于前，晨夜览观，穷其指趣而反诸身，以求天理之所在。既以自正其心，而推之以正君心，又推而见于言语政事之间，以正天下之心，则明公之功名德业，且将与三代王佐比隆。①

这里的"自正其心""正君心""正天下之心"相提并论，显然都是指人的心术，即主观意志。

那么，心术与理、势的关系怎样呢？即人的主观意志是如何受"理"制约的？朱熹从心、性、理一体的观点来阐述：

> 《乐记》曰："人生而静，天之性也。感于物而动，性之欲也。"何也？曰："此言性情之妙，人之所生而有者也。盖人受天地之中以生，其未感也，纯粹至善，万理具焉，所谓性也。然人有是性，则即有是形，有是形，则即有是心，而不能无感于物。感于物而动，则性之欲者出焉，而善恶于是乎分矣。"②

其意思是：人之生纯粹至善而具万理，即所谓性；人有形（形体）则有心（思维器官），有心就须接触事物，于是便产生了欲（主观的欲望、即主观意志），从而区分出善与恶。在朱熹看来，"心与理一，不是理在前面为一物。理便在心之中，心包蓄不住，随事而发"③，因此，接触事物既要察理之所在，又须察事势趋向，即所谓

---

① 朱熹：《朱熹集》卷24《与汪尚书》，第1037页。
② 朱熹：《朱熹集》卷67《乐记动静说》，第3522页。
③ 黎靖德编：《朱子语类》卷5，第85页。

"会做事底人，必先度事势，有必可做之理，方去做"①。朱熹在《古史余论》中说："若夫古今之变，极而必反，如昼夜之相生，寒暑之相代，乃理之当然，非人力之可为者也。是以三代相承，有相因袭而不得变者，有相损益而不可常者。然亦唯圣人为能察其理之所在而因革之，是以人纲人纪得以传之百代而无弊。"②

综上所述，朱熹强调了理决定论的历史演进是一种不以人的意志为转移的趋势，而圣人有"察其理之所在而因革之"的本领，这种本领就是心术，即圣人的主观意志。这样，朱熹的历史哲学形成了一个圆圈：

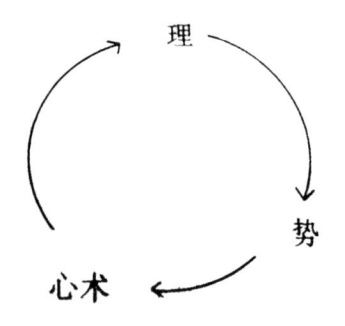

```
        理
      ↗   ↘
    心术 ← 势
```

在上述圆圈中，最高层次是"理"，它是永恒的，决定着"势"的发展方向；势只能顺应它所规定的方向发展，即所谓的"理势"，它不以人们的意志为转移的；而人之"心术"也只能顺应"势"，才会符合理之规定，才能认识天理，最终达到圣贤的境界，即具有"察其理之所在而因革之"的本领，表现出来的是"善"；反之，人之心术逆"势"而动，当然就不可能认识天理，所作所为就必然表现为"恶"。显然，这种圆圈表现出来的是一种循环的趋势，这是朱熹"会归一理"的理决定论的必然结果。

朱熹对心术是极为重视的。他说：

---

① 黎靖德编：《朱子语类》卷108，第2684页。
② 朱熹：《朱熹集》卷72《古史余论》，第3801页。

> 浙中近来有一般议论如此。若只管如此存心,未必真有益,先和自家心术坏了!圣贤做事,只说个"正其谊不谋其利,明其道不计其功"……圣人所说底话,光明正大,须是先理会个光明正大底纲领条目。且令自家心先正了,然后于天下之事先后缓急,自有次第,逐旋理会,道理自分明。今于"在明明德"未曾理会得,便要先理会"新民"工夫;及至"新民",又无那"亲其亲,长其长"底事,却便先萌个计功计获底心,要如何济他,如何有益,少间尽落入功利窠窟里去!①

这段话是朱熹针对浙中学者重功利、轻修养而提出的批评。朱熹认为:学者必须首先进行道德修养,认真理解天理,"令自家心(术)先正了",再去做事业,否则必然会把自己的心术弄坏,做出来的事业也就不会符合天理。朱熹终其一生是坚持这种观点的。

值得指出的是,朱熹对帝王的心术尤其重视,认为"天下事有大根本,有小根本。正君心是大本"②,因为天下事,千变万化,其端无穷,"而无一不本于人主之心者,此自然之理也"③。他甚至还说:"天下事,须是人主晓得通透了,自要去做,方得。如一事八分是人主要做,只有一二分是为宰相了要做,亦做不得。"④毫无疑义,这显然是夸大了"人主"的力量,有绝对化的缺陷;不过,在中国封建社会专制集权制度下,封建帝王手揽大权,他们的言行确实能影响朝廷政局与政治走向,甚至对历史发展的趋向产生一定的影响。朱熹针对这一专制主义的现实状况,从而提出正君心为大根本,应该说也是无可非议的。然而,朱熹夸大了帝王主观意志的作用,甚至认为天下之事"无一不本于人主之心"是"自然之理",则完全是错误的。

朱熹在谈论心术时还用"本领"一词,这两者是什么关系?此先举朱熹论管仲等人的一节资料:

---

① 黎靖德编:《朱子语类》卷73,第1847—1848页。
② 黎靖德编:《朱子语类》卷108,第2678页。
③ 朱熹:《朱熹集》卷11《戊申封事》,第462页。
④ 黎靖德编:《朱子语类》卷108,第2679页。

问管仲小器。曰:"只为他本领浅,只做得'九合诸侯,一匡天下'之功……大凡自正心、诚意、以及平天下,则其本领便大。今人只随资禀去做。管仲资禀极高,故见得天下利害都明白,所以做得许多事。自刘汉而下,高祖太宗亦是如此,都是自智谋功力中做来,不是自圣贤门户来,不是自自家心地义理中流出。"①

这里,朱熹评论管仲、汉高祖、唐太宗的本领,不是自"自家心地义理"中而来,而是从"智谋功力中做来",实际上,两者都是指"心术",不同的是,前者是基于"义理",后者则是"功利"。换言之,前者是天理,后者是人欲。因此,朱熹在回答学生问"管仲之心既不仁,何以有仁者之功"时说:"如汉高祖唐太宗,未可谓之仁人。然……高祖一旦出来平定天下,至文景时几致刑措……太宗一旦扫除以致贞观之治。此二君者,岂非是仁者之功耶!若以其心言之,本自做不得这个功业。然谓之非仁者之功,可乎?管仲之功,亦犹是也"②,"管仲非不尊周攘夷,如何不是王道?只是功利驳杂其心耳"③。由此可见,朱熹认为他们所做的功业,只因"其心(术)"被"功利驳杂"了,故只可归入"仁者之功",而非"仁者之心(术)"所做出的圣贤功业。

那么圣贤的本领如何呢?他说:"圣人……本领更全在无所系累处。有许大本领,则制度点化出来,都成好物,故在圣人则为事业。众人没那本领,虽尽得他礼乐制度,亦只如小屋收藏器具,窒塞都满,运转都不得。"④ 这里的"全在无所系累处"是指什么呢?此只须以朱熹与陈亮论辩中一段话便可更清楚地看出:"古之圣贤从根本上便有惟精惟一功夫,所以能执其中,彻头彻尾,无不尽善。后来所谓英雄,

---

① 黎靖德编:《朱子语类》卷25,第631页。
② 黎靖德编:《朱子语类》卷44,第1128页。
③ 黎靖德编:《朱子语类》卷33,第829页。
④ 黎靖德编:《朱子语类》卷35,第877页。

则未尝有此功夫，但在利欲场中头出头没……且如管仲之功，伊、吕以下谁能及之？但其心乃利欲之心，迹乃利欲之迹，是以圣人虽称其功，而孟子、董子皆秉法义以裁之，不少假借。"① 此处的"根本上便有惟精惟一功夫"，即是指圣人的"心术"是基于天理之上，因此圣贤做任何事业都能"执其中，彻头彻尾无不尽善"。可见，朱熹是把心术作为本领的内在决定因素，而本领则是心术的外在表现，即使用。

实际上，只有符合"理"的本领才是朱熹所肯定的本领。他说"须是要本领是。本领若是，事事发出来皆是；本领若不是，事事皆不是也"②，"凡事求可，功求成，取必于智谋之末，而不循天理之正者，非圣贤之道"③，即不符合天理的本领不是圣贤之道，是应该批判和抛弃的。以这一标准来评判历史人物，朱熹把伦理道德摆在功业之上，就必然倒向崇义贬利。

应该强调指出，朱熹的心术本领说，是含有"经世致用"内容的。实际上，朱熹虽然没有直接使用"经世致用"一词，但类似的语言并非少见。如朱熹说："士之所以能立天下之事者，以其有志而已。然非才则无以济其志，非术则无以辅其才。是以古之君子未有不兼是三者而能有为于世者也。然而所谓术者，又岂阴险诡仄、朝三暮四之谓哉！"④ 这里的才、志、术被说成是"有为于世者"的前提条件，而"有为于世"即是经世致用。这段引文是朱熹为筑室崇安、苦读《通鉴》的张仲隆所作的《通鉴室记》中的一段话。朱熹认为张氏日读《通鉴》数卷，对"上下若千年之间，安危治乱之机，情伪吉凶之变，大者纲提领挈，细者缕析毫分，心目瞭然，无适而非吾处事之方者。如是盖三年矣"，而张氏"有当世之志、当世之才，又能因是书以求尽其术"⑤，故朱熹对他大加赞赏，这就充分体现出朱氏的经世致用思想。朱熹对作《兵要》一书的孙稽仲也有赞誉之词："观其述作之体，

---

① 朱熹：《朱熹集》卷36《答陈同甫》，第1602—1603页。
② 黎靖德编：《朱子语类》卷27，第670页。
③ 黎靖德编：《朱子语类》卷108，第2687页。
④ 朱熹：《朱熹集》卷77《通鉴室记》，第4026页。
⑤ 朱熹：《朱熹集》卷77《通鉴室记》，第4027页。

不为文字之空言，而必要于实用……足以见其学之所以为用。"① 显然，从朱熹对张仲隆、孙稽仲的称赏中，不正反映出他所提倡的治学为经世致用的思想吗？

实际上，经世致用可以表现在治理国家、治理地方或保卫疆土上，同样可以表现在教育世人、兴办地方公益事业等等方面。这里，从朱熹对宋朝政局的言论来看他的有关思想。朱熹对"自戊午（绍兴八年，1138 年）讲和以至于今，二十余年，朝政不纲，兵备弛废，国势衰弱，内外空虚"②是极为不满的，孝宗初立，他便上了著名的长达5000 余言的《壬午应诏封事》，集中阐述了讲学以明大本、任贤以修阙政、拒和以收失地等问题；次年，他又上了《垂拱奏札》三章，再次阐述了这些观点，明确提出举贤授能的主张，并认为"考之于经，验之于史，而会之于心，以应当世无穷之变，则今日之务所当为者不得不为，所不当为者不得不止"③；到淳熙七年《庚子封事》中又提出"正君心""立纲纪""恤民省赋"以及废除杂税、屯田养军等主张，言辞激烈，触犯了孝宗；淳熙十五年的《戊申封事》更是长达万言，除了重提正君心外，又说六事，包括辅助太子、选任大臣、振举纲纪、变化风俗、爱养民力、修明军政；次年的《己酉封事》进而提出九事：讲学以正心、修身以齐家、远便嬖以近忠直、抑私恩以抗公道、明义理以绝神奸、择师傅以辅皇储、精选任以明体统、振纲纪以厉风俗、节财用以固邦本。从朱熹的这些奏章来看，虽然其中不乏浓厚的理学气味，然其核心思想正是企望改变南宋积贫积弱的政治局面，这也充分反映了朱熹积极入世的思想。如果学者们认为这还不足以认定为经世致用思想，那么，这里再录一节朱熹《学校贡举私议》中的话："至于诸史，则该古今兴亡治乱得失之变。时务之大者，如礼乐制度、天文地理、兵谋刑法之属，亦皆当世所须而不可阙，皆不可以不之习也"，甚至朱熹主张设史科，"以次分年"，"则士无不通之经，

---

① 朱熹：《朱熹集》卷 76《孙稽仲文集序》，第 4000—4001 页。
② 朱熹：《朱熹集》卷 24《与黄枢密书》，第 1012 页。
③ 朱熹：《朱熹集》卷 13《癸未垂拱奏札一》，第 506 页。

无不习之史，皆可为当世之用矣"。① 习史而"皆可为当世之用"不正是经世致用吗？至于朱熹给执政们（丞相、参政及其他大臣）写的信件，保留在朱熹文集中很多，其中有大量吸引人才、改革弊政等等建议，就不再引证了。至于朱熹给一般士大夫的信，除了谈论道德修养之外，也有不少地方谈到经世致用的问题，此举例证之。汪叔耕曾寄赠诗文集，朱熹回信答道："用力于文词，不若穷经观史以求义理而措诸事业之为实也"②，这里"措诸事业"正是经世致用。他给谢成之的信中也说："至如天文地理、礼乐制度、军旅刑法，皆是着实有用之事业，无非自己本分内事"③，这不是也清楚地表现出朱熹的经世致用思想吗？

上面引用朱熹著作原文，显然可见他是个比较关心国计民生的有经世致用思想的思想家。

那么，为什么朱熹会被人认为仅是个空谈义理道德的理学家呢？笔者认为至少有以下几个原因：

其一，在庆元党禁中，朱熹思想被严禁；而党禁始解，朱熹门人为恢复朱熹名誉大声疾呼，做了不少努力。但他们是从朱熹是个理学家着眼阐述的，认为朱熹的思想有助于治道，把朱熹描绘成一个道貌岸然的理学家。比较典型的是朱熹的女婿黄榦，他作的《朱子行状》，就是把朱熹描绘成这样一个人。同时，他们在传播其师理学思想时，也基本上只称颂朱熹的理学贡献，而闭口不提朱熹的经世致用思想。因而，他们才是始作俑者！

其二，后代帝王在维护自己统治时，不遗余力地褒奖和宣扬朱熹的理学思想，而闭口不提朱熹的经世致用思想。

其三，朱熹在与陈亮辩论义利王霸时，理学气味确实较重；加以朱熹平时也经常强调"正其谊而不谋其利"，也给人一种道学家的"不事功利"的印象。

---

① 朱熹：《朱熹集》卷69《学校贡举私议》，第3637页。
② 朱熹：《朱熹集》卷59《答汪叔耕》，第3015页。
③ 朱熹：《朱熹集》卷58《答谢成之》，第2947页。

其四，明清两朝的一些进步思想家在批判朱子后学时，尤其对那种空谈义理、陷在空疏学风中的"假道学"深恶痛绝，口诛笔伐，有时也带上朱熹之类的"前儒"，由此，移花接木，朱熹则成了空谈性命道德的"假道学家"了。

其五，也必须指出，过去较长一段时间内，极"左"思潮泛滥，凡是"唯心主义"思想家都被批得体无完肤，作为中国封建社会中的著名思想家朱熹自然逃不脱被"穷批猛打"的命运，由此朱熹的经世致用思想"理所当然"地被人"遗忘"了。值得庆幸的是，近年来的学术研究已经走上了正轨，一部分学者开始对朱熹作重新评价，对他的研究更加深入了。遗憾的是，一些学者虽然对朱熹的部分施政（如社仓法等）作了肯定，但对他的经世致用思想并未作出正确的估价与评述，这确实不能不说是一种使人难以信服的结论。

总而言之，朱熹讲究的是定心术本领的历史经世论，良莠杂糅，必须加以仔细辨别，全盘肯定和否定都是不足取的。

四　强调格物致知的历史可知论

最后研讨朱熹的格物致知的历史可知论。

从认识论的角度说，朱熹的格物致知的认识论，表现在对历史问题的看法上持历史可知论。在讨论朱熹的历史可知论之前，必须先研讨他的格物致知的认识论。

朱熹的格物致知之说，在他所撰《大学章句》传五章所补之语中表现得最为充分，现录之如下：

> 所谓致知在格物者，言欲致吾之知，在即物而穷其理也。盖人心之灵莫不有知，而天下之物莫不有理，惟于理有未穷，故其知有不尽也。是以《大学》始教，必使学者即凡天下之物，莫不因其已知之理而益穷之，以求至乎其极。至于用力之久，而一旦豁然贯通焉，则众物之表里精粗无不到，而吾心之全体大用无不

明矣。此谓物格，此谓知之至也。①

上述这段话值得注意的有四个方面：其一，格物是"即物而穷其理"，即通过对具体事物的认识而了解其中蕴含着的"理"。其二，格物又须"因其已知之理而益穷之"，即认识须有个逐渐积累的过程。其三，穷理要求"至乎其极"，即必须彻底认识天理，就是须达到"知至"，这是认识的最终目的。其四，格物从积累到"知至"的过程中，有一个"一旦豁然贯通"阶段，只有通过这个"豁然贯通"的阶段，才能达到"知至"。朱熹解释说："格物者，格，尽也，须是穷尽事物之理"②；"世间之物，无不有理，皆须格过"③，"事事物物皆有个道理，穷得十分尽，方是格物"④，这就是要求从具体事物中去寻求"理"。

朱熹的格物含义很广，既包括认识自然现象、社会现象，也包括认识精神现象。例如他说："学者须当知夫天如何而能高，地如何而能厚，鬼神如何而为幽显，山岳如何而能融结"⑤，"或考之事为之著，或察之念虑之微，或求之文字之中，或索之讲论之际。使于身心性情之德，人伦日用之常，以至天地鬼神之变，鸟兽草木之宜"⑥，凡此均是格物。这种观念自然是混杂的、不甚准确的。但是，朱熹强调指出："万物之荣悴与夫动植小大，这底是可以如何使，那底是可以如何用，车之可以行陆，舟之可以行水，皆所当理会"⑦，"大而天地阴阳，细而昆虫草木，皆当理会。一物不理会，这里便缺此一物之理"⑧。这里，朱熹又十分明确地把客观存在的具体事物，作为自己认识的对象，这无疑是他的"格物致知"认识论中有价值的成分，这是不应该轻易

---

① 朱熹：《四书章句集注·大学章句》，中华书局1983年版，第6—7页。
② 黎靖德编：《朱子语类》卷15，第283页。
③ 黎靖德编：《朱子语类》卷15，第286页。
④ 黎靖德编：《朱子语类》卷121，第2940页。
⑤ 黎靖德编：《朱子语类》卷18，第399页。
⑥ 朱熹：《四书或问·大学或问下》，第23—24页。
⑦ 黎靖德编：《朱子语类》卷18，第395页。
⑧ 黎靖德编：《朱子语类》卷117，第2817页。

否定的。

朱熹把读书和封建道德修养也称为格物,明确宣称"读书是格物一事"①,"更宜于日用事物、经书指意、史传得失上做工夫"②,这样才能穷尽天下之理。对于三纲五常,朱熹强调"须是要见得尽。若有一毫不尽,便是穷格不至也"③,显示其认识论为封建伦理服务的最终目的。作为一个理学家如此坚持这些,也是不奇怪的。

不过,朱熹在论述这一问题时,强调学习和思考的重要性,并把它们作为认识事物、求得知识的一种有效途径和手段,这是有积极意义的,不应一概否定。例如,他说:"学不止是读书,凡做事皆是学"④,"如未识得这一个理,便去讲究,要识得,也是学;未识得这一个书,便去读,也是学;未晓得这一件事,去问人如何做,便也是学"⑤。在学的基础上,朱熹指出"思"的重要作用:"学与思,须相连"⑥,"'学原于思。'思所以起发其聪明"⑦,"须是去思,方得之,不思,则不得也"⑧,因此"'思'之一字,于学者最有力"⑨,"思虑息不得"⑩。这些看法都是有合理因素的。

朱熹认为:认识有个渐进积累的过程,通过这一过程才可能达到"豁然贯通"的境界。朱熹强调说"学问亦无个一超直入之理,直是铢积寸累做将去"⑪,"铢积寸累,久自见功"⑫;并自称"某不敢自昧,实以铢累寸积而得之"⑬。他认为这种穷格工夫是"欲速不得"⑭

---

① 黎靖德编:《朱子语类》卷10,第167页。
② 黎靖德编:《朱子语类》卷9,第152页。
③ 黎靖德编:《朱子语类》卷15,第284页。
④ 黎靖德编:《朱子语类》卷24,第584页。
⑤ 黎靖德编:《朱子语类》卷24,第584页。
⑥ 黎靖德编:《朱子语类》卷24,第584页。
⑦ 黎靖德编:《朱子语类》卷96,第2460页。
⑧ 黎靖德编:《朱子语类》卷59,第1415页。
⑨ 黎靖德编:《朱子语类》卷97,第2491页。
⑩ 黎靖德编:《朱子语类》卷97,第2491页。
⑪ 黎靖德编:《朱子语类》卷115,第2771页。
⑫ 朱熹:《朱熹集》卷64《答江端伯》,第3372页。
⑬ 黎靖德编:《朱子语类》卷104,第2620页。
⑭ 朱熹:《朱熹集》卷61《答林德久》,第3156页。

的，只有"理会得一寸，便是一寸；一尺，便是一尺。渐渐理会去，便多"①。如此，"今日格一件，明日又格一件，积习既多，然后脱然有个贯通处"②。他主张在格物过程中，要"必铢铢而较之，至于钧而必合；寸寸而度之，至于丈而不差，然后为得也……愚恐小差积而大谬生，所谓钧石丈引者亦不得其真矣"③。这种"铢较寸度"的工夫，可以"举所疑，与朋友讲论。假无朋友，久之自能自见得"④，因为"今日明日积累既多，则胸中自然贯通"⑤。朱熹把人们的认识过程粗略地分为积累和贯通两个阶段，强调要多多接触具体事物，花大力气积累知识，并验证所得知识，为达到豁然贯通准备必要的前提条件。应该说，朱熹的这种观点初步接触到人类认识顺序上的一些具体规律，无疑是值得重视的有价值的思想。

朱熹所说的豁然贯通，一般是指融会贯通。如他说"精粗表里，融会贯通，而无一理之不尽矣"⑥，"须是逐一理会，少间多了，渐会贯通，两个合做一个，少间又七八个合做一个，便一齐通透了"⑦。在有些场合又指触类旁通或类推。他说："今以十事言之，若理会得七八件，则那两三件触类可通"⑧；"格物，非欲尽穷天下之物，但于一事上穷尽，其他可以类推"⑨。这种类推是"从已理会得处推将去"⑩，"因其所已知者推之以及其所未知"⑪。就是说，只要融会贯通了，就可以旁通、类推。这里既讲了事事物物中都有个特殊的"物理"，又认为它们之中还有"通理"存在，实际上是既承认了个别，又承认了一般，使人们的认识不停留在个别上，肯定了作为一般的"理"在认

---

① 黎靖德编：《朱子语类》卷9，第157页。
② 黎靖德编：《朱子语类》卷18，第391页。
③ 朱熹：《朱熹集》卷64《答江彦谋》，第3363页。
④ 黎靖德编：《朱子语类》卷11，第186页。
⑤ 黎靖德编：《朱子语类》卷18，第408页。
⑥ 黎靖德编：《朱子语类》卷9，第152页。
⑦ 黎靖德编：《朱子语类》卷14，第273页。
⑧ 黎靖德编：《朱子语类》卷18，第407页。
⑨ 朱熹：《四书或问·大学或问下》，第21页。
⑩ 黎靖德编：《朱子语类》卷18，第416页。
⑪ 朱熹：《朱熹集》卷59《答陈才卿》，第3058页。

识论中的重要作用，初步接触到个别向一般的演进问题，这是很有价值的地方。

自然，由于历史条件所限，朱熹还不可能懂得认识过程中的这种由渐进到飞跃的辩证法，不可能对豁然贯通的本质作出科学的分析与评述，因而，"豁然贯通"在他的头脑中只是一种朦胧的难以捉摸的东西。例如他说：积累多时，"久之自当有洒然处，自是见得快活"①；"不知不觉，自然醒悟。其始固须用力，及其得之也，又却不假用力"②。显然，他自己在"豁然贯通"上套了一圈神秘的光环。

朱熹认为："豁然贯通"既是对"理"的终极认识，又是践履力行的出发点。他说："为学之道，圣贤教人，说得甚分晓。大抵学者读书，务要穷究。'道问学'是大事。要识得道理去做人"③，"圣人之学与俗学不同，亦只争这些子。圣贤教人读书，只要知所以为学之道。俗学读书，便只是读书，更不理会为学之道是如何"④，"圣贤教人必以穷理为先，而力行以终之"⑤，因为，"物格、知至后，其理虽明，到得后来齐家、治国、平天下，逐件事又自有许多节次，须逐件又徐徐做将去"⑥。在他看来，修治齐平都属于践履力行的范畴，这种实践的内容确实很混杂，很不科学，但朱熹采取的毕竟是一种面对现实的入世态度。他认为，只要达到豁然贯通的境界，践履则是顺理成章的事了："格物致知，方能意诚、心正、身修，推而至于家齐、国治、天下平，自然滔滔去，都无障碍"⑦，"知至只是到脱然贯通处，虽未能事事知得，然理会得已极多。万一有插生一件差异底事来，也都识得他破。只是贯通，便不知底亦通将去"⑧。诚然，朱熹极为强调对封建伦理纲常的践履力行，充分体现出他的认识论的阶级属性；但他所

---

① 黎靖德编：《朱子语类》卷18，第422页。
② 黎靖德编：《朱子语类》卷18，第394页。
③ 黎靖德编：《朱子语类》卷10，第162页。
④ 黎靖德编：《朱子语类》卷20，第447页。
⑤ 朱熹：《朱熹集》卷54《答郭希吕》，第2727页。
⑥ 黎靖德编：《朱子语类》卷16，第360页。
⑦ 黎靖德编：《朱子语类》卷117，第2832页。
⑧ 黎靖德编：《朱子语类》卷18，第396页。

强调的贯通后还须践履力行，毕竟初步接触到认识与实践的关系问题，同时，这一"践履力行"至少还包括治国、平天下这类经世致用的内容，这些都是有一定价值的，不必也不能全盘否定。

通过上面对朱熹的格物致知认识论的分析，可见它是一种理性主义的可知论，由此表现在认识人类社会历史的问题上，朱熹同样认为要通过"格物"，才能了解它，因此，朱熹的历史认识论也是一种理性主义的可知论。他说："穷理格物，如读经看史，应接事物，理会个是处，皆是格物。"① 这种主张"读经看史"须"理会个是处"，显然是理性主义的认识论。

那么，朱熹的历史可知论有哪些特点呢？

其一，朱熹认为历史的发展规律——即"理"对人类历史的指导作用是可知的。他强调："读史，以考存亡治乱之迹"②，又说"读史当观大伦理、大机会、大治乱得失"③，他还说读《左传》的方法"也只是平心看那事理、事情、事势"④。这里的"大伦理""事理"都指"天理"；"大机会""事势"是指"势"；而"大治乱得失""事情"则是指具体的历史事件。显然，从天理、事势到具体历史事件，朱熹认为都是可知的。如前所述，朱熹把理作为永恒不变的规律，这个"理"有客观规律的含义，在人类历史方面则又指封建的伦理道德——三纲五常，那么读史当然要从具体的历史事件中了解它们。而且朱熹特别强调对三纲五常——即天理的认识，这也是他作为理学家必然要显示出来的特色。

他曾一再严格区分自己研读史书与浙东学派治史的不同，批评他们治史只讲王霸功利而不研求天理，如此治史只会坏了自己的心术，这便不是格物致知之学。他说："浙中一般学，是为英雄之学，务为跅弛豪纵，全不点检身心。某这里须是事事从心上理会起，举止动步，

---

① 黎靖德编：《朱子语类》卷15，第284页。
② 黎靖德编：《朱子语类》卷11，第188页。
③ 黎靖德编：《朱子语类》卷11，第196页。
④ 黎靖德编：《朱子语类》卷83，第2148页。

事事有个道理。一毫不然,便是欠缺了他道理"①,"然则所谓格物致知之学,与世之所谓博物洽闻者,奚以异?曰:此以反身穷理为主,而必究其本末是非之极至;彼以徇外夸多为务,而不覈其表里真妄之实。然必究其极,是以知愈博而心愈明;不覈其实,是以识愈多而心愈窒。此正为己为人之所以分,不可不察也"②。显然,朱熹强调两者的区别,就是在于是否真正去理解天理之上。朱熹还认为读史可以从中了解历史发展的趋势,它是一种阴阳消长、周而复始的"元会运世"式的循环运动,而且不以人们的意志为转移;除此便是可以从具体的历史事件中了解古今人物为人处事的当否、优劣,以给后人作为鉴戒。当然,这一切都是围绕着加深对天理的认识而展开的,去真正了解"天理"对人类历史的指导作用。

其二,朱熹认为历史事件和历史人物在事件中的表现是可知的。而要知道这一切,又必须通过读史书或其他方法来获取。朱熹认为,作为一个学者必须"多读经史,博通今古"③,"随事观理,反复涵泳"④,才能有利于己身的修养,才可能有为于时,有补于世,这一点又与朱熹的经世论是密不可分的。他说:"凡观史书,只有个是与不是。观其是,求其不是;观其不是,求其是,然后便见得义理。"⑤显然,他强调从历史中间观察"是"和"不是"都可以"见得义理",即从具体的历史人物和事件的研究中间取得义理当否,这也就有利于自己的修养了。

诚然,朱熹判断是与非都是以封建的伦理道德作为标准的,是出于他理学家的立场,这并不奇怪,但反映出他认为历史研究的对象是可知的,这种认识显示其清醒的理性主义可知论。例如,朱熹认为《春秋》也是天理与人事相通的:"此书虽云本根天理,然实与人事贯

---

① 黎靖德编:《朱子语类》卷116,第2801页。
② 朱熹:《四书或问·大学或问下》,第28页。
③ 朱熹:《朱熹集》卷54《答江梦良》,第2739页。
④ 朱熹:《朱熹集》卷46《答黄仁卿》,第2251页。
⑤ 黎靖德编:《朱子语类》卷11,第196页。

通，若不稽考事迹，参以诸儒之说，亦未易明也"①；他在回答学生问读《春秋》《史记》之法时说："无它法，只是据经所书之事迹，准折之以先王之道，某是某非，某人是底犹有未是处，不是底又有彼善于此处，自将理折衷便见。如看《史记》，秦之所以失如何？汉之所以得如何？楚汉交争，楚何以亡？汉何以兴？其所以为是非得失成败盛衰者何故？只将自家平日讲明底道理去折衷看，便见。看《春秋》亦如此。"②朱熹认为看《春秋》与《史记》相同，认为它们都与人事相通，即承认它们都有可以给人以借鉴作用。值得指出的是：朱熹提出要从楚汉兴亡得失成败中找出所以然，涉及寻求其深层的原因，而且要求用道理去"折衷"，反映了他思维的深刻性、敏锐性，这一点是应予肯定的。当然，朱熹又一切裁之以天理、纲常，把认识它们作为研究历史的终极任务，把它们作为历史发展的永恒的规律，这完全是错误的，这是"理决定论"的必然结果。

---

① 朱熹：《朱熹集》卷39《答柯国材》，第1759页。
② 黎靖德编：《朱子语类》卷55，第1318页。

第三章

朱熹的治史态度

在本章中,将讨论朱熹的治史态度。所谓治史态度,包括对治史目的的认识,对史学价值的判断,对治史缓急的态度,以及治史的实际功效等等。那么朱熹的治史态度究竟如何?概括起来说,有以下四个方面:其一,先经后史的治史顺序说;其二,劝善惩恶的史学目的论;其三,明道正谊的治史功利说;其四,当世之用的社会价值论。这四个方面是有机地组织成一体的,而且朱熹在不少方面颇有见地,下面将分别讨论。

一 先经后史的治史顺序说

朱熹认为,治史的正确态度首先是要摆正它与治经的关系,即先治经还是先治史。在这一方面,朱熹强调要先治经而后再治史,笔者概括为先经后史的治史顺序说。

先经后史的治史顺序说的理论根据是什么呢?此先举两段朱熹之话:

> 东莱聪明,看文理却不子(仔)细。向尝与较程《易》,到《噬嗑卦》"和而且治",一本"治"作"洽"。据"治"字于理为是,他硬执要做"洽"字。"和"已有洽意,更下"洽"字不得。缘他先读史多,所以看粗著眼。读书须以经为本,而

后读史。①

　　盖为学之序，为己而后可以及人，达理然后可以制事。故程夫子教人先读《论》《孟》，次及诸经，然后看史，其序不可乱也。②

　　上述第一例是朱熹谈自己与吕祖谦讨论程颐《易传》中一个字的正讹问题。朱熹认为吕氏错了，并引申到他是"先读史多，以看粗著眼"。这里暂不讨论孰对孰错的问题，但显然可见朱熹对吕氏先读史而且对很多的治史态度是不满的，坚持读书应遵循"以经为本，而后读史"的观点。第二例是朱熹在淳熙七年给吕祖谦之信中的话。在这封信中，朱熹先写道："闻（吕氏）只令诸生读《左氏》及诸贤奏疏，至于诸经《论》《孟》则恐学者徒务空言而不以告也。"显然，朱熹对此表示强烈的不满，认为《左传》、奏疏皆谈"时事利害，而非学者切身之急务"，"为空言亦益甚矣"。他批评吕祖谦教学生以《左传》之类史书而不先教以经书，并以程颐教人先经后史之语来教训吕东莱。朱熹认为：为学之序必须先经后史，如此才能"为己而后可以及人，达理然后可以制事"，这就是程夫子所传的不二法门，朱熹反复强调"其序不可乱也"。③

　　这里还必须进一步分析"为己"和"及人"这两个概念。所谓为己，按朱熹之言即是"为学须是切实为己，则安静笃实，承载得许多道理"，"大指要下学着实"，因为"入道之门，是将自家身己入那道理中去。渐渐相亲，久之与己为一"。④ 可见，为己即是将自家身己"入那道理中去"，要扎扎实实地学，承载得许多道理，实质上就是指个人的道德修养。在朱熹看来，"学者须是为己。圣人教人，只在

---

① 黎靖德编：《朱子语类》卷122，第2950页。
② 朱熹：《朱熹集》卷35《答吕伯恭》，第1535页。
③ 朱熹：《朱熹集》卷35《答吕伯恭》，第1535页。
④ 黎靖德编：《朱子语类》卷8，第140页。

《大学》第一句'明明德'上"①，而"致知至修身五件，是明明德事"②。这种道德修养"大抵见善必为，闻恶必去，不使有顷刻悠悠意态，则为学之本立矣"，而且只有在这种前提下，"异时渐有余力，然后以次渐读诸书，旁通当世之务，盖亦未晚"。③

与为己相对者是"为人"。所谓为人，即朱熹批评的"近来学者，多是以自家合做底事报与人知"，"多好高，只是将义理略从肚里过，却翻出许多说话……如此者，只是不为己，不求益；只是好名，图好看"。④显然，为人则指一种只做表面文章而不做切己修养功夫的为学态度，朱熹是不赞成的。因此，他强调"学者要紧且要分别个路头，要紧是为己为人之际"⑤。

所谓及人，则是由己及人，即在自身道德修养到一定程度时，再去教人。朱熹说："以明德、新民互言之，则明明德者，所以自新也（即提高自身道德修养）；新民者，所以使人各明其明德也"，"齐家至平天下三件，是新民事"。⑥按朱熹的说法是："自格物至修身，自浅以及深；自齐家至平天下，自内以及外。"⑦这里的"内"就是由浅入深的自身道德修养功夫；"外"就是指由己及人的教人功夫，也就是上述的"新民"之事。因此朱熹说"达理然后可以制事"，即可以进行齐家、治国乃至平天下。

在朱熹看来，明德新民是统一的，都是符合天理而不可分的。他说："治国、平天下与诚意、正心、修身、齐家只是一理。所谓格物致知，亦曰知此而已矣。此《大学》一书之本指也。今必以治国平天下为君相之事而学者无与焉，则内外之道异本殊归，与经之本旨正相南北矣。禹、稷、颜回同道，岂必在位乃为政哉！"⑧这里的"内"是

---

① 黎靖德编：《朱子语类》卷14，第261页。
② 黎靖德编：《朱子语类》卷15，第308页。
③ 朱熹：《朱熹集》卷49《答林伯和》，第2379页。
④ 黎靖德编：《朱子语类》卷8，第139页。
⑤ 黎靖德编：《朱子语类》卷8，第139页。
⑥ 黎靖德编：《朱子语类》卷15，第308页。
⑦ 黎靖德编：《朱子语类》卷15，第312页。
⑧ 朱熹：《朱熹集》卷44《答江德功》，第2118页。

指为己之学,"外"则是及人之事;朱熹反对把为己之学说成是学者之事,而把及人之事说成是君相之事,认为与"经之本旨正相南北",由此得出为政不必在位的结论,因而无论在位与否,都是可以做经世之事业。这一观点显示出经世致用的观念,是可取的。

其实,朱熹经常说孔孟不在位而能措之天下之事,即做出了圣贤的事业,并以此来勉励学者们在修养达到一定程度时去措之事业,也就是传统儒家的退而独善其身,进而治国平天下的路子。他强调说:为学"正当以圣贤为师"①,要立志,而"所谓志者,不道将这些意气去盖他人,只是直截要学尧舜"②。在朱熹看来,尧舜之性与常人之性相同,而所禀之气则有异,常人所禀之气有浊有偏,因而需要做为己之学的功夫,改变自己的气质之性,这就是他的人性理论,前面已经作了论述,在此不再详论。

问题在于,为什么常人做出的事业达不到圣贤的程度? 朱熹说:"凡人须以圣贤为己任。世人多以圣贤为高,而自视为卑,故不肯进……然圣贤禀性与常人一同。既与常人一同,又安得不以圣贤为己任? 自开辟以来,生多少人,求其尽己者,千万人中无一二,只是衮同枉过一世。"③ 正由于此,朱熹提出:"而今学者所以学,便须是到圣贤地位,不到不肯休,方是"④,"人之为学,只是争个肯不肯耳"⑤,"所谓学者,所以学为人也。学而至于圣人,亦不过尽为人之道而已"⑥。显然,朱熹认为只要以圣人为师,持之以恒,都是为了达到圣贤地步,做圣贤事业,只是学者自己"不肯"而已,因而一个个都"枉过一世"了。如果要做出圣贤事业,那就必须首先进行道德修养,以圣贤为楷模,使自己完全自觉地遵循封建伦理纲常的规范,不可稍有逾越,这样才能"达理然后可以制事"。同时,由于六经是经

---

① 朱熹:《朱熹集》卷46《答潘叔昌》,第2240页。
② 黎靖德编:《朱子语类》卷8,第133页。
③ 黎靖德编:《朱子语类》卷8,第133页。
④ 黎靖德编:《朱子语类》卷15,第288页。
⑤ 黎靖德编:《朱子语类》卷116,第2793页。
⑥ 朱熹:《朱熹集》卷32《答张敬夫问目》,第1383页。

过圣人之手,故"全是天理"①,因而可以直接从中得知天理;而《大学》《中庸》则又是学者入门之书,也是圣贤所作,故亦可看作"经";至于《论语》《孟子》则是孔孟亲手所为,理所当然是"经"。由此朱熹提出先经后史,即先看四书六经,如此便可"观圣贤之意,因圣贤之意,以观自然之理(天理)"②。从上面论述中可以充分看出朱熹先经后史的治史顺序说的理论根据了。

综上所述,朱熹把为学区分成两个阶段:第一阶段为个人的道德修养;第二阶段则是措之事业,即是以道德修养为基础的措之事业。笔者认为这种区分仍是有一定的积极意义的。诚然,朱熹所强调学者的道德修养是封建伦理纲常,笔者在前面已对此作过分析,不再重复论述。但是强调先加强道德修养,而后措之事业的观点,是要求那些在事业上想做出成就来的学者着重注意自身的修养。坦率地说,如果没有较好的道德修养,那么他在做出事业时也确实会有一定的局限性。因此朱熹的先经后史的观点在理论上是有一定价值的,不应该全盘否定。当然,朱熹强调道德修养只限于学圣贤所修经书的观点是存在问题的,存在着教条主义的倾向。

朱熹对为学不以先经后史为顺序的学者是持批评态度的。他在给吕子约的信中说:"大抵此学以尊德性、求放心为本,而讲于圣贤亲切之训(四书六经)以开明之,此为要切之务。若通古今、考世变,则亦随力所至,推广增益,以为补助耳。不当以彼(指史学)为重,而反轻疑定收敛之实,少圣贤亲切之训也。"③在朱熹看来,如果轻经重史,则会造成"学问之道不在于己而在于书,不在于经而在于史"的结果,就必然产生"(以)为子思、孟子则孤陋狭劣而不足观,必为司马迁、班固、范晔、陈寿之徒,然后可以造于高明正大,简易明白之域也(原注:八字乃来书本语)"。④可见,朱熹对先史后经的学习路径是大为不满的,因为他以为,"史是皮外物事,没紧要,可以

---

① 黎靖德编:《朱子语类》卷11,第190页。
② 黎靖德编:《朱子语类》卷10,第162页。
③ 朱熹:《朱熹集》卷47《答吕子约》,第2298—2299页。
④ 朱熹:《朱熹集》卷47《答吕子约》,第2299页。

札记问人。若是经书有疑,这个是切己病痛",那些是非要弄清不可的,否则就不利于自身的修养,因而他强调"看经书与看史书不同"。① 故而他对浙东学派的吕祖谦、吕子约以及叶适、陈傅良、陈亮等人批评是十分激烈的,甚至认为他们的学问会坏人心术,这在朱熹文集与《朱子语类》中可以找出很多例子来。

当然,朱熹并不认为为学只有"德行"一途,他说:"学不可以一事名,德行、言语、政事、文章,皆学也。今专以德行为学,误矣。"② 但是,为学从哪条路径着手,治经治史孰轻孰重则是治学态度问题,是十分关键的。下面一段他对门人说的话很重要:

> 为学须是先立大本。其初甚约,中间一节甚广大,到末梢又约。孟子曰:"博学而详说之,将以反说约也。"故必先观《论》《孟》《大学》《中庸》,以考圣贤之意;读史,以考存亡治乱之迹;读诸子百家,以见其驳杂之病。其节目自有次序,不可逾越。近日学者多喜从约,而不于博求之。不知不求于博,何以考验其约!……又有专于博上求之,而不反其约,今日考一制度,明日又考一制度,空于用处作工夫,其病又甚于约而不博者。要之,均是无益。③

这里,朱熹批评了两种为学的态度,无论是守约而不博(指陆学),还是博杂不约(指浙学),朱熹都是不赞同的。尤其对后者,更是激烈地批评。究其原因,就是因为前者尚是从经入手,而后者则是从史入手。朱熹曾说:"向时有一截学者,贪多务得,要读《周礼》、诸史、本朝典故,一向尽要理会得许多没紧要底工夫,少刻身己都自怳地颠倒没顿放处。"④ 朱熹批评的是浙学,认为他们的学问路径不

---

① 黎靖德编:《朱子语类》卷11,第189页。
② 朱熹:《朱熹集》卷50《答潘恭叔》,第2416页。
③ 黎靖德编:《朱子语类》卷11,第188页。
④ 黎靖德编:《朱子语类》卷11,第190页。

对，缺少修养功夫，因而"以言事，则不实；以立辞，则害意"①，于己于人都不利，只会坏了心术，更谈不上成贤成圣了。

当然，所谓成贤成圣则是从理论上立论的，事实上并非人人可以成贤成圣，而且后世学者被朱熹认定为圣贤者极少，那么是不是有矛盾呢？朱熹对此的回答是：人人皆可成为圣贤，是从"天命之性"而言的，但他们不能成为圣贤，则有两个原因：一是因为后天不肯学习，而圣人"虽是生知，然何尝不学，亦何所不师？但其为学与他人不同"②。这是主观上的原因。二是大部分人的气质秉性不如圣贤的纯粹，故虽经努力也达不到圣贤地步，这是客观上的原因。在朱熹看来，只有"阴阳合德，五性全备，然后中正而为圣人"③。但是，众人虽不能成为圣贤，然可成为"君子"，同样可以有作为，只是所做出的事业较小而已。这个问题，已在上一章中作了论述。

既然人人可以经过学习成为君子，并可以有所作为，那就有个治学顺序问题，按朱熹说法就是先经后史，先立大本，并且要量力治史。朱熹在回答门人邵浩是否要看史书时说："书那有不可读者？只怕无许多心力读得"④；他在答潘恭叔的信中也说："所谕读《通鉴》正史曲折甚善，学不可不博，正须如此。然亦须量力，恐太拽出精神向外，减却内省功夫耳。"⑤ 这种量力读史是朱熹经常强调的，因为"自家力不及，多读无限书，少间埋没其间，不惟无益，反为所害"⑥，即对自身修养有害。如果学有余力，"只五年间，可以读得经子诸书，迤逦去看史传，无不贯通"⑦。显然朱熹的量力读史是有前提的，即不能打乱先经后史的顺序。

值得指出的是，朱熹对儿童的读史问题也是基于这一观点之上的。

---

① 黎靖德编：《朱子语类》卷116，第2802页。
② 朱熹：《朱熹集》卷42《答吴晦叔》，第1961页。
③ 黎靖德编：《朱子语类》卷4，第74页。
④ 黎靖德编：《朱子语类》卷11，第190页。
⑤ 朱熹：《朱熹集》卷50《答潘恭叔》，第2438页。
⑥ 黎靖德编：《朱子语类》卷120，第2904页。
⑦ 黎靖德编：《朱子语类》卷104，第2613页。

他说："《稽古录》一书，可备讲筵官僚进读。小儿读《六经》了，令接续读去，亦好"①，这是对儿童读书顺序的看法，也要求在读完六经之后才能读像《稽古录》这样的通俗历史读物。至于稍长的后生家，朱熹的要求就严格多了，他说："史书闹热，经书冷淡，后生心志未定，少有不偏向外去"，即在还未打好坚实基础的情况下就让他们读史书，就会产生偏向，因此朱熹明确提出"亦当预防也"。② 他在给梁文叔的信中也曾提到"昨日有人问看史之法，熹告以当且治经，求圣贤修己治人之要，然后可以及此"③，也表达同样的意思。显然，朱熹首先强调要读经，进行道德修养，体认到天理无所不在，而后才能读史，舍此，他都认为不是正确的途径。

这里需要补充的是，朱熹批评治史言论是有具体场合的，大体说来有三种情况：其一，在经史作对比时；其二，在批评婺学、永康、永嘉等学者时；其三，在批评前代或当代一些具体史书不合义理时使用。前两种情况前面已多少有所论及，第三种情况则尚未论及，现试论之：

  或问《左传》疑义。曰："公不求之于《六经》《语》《孟》之中，而用功于《左传》。且《左传》有甚么道理？纵有，能几何？"④

此段语录是认为《左传》所含义理少，学者不必用心于此。又如：

  孔子之时接乎三代，有许多《典》《谟》《训》《诰》之文，有许多礼乐法度，名物度数，数圣人之典章皆在于是，取而缵述，方做得这个家具成。王通之时，有甚么《典》《谟》《训》《诰》？

---

① 黎靖德编：《朱子语类》卷134，第3207页。
② 朱熹：《朱熹集》卷33《答吕伯恭》，第1459—1460页。
③ 朱熹：《朱熹集》卷44《答梁文叔》，第2100页。
④ 黎靖德编：《朱子语类》卷121，第2938页。

有甚么礼乐法度？乃欲取汉魏以下者为之书，则欲以《七制》《命议》之属为续《书》（原注："七制"之说亦起于（王）通。有高文武宣光武明章制，盖以比《二典》也。）……自汉以来，诏令之稍可观者，不过数个。如高帝《求贤诏》虽好，又自不纯。文帝《劝农》，武帝《荐贤》《制策》《轮台》之悔，只有此数诏略好，此外尽无那壹篇比得《典》《谟》《训》《诰》。便求一篇《君牙》《冏命》《秦誓》也无。①

上面一段是批评王通续《书》之事。王通续《书》是掇摘前代史书而成，故实际上含有批评这些史书的含义。在朱熹看来，"三代之《书》《诰》《诏》《令》，皆是根源学问，发明义理，所以灿烂可为后世法"②，而秦汉以下诸史则不足观。朱熹是从理学家的角度来立论的，自然有偏颇之处。因为他混淆了经书与史书的界限，没有正确区分出经书与史书各自的特性。关于这一问题，笔者将在第六章中再予以讨论。不过，这里已经可以清楚地看出朱熹对后代史书的基本态度了。当然，这里讨论朱熹批评治史的三种情况，并不是说他反对治史，正如前面所说，他只是主张先进行道德修养的前提下才治史，如果夸大为朱熹反对治史，那就不符合他的思想实际，也就难以解释他的一生与史书有不解之缘的历史事实。

接着讨论朱熹先经后史的治史顺序说的几个有价值的方面。笔者认为：朱熹反对割裂经史、以为治史应有具体的顺序、主张设立史科取士，这是他最有价值的观点。下面试作分析。

首先，讨论朱熹反对割裂经史问题。他曾多次批评王安石熙宁变法，其中之一便是批评王安石禁史书之事。他说："旧例经义禁引史传，乃王氏末流之弊。而论子史者不复订以经指，又俗学卑近之失"，主张"使治经术者通古今，议论者识原本，则庶乎其学之至矣"。③ 他

---

① 黎靖德编：《朱子语类》卷137，第3255—3256页。
② 黎靖德编：《朱子语类》卷137，第3258页。
③ 朱熹：《朱熹集》卷69《学校贡举私议》，第3640页。

在《蕲州教授厅记》中也说要使蕲州郡斋生员"潜思乎《论语》《孟氏》之书以求理义之要,又考诸编年、资治之史议夫事变之得失"①,也是经史并举,显然可见朱熹是反对割裂经史。

朱熹对当时重经而弃史或重史而轻经的两种倾向都是反对的,他引用程颢之言"与贤说话,却似扶醉汉,救得一边,倒了一边",感叹地说:"今之学者大抵皆然。如今人读史成诵,亦是玩物丧志。学者若不理会得,闻这说话,又一齐弃了……近日学者又有一病,多求于理而不求于事,求于心不求于身"。② 因此在朱熹看来今之学者"不是玄空高妙,便是肤浅外驰"③,他认为都是不可取的。朱熹反复对门人说为学顺序应是先经后史,先立大本而后读史,缺一不可。如他说:"须培壅根本,令丰壮。以此去理会学,三代以下书,古今世变治乱存亡,皆当理会"④;又说:"专去理会刑名度数,固不得;又全废了这个,也不得"⑤。可见朱熹是明确反对割裂经史的,而这一观点是很有价值的。

其次,朱熹认为治史应有个具体顺序。朱熹对门人说:"史亦不可不看。看《通鉴》固好,然须看正史一部,却看《通鉴》。"⑥ 这里的"正史"不是指某一部正史,而是泛指纪传体史书,下面所引两例可证:

《通鉴》难看,不如看《史记》《汉书》。⑦

先读《史记》及《左氏》,却看《西汉》《东汉》(指《汉书》《后汉书》)及《三国志》。次看《通鉴》。⑧

---

① 朱熹:《朱熹集》卷77《蕲州教授厅记》,第4043—4044页。
② 黎靖德编:《朱子语类》卷120,第2904页。
③ 黎靖德编:《朱子语类》卷121,第2937页。
④ 黎靖德编:《朱子语类》卷113,第2740页。
⑤ 黎靖德编:《朱子语类》卷101,第2564页。
⑥ 黎靖德编:《朱子语类》卷11,第196页。
⑦ 黎靖德编:《朱子语类》卷11,第196页。
⑧ 黎靖德编:《朱子语类》卷11,第195页。

显然在《资治通鉴》之前需读《史记》《汉书》《后汉书》这类纪传体正史。再看下面一例:

> 先读《史记》,《史记》与《左传》相包。次看《左传》,次看《通鉴》,有余力则看全史。①

此例与上两例有抵牾,似乎朱熹在读史顺序言论上自相矛盾,无章可循。其实并不如此。第一,所谓先看正史,是相对《资治通鉴》而言的,因为纪传体史书"每一事关涉处多……诸传互载,又却意思详尽,读之使人心地欢洽,便记得起"。而"《通鉴》则一处说便休,直是无法,有记性人方看得","《史记》《汉书》事多贯穿,纪里也有,传里也有,表里也有,志里也有。《通鉴》是逐年事,逐年过了,更无讨头处"。② 这是从纪传体史书便于记忆开始着眼的。他曾举例说:"如东晋以后,有许多小国夷狄姓名,头项最多。若是看正史后,却看《通鉴》,见他姓名,却便知得他是某国人。"因此朱熹自己声称也是先看"正史一上(遍)"③,而后看《资治通鉴》的。第二,这里把《左传》放在《史记》之后,放在其他正史之前,不过是朱熹对《左传》这部书的认识与现在有些差异而已。朱熹虽把《左传》作为编年体史书,但同时又把它作为解释《春秋》的一部史书,与《资治通鉴》是有差异的,况且《左传》只写了254年的史事,长短与其他正史基本类似,而《资治通鉴》则写了1360余年的历史,毕竟时间要长得多。他说:"《春秋》一经,从前不敢容易(即轻易)令学者看,今恐亦可渐读正经(指《春秋》)及三传"④,这便是明证。由此可见,朱熹认为读史要从容易记忆着眼,先纪传体正史后编年体史书。不过这是主要对宋代之前史书而言的。

那么对宋代时的史书,朱熹的看法怎样呢?他主张"当看《(续

---

① 黎靖德编:《朱子语类》卷11,第195页。
② 黎靖德编:《朱子语类》卷11,第196页。
③ 黎靖德编:《朱子语类》卷11,第196页。
④ 朱熹:《朱熹集》卷60《答潘子善》,第3145页。

资治通鉴）长编》。若精力不及，其次则当看《国纪》"。① 这里为什么又要求先看编年体后看纪传体呢？朱熹说："《国纪》只有《长编》十分之二耳"②，显然又是从史料丰富与否着眼的。其实与上述观点并不矛盾，因为读宋代以前史书先读纪传体正史也有史料比《资治通鉴》更为丰富的含义，如前所说"每一事关涉处多"，就含有这层意思。

综上所述，朱熹的读史顺序说从便于记忆和理解着眼，主张先读纪传体正史再读编年体史书，同时充分考虑到史料丰富与否，这种观点无疑是有价值的，至今仍有借鉴意义。

最后，主张设立史科取士。在南宋，重视科举中考史的学者并非朱熹一人。据《宋史》卷156《选举志》载：绍兴元年侍御史曾统"请取士止用词赋，未须兼经，高宗亦以古今治乱多载于史，经义登科者类不通史，将从其议"③，但遭到左仆射吕颐浩反对而罢；绍兴十三年国子司业高闶认为"取士当先经术。请参合三场，以本经、《语》、《孟》义各一道为首，诗赋各一首次之，子史论一道、时务策一道又次之，庶几如古试法……并从之"④；绍兴三十一年，礼部侍郎金安节说："熙宁、元丰以来，经义诗赋，废兴离合，随时更革，初无定制。近合科以来，通经者苦赋体雕刻，习赋者病经旨渊微，心有弗精，智难兼济。又其甚者，论既并场，策问太寡，议论器识，无以尽人。士守传注，史学尽废，此后进往往得志，而老生宿儒多困也。请复立两科，永为成宪"⑤，高宗从之；孝宗淳熙十一年，太常博士倪思说："举人轻视史学，今之论史者独取汉、唐混一之事，三国、六朝、五代为非盛世而耻谈之，然其进取之得失，守御之当否，筹策之疏密，区处兵民之方，形势成败之迹，俾加讨究，有补国家。请谕春官，凡课试命题，杂出诸史，无所拘忌；考核之际，稍以论策为重，

---

① 黎靖德编：《朱子语类》卷11，第196页。
② 黎靖德编：《朱子语类》卷11，第196页。
③ 脱脱：《宋史》卷156《选举志》，第3627页。
④ 脱脱：《宋史》卷156《选举志》，第3629页。
⑤ 脱脱：《宋史》卷156《选举志》，第3631页。

毋止以初场定去留",孝宗亦"从之"。①

由上可见,在高、孝两帝时,主张在史科中加重史学分量者不乏其人。而朱熹则另辟蹊径,主张设立史科取士。他说:"祖宗时有开宝通礼科,学究试默义,须是念得《礼》熟,始得,礼官用此等人为之。(王)介甫一切罢去,尽令做大义。故今之礼官,不问是甚人皆可做。某尝谓,朝廷须留此等专科,如史科亦当有。"②"史科亦当有"之史科显然指专科取士的科目。如果联系朱熹对宋代史官之滥的批评、对当时著史之弊的抨击,这设立史科是很有深意的了。因为他主张礼官由从礼科出身的士大夫担任,那么,史官也就必须由史科出身的士大夫来担任了。如果采用这种方法取士,当然会对修史产生积极的作用,这无疑是有价值的见解。

实际上,朱熹对典章制度是十分重视的,尤其是对《通典》,他认为很有单独设一科的必要:"《通典》,好一般书。向来朝廷理会制度,某道却是一件事,后来只恁休了","《通典》亦自好设一科"。③

至于在一般科举考试中加重史学的分量,朱熹有长达6000余言的《学校贡举私议》一文,对改革科举考试提出了比较详细的意见,其中有关史学的主要观点如下:

第一,科举中应该加入史学与时务两类内容。史学指从《史记》到《五代史》的历代纪传体正史及《左传》《国语》《资治通鉴》;时务则指天文地理、兵法刑律、礼仪制度等。朱熹认为诸史"则该古今兴亡治乱得失之变",时务"如礼乐制度、天文地理、兵谋刑法之属",这些都是"当世所须而不可缺,皆不可以不之习也"。显然,史学是历史知识及经验教训,而时务则是可以经世致用之具体事务,充分体现了朱熹学以致用的思想。

第二,分年考试,以经为主,辅以诸子、史学、时务。如把六经(三传附于《春秋》)及四书分为四类,诸子、诸史及时务也分四类,

---

① 脱脱:《宋史》卷156《选举志》,第3633页。
② 黎靖德编:《朱子语类》卷84,第2183页。
③ 黎靖德编:《朱子语类》卷84,第2182页。

每次考经、子、史和时务中的一类。具体分类到史学是:《左传》《国语》和《史记》两汉为一类,《三国志》《晋书》与南北诸史为一类,新旧《唐书》与《五代史》为一类,《资治通鉴》为一类;时务分类是:律历地理为一类,《通礼》(指《开宝通礼》)《新礼》(指《政和五礼新仪》)为一类,兵法刑统敕令为一类,《通典》为一类。朱熹认为通过数年,"则士无不通之经,无不习之史,而皆可为当世之用矣"。至于诗赋,朱熹则主张废之不考。由此可见,朱熹主张废除于经世事务关系不大的诗赋,而采用与国家治乱有关的史学知识来取士,充分说明朱熹学以致用的思想确实是有价值的。

第三,事先告知某年科举具体内容,以便应试士人准备。在朱熹看来,所需的考试内容特别丰富,"欲其一旦而尽通,则其势将有所不能而卒至于不行"①,因此只有缩小考试范围,并提前告知应试者:"下次科场,以某经、某子、某史试士人……后次又预前以某年科场,别以某经、某子、某史试士人,盖欲其逐番精通也。"② 按照朱熹罗列的应考史籍,确实非常丰富且不易掌握,故分年考某一类史籍自然是比较合适的建议。

笔者认为:朱熹有关科举考试的分类办法,在当时确实是高人一等的见解,尤其对数量极多的史学著作用分年考试的办法来"逐番精通",显示其严谨的治学态度,这是应该予以充分肯定的。据《宋史》称,"时朱熹尝欲罢诗赋,而分诸经、子、史、时务之年……其议虽未上,而天下诵之"③,可见朱熹的见解在当时就产生了极大的影响。

顺便指出,上述这段引文并无时间,而"天下诵之"之后紧接着是"光宗初"云云,显然《宋史》作者把朱熹的《学校贡举私议》定于孝宗淳熙末年,此不确。据《朱子语类》卷109王过所记"乙卯年,先生作《科举私议》一通",此《科举私议》即《学校贡举私议》,显然此文作于光宗庆元元年,而非淳熙末年;王过所记此条语

---

① 见朱熹《朱熹集》卷69《学校贡举私议》,第3632—3643页。
② 黎靖德编:《朱子语类》卷109,第2698—2699页。
③ 脱脱:《宋史》卷156《选举志二》,第3633—3634页。

录的上一条是汤泳所记，也称当时朱熹以该文给他看，汤泳师事始于乙卯年，这也是明确的证据。

二　劝善惩恶的治史目的论

要讨论朱熹的劝善惩恶的治史目的论，必须先纠正一个长期以来似是而非的观点，即朱熹不重视史学，只重视经学，不教人读史。朱熹在批评陈亮时说："看史只如看人相打，相打有甚好看处？陈同甫一生被史坏了"①；他在批评陈傅良时说："（陈氏）只管教人看史书，后来诸生都衰了"②；在批评浙学时说："浙间学者推崇《史记》，以为先黄老，后六经，此自是太史谈之学"③，朱熹指责他们"只是读史传，说世变，其治经亦不过是记诵编节，向外意多，而未尝反躬内省，以究义理之归"④。朱熹也自称"某自十五六至二十岁，史书都不要看，但觉得闲是闲非没要紧，不难理会。大率才看得此等文字有味，毕竟粗心了。吕伯恭教人看《左传》，不知何谓？"⑤ 从这些言论来看，的确给人以朱熹不重视史学，只重视经学的印象，而且当时也确实有人批评朱熹不教人读史。但是，这实在是一种误解，因为朱熹一直认为："《论》《孟》固当读，《六经》亦当读，史书又不可不读"⑥，"诸经诸史，大抵皆不可不读"⑦，甚至还以圣贤为依据，认为他们"教人虽以恭敬持守为先，而于其中又必使之即事即物、考古验今，体会推寻，内外参合"，才能"于世间万事、一切言语无不洞然了其白黑"。⑧ 在《朱子语类》和朱熹文集中保存很多朱熹教人读史的例证，兹略举几例证之：

---

① 黎靖德编：《朱子语类》卷 123，第 2965 页。
② 黎靖德编：《朱子语类》卷 120，第 2896 页。
③ 黎靖德编：《朱子语类》卷 122，第 2956 页。
④ 朱熹：《朱熹集》卷 54《答路德章》，第 2722 页。
⑤ 黎靖德编：《朱子语类》卷 104，第 2616 页。
⑥ 黎靖德编：《朱子语类》卷 118，第 2850 页。
⑦ 黎靖德编：《朱子语类》卷 19，第 428 页。
⑧ 朱熹：《朱熹集》卷 54《答项平父》，第 2696 页。

第三章　朱熹的治史态度 / 57

　　示喻学校曲折，具悉雅志。今时教官能留意如此者诚不易得，然更在勉其学业。虽未能深解义理，且得多读经史，博通古今，亦是一事。不可只念时文，为目前苟简之计也。①

　　（史）较之经书不同，然亦自是草率不得。须当看人物是如何，治体是如何，国势是如何，皆当子细。②

　　示喻令学者兼看经史，甚善甚善。此间学者少，亦欲放（仿）此接之。③

　　《匡衡传》、司马公史论、《稽古录》、范《唐鉴》，不可不读。④

　　人只读一书不得，谓其傍出多事。《礼记》《左传》最不可不读。⑤

　　浩曰："赵书记云：'自有见后，只是看《六经》《语》《孟》，其他史书杂学皆不必看。'"……（朱熹）曰："如此，即不见古今成败，便是荆公之学。"⑥

　　上述第一例是朱熹答江梦良信，肯定江氏对学生经史并教、博通古今的教学方法，这与朱熹在白鹿洞建成之时刘季仁赠以《汉书》，朱熹转送书院，让学生读看是一致的。⑦第二例认为读史与读经一样草率不得，应该仔细辨析。第三例是朱熹复吕伯恭的信，肯定吕氏让学者看史，并欲模仿之，实际上从第四、第五两例可以看出，朱熹是主张学者读史的，不但允许读正史，其他如《左传》《唐鉴》也是"不可不读"，第六例更是宽泛，连"史书杂学"一起都允许读，可见

---

① 朱熹：《朱熹集》卷54《答江梦良》，第2739页。
② 黎靖德编：《朱子语类》卷94，第2404页。
③ 朱熹：《朱熹集》卷33《答吕伯恭》，第1459页。
④ 黎靖德编：《朱子语类》卷134，第3207页。
⑤ 黎靖德编：《朱子语类》卷11，第189页。
⑥ 黎靖德编：《朱子语类》卷11，第189—190页。
⑦ 朱熹：《朱熹集》卷81《跋白鹿洞所藏〈汉书〉》，第4201页。

朱熹对史书的态度了。如果仔细阅读朱熹文集和《朱子语类》等有关资料,可以发现,朱熹常是在把经史作比较时、在批评浙学或其代表人物时或在批评当时学者不重视读经时,才特别强调读经,"反对"或主张少读史书,而在其他场合则重视读史的,如果不了解这一点,就难以解释《朱子语类》中达 11 卷之多的论有关当代(即宋代)和历代史事的事实。

那么,为什么会产生朱熹不重视史学,只重视经学的印象呢?笔者认为有两个方面须注意:其一,朱熹在治学顺序上强调先经后史,特别看重经学对学者个人修养上的作用;其二,朱熹与吕祖谦、陈亮、陈傅良、叶适等浙学人士在治史的功利观、价值观方面的分歧,对浙学人士治史只讲功利提出了强烈的批评,从而给人以"不教读史"的印象。关于这些方面的问题,下面将会陆续进行分析。

如果承认朱熹确实主张读史的话,那么必须进一步剖析朱熹治史的目的。笔者认为:朱熹的治史目的就是劝善惩恶,即强调历史的鉴戒作用。总的来说,朱熹一方面基本承袭了孟子及先儒们的观点,如孟子说"孔子惧,作《春秋》。《春秋》,天子之事也。是故孔子曰:'知我者其惟《春秋》乎!罪我者其惟《春秋》乎!'……孔子成《春秋》而乱臣贼子惧"①,这开启了治史"劝善惩恶"的先河。东汉荀悦作《汉纪》,亦立五志:"一曰达道义,二曰章法式,三曰通古今,四曰著功勋,五曰表贤能。于是天人之际,事物之宜,粲然显著"②,继承了孟子的劝善惩恶的思想;北宋司马光作《资治通鉴》,更是明确表示:"臣今所述,止欲叙国家之兴衰,著生民之休戚,使观者自择其善恶得失,以为劝戒"③。朱熹则继承了这些思想,他曾经在《资治通鉴纲目序》中宣称"岁周于上而天道明矣,统正于下而人道定矣,大纲概举而鉴戒昭矣,众目毕张而几微著矣",又说《春秋》

---

① 赵歧注,孙奭疏:《孟子注疏》卷 6《滕文公下》,北京大学出版社 1999 年版,第 178 页。
② 范晔:《后汉书》卷 62《荀悦传》,中华书局 1965 年版,第 2062 页。
③ 司马光:《资治通鉴》卷 69"臣光曰",第 2187 页。

"此是圣人据鲁史以书其事,使人自观之以为鉴戒尔"。① 显然,朱熹主张治史应该具有劝善惩恶的目的。

朱熹以史为鉴的论述,在《朱子语类》和朱熹文集中保存不少,但必须指出,《朱子语类》中有些讨论历代或当代(指宋代)史事的言论,虽未明确说鉴戒两字,实际上仍有鉴戒之意。众所周知,《朱子语类》是宋人黎靖德于度宗咸淳六年根据李道传的池本、李性传的饶本续录、蔡抗的饶本、黄士毅的眉本以及王佖的徽本、吴坚的建本等宋代朱熹语录编辑而成的。而上述几种刊本又是这些编辑者们根据自己收集到的语录或自己所记编辑的,在编辑过程中,进行删节、拆并是十分自然的事,因而那些论说历代及当代的言论中,原来含有鉴戒意义的话语被删节或拆并是可以肯定的。兹举例证之:

李文靖(李沆)只做得如此。若有学,便可做三代事;真宗晚年岂有如此等事!②

此段语录是包扬所记,前无问语,突然而起,"只做得如此",所指不明,"真宗晚年岂有如此等事"也不详所指,显然这段语录是被删节过的。下面几例更是无头无尾:

今之法,大概用唐法。③
二苏呼唤得名字都不是了。④
《龙川志序》所载,多得之刘贡父。⑤
陈了翁气刚才大,惜其不及用也。⑥

---

① 黎靖德编:《朱子语类》卷83,第2145页。
② 黎靖德编:《朱子语类》卷129,第3086页。
③ 黎靖德编:《朱子语类》卷128,第3080页。
④ 黎靖德编:《朱子语类》卷130,第3111页。
⑤ 黎靖德编:《朱子语类》卷130,第3119页。
⑥ 黎靖德编:《朱子语类》卷130,第3124页。

《唐鉴》白马之祸，欧公论不及此。①
术至韩非《说难》，精密至矣。苏张亦尚疏。②
燕丹知燕必亡，故为荆轲之举。③

  以上诸段都是无头无尾，被删节是十分明显的。由此可以肯定《朱子语类》不少原来含有鉴戒意义的语录，至今已难以看出鉴戒的意味来了。实际上，朱熹在论述那些以往史事时，常常联系他处的时代，有针对性地引用古代史事来阐述自己的观点，以此为鉴戒，善以为鉴，恶以为戒，这正是朱熹治史的一个明显的特点，是朱熹的当世之用的治史价值论，本章第四部分将详细讨论这一问题。

  值得研究的是，朱熹为什么如此重视历史的鉴戒作用呢？这与朱熹的理学思想有什么关系呢？笔者认为，至少有两方面值得注意：其一，朱熹认为读史可以明理，这是学者修身养性，乃至治国平天下的必由之路。他在《建宁府建阳县学藏书记》中说："古之圣人作为六经，以教后世……其于义理之精微，古今之得失，所以该贯发挥，究竟穷极，可谓盛矣"，而自汉以后"训传之书始出。至于有国家者历年行事之迹，又皆各有史官之记，于是文字之传益广。若乃世之贤人君子学经以探圣人之心，考史以验时事之变，以至见闻感触，有接于外而动乎中，则又或颇论著其说，以成一家之言。而简册所载、箧椟所藏，始不胜其多矣。然学者不欲求道则已，诚欲求之，是岂可以舍此而不观也哉！"④

  在朱熹看来，作为一个学者，不读六经及史书是万万不行的。他说："既做秀才，未说道要他理会甚么高深道理，也须知得古圣贤所以垂世立教之意是如何？古今盛衰存亡治乱事体是如何？从古来今人物议论是如何？这许多眼前底都全不识，如何做士人！须是识得许多，方始成得个人"，由此，他认为"莫说道教他读别书，只是要紧如

---

① 黎靖德编：《朱子语类》卷134，第3208页。
② 黎靖德编：《朱子语类》卷134，第3214页。
③ 黎靖德编：《朱子语类》卷134，第3214页。
④ 朱熹：《朱熹集》卷78《建宁府建阳县学藏书记》，第4081—4082页。

《六经》《汉书》《唐书》诸子，也须著读始得"。① 显然，朱熹把读史书、了解"古今盛衰存亡治乱事体是如何"② 作为学者需要掌握的最起码常识，因为历史上的吉凶存亡、为法为戒的"粲然之迹，必然之效"都"莫不具于经训史册之中"。③ 由此反映出朱熹所强调的无论是著史也罢，读史也罢，都本着劝善惩恶这一目的而进行的，换句话说，学者必须以劝善惩恶为治史目的，如此才能明天理、谨修养，成为一个真正能为国家和社会服务的人。

诚然，作为封建时代的思想家，朱熹提出劝善惩恶的治史目的论，无非是要造就一批为封建帝王服务的人才，以史为鉴，为封建政权提供历史经验教训。然而，他的这种以史为鉴的鉴戒观点，也含有将以前的善善恶恶作为训诫帝王和士大夫的因素，在一定程度上给他们敲响了警钟，要他们扬善弃恶，以便缓和阶级矛盾，稳定社会，有利于社会经济的发展；同时也必须看到当时的宋王朝还没有到极端腐朽的程度，也不是到了必须推翻它的时候，因此宣扬巩固它、增强国家实力，以便恢复失地，也不能说成是错误主张。从这一角度出发分析问题，朱熹劝善惩恶的治史目的论便具有一定的合理因素了，这是不应该全盘否定的。

实际上，朱熹对那些嘴上说"能谈仁义之道，做事却乖"的丑恶现象，大加抨击，斥之"此与鬼念《大悲咒》一般，更无奈何他处"。④ 在朱熹看来，作为一个士大夫，为官要正直，敢于直谏而不畏死，在《朱子语类》卷132有一段很典型的话：

直卿云："人日日常将理义夹持个身心，庶几遇事住不得。若是平常底人，也是难得不变。如其人，固然世人属望，但此事亦须不要官爵，方做得。"曰："固是。若是不要官爵，这一项事如何放得过？每看史策到这般地头，为之汗栗！一个身己便顿在

---

① 黎靖德编：《朱子语类》卷121，第2943页。
② 黎靖德编：《朱子语类》卷121，第2943页。
③ 朱熹：《朱熹集》卷14《［甲寅］行宫便殿奏札二》，第547页。
④ 黎靖德编：《朱子语类》卷130，第3109页。

兵刃之间。然汉唐时争议而死，愈死愈争，其争愈力。本朝用刑至宽，而人多畏懦，到合说处，反畏似虎。"①

这里，朱熹用汉唐谏臣与宋代士大夫相比较，批评宋代那些贪生怕死的士大夫，真是一针见血。朱熹歌颂汉唐谏臣不畏死，赞扬他们的正直为官之道，批评宋代士大夫那种怯弱的保官哲学，正是从阅读"史策"中来的，也可以充分看出朱熹劝善惩恶的治史目的论。朱熹曾看《中兴小记》，见绍兴一些宰相毫无恢复中原之心，偷安江南，十分感叹地说："为大臣谋国一至于此，自今观之，为大可恨！"② 由此也可看出朱熹读史论史的旨趣所在。纵观朱熹一生，曾因上书直谏而招致孝宗大怒，弹劾唐仲友而得罪权相王淮，抨击和议而为主和大臣不容，其高风亮节，不能不说与他治史策略有一定的关系吧。

其二，治史得到的经验教训，可作统治者的施政借鉴，以便厘革弊政，振兴宋王朝。笔者试从以下几个方面来论述。

首先，古今比较，着眼于当今政事，认为帝王应该有所作为。朱熹的学生周庄仲问："（唐）宪宗当时表也看。如（韩）退之《潮州表》上，一见便怜之，有复用之意。"朱熹答道："宪宗聪明，事事都看"，下面一转，说道："近世如（宋）孝宗，也事事看。"③ 周庄仲所问只是宪宗之事，而朱熹所答却联系宋朝帝王进行比较，虽未说其他帝王如何，但含有鉴戒之意是十分清楚的。此段语录是黄义刚所记，黄氏师事是光宗绍熙四年之后，孝宗已经去世四年，显然，朱熹虽未说光宗如何，实际上有希望他"事事都看"的含义。朱熹对宋代皇帝有不少评论，如："本朝太祖有圣人之材"，"尽除五代弊法，用能易乱为治"；"本朝太宗真宗之朝，可以有为而不为"；"仁宗资质好。后来亦是太平日久，宫中太宽"；"神宗锐意为治"，"事事留心"，"极聪明，于天下事无不通晓，真不世出之主，只是头头做得不中节拍"；

---

① 黎靖德编：《朱子语类》卷132，第3178页。
② 黎靖德编：《朱子语类》卷127，第3054页。
③ 黎靖德编：《朱子语类》卷136，第3248页。

"今看著徽宗朝事,更无一著下得是";"偶看《中兴小记》,载勾龙如渊入争和议时言语。若果有此言,如何夹持前进,以取中原?⋯⋯当时讲和本意,上不为宗社,下不为生灵,中不息兵待时,只是怯惧,为苟岁月计! 从头到尾,大事小事,无一件措置得是当"。① 由此可见,朱熹评论宋代帝王,既从他们是否勤于政事着眼,又看他们是否有作为,这种评价在当时是有积极意义的。因为朱熹的评价不是仅仅为宋代某一帝王而立论的,而是展望未来,希望出现一个能振兴宋王朝有为的皇帝,而且又能"得一真儒而用之"②,如此便可恢复失地,致天下大治。

其次,古今对比,批评宋代弊政,以解决这些问题。如批评冗官时,朱熹对前代冗官问题作了分析,如"唐官看他《(唐)六典》,将前代许多官一齐尽置得偏官,如何不冗? 今只看汉初时官如何,到得元(帝)成(帝)间如何,又看东汉初如何,到东汉末时如何,到三国魏晋以后如何:只管添,只管杂"③,"唐之兵尽付与刺史、节度使。其他牙将之类,皆由刺史、节度使辟置,无如今许多官属"④。显然,朱熹对历代的冗官问题作的分析,都是针对宋代冗官而言的,那种"只管添,只管杂"是朱熹研究的结论。由此,朱熹提出:"姚崇择十道使之说甚善⋯⋯今诸路监司猥众,恰如无一般。不若每路只择一贤监司,其余悉可省罢"⑤;还说:"冗官,何不于任子上更改减? ⋯⋯祖宗时亦几次省削了,久而自定,何足恤耶?"⑥ 可见,朱熹对前代、宋代冗官问题作了分析后,提出对宋代冗官采取省削的办法,是值得重视的有价值的见解。

关于宋代冗兵问题,朱熹也进行过严厉地批评:"本朝养兵蠹国,

---

① 黎靖德编:《朱子语类》卷127,第3042—3054页。
② 黎靖德编:《朱子语类》卷127,第3046页。
③ 黎靖德编:《朱子语类》卷123,第2963页。
④ 黎靖德编:《朱子语类》卷112,第2728页。
⑤ 黎靖德编:《朱子语类》卷112,第2731页。
⑥ 黎靖德编:《朱子语类》卷112,第2732页。

更无人去源头理会，只管从枝叶上去添兵添将。"① 他联系前代："如贾谊书中所说是如何？财用那时自宽饶，不得不散在郡县。且如而今要散在郡县，得也不得？……第一项最是养许多坐食之兵，其费最广……（今）无祖宗天下之半，而有祖宗所无之兵，如州郡兵还养在，何用！"② 他指出，当时的禁军将领"皆以货赂倚托幽阴而得兵权，漫不以国家军律为意"③，"今兵官愈多，兵愈不精"④，"诸州禁军皆不可用"，因此不能承担恢复中原这一重任的。朱熹认为解决冗兵问题、恢复中原，只有采取"复太祖兵法（更戍法）"⑤，裁冗卒，练精兵，精选将领，沿江屯田，节省民力等等方法，才可能得以实现，他给宰相们的信和给孝宗的上书中经常提到这些办法。上述这一切，可以充分显示出朱熹是从总结以往的历史经验教训中，来寻找解决宋代冗兵问题的，这些见解也确实有现实意义。

关于抗金问题，朱熹认为，"本朝御戎，始终为'和'字坏"⑥，他坚决主张抗金，收复失地，在朱熹文集和《朱子语类》中，这种言论是极多的。值得指出的是，在抗金问题上，朱熹也是联系前代历史，古今对比，来阐述自己的观点，启示时人。下面举一段比较典型的语录：

> （沈）僩云："如本朝夷狄之祸，虽百世复之可也。"曰："这事难说。"久之，曰："凡事贵谋始，也要及早乘势做。才放冷了，便做不得。如鲁庄公之事，他亲见齐襄公杀其父，既不能复（仇），又亲与之宴会，又与之主婚，筑王姬之馆于东门之外，使周天子之女去嫁他。所为如此，岂特不能复而已？"……陈（淳）问："若庄公能杀襄公了，复与桓公为会（盟会），可否？"曰：

---

① 黎靖德编：《朱子语类》卷130，第3102页。
② 黎靖德编：《朱子语类》卷123，第2962页。
③ 朱熹：《朱熹集》卷25《答张敬夫》，第1053页。
④ 黎靖德编：《朱子语类》卷110，第2706页。
⑤ 黎靖德编：《朱子语类》卷110，第2706页。
⑥ 黎靖德编：《朱子语类》卷133，第3200页。

"既杀襄公，则两家之事已了，两边方平，自与桓公为会亦何妨？但庄公若能杀襄公，则'九合诸侯，一正天下之功，将在庄公而不在齐桓矣……又况复仇，须复得亲杀吾父祖之仇方好。若复其子孙，有甚意思？……如本朝靖康虏人之祸，看来只是高宗初年，乘兀术粘罕斡离不及阿骨打未死之时，人心愤怒之日，以父兄不共戴天之仇，就此打叠了他，方快人意。"①

这里，朱熹从鲁庄公不复父仇联系到宋高宗甘忍靖康之耻，纵论古今，实际是对高宗的事仇如父、投降主和的卑鄙行为进行批判。在《朱子语类》中有不少话很有深意，今引两段："高宗初见秦（桧）能担当得和议，遂悉以国柄付之"，"（高宗）下诏云：'和议出于朕意，故相秦桧只是赞成。今桧既死，闻中外颇多异论，不可不戒约。'甚沮人心"。② 从引文来看，朱熹已把高宗牢牢地钉在历史的耻辱柱上，其善可为法、恶可为戒的鉴戒史观不是很清楚地表现出来了吗？

朱熹曾经对门人说："尝欲写出萧何韩信初见高祖时一段，邓禹初见光武时一段，武侯初见先主时一段，将这数段语及王朴《平边策》编为一卷。"③ 朱熹欲编此书的目的十分清楚，萧何、韩信、邓禹及武侯都是开国功臣，再把王朴《平边策》与他们的事迹合在一起，不就是表示要抗金、立功勋吗？不正是朱熹治史的劝善惩恶的目的和经世致用吗？

最后，以古为鉴，为巩固宋政权而提供经验教训。朱熹总结历代及当代（宋代）的经验教训，最终目的是维持宋王朝的统治。正如前面所指出的那样，当时的宋王朝并非已经到了必须改朝换代的境地，因而朱熹总结历史经验教训，为宋王朝提供有益的建议是无可厚非的，而且有一定的积极意义，因为这种建议可以稳定国内政局，缓和各种矛盾，有利于社会经济的稳定发展。朱熹这种论述颇多，此举几例

---

① 黎靖德编：《朱子语类》卷133，第3198—3199页。
② 黎靖德编：《朱子语类》卷131，第3162页。
③ 黎靖德编：《朱子语类》卷135，第3221页。

说明：

> 权重处便有弊：宗室权重，则宗室作乱，汉初及晋是也；外戚权重，则外戚作乱，两汉是也。①

这是泛指权重与积弊的关系。

> （学生问唐代皇帝喜用宦官作监军，朱熹答）是他信诸将不过，故用其素所亲信之人。后来一向疏外诸将，尽用宦官。本朝太宗令王继恩平李顺有功，宰相拟以宣徽使赏之。太宗怒，切责宰相，以为太重，盖宣徽使亚执政也，遂创"宣政使"处之。朝臣诸将中岂无可任者，须得用宦官！彼既有功，则爵赏不得吝矣。然犹守得这些意思，恐起宦官权重之患。及熙丰用兵，遂皆用宦官。李宪在西，权任如大将。驯至后来，遂有童贯谭稹之祸。②

这是讲宦官之祸，引唐代史事为戒。

> 本朝鉴五代藩镇之弊，遂尽夺藩镇之权，兵也收了，财也收了，赏罚刑政一切收了，州郡遂日就困弱。靖康之祸，虏骑所过，莫不溃散。③

此是说历代承袭之弊。

> 京畿保甲之法，荆公做十年方成。至元时，温公废了，深可惜！④

---

① 黎靖德编：《朱子语类》卷134，第3209页。
② 黎靖德编：《朱子语类》卷128，第3077页。
③ 黎靖德编：《朱子语类》卷128，第3070页。
④ 黎靖德编：《朱子语类》卷130，第3102—3103页。

这里是批评司马光废除王安石所立的保甲法。上述数例，或论宋代集权、或论宦官之祸、或论某一政策，无不反映出朱熹提倡的治史须具有劝善惩恶目的的观点，而这一切正是很有价值的思想，是应该充分加以肯定的。

朱熹劝善惩恶的治史目的论，与他的政治态度是密切相关。他对当时的弊政极为不满。朱熹主张中央集权，但又反对过度集权；主张改革官制，裁汰冗官；主张改革军制，精选兵卒；反对议和，力主抗金；提倡道德修养，培养治国人才，这一切在当时都不能不说是很有见解的思想，笔者认为没有理由否定它。

三 明道正谊的治史功利说

朱熹虽然肯定治史可以起到劝善惩恶的作用，但是他对说利道霸的治史功利说是反对的，在朱熹文集和《朱子语类》中，这类言论有很多，此略举几例：

> 陈同父学已行到江西，浙人信向已多。家家谈王伯，不说萧何张良，只说王猛；不说孔孟，只说文中子，可畏！可畏！①
>
> 舍却圣贤经指而求理于史传，只见得他底高远，便一向随他脚跟转，极力赞叹他……所谓秦汉把持天下有不由智力者，乃是明招堂上陈同甫说底。平日正疑渠此论未安，不谓子约亦作此见、为此论也……世路险窄，已无可言；吾人之学圣贤者，又将流而入于功利变诈之习，其势不过一传再传，天下必受其祸者，而吾道以不振，此非细事也。②

显然，朱熹对陈亮这种"求理于史传"的做法是不赞成的。他认为浙学"家家谈王霸"，必然会"流入而于功利变作之习"，而最终影

---

① 黎靖德编：《朱子语类》卷123，第2966页。
② 朱熹：《朱熹集》卷47《答吕子约》，第2297—2298页。

响对天理的体认，不利于己身修养。正基于此，朱熹与陈亮于淳熙十一年至十三年之间爆发了一场甚为激烈、在哲学史上产生重大影响的"义利王霸之辩"。关于这一问题，涉及面很广，笔者已经撰专文论述①，在此只罗列与本书有关的观点，主要是朱陈之辩的起因及辩论的核心问题。

首先研究朱陈之辩的起因。研讨这一问题最直接的资料是双方来往的有关信件。据中华书局点校本《陈亮集》卷20所载，朱陈来往的信件共23封，其中陈亮的信8封，朱熹的信15封，分别载于朱熹文集卷28和卷36，实际上朱熹文集的续集卷7还有1封信没有收入，不过此信写于绍熙三年，与双方辩论无关。另外，上述24封信也不是朱陈双方通信的全部，至少在双方辩论中就有数封信已遗失。现根据《陈亮集》所载，编排双方论辩之信的顺序如下：朱信4——陈信4——朱信5、6——陈信5——朱信7、8——陈信6——朱信9——陈信7——朱信10——陈信8——朱信11，共13封信。

从这13封信来分析，引起争论的原因有两个：其一，是陈亮的"免死之计"（见陈信8）。淳熙十一年春，陈亮受诬而系狱，四月，朱熹听到陈亮出狱的传闻，便驰函表示慰问，同时也对陈亮进行规劝，认为陈亮受诬是"平日狂妄"，"自处于法度之外，不乐闻儒生礼法之论"所致，因而劝他"宜痛自收敛"，"绌去义利双行、王霸并用之说，而从事于惩忿窒欲、迁善改过之事，粹然以醇儒之道自律"，这样"培壅本根，澄源正本，为异时发挥事业之地者，益光大而高明矣"（见朱信4）。朱熹之言，纯粹从理学家的角度出发，以为陈亮系狱仅仅是个人的修养问题，故着眼点在劝陈亮提高个人的修养以"培壅本根"，以醇儒自律，放弃义利双行、王霸并用的观点。而陈亮则对此次变故另有看法：

> 如亮今岁之事，虽有以致之，然亦谓之不幸可也。当路之意，主于治道学耳。亮滥膺无须（即莫须有）之祸⋯⋯凡亮今日之坐

---

① 详见附录数文。

谤者，皆其虚影也……然亮自念有虚形而后有虚影，不恤世间毁誉怨谤，虽可以自立，亦可以招祸。（见陈信4）

显然，陈亮已经感觉到整治他的人是针对朱熹为首的所谓"道学家"们的，而他则是受连累的无辜者。具体说来，陈亮怀疑有人认为他"假秘书（朱熹）诸人之势，干与州县以求贿"，并附和道学。陈亮认为自己莫名其妙地被诬受难与淳熙九年朱熹弹劾唐仲友事件是密不可分的。这可以从陈亮淳熙十年给朱熹的信中看出："唐与正乃见疑相谗，是真足当田光之死矣。"（见陈信3）因为唐氏是宰相王淮的姻亲，朱熹得罪王淮，已自劾辞职，而陈亮以为自己受牵连而得祸也在所不免，况且此时郑丙、陈贾等人已上书力诋程氏之学，实际暗指朱熹之学是伪学。由此，陈亮力图与朱熹划清界限："亮之居乡，不但外事不干与，虽世俗以为甚美，诸儒之所通行，如社仓义役及赈济等类，亮力所易及者，皆未尝有分毫干涉。只是口唠噪，见人说得不切事情，便喊一声，一似曾干与耳"（见陈信4），如此洗刷自己，无非是表白自己与朱熹之"道学"毫不相关。他说："亮虽不肖，然口说得，手去得，本非闭眉合眼，瞢瞳精神以自附于道学者也"，划清界限，挑起争端，无非是为了免死而已。这不是笔者的推测之词，陈亮自己也并不否认："世以（陈亮）相附和为党而欲加之罪者，非也。此数书亦欲为免死之计，见世之有力者（指当权者）亦使一读之"（见陈信8），这不是十分明白的事吗？

其次，还可以从陈亮给别人的信中得到印证：

二年之间，一半为囚。自余奔走，人扼其喉。①

亮拔身于患难之中，蚤夜只为碗饭杜门计，虽天下豪杰，皆不敢求交焉。②

二月间匆匆告违，即有金陵京口之役………亮已交易得京口

---

① 陈亮：《陈亮集》卷24《祭石天民知军文》，中华书局1974年版，第367页。
② 陈亮：《陈亮集》卷19《复李唐钦》，第272页。

屋子，更买得一两处芦地，便为江上之人矣。地广则可以藏拙，人朴茂则可以浮沈。五七年后，庶几一成不刺眼人也。①

上述数例不正是陈亮"免死之计"心态的注脚吗？陈亮挑起争论，本想逃脱他人的陷害，实际上并没有达到目的。他在表示停止争论的第8封信中坦率承认："此数书未能免罪于世俗（指当权者）而得罪门下士多矣；不止，则楚人又将钳我于市。进退维谷，可以一笑也。"（见陈信8）

引起争论的第二个原因是陈亮的"不平之气"。陈亮"为人才气超迈"②，"直情径行，视毁誉如风而不恤"③，喜讽议品评人物。由于陈亮早年遇周葵赏识，周氏为执政，对他多加提携推崇，故陈亮得以与朝臣往来，虽无功名，却能名闻朝野。然而陈亮又很自负，对所谓"道学家"们是不屑一顾的，批评极多而且尖锐，今存《陈亮集》中保存这类语言甚多，此举两例证之：

> 世之学者玩心于无形之表，以为卓然而有见。事物虽众，此其得之浅者，不过如枯木死灰而止耳。得之深者，纵横妙用，肆而不约，安知所谓文理密察之道！④
>
> （道学）相蒙相欺以尽废天下之实。⑤

可见，陈亮对"道学家"们的态度并不友好，其评价也不是客观的。陈亮学无师承，自创一格，虽不反对孔子学说，然"喜谈兵"⑥，偏重智术事功，尤其认为自己从小练就"屠龙之技"⑦，"亦尝思与一

---

① 陈亮：《陈亮集》卷19《复吕子约》，第270页。
② 脱脱：《宋史》卷436《陈亮传》，第12929页。
③ 陈亮：《陈亮集》卷18《谢罗尚书启》，第243页。
④ 陈亮：《陈亮集》卷19《与应仲实》，第259—260页。
⑤ 陈亮：《陈亮集》卷15《送吴允成运干序》，第179页。
⑥ 脱脱：《宋史》卷436《陈亮传》，第12929页。
⑦ 陈亮：《陈亮集》卷19《与章得茂侍郎·又书》，第256页。

世豪杰之人审订其是非可否",然而却"技成而无用,且更以取辱"①,这对陈亮来说无疑是个很大的打击。不平之气无处发泄,加之受诬而入狱,却遭到朱熹的批评,说他的"狂妄",而且要他放弃"义利双行,王霸并用",以醇儒自律,这无疑是火上浇油,于是陈亮不平之气终于爆发出来了,下引陈信4(即引起争论的信)几段话:

> 司马迁有言:"贫贱未易居,下流多谤议。"因来教而深有感焉。亮之生于斯世也,如木出于嵌崎之间,奇塞艰涩,盖未易以常理论。而人力又从而掩盖磨灭之,欲透复缩,亦其势然也。
>
> 亮二十岁时,与伯恭同试漕台,所争不过五六岁,亮自以姓名落诸公间,自负不在伯恭后。而数年之后,顾有肥硗,雨露之养,人事之不齐,伯恭遂以道德为一世师表;而亮陆沉残破,行不足以自见于乡间,文不足以自奋于场屋,一旦遂坐从于百尺楼下。
>
> 来谕谓伯恭相处于法度之外,欲有所言,必委曲而后敢及,则当出于其徒之口耳。
>
> 亮非假人以自高者也,擎拳撑脚,独往来于人间,亦自伤其孤另而已。

这些引文已足以显示陈亮的"不平之气"了。这一点,朱熹在看到此信后也发现了,因而回信中说:"细读来书,似未免有不平之气。区区窃独妄意:此殆平日才太高,气太锐,论太险,迹太露之过。是以困于所长,忽于所短。虽复更历变故,颠沛至此,而犹未知所以反求之端也"(朱信6),并寄手书张公集句《座右铭》为赠,以示规劝之意。陈亮虽自己承认"谓亮书中有不平之气,则诚有之矣",但心中之气仍未平息,以为"负一世之谤,颓然未尝自辩,设死后,谁当为我明之?"(陈信5)这儿的"一世之谤",即所谓的附和道学之事,这是陈亮急于澄清之事。由此可见,朱陈之辩的起因,一是陈亮的免

---

① 陈亮:《陈亮集》卷21《与勾熙载提举》,第323页。

死之计,二是出于陈氏的不平之气;而朱熹则基于希望陈亮能改变以往的行为,加强道德修养,以成为一个醇儒。值得指出的是:朱熹一直认为陈亮治史只讲功利,忽视道德修养,是他犯错误的根本原因。由此也可见朱熹治史的旨趣所在了。

弄清朱陈之辩的起因后,接着分析双方辩论的核心问题。以往学术界一直把朱陈之辩的核心问题说成是双方历史观的争辩,认为陈亮持"义利双行,王霸并用"的观点,肯定汉唐角智斗力比三代有进步,因而他是历史发展论者;而朱熹则崇义贬利,尊王贱霸,认为汉唐之世不如三代,故是历史倒退论者。按这种观点,是难以解释陈亮信中的许多言论的,此仅摘两条证之:

> 来谕谓亮推尊汉唐以为与三代不异,贬抑三代以为与汉唐不殊。如此则不独不察其心,亦并与其言不察矣。某大概以为三代做得尽者也,汉唐做不到尽者也。(陈信6)

> 亮大意以为本领闳阔,工夫至到,便做得三代;有本领无工夫,只做得汉唐。(陈信7)

这里,陈亮不是一再声称三代优于汉唐吗?他与朱熹的观点有什么"质"的差异呢?可见,上述的观点是大有商榷余地的。

产生上述观点的原因,笔者认为是没有正确把握朱陈之辩的核心问题造成的。那么,双方争辩的核心是什么?笔者认为,是"道统"问题,即三代圣贤、孔孟传授之"道"由谁来继承,汉唐时道统是否中断,以及宋代的道学家是不是道统的继承人这些有关的问题。

道统即所谓"圣学"统绪,按照朱熹的说法:"盖自上古圣神继天立极,而道统之传有自来矣。其见于经,则'允执其中'者(笔者按:见《论语·尧曰》),尧之所以授舜也。'人心惟危,道心惟微,惟精惟一,允执其中'者,舜之所以授禹也。尧之一言,至矣尽矣,而舜复益之三言者,则所以明夫尧之一言必如是而后庶几也。"① 在朱

---

① 朱熹:《朱熹集》卷76《中庸章句序》,第3994页。

熹看来，圣学统绪是从尧舜禹汤武孔子而到孟子，其传道秘诀就是上述十六字，这"便是尧舜相传之道"①。朱熹认为道统是十分重要的，他在《孟子集注》中最后特意引程颐评价其兄程颢之语："周公殁，圣人之道不行；孟轲死，圣人之学不传。道不行，百世无善治；学不传，千载无真儒。无善治，士犹得以明夫善治之道，以淑诸人，以传诸后；无真儒，则天下贸贸焉莫知所之，人欲肆而天理灭矣。"② 他认为圣学道统虽不行于世间，但仍由儒家学者递相传授而如缕如丝地传承下来了，尤其是到了宋初，才由周、程诸贤重新发扬光大。

在朱熹看来，圣学是从个人修身养性乃至于治国平天下的不可须臾离的至宝，是万世不变的常法，真正体现了天理；如果舍弃它，则会导致"人欲肆而天理灭"了。朱熹从人性理论上来论述这个问题的。他继承了孟子的性善论，同时采纳了张载的"天地之性"与"气质之性"说，并作了发挥，认为天地之性（天命之性）是人生来就具有的，故禀天理而为善，即所谓的"道心"；气质之性是人出生之时所禀之气而规定的，因人而异，故常被人欲所蔽而显现为恶，即所谓的"人心"，因而必须用后天的修养来去恶存善，摈弃人欲，恢复天理。

朱陈之辩中，朱熹信中有一段十分重要的话，此节录如下：

> 人自有生而梏于形体之私，则固不能无人心矣；然而必有得乎天地之正，则又不能无道心矣。日用之间，二者并行，迭为胜负，而一身之是非得失、天下之治乱安危，莫不系焉。是以欲其择之精而不使人心得以杂乎道心，欲其守之一而不使天理得以流于人欲，则凡其所行无一事之不得其中，而于天下国家无所处而不当。（朱信8）

---

① 黎靖德编：《朱子语类》卷58，第1362页。
② 朱熹：《四书章句集注·孟子集注》卷14，第377页。

这里的道心，即朱熹所说的"道心是本来禀受得仁义礼智之心"①，"道心者，天理也"②。他强调严格遵循纲常："知觉从饥食渴饮，便是人心；知觉从君臣父子处，便是道心"③，因此要争取使自己"守之一而不使天理得以流于人欲"④。而所谓的人心，即"人欲也"⑤，这种人欲是"饥而思食，寒而思衣底心"⑥，因而"虽圣人不能无人心，如饥食渴饮之类；虽小人不能无道心，如恻隐之心"⑦。在朱熹看来，现实世界中人心道心"二者并行，迭为胜负"，只有"'惟精'是无杂，'惟一'是终始不变，乃能'允执厥中'"⑧，故"圣人不以人心为主，而以道心为主"⑨，行天理而弃人欲，其他人都不能如此。

在讨论汉唐问题上，朱熹认为汉高祖、唐太宗等人都是人欲炽盛之辈："高祖斩丁公，赦季布，非诚心欲伸大义，特私意耳。季布所以生，盖欲示天下功臣。是时功臣多，故不敢杀季布。既是明大义，陈平（韩）信（季）布皆项羽之臣，信布何待反而诛之？"⑩ 而"唐太宗以晋阳宫人侍高祖，是致其父于必死之地，便无君臣父子夫妇之义"⑪，"太宗诛建成，比于周公诛管蔡，只消以公私断之。周公全是以周家天下为心，太宗则假公义以济私欲者也"⑫。类似这样的评论，在朱熹文集和《朱子语类》中比比皆是，朱陈之辩中朱熹也反复强调这些观点。虽然，朱熹也承认汉唐君王的功绩，也认为他们有本领，但是他们都是以人欲为主，而非以天理为主，故而不可能继承古代圣

---

① 黎靖德编：《朱子语类》卷62，第2018页。
② 黎靖德编：《朱子语类》卷78，第2017页。
③ 黎靖德编：《朱子语类》卷78，第2010页。
④ 朱熹：《朱熹集》卷36《答陈同甫》，第1598页。
⑤ 黎靖德编：《朱子语类》卷78，第2017页。
⑥ 黎靖德编：《朱子语类》卷78，第2016页。
⑦ 黎靖德编：《朱子语类》卷78，第2011页。
⑧ 黎靖德编：《朱子语类》卷78，第2013页。
⑨ 黎靖德编：《朱子语类》卷78，第2009页。
⑩ 黎靖德编：《朱子语类》卷135，第3221页。
⑪ 黎靖德编：《朱子语类》卷136，第3245页。
⑫ 黎靖德编：《朱子语类》卷136，第3245—3246页。

贤的道统，如此就剥夺了汉唐君王继承道统的权利。

陈亮则不同意朱熹的观点。他说："然谓三代以道治天下，汉唐以智力把持天下……诸儒之论，为曹孟德以下诸人设可也，以断汉唐，岂不冤哉！"（陈信4）按陈亮的意见，尧舜禹汤文武之道，也传于汉唐，这是由本领"洪大开廓"的汉唐之君继承下来，而至于曹孟德之类则另当别论，他们则无继承道统的资格。在陈亮看来，汉唐之君能使国与天地并立，"人物赖以生存"，故"人道"与"天道"并行不悖。从陈亮的论述中可见，他是偏重于功业的，但也不是完全否定德行，如果坚持这种观点，倒也能自成一说。遗憾的是，陈亮并未一以贯之地将此观点来考察所有的历史人物。如果认为功业大便可继承道统的话，为什么曹孟德不能继承道统？如果说曹孟德不能继承道统是因为他的德行不好，那么，为什么汉高祖、唐太宗就能继承道统呢？显然陈亮的论述中存在着严重的逻辑矛盾，不能自圆其说，因此陈傅良批评陈亮"无修辞之功"①，确实是一针见血。

更为重要的是，陈亮自己也坦陈双方争论的焦点是道统之争，这里以陈亮的话来证明双方争论的核心问题："使汉唐之义不足以接三代之统绪，而谓三四百年之基业可以智力而扶持者，皆后世儒者（指朱熹）之论也。世儒之论不破，则圣人之道无时而明，天下之乱无时而息矣。"② 陈亮之语，不正是十分明确地说明了双方争论的核心问题了吗？其实，陈亮所说的"亮与朱元晦所论，本非为三代、汉、唐设，且欲明道在天地间如明星皎月"③ 一段话，也是学者们常引用的，但这里的"道"字被一些学者曲解成"历史发展的规律"，而不是上述陈亮自己所说的"三代之统绪"（道统），笔者以为如此解释太勉强了，完全不符合陈亮本意。

至于朱陈之辩孰优孰劣，不是本书所需要解决的问题，这里暂且不加以讨论了。

---

① 陈亮：《陈亮集》卷21 附陈傅良《致陈同甫书》，第331页。
② 陈亮：《陈亮集》卷3《问答一》，第33页。
③ 陈亮：《陈亮集》卷21《与陈君举》，第330页。

不过，这里还需进一步阐述朱熹的明道正谊的治史功利说。如上所说，朱熹反对说王道霸的治史功利说，他认为陈亮的错误便在于治史只讲功利、王霸，而缺乏自身的道德修养，如此治史是十分"可畏"的。在朱熹看来，治史必须明道正谊，即首先是道德上的修养，深明天理，从而达到治国平天下的"及人"境界，这就是治史的价值所在，充分显示出朱熹把史学作为经学附庸的观点。

那么，朱熹的明道正谊的治史功利说有什么特点呢？笔者认为有以下两个方面值得注意。

第一，治史者懂得明道正谊的话，那么就会更有利于其本身的道德修养。"明道正谊"原是汉儒董仲舒的话，董氏强调："正其谊不谋其利，明其道不计其功"①，而朱熹在解释这段话时说："道、义是个体、用。道是大纲说；义是就一事上说。义是道中之细分别，功是就道中做得功效出来。"② 显然，朱熹把道与义区分为体用关系，即道是"大本"，义是"大本"的具体运用。"大本"当然是天理，在人类历史上体现为三纲五常，那是不可变易的，也就是亘古亘今不可变易的核心；而义是三纲五常具体的运用，因而一举一动、一静一默都必须符合"义"，即符合三纲五常，反之就"不义"，即违反了三纲五常，也就是违反了天理。朱熹对"利"的态度如何呢？他在回答门人问"子罕言利、与命、与仁"时说："这'利'字是个监界尘糟的物事。若说全不要利，又不成特地去利而就害。若才说著利，少间便使人生计较，又不成模样"③，"利不是不好。但圣人方要言，恐人一向去趋利；方不言，不应是教人去就害，故但罕言之耳"，"利，谁不要。才专说，便一向向利上去"④。由此可见，他一方面承认"利"是客观存在的事物，也承认人们求利去害是合理的行为，但另一方面又反对"专说"利而最终害义的行为，因为这是违背三纲五常的。朱熹赞成董仲舒的观点，强调明道正谊，认为："正其谊，则利自在；明其道，

---

① 班固：《汉书》卷56《董仲舒传》，中华书局1962年版，第2524页。
② 黎靖德编：《朱子语类》卷95，第2451页。
③ 黎靖德编：《朱子语类》卷36，第948页。
④ 黎靖德编：《朱子语类》卷36，第949页。

则功自在。专去计较利害，定未必有利，未必有功"①，"得道义则功利自至"。但是，他也坦率承认"有得道义而功利不至者"，然而即使如此，也不能去追求功利，因为一提起功利两字就会产生"不顾道义"②的结果。显然，朱熹只是避开了功利两字，把它换成"明道正谊"四字而已，从道德角度立论，特别强调个人的修养，认为这就是治史的"功利"。治史首先加强道德修养，不能说不对，这仍然是有可取之处的。但是朱熹把道德与功利对立起来，从另外一个方面走向绝端，则是错误的。

具体到治史问题上，他反对浙学偏重史学而轻视经学的治史方法。他说："近日又有一般学问，废经而治史，略王道而尊霸术，极论古今兴亡之变，而不察此心存亡之端。若只如此读书，则又不若不读之为愈也。"③ 这里的"不察此心存亡之端"，就是指不从自身的道德修养入手治史，这是朱熹所极力反对的。在朱熹看来，这种治史方法是路头不正，于自己的修养毫无好处的。他说："今须先正路头，明辨为己为人之别，直见得透，却旋旋下工夫；则思虑自通，知识自明，践履自正……若见不透，路头错了，则读书虽多，为文日工，终做事不得。比见浙间朋友，或自谓能通《左传》，或自谓能通《史记》，将孔子置在一壁，却将左氏司马迁驳杂之文钻研推尊，谓这个是盛衰之由，这个是成败之端。反而思之，干你身己甚事？你身己有多多少少底事合当理会，有多多少少底病未曾去，却来说甚盛衰兴亡治乱，这个直是自欺"④，如此，只会造成"自家心术坏了"⑤的结果，当然也就达不到明道正谊的要求，也就失去了治史的价值所在。

正如前面指出的那样，朱熹并不反对治史，不反对理会名物制度，但他强烈反对不做切己功夫，认为偏重于治史、只理会名物制度，那就是舍本逐末，这种治史是没有价值的。他说："今人于制度文为一

---

① 黎靖德编：《朱子语类》卷37，第988页。
② 黎靖德编：《朱子语类》卷137，第3263页。
③ 朱熹：《朱熹集》卷53《答沈叔晦》，第2683页。
④ 黎靖德编：《朱子语类》卷114，第2757页。
⑤ 黎靖德编：《朱子语类》卷73，第1848页。

一致察,未为不是;然却于大体上欠阙,则是弃本而求末也","今人讲明制度名器,皆是当然,非不是学,但是于自己身上大处却不曾理会,何贵于学"!① 他批评:"今世文人才士,开口便说国家利害,把笔便述时政得失,终济得甚事! 只是讲明义理以淑人心,使世间识义理之人多,则何患政治之不举耶!"② 在他看来,"凡事求可,功求成,取必于智谋之末,而不循天理之正者,非圣贤之道。"③ 因此,他强调学者必须先于大本上着手,治经为主,以史为辅,这就是先经后史的治史顺序说,这个问题在上面已作详论。

值得指出的是,先经后史的治史顺序是不可改变的,因为只有大本正,天理明,才能对学者有帮助,这便是治史的价值所在。然而要做到大本正,天理明,必须"明道正谊",否则路头错了,举措事业便不可能符合圣贤之道,将于事无补。显然,朱熹更强调从道德入手讨论问题,关心的是提高学者的道德修养,认为这是做一切事业的出发点。当然,这是提倡封建的伦理纲常,但是,以历史的眼光来分析,朱熹强调这种伦理纲常是无可厚非的。因为一种道德思想体系是一定的历史条件下的产物,没有超时代的道德思想体系,他不可能超越当时的历史条件而提出更为科学的道德思想体系。问题在于这种道德思想体系在当时有无合理性,以及提倡者日常所行与这种道德准则是否一致,这便是判断其提倡的伦理道德在当时的进步与否。正如笔者在第一章中指出的那样,宋王朝是处于中国封建社会的上升期,社会经济发展上达到了前所未有的高度,由此产生的这种封建的伦理纲常仍属于一种与社会经济基本适合的道德思想体系,从总体上说,它是一种具有合理性的道德规范,因而没有必要以现在的眼光来指责它。当然,指出它在某一方面的缺陷也是必要的,但仍须用历史主义的眼光看待这个问题。从朱熹平时所操守的道德准则来看,他一生主张抗金恢复失地,宣扬民族气节;敢于直谏,批评弊政,宁可辞官穷死僻壤;

---

① 黎靖德编:《朱子语类》卷35,第917页。
② 黎靖德编:《朱子语类》卷13,第237页。
③ 黎靖德编:《朱子语类》卷108,第2687页。

坚持儒家重仁义、重民生的观点，创建义仓，赈济灾民；其个人生活作风严谨，因而可以说他是一个道德思想较为高尚的古代知识分子，其所以被后人尊为"圣贤"也不是偶然的。当然，道德规范是有时代性的，到现在再完全照搬朱熹宣扬的道德规范，就像朱熹宣称的那样，把封建伦理纲常说成万世不变的天理，那便毫无合理性了，这是应该特别指出的。

第二，朱熹认为治史者明天理后，可以用"义理"去评判历史上的是非，也就是说，明道正谊的治史是具有现实的"功利"的。笔者已指出朱熹格物穷理学说中承认"格物亦非一端，如或读书，讲明道义，或论古今人物，而别其是非，或应接事物，而处其当否，皆穷理也"①。这种"论古今人物而别其是非"，是基于明天理之上的，明天理就是明道正谊，既是前提，又是结果，这就是朱熹以理阐史，以史证理的史学观。

我们先从朱熹论读史书问题入手讨论。

（邵）浩曰："赵书记云：'自有见后，只是看六经《语》《孟》，其他史书杂学都不必看。'……（朱熹）曰："如此，即不见古今成败，便是荆公之学。书那有不可读者？只怕无许多心力读得。六经是三代以上之书，曾经圣人手，全是天理。三代以下文字有得失，然而天理却在这边自若也。要有主，觑得破，皆是学。"② 这里，朱熹确有迷信圣人和把六经地位绝对化的弊病，这是当时人的通病；但是，朱熹又明确反对"其他史书杂学都不必看"的观点，认为只要"觑得破，皆是学"，实际上仍坚持在明道正谊的前提下，治史书、治杂学仍是一种"学"，即具有现实价值的，这种价值便是进一步理解天理无所不在的基础。我们再引几例来论证：

> 所谓致知者，正是要就事物上见得本来道理，即与今日讨论制度、较计权术者意思功夫迥然不同。若致得吾心本然之知，岂

---

① 朱熹：《四书或问·大学或问下》，第 21 页。
② 黎靖德编：《朱子语类》卷 11，第 189—190 页。

复有所陷溺耶？正坐论事而不求理，遂至生此病痛耳。①

文字虽不可废，然涵养本原而察于天理人欲之判，此是日用动静之间不可顷刻间断底事。若于此处见得分明，自然不到得流入世俗功利权谋里去矣。②

上述第一例是朱熹答康炳道之信。据《宋元学案》卷73《丽泽学案》，康氏为吕伯恭的学生，亦属浙东学派一员。吕氏开创的浙东学派偏重史学，朱熹对此是深表反对的，认为是大本不正，有碍己身修养。由此，朱熹就力辩自己治史与浙东学派治史的异同，认为自己治史是在治经之后，治史只是对治经的补充而已，目的在于"见得本来道理"，与仅仅"讨论制度，计较权术者，意思迥然不同"。第二例则是给吕伯恭之弟吕子约的，更加明确地指出要在大体上见得分明，否则就会流入到"世俗功利权谋里去"，当然，这也就失去了治史的真正价值所在了。在朱熹文集与《朱子语类》中，朱熹对婺学（专指吕伯恭为代表的婺州学者）和永康、永嘉学派批评是相当多的，如说"伯恭于史分外子细，于经却不甚理会"③，"婺州朋友专事闻见，而于自己身心全无功夫"④，"婺州士友只流从祖宗故事与史传一边去。其驰外之失，不知病在不曾于《论语》上加工"⑤，"浙间学者推崇《史记》，以为先黄老，后《六经》，此自是太史谈之学"⑥。实际上，朱熹没有区分开史学与理学的界限，企图把史学纳入理学的体系之内，这是他的理学思想所决定的。

值得指出的是，朱熹在判断历史人物、历史事件时，并不是以某人言语来判断，而是透过表象来分析问题，显示了他的卓越史识。此举例如下：

---

① 朱熹：《朱熹集》卷54《答康炳道》，第2724页。
② 朱熹：《朱熹集》卷47《答吕子约》，第2308—2309页。
③ 黎靖德编：《朱子语类》卷122，第2951页。
④ 朱熹：《朱熹集》卷49《答陈肤仲》，第2382页。
⑤ 黎靖德编：《朱子语类》卷122，第2956页。
⑥ 黎靖德编：《朱子语类》卷122，第2956页。

或问:"维州事,温公以(李)德裕所言为利,(牛)僧孺所言为义,如何?"曰:"德裕所言虽以利害言,然意却全在为国;僧孺所言虽义,然意却全济其己私。且德裕既受其降矣,虽义有未安,也须别做置处。乃缚送悉怛谋,使之恣其杀戮,果何为也!"①

这里,朱熹并未以李德裕言利与牛僧孺言义而作直观的判断,而是透过表面现象,以他们为国(即公)为私来作判断,显示出他超人的卓识。

朱熹还用陂圹蓄水与溉田作比喻来论述己身修养与治史的关系:

今人读书未多,义理未至融会处,若便去看史书,考古今治乱,理会制度典章,譬如作陂圹以溉田,须是陂圹中水已满,然后决之,则可以流注滋殖田中禾稼。若是陂圹中水方有一勺之多,遽决之以溉田,则非徒无益于田,而一勺之水亦复无有矣。读书既多,义理已融会,胸中尺度一一已分明,而不看史书,考治乱,理会制度典章,则是犹陂圹之水已满,而不决以溉田。若是读书未多,义理未有融会处,而汲汲焉以看史为先务,是犹决陂圹一勺之水以溉田也,其涸也可立而待也。②

这段话,十分清楚地显现出朱熹对自身修养与治史的关系,体现出他治史的价值判断。在朱熹看来,只有真正掌握了天理,才能治史,这样便可以像水溉田一样,滋润禾稼,于自身修养才有价值;反之,没有掌握天理而去治史,不但没有滋润禾稼,反而使陂圹之水也干涸了,按朱熹的话来说,即"坏了心术",这种治史当然就"堕落"到说王道霸的治史功利说中去了。朱熹以为,真正处理好两者的关系也

---

① 黎靖德编:《朱子语类》卷136,第3249页。
② 黎靖德编:《朱子语类》卷11,第195页。

是很难的事，他在给好友张敬夫的信中说："大率学者须更令广读经史，乃有可据之地。然又先非识得一个义理蹊径，则亦不能读，正惟此处为难耳。"① 在这种情况下，朱熹便提出先经后史的治史顺序说。

综上所述，朱熹反对说王道霸的治史功利说，主张明道正谊的治史功利说，这是围绕着学者以什么态度来治史、以什么观点来评判历史这些问题而展开的。朱熹的观点是：学者治史必须先有较高的道德修养，以明道正谊的态度来治史，这是道德标准；在这种前提下治史，才会有功利可言，才显示出治史的真正价值；这种价值体现在两个方面，一是更加有利于学者的道德修养，二是有利于学者用义理去评判历史，这就体现出治史的现实功利，这种现实的功利便是"当世之用"，这在下一节中详细加以研讨。

四　当世之用的社会价值论

前面分别讨论了朱熹先经后史的治史顺序说、劝善惩恶的治史目的论，明道正谊的治史功利说，与这相关的是当世之用的社会价值论。这里必须补充的是，所谓明道正谊的治史功利说与当世之用的社会价值论，有相似之处，即都是讲功利的问题，但各有侧重不同，前者侧重史学对学者个人的主体修养作用，即着眼于对主体的功利作用；而后者则侧重史学对整个社会的效用，即着眼于对客体的功效与价值。但是，无论是明道正谊的治史功利说也罢，当世之用的社会价值论也罢，都是基于劝善惩恶的治史目的论上的。因为，如果治史不具备这种劝善惩恶的前提，那么就谈不上对个人和对社会有什么积极作用，治史路头就不正，只会坏人心术。

笔者认为，朱熹是持有治史的当世之用的社会价值论的，请看以下一段资料：

> 至于诸史，则该古今兴亡治乱得失之变。时务之大者，如礼

---

① 朱熹：《朱熹集》卷32《答张敬夫》，第1370页。

乐制度、天文地理、兵谋刑法之属，亦皆当世所须而不可阙，皆不可以不之习也。①

显然，朱熹所称"不可以不之习"的"当世所须而不可阙"的一些内容，保存在诸史里，换言之，诸史中有当世所需的价值，即治史可以为当世之用。

那么，朱熹当世之用的社会价值论包含着哪些内容呢？笔者认为有两个方面：第一是治史有助于学者格物致知，使学者真正了解天理的无所不在，于此，便可深谙古今兴亡理乱之原因，以便学者措之事业。朱熹临终前对门人陈淳说了一段话，虽然较长，但十分典型，仍有必要节录：

> ……今也须如僧家行脚，接四方之贤士，察四方之事情，览山川之形势，观古今兴亡治乱得失之迹，这道理方见得周遍……自古无不晓事情底圣贤，亦无不通变底圣贤，亦无关门独坐底圣贤。圣贤无所不通，无所不能，那个事理会不得？……理会得熟时，道理便在上面。又如律历、刑法、天文、地理、军旅、官职之类，都要理会。虽未能洞究其精微，然也要识个规模大概，道理方浃洽通透……所以圣人教人要博学……圣人虽是生知，然也事事理会过，无一之不讲……学时无所不学；理会时，却是逐件上理会去……为甚要格物致知？便是要无所不格，无所不知。物格知至，方能意诚、心正、身修，推而至于家齐、国治、天下平，自然滔滔去，都无障碍。②

这一段话比较集中地反映了朱熹治史对学者修身的关系、以及社会价值的观点。朱熹打着圣贤的旗号，以圣贤无所不通、无所不能但仍须"事事理会"作根据，勉励门人要博学，要理会古今兴亡理乱得

---

① 朱熹：《朱熹集》卷69《学校贡举私议》，第3637页。
② 黎靖德编：《朱子语类》卷117，第2830—2832页。

失之迹,以及律历刑法军旅等等在内的典章制度;只有这样,才能深刻地理会天理的无所不在,即方能"道理浃洽通透",然后应接事物才能滔滔而行去,"无所障碍",即治国平天下都无所障碍,这是朱熹治史的最终目的,也就是治史的价值所在。

作为一个理学集大成者,朱熹强调以圣贤为榜样、强调学者修身、进行道德上的体验并不是奇怪的事。值得重视的却是,朱熹已注意到在历代兴亡治乱中,蕴含着一些对人们的道德修养有补益的东西,也注意到个人的道德修养与他所作的事业之间的关系,这是有一定价值的,不应该轻易加以否定。因为朱熹要求学者在治史中进行道德上的修养,以便使自己成为一个对社会有用的人才,把治史中取得的各种知识运用到治国平天下中去,使治史成为一种具有现实价值的行为,不能不说这实际上是一种经世致用的思想。他说:

> 物理无穷,故他说得来亦自多端。如读书以讲明道义,则是理存于书;如论古今人物以别是非邪正,则是理存于古今人物;如应接事物而审处其当否,则是理存于应接事物。①

显然,这种区别古今人物是非邪正是只有通过读史才能了解到的,而了解它只是为了更好地理解天理,从而应接事物才会不出纰漏,才会符合道德规范。因而朱熹说:"看得《大学》了,闲时把史传来看,见得古人所以处事变处,尽有短长。"② 了解这种"短长"并不是无所事事,而是吸取历史的经验教训,善以为法,恶以为戒,在自己"处事变"时作为借鉴。当然,朱熹立论之要点在于提高个人的道德修养,然而不能否认其中包含着合理之处,因为历史确实是一面镜子,了解古今人物、古今史事毕竟对后人说来是有一定的补益作用的。

在朱熹看来,如果只是了解一些史实,而不注意其中蕴含着的义理,则必然会坠落到世俗功利之中去,也就是他经常批评的那种说王

---

① 黎靖德编:《朱子语类》卷18,第391页。
② 黎靖德编:《朱子语类》卷15,第292页。

道霸的治史功利说中去。他在给赵几道的信中说得很清楚，此节录如下：

> 昔时读史者不过记其事实，摭其词采，以供文字之用而已。近世学者颇知其陋，则变其法，务以考其形势之利害，事情之得失。而尤其称史迁之书，讲说推尊，几以为贤于夫子，宁舍《论》、《孟》之属而读其书。然尝闻其说一二，不过只是战国以下见识。其正当处，不过是知尊孔氏，而亦徒见其表，悦其外之文而已。其曰折衷于夫子者，实未知所折衷也。后之为史者又不及此，以故读史之士多是意思粗浅，于义理之精微多不能识，而坠于世俗寻常之见，以为虽古圣贤，亦不过审于利害之算而已。①

这里，朱熹批评"昔时读史者"和"近时学者"的原因，是在于他们没有先经后史、以经为重的治史态度，不能识别史书中的义理之精微，因而仅仅是"记其事实，摭其词采"，或"考其形势之利害，事情之得失"的皮毛之学，故见识粗浅，不可能真正成为对社会有价值的学问，措之事业便会出纰漏。实际上，即使是治经者，如果没有从自身的道德修养着手，不能真正了解天理的"无所不在"，那么也是不行的。他说："今世儒者，能守经者，理会讲解而已；看史传者，计较利害而已。那人直是要理会身己，从自家身己做起。"② 由此，朱熹强调学者在"读书史、应事物之间求其理之所在而已"③，只有这样，治史的社会价值才会体现出来。显然，朱熹的治史为当世之用的社会价值论与其明道正谊的治史功利说是完全同一的，都是基于他的理学体系之上的，其最终目的都是为了教育人们加强道德修养，认识天理、纲常的无所不在，决不允许有半点离经叛道。

---

① 朱熹：《朱熹集》卷54《答赵几道》，第2735页。
② 黎靖德编：《朱子语类》卷8，第141页。
③ 朱熹：《朱熹集》卷56《答陈师德》，第2851页。

第二是主张"学贵适用"①,认为治史对解决今世之事有一定的借鉴作用,如此才能体现出它的社会价值来。朱熹认为"天下之事皆学者所当知"②,因而他一贯主张要博学而返约。所谓博学,即无所不学,返约即能最终归结到认识天理。这就是所谓"道问学"与"尊德性"的关系问题。过去有一种看法,以为朱熹与陆九渊之争是"道问学"与"尊德性"之争,朱熹偏重"道问学",而陆九渊则偏重于"尊德性",这种看法是不符合事实的。因为朱熹不仅主张"道问学",同时也极强调"尊德性"。他批评那些只求"尊德性"而无"道问学"功夫的学者,是有前提的,不能因为朱熹讲过一些这样的话就把他说成忽视"尊德性"而偏重"道问学"理学家③,否则我们就无法区别朱熹与吕祖谦及浙学的异同。这里引用一段典型的资料:

> 如今所说,却只偏在"尊德性"上去,拣那便宜多底占了,无"道问学"底许多工夫。恐只是占便宜自了之学,出门动步便有碍,做一事不得。今人之患,在于徒务末而不究其本。然只去理会那本,而不理会那末,亦不得。时变日新而无穷,安知他日之事,非吾辈之责乎?若是少间事势之来,当应也只得应。若只是自了,便待工夫做得二十分到,终不足以应变。到那时,却怕人说道不能应变,也牵强去应,应得便只成杜撰,便只是人欲,又有误认人欲作天理处。若应变不合义理,则平日许多工夫,依旧都是错了……事变无穷,小而一身有许多事,一家又有许多事,大而一国,又大而天下,事业恁地多,都要人与他做。不是人做,却叫谁做?不成我只管得自家!若将此样学问去应变,如何通得许多事情,做出许多事业?④

---

① 黎靖德编:《朱子语类》卷120,第2915页。
② 朱熹:《朱熹集》卷69《学校贡举私议》,第3636页。
③ 朱熹在与陆九渊比较时,曾说自己是偏于"道问学"。但笔者以为只能相对而言,因为从朱熹一贯主张来看,他是很重视"尊德性"的,并非偏于"道问学",从笔者下面的论述中所引用的资料便可看出。
④ 黎靖德编:《朱子语类》卷117,第2824页。

可见，朱熹认为：作为一个学者，必须具有尊德性和道问学的两种功夫，小而自身修养，大而治国平天下，缺一不可，显然并非是只偏重于道问学。朱熹的观点是，在尊德性的基础上道问学，认为学者应该在治史中了解史事及人物处事接物如何，从而作为自己的借鉴，一旦需要，便可用于治国平天下，这样便体现出它的价值来。上述这段话实际上也正是体现了学贵适用的含义，要求学者在"事势之来"时去"应变"，即措之事业。当然，朱熹首先强调学者须加强个人的道德修养，这不过是他的理学家立场所决定的，也不是什么奇怪的事。正由于此，朱熹与吕祖谦、浙学学者的区别也就十分清楚了。

下面讨论朱熹关于治史与处置当今之事的关系问题，从中看他的社会价值论。

朱熹的门人吴伯英与其女婿黄榦讨论三代沟洫之事，朱熹说道："今则且理会当世事尚未尽，如刑罚，则杀人者不死，有罪者不刑；税赋，则有产者无税，有税者无产，何暇议古？"① 朱熹对吴、黄的批评，显然是认为他们只是单纯讨论古代史事而未能联系当今之事来理会，这是没有什么价值的议论；反之，联系当今之事来讨论古代史事当然更是有价值的了。此可见朱熹对治史当世之用的价值论的基本看法。

我们举一些朱熹对当今之事的具体论述，来探讨他的当世之用的价值论：

> 古者人主左右携提，执贱役，若虎贲缀衣之类，皆是士大夫，日相亲密……不似而今大隔绝，人主极尊严，真如神明；人臣极卑屈，望拜庭下，不交一语而退。②

> 古者三公坐而论道，方可子（仔）细说得。如今莫说教宰执坐，奏对之时，顷刻即退。文字怀于袖间，只说得几句，便将文

---

① 黎靖德编：《朱子语类》卷108，第2684页。
② 黎靖德编：《朱子语类》卷112，第2727页。

字对上宣读过，那得子细指点！且说无坐位，也须有个案子，令开展在上，指画利害，上亦知得子细。今倾刻便退，君臣如何得同心理会事……某在漳州要理会某事，集诸同官商量，皆逡巡泛泛，无敢向前。如此，几时得了！于是即取纸来，某自先写起，教诸同官各随所见写出利害，只就这里便见得分明，便了得此一事。①

上述两段话都是用古今对比的方法对宋代皇帝高度集权进行批评，尤其第二段话，又用自己在漳州亲历之事，纵论古今，体现其治史是为解决当今之事的价值倾向。

朱熹对两宋时期的土地制度存在的问题是深切关注的，他为了解决这些问题，还研究过历代的田制，专门写了《井田类说》一文来阐述自己的看法，此节录如下：

夫土地者，天下之大本也。《春秋》之义，诸侯不得专封，大夫不得专地。今豪民占田或至数百千顷，富过王侯，是自专封也。买卖由己，是专其地也……若高帝初定天下及光武中兴之后，民人稀少，立之易矣。就未悉备井田之法，宜以口数占田，为立科限，民得耕种，不得买卖，以赡贫弱，以防兼并，且为制度张本，不亦宜乎？虽古今异制，损益随时，然纲纪大略，其致一也。②

这里，朱熹从春秋战国到两汉的田制出发，讨论"今豪民占田"造成的贫富悬殊的根源，提出解决这些问题的办法，十分明显地显示出他治史的当世之用的社会价值论的观点。朱熹托古改制的"均"田方法，企图达到"以赡贫弱，以防兼并"的目的，是不可能实现的，

---

① 黎靖德编：《朱子语类》卷128，第3068—3069页。
② 朱熹：《朱熹集》卷68《井田类说》，第3596—3597页。在卷25《答张敬夫》中，朱熹明确说这种"井田"不是"尽如周礼古制"的土地制度，第1058页。

只是一种幻想。因为，在不触动封建制度本身的前提下来"夺富济贫"，无疑是与虎谋皮式"改良"，这注定它是不可能成功的。当然，这也不能因此而否定朱熹思想上的合理成分，因为他毕竟要求改变有田无税、有税无田的社会状况，缓和阶级矛盾，稳定社会经济基础，保证经济的正常发展，而且在"损益随时"中体现出他治史为当世之用的价值论观点，这不是空谈义理的道德说教，而是接触到社会现实问题了，这是应该充分加以肯定的。

朱熹对解决南宋财政困乏、军费开支庞大的问题也提出过一系列的看法，认为"今日之事，若向上寻求，须用孟子方法；其次则孔明之治蜀，曹操之屯田许下也"[1]；"今日财赋岁出以千百巨万计，而养兵之费十居八九，然则屯田实边，最为宽民力之大者"，"非惟利于一时，又可渐为复古之绪"[2]。所谓"利于一时"，是指解决当时的养兵之费，而"复古之绪"则是指为最终解决兵费与财政、田制之间的问题而采取的如同孟子所说的井田方法。但是如前所说的那样，朱熹主张随时损益，实质上是托古改制，那么这种"井田制度"只是类似于孟子所说的井田而已。不过仍须指出，在当时朱熹比较注意的是解决屯田与军费开支庞大的关系问题，引证古代史事是为了证明当时可以采用屯田方法，是他治史为当世之用的明显例证。事实上，朱熹早在汪应辰担任蜀帅时（乾道元年至三年，1165—1167 年）便劝汪应辰进行屯田，以为"失今不为，恐后难复值此可为之会矣"[3]，就是体现了这一思想。

朱熹对治史注意到当世之用的学者是加以赞赏的，上一章曾引用过的称赞张仲隆、孙稽仲的例子便是明证，其他如朱熹称赞施良翰说："施君良翰示予以《军政策》一编，其言当世利病之实，本末备见，皆可施行"[4]，也是从"当世"和"皆可施行"出发来立论的。

两宋时期，农民负担沉重是个十分突出的问题，对此，朱熹也是

---

[1] 黎靖德编：《朱子语类》卷108，第2688页。
[2] 朱熹：《朱熹集》卷25，《答张敬夫》，第1058页。
[3] 朱熹：《朱熹集》卷24《与汪帅论屯田事》，第1026页。
[4] 朱熹：《朱熹集》卷82《跋施良翰〈军政策〉》，第4242页。

予以关注的。他任职地方时，曾一再上奏章，要求减免赋税徭役，笔者在第二章中已作了论述。值得指出的是，朱熹用随时损益的观点对古代与宋代的赋税徭役情况作比较，以传统的儒家仁政观点为出发点，企图解决农民负担过重的问题，以缓和阶级矛盾。这类例子在朱熹文集、《朱子语类》以及《四书集注》中很多，此引两例：

> 今欲行古制，欲法三代，煞隔霄壤。今说为民减放，几时放到他元（原）肌肤处！且如转运使每年发十万贯，若大段轻减，减至五万贯，可谓大恩。然未减放那五万贯，尚是无名额外钱。须一切从民正赋，凡所增名色，一齐除尽，民方始得脱净，这里方可以议行古制。如今民生日困，头只管重，更起不得。为人君，为人臣，又不以为急，又不相知，如何得好！这须是上之人一切扫除妄费，卧薪尝胆，合天下之智力，日夜图求，一起而更新之，方始得。①

> 人须是事事敬，方会信。才信，便当定如此，若恁地慢忽，便没有成。今日恁地，明日不恁地，到要节用，今日俭，明日奢，便不是节用。不会节用，便急征重敛，如何得爱民！既无爱民之心，如何自会"使民以时"！这是相因之说。又一说：虽则敬，又须著信于民，只恁地守个敬不得。虽是信，又须著务节俭。虽会节俭，又须著有爱民之心，终不成自俭啬而爱不及民，如隋文帝之所为。虽则是爱民，又须著课农时，不夺其时。②

从上述两段话中可以看出，朱熹继承了传统儒家的使民以时、制民恒产、轻徭薄赋的思想，主张节俭爱民，以隋文帝为例探讨了这之间的关系，实际上都是针对宋代赋税徭役过重而言的，在此充分显示了朱熹的治史的当世之用的价值观念。他在给张敬夫的信中提出：廷

---

① 黎靖德编：《朱子语类》卷121，第2713页。
② 黎靖德编：《朱子语类》卷21，第496页。

讲以"《孟子》一书最切于今日之用"①，便是这种思想的注脚。实际上，朱熹希望以正君心来使宋代帝王悔悟昨日之非，从而卧薪尝胆，自强自立，施行仁政，不过是一种奢望而已，这是不可能实现的。

尽管如此，朱熹治史的当世之用的价值论仍有不少可取之处。首先，当世之用的社会价值论是其经世致用思想的理论基础之一。朱熹虽是一个理学家，但他并不排斥或否定经世致用，而是提倡"学贵适用"，此"适用"是适当时之用。因而其治史"贵"适用者当然也就是适合当时的时政，这就为经世致用说提供了理论基础，也就是说治史具有当世之用的社会价值。朱熹极力区分自己治史与浙东学派治史之不同，只不过是从入手处来区别的，以自己入手先治经并重视道德修养而优于他们，而没有否认治史有价值，如此就承认了治史对当世具有经世致用的价值。其实，朱熹自己治史也是联系当时的社会现实的，上面笔者已作了不少介绍。

其次，当世之用的社会价值论常打着古代圣贤仁政为旗号，批评宋代帝王及其苛政，显示出朱熹思想的开明之处。笔者已论述过朱熹是一个托古改制的思想家，他肯定三代美政是理想的社会，但又承认"时节变了"制度也须有变化，并不主张完全袭用古代典章制度。他对偏安江南的南宋的政治局面大为不满，屡有批评，企望当时的政治局面有所改善。他以当时人们所公认的三代"美政"与古代圣贤为"事实"依据，与当时弊政相比，在客观上起到了揭露当时的弊政作用，启发人们为改变这种弊政而努力，这不能不说是有一定积极意义的。当然，朱熹不可能要求推翻南宋的统治，而是要求进行温和的改良。然而即使是这样，南宋统治集团仍未采纳，这说明宋王朝已只能暂时维持现状，不可能再有很大的改观了，这种守旧的态度与朱熹的观点相比，正反衬出朱熹要求改革弊政的开明性和进步性。

最后，当世之用的社会价值论要求治史者加强自身修养，以便措之事业，改变了南宋的政治局面，这也是有一定积极意义的。朱熹认为：作为一个学者，"处乡里，合当闭门自守，躬廉退之节"，加强自

---

① 朱熹：《朱熹集》卷25《答张敬夫》，第1057页。

身修养，而一旦出任，则须措之事业，"如作州县，便合治告奸，除盗贼，劝农桑，抑末作；如朝廷，便须开言路，通下情，消朋党；如为大吏，便须求贤才，去赃吏，除暴敛，均力役"，"这个都是定底格局，合当如此做"。① 由此，朱熹批评"近世诸公作诗费工夫，要何用？元祐时有无限事合理会，诸公却尽日唱和而已"②。众所周知，元祐诸公是指司马光等大臣，而司马光之人品又是朱熹经常表扬的，这里朱熹却从他们不理会经世事业而提出批评，体现出朱熹治史为当世之用思想的可贵之处。

综上所述，朱熹的治史为当世之用的社会价值论，着眼于现实，主张学贵适用，提倡道德修养，并且要求学者在为官时须经世济民，以便改变南宋弊政，这些应该说是有一定积极意义的，不应否定。但是朱熹托古改制的改良思想并未被当时统治者接受，尤其是在他去世后，其后学把他打扮成一个"纯"理学家，而抛弃了许多有价值的思想，如他的治史为当世之用的经世思想等等；而统治者也吹捧朱熹的理学思想中对自己统治有利的那部分内容，作为统治人民的工具，从而使朱熹的形象失真，这不能不说是件遗憾的事。

---

① 黎靖德编：《朱子语类》卷95，第2449页。
② 黎靖德编：《朱子语类》卷140，第3333页。

第四章

朱熹的治史方法论

朱熹的治史方法论涉及以下三个方面：由博返约的治史途径、博采善择的史料收集和强调实证的治史手段。

一 由博返约的治史途径

所谓治史途径，即治史从何处着手、如何才能更有效地获取更多的历史知识、以达到学以致用的目的。在朱熹看来，治史与治其他学问一样，都是一个由博返约的过程，即通过泛观博览而达到通晓天理、使自己在道德修养上最终达到圣贤的地步，而且一旦需要去做事业，则可以治国平天下。

朱熹说："大凡学者，无有径截一路可以教他了得；须是博洽，历涉多，方通"[①]，"博学，谓天地万物之理，修己治人之方，皆所当学"[②]，"天下之事皆学者所当知"[③]，即一个学者需要不断充实自己，使自己"博洽"并经历各种磨炼，才可能在道德修养上达到一定造诣。他还打着"圣人教人有序，未有不先于博者"[④]的旗号，为自己的观点作论据。

然而，陆九渊对朱熹的博学观点是否定的，他对门人说："朱元

---

① 黎靖德编：《朱子语类》卷8，第144页。
② 黎靖德编：《朱子语类》卷8，第142页。
③ 朱熹：《朱熹集》卷69《学校贡举私议》，第3636页。
④ 黎靖德编：《朱子语类》卷33，第834页。

晦泰山乔狱，可惜学不见道，枉费精神，遂自担阁，奈何！"① 陆氏把朱熹这种"博洽"称之"枉费精神"，认为不符合圣贤为学之道，不可能得到圣学的真谛。因此，朱陆两人于淳熙二年在铅山鹅湖寺进行了一场大论辩，这就是所谓"尊德性"与"道问学"之辩。实际上，朱熹认为两者缺一不可，他曾说："务反求者，以博观为外驰；务博观者，以内省为狭隘，坠于一偏。此皆学者之大病也！"② 这不是说得很明确吗？这里，以陆九渊自己的话来印证：

> 朱元晦曾作书与学者云："陆子静专以尊德性诲人，故游其门者多践履之士。然于道问学处欠了。某教人岂不是道问学处多了些子？故游某之门者，践履多不及之。"观此，则是元晦欲去两短，合两长。然吾以为不可。既不知尊德性，焉有所谓道问学！③

可见，连陆氏都认为朱熹是"欲去两短，合两长"，即包括尊德性、道问学两个方面，而非只是"道问学"一途。但陆氏认为尊德性与道问学是对立的，尊德性要求学者向"内"体认天理，道问学则驰向"外"去，故两者不可兼而得之。清人张伯行说："昔考亭之学则不然，操存涵养，莫非明德性之当尊；而格物致知，兼以著问学之不可偏废……朱子尊德性以道问学，道问学以尊德性。"④ 这一说法比较客观，基本揭示了朱熹的治学特点。朱熹正是想通过道问学而达到尊德性的目的，他在治史、治经上都是如此。

接着讨论朱熹由博返约治史途径的特点。笔者认为有三个特点：其一是博而不杂；其二是循序渐进；其三是精思归约。

---

① 陆九渊：《象山语录》卷2，文渊阁《四库全书》，台北商务印书馆1982年版，第555页。
② 黎靖德编：《朱子语类》卷9，第160页。
③ 陆九渊：《象山语录》卷1，第544页。
④ 张伯行：《正谊堂文集》卷8《〈问学录〉序》，丛书集成本，中华书局1985年版，第105页。

所谓博而不杂的"杂",是有特定含义的。这里先举几段朱熹之语:

> 杨楫通老问:"世间博学之人非不博,却又不知个约处者,何故?"曰:"他合下博得来便不是了,如何会约。他更不穷究这道理是如何,都见不透彻,只是搜求隐僻之事,钩摘奇异之说,以为博,如此岂能得约!今世博学之士大率类此。"①
>
> 向得渠(指吕祖谦)两书,似日前只向博杂处用功,却于要约处不曾子细研究,病痛颇多。②
>
> 永嘉(指陈君举)看文字,文字平白处都不看,偏要去注疏小字中,寻节目以为博。③

这里批评吕祖谦"博杂",是指"东莱博学多识则有之矣,守约恐未也"④;即未在体认天理上花力气;而朱熹说陈君举"偏要去注疏小字中,寻节目以为博",与"搜求隐僻之事,钩摘奇异之说"之类,批评他"只是要立新巧之说,少间指摘东西,斗凑零碎,便立说去"。⑤朱熹认为这不是求得天理的途径,而是"杂"的表现。因为在他看来,博学"亦非谓欲求异闻杂学方谓之博"⑥,而是为了加深理解天理,而天理则在四书六经之中,不在这里下功夫,而去史书中寻找"道理",就如缘木求鱼一样可笑。他批评"婺州朋友专事闻见,而于自己身心全无功夫"⑦,"浙间学问一向外驰,百怪俱出"⑧,"专于博上求之,而不反其约,今日考一制度,明日又考一制度,空于用处作

---

① 黎靖德编:《朱子语类》卷57,第1346页。
② 朱熹:《朱熹集》卷31《答张敬夫》,第1310页。
③ 黎靖德编:《朱子语类》卷123,第2964页。
④ 黎靖德编:《朱子语类》卷122,第2949页。
⑤ 黎靖德编:《朱子语类》卷80,第2086页。
⑥ 黎靖德编:《朱子语类》卷33,第834页。
⑦ 朱熹:《朱熹集》卷49《答陈肤仲》,第2382页。
⑧ 朱熹:《朱熹集》卷54《答孙季和》,第2690页。

工夫，其病又甚于约而不博者"①，"近见永嘉有一两相识，只管去考制度，却都不曾理会个根本"②，都是指他们"学"博而"理"不明，"杂"而不知返约。由此可见，朱熹在治史上提出博而不杂，实际是指治史必须遵循"明理——博学——明理"的途径，即从明天理这一前提出发，通过治史而达到验证天理的无所不在，以便自己的道德修养。这一途径是绝对不可改变的。否则，治史途径错了，就属于"杂"，无助于体认天理。显然，这是朱熹"以理阐史、以史证理"的史学思想特点决定的。

为了论证自己的理论，朱熹打着圣人的旗号："圣人也不是不理会博学多识。只是圣人之所以圣，却不在博学多识，而在'一以贯之'。今人有博学多识而不能至于圣者，只是无'一以贯之'。然只是'一以贯之'，而不博学多识，则又无物可贯。"③ 实际上，他强调一切学问（当然也包括治史）都应该"自博而反诸约"④，舍此途径，则必然出现偏差，就治史上说，便会产生像浙江学者那种杂而不纯的"史学"。

其实，朱熹并不反对广泛地阅读史书，据笔者统计，朱熹所阅读过的各种史书，仅《朱子语类》中提及者就达 124 种之多，包括正史、野史、史评等著作，还有宋代各帝的实录、典章制度著作、地方志著作、古佚史（如《竹书纪年》）等，其涉及面之广，确实令人叹服。如果说朱熹反对广泛地阅读史书，那么朱熹自己阅读如此之多的史书便难以解释了。只是他强调要为"明天理"而读史，而不是为"考制度"去读史书而已。

在明天理的前提下，朱熹认为治史还必须在博学的基础之上去专，因为"学非读书之谓，然不读书又无以知为学之方，故读之者贵专而不贵博。盖惟专为能知其意而得其用，徒博则反苦于杂乱浅略而无所

---

① 黎靖德编：《朱子语类》卷 11，第 188 页。
② 黎靖德编：《朱子语类》卷 45，第 1149 页。
③ 黎靖德编：《朱子语类》卷 45，第 1149 页。
④ 黎靖德编：《朱子语类》卷 108，第 2678 页。

得也"①。"专"是基于"博"的基础之上的，如此就能受益，否则，"徒博"则会导致"杂乱浅略而无所得"。他在回答魏应仲问如何读经史时说："（看书）不可贪多务广，涉猎卤莽，才看过了，便谓已通。小有疑处，即更思索，思索不通，即置小册子逐日抄记，以时省阅，俟归日逐一理会。切不可含糊护短，耻于资问而终身受此黯暗以自欺也"②，就是要求精读专一。黄山谷《与李几仲帖》中说："不审诸经、诸史，何者最熟。大率学者喜博，而常病不精。泛滥百书，不若精于一也。有余力，然后及诸书，则涉猎诸篇亦得其精。盖以我观书，则处处得益；以书博我，则释卷而茫然。"朱熹对此极为欣赏，"以为有补于学者"③。显然，朱熹在治史途径问题上提出博而不杂、博而贵专的观点，是基于他的理学观点之上，围绕着治史明天理这一最终目的而展开的。朱熹把史学作为经学的附庸，确实有很大的局限性，不能令人信服；他从体认天理出发，把博与杂对立起来也不可取。但是从另一角度看，他主张在博学的基础上要专一地读书，则无可非议，确实应该在博学的基础上"专"，如此两者才能相辅相成，才会对自己治史（当然也包括其他学问）有益。可见，朱熹博而不杂的观点中也有值得肯定的地方。

其次，朱熹主张治史应该循序渐进。循序渐进就不可贪多求快、草草了事。朱熹认为做一切学问都应该"循次渐进为可得之。如百牢九鼎，非可以一嚼而尽其味也"④，因此必须"从一条正路直去"⑤，如果"看书不由直路，只管枝蔓"⑥，最终要走上邪路。治经是如此，治史也是如此。朱熹在教门人读史时说："合看两件，且看一件，若两件是四百字，且二百字，有何不可"，"若只是略绰看过，心下似有

---

① 朱熹：《朱熹集》卷60《答朱朋孙》，第3083页。
② 朱熹：《朱熹集》卷39《与魏应仲》，第1805—1806页。
③ 黎靖德编：《朱子语类》卷10，第169页。
④ 朱熹：《朱熹集》卷54《答刘仲则》，第2737页。
⑤ 黎靖德编：《朱子语类》卷10，第169页。此为肖佐记。卷11中另有李方子所记类似，参见第183页。
⑥ 黎靖德编：《朱子语类》卷11，第183页。

似无，济得甚事"！① 朱熹主张治史要少而精地循序渐进，不可贪多求快的观点，在理论上确实也是有价值的。

那么，他的循序渐进的治史途径有哪些特点呢？今概括如下：

第一，先经后史。在治史与治经的关系上，朱熹认为须先经后史；具体到治经上，他认为先治《大学》，次《中庸》《论语》《孟子》，然后再治六经，以为"学不可躐等，不可草率，徒费心力。须依次序，如法理会。一经通熟，他书亦易看"②。在读史书方面，同样有个顺序：即先看史料丰富、又易记忆的纪传体正史，然后再看编年体通史。他以揩背为喻来讨论治经治史："大抵揩背，须从头徐徐用手，则力省，垢可去。若于此处揩，又于彼处揩，用力杂然，则终日劳而无功。学问亦如此，若一番理会不了，又作一番理会，终不济事。"③ 从当时的治学途径来说，这种先经后史顺序有一定的合理性。另外，"一经通熟，他书亦易看"也蕴含了治学精通某一书，然后逐渐扩展的意思，这也有一定的合理性。

第二，先易后难。朱熹曾回答门人问《学记》"'善问者如攻坚木，先其易者，后其节目'"一段时说："非特善问，读书求义理之法皆然。置其难处，先理会其易处；易处通，则坚节自迎刃而解矣。若先其难者，则刃顿斧伤，而木终不可攻，纵使能攻，而费工竭力，无自然相说而解之功，终亦无益于事也。"④ 这里，指出读书应先易后难，循序渐进，如此便可事半功倍。这里的"读书"是泛指，那么他对治史上是否如此呢？回答是肯定的。如饶廷老问读《通鉴》，朱熹说："《通鉴》难看，不如看《史记》《汉书》"；杨道夫问如何读《通鉴》与正史，朱熹明确说道："且看正史，盖正史每一事关涉处多……《通鉴》则一处说便休，直是无法，有记性人方看得。"⑤ 显然，朱熹认为读史要先易后难，这种读史方法亦有可取之处。

---

① 黎靖德编：《朱子语类》卷11，第197页。
② 黎靖德编：《朱子语类》卷11，第187页。
③ 黎靖德编：《朱子语类》卷8，第143页。
④ 黎靖德编：《朱子语类》卷87，第2252页。
⑤ 黎靖德编：《朱子语类》卷11，第196页。

第三，踏实虚心。这里先从朱熹给陈傅良的信中所说的两种治学途径说起：

> 尝谓人之为学，若从平实地上循序加功，则其目前虽未见日计之益，而积累功夫，渐见端绪，自然不假用意装点，不待用力支撑，而圣贤之心、义理之实必皆有以见其确然而不可易者……今人为学既已过高而伤巧，是以其说常至于依违迁就而无所分别。①

这里，朱熹区分了两种治学的途径：一种是踏实地循序渐进，不求速效，而最终得益甚多；而另一种是浮浅取巧，喜立新说而无其实。朱熹是赞赏前者而批评后者，认为后者不踏实求学，不足以求圣贤之道。朱熹曾批评这些学者："不去这上理会道理，皆以涉猎该博为能"②，"一向泛滥不知归着处，此皆非知学者"③。朱熹所批评的就是浙学学者吕祖谦、陈亮、陈傅良等人，认为他们偏重治史，博杂无归而又浮浅虚华，巧于立说，尤能迷惑学者。朱熹斥责这种做学问是一种"俗学"④，这样治史必然对学者的道德修养有害的。朱熹批评浙学，《朱子语类》卷122和卷123中有大量的例证，朱熹文集中也不少见，此就不再举例了。

所谓虚心，朱熹说："凡看书，须虚心看，不要先立说"⑤，因为"看前人文字，未得其意，便容易（即轻易）立说，殊害事"⑥。虚心包括两个方面的内容，其一是"真理会得底，便道真理会得；真理会不得，便道真理会不得"⑦，即学者应该踏踏实实，不要不懂装懂；其

---

① 朱熹：《朱熹集》卷38《答陈君举》，第1744页。
② 黎靖德编：《朱子语类》卷11，第181页。
③ 黎靖德编：《朱子语类》卷11，第182页。
④ 黎靖德编：《朱子语类》卷11，第181页。
⑤ 黎靖德编：《朱子语类》卷11，第179页。
⑥ 黎靖德编：《朱子语类》卷11，第179页。
⑦ 黎靖德编：《朱子语类》卷11，第183页。

二是不可"心下先有一个意思了,却将他人说话来说自家底意思,其有不合者,则硬穿凿之使合"①,也就是先入为主,不能以己意去代替前人(或他人)之意。朱熹曾说过一段很有见解的话:"读书若有所见,未必便是,不可便执着。且放在一边,益更读书,以来新见。若执着一见,则此心便被此见遮蔽了……学者须是多读书,使互相发明,事事穷到极致处。"② 他的这种见解确实很高明,对囿于己见、肤浅虚华的学者无疑是一种有力的棒喝。

在朱熹看来,"为学读书,须是耐烦细意去理会,切不可粗心。若曰何必读书,自有个捷径法,便是误人底深坑也。"③ 显然朱熹是反对不花力气读书而去找所谓的"捷径"的,强调读书必须踏踏实实地读。他明确说过看书要"逐段、逐句、逐字理会"④,只有下这样的笨功夫,才会有所得,才是正确的读书方法。朱熹教门人读史便是采用这种方法:"大抵所读经史,切要反复精详,方能渐见旨趣",要"逐日早起,依本点《礼记》、《左传》各二百字,参以《释文》,正其音读,俨然端坐,各诵读百遍"⑤;他批评读史"求速",认为"求速,却依旧不曾看得。须用大段有记性者,方可"⑥,甚至他还说"人读史书,节目处须要背得,始得"⑦,这里都表现了朱熹要求踏实读史、治史的观点。

以上论述了朱熹由博返约的治史途径的第二特点,即博学须循序渐进的看法。当然,他首先认为博学是围绕明天理这一最终目的而展开的,这是他理学家的立场所决定的,无须再辨析;但他在具体论述中,又认为必须遵循循序渐进的治史途径,确实有不少精辟入里的见解,至今仍有较高的参考价值。

---

① 黎靖德编:《朱子语类》卷11,第185页。
② 黎靖德编:《朱子语类》卷11,第184页。
③ 黎靖德编:《朱子语类》卷10,第172页。
④ 黎靖德编:《朱子语类》卷10,第162页。
⑤ 朱熹:《朱熹集》卷39《答魏应仲》,第1805页。
⑥ 黎靖德编:《朱子语类》卷11,第196页。
⑦ 黎靖德编:《朱子语类》卷11,第197页。

最后讨论朱熹由博返约治史途径的第三个特点,即精思归约。所谓精思,即对治史过程中产生的问题,通过博览精思而加以解决;归约即通过治史而真正理解天理之无所不在。精思为了释疑,释疑为了体认天理。关于"疑"与"思",朱熹是从理论上来讨论的,这须先加以剖析。他说:

> 所须问目,窃谓不必如此。但取一书从头逐段子细理会,久之必自有疑有得。若平时泛泛,都不着实循序读书,未说义理不精,且是心绪支离,无个主宰处,与义理自不相亲。又无积累工夫参互考证,骤然理会一两件,若是小小题目,则不足留心;择其大者,又有躐等之弊,终无浃洽之功。①

这是朱熹给王钦之回信中的一段话,其中"久之必自有疑、有得"提出了认识论上的一个重要命题:即"疑"的产生、"疑"的解决与认真读书之间的关系。他认为不认真读书就不会有"疑";不踏实循序、无积累工夫、不参互考证,终究不能释疑,也就是说,"疑"是从读书过程中产生的,即接触具体问题才会产生,不可能凭空产生,而释疑则须有"积累工夫",要"参互考证"才能达到。因此朱熹说"人须做工夫,方有疑"②,"学者……读书须是仔细,逐句逐字要见着落。若用工粗卤,不务精思,只道无可疑处。非无可疑,理会未到,不知有疑尔。"③ 这种对"疑"的产生与读书"精思"之间关系的看法是正确的。

朱熹认为,疑是解决问题的起点,有疑便可以深入地研究,深入研究便可使学者有所长进。他说:"读书只是且恁地虚心就上面熟读,久自有所得,亦自有疑处。盖熟读后,自有窒碍,不通处是自然有疑,

---

① 朱熹:《朱熹集》卷58《答王钦之》,第2954—2955页。
② 黎靖德编:《朱子语类》卷9,第150页。
③ 黎靖德编:《朱子语类》卷10,第169页。

方好较量"①,"某向时与朋友说读书,也教他去思索,求所疑"②,"读书无疑者,须教有疑;有疑者,却要无疑,到这里方是长进"③。读书使自己有疑,即在治学过程中要善于提出和发现问题;从有疑到无疑,即在学习和研究中通过"思索"加以解决,这"方是长进"。朱熹甚至提出"大疑则可大进"④,也是基于这种认识之上的。当然,他以为"学问亦无个一超直入之理,直是铢积寸累做将去"⑤,即在渐进积累的过程中,除去自己的疑问而达到豁然贯通。这就是朱熹的"格物致知"的认识论。

朱熹关于"疑""思"的观点还涉及认识的深化问题:

> 看文字须子细。虽是旧曾看过,重温亦须子细。每日可看三两段。不是于那疑处看,正须于那无疑处看,盖工夫都在那上也。⑥
>
> 大抵观书先须熟读……继以精思,使其意皆若出于吾之心……然熟读精思既晓得后,又须疑不止如此,庶几有进。⑦

这里的"于那无疑处看","须疑不止如此",都指认识的不断深化问题。不满足已知者,更须探求未知者,这样才能不断进步。因而,朱熹强调"泛观博取,不若熟读而精思"⑧。显然可见,这种强调精思,即对认识不断深化的见解,也是正确的。朱熹在教育自己门人时说:"诸公所以读书无长进,缘不会疑。某虽看至没要紧底物事,亦须致疑。才疑,便须理会得彻头。"⑨ 这里,朱熹教人要善于提出问

---

① 黎靖德编:《朱子语类》卷11,第186页。
② 黎靖德编:《朱子语类》卷11,第186页。
③ 黎靖德编:《朱子语类》卷11,第186页。
④ 黎靖德编:《朱子语类》卷115,第2771页。
⑤ 黎靖德编:《朱子语类》卷115,第2771页。
⑥ 黎靖德编:《朱子语类》卷10,第171—172页。
⑦ 黎靖德编:《朱子语类》卷11,第168页。
⑧ 黎靖德编:《朱子语类》卷11,第168页。
⑨ 黎靖德编:《朱子语类》卷121,第2931页。

题，然后去"理会"（即去研究、思索），以便解决这些问题，这就是认识的深化。在他看来，认识的深化有两条途径，一是通过自己的熟读精思，二是通过请教别人，即"或有所疑，便当质之朋友，同其商量"①，以获得正确的结论。

值得注意的是，朱熹还主张对自己的认识进行验证，他说，"人之病，只知他人之说可疑，而不知己说之可疑。试以诘难他人者以自诘难，庶几自见得失"②，即对自己的观点进行验证与反思，以便获得正确的认识。这种勇于解剖自己的观点是很有见地的，也是值得肯定的。

朱熹对精思的看法包括两个方面。其一，要关于抓住要害。他说："学者工夫，但患不得其要。若是寻究得这个道理，自然头头有个着落，贯通浃洽，各有条理。"③ 这里的"不得其要"即没有抓住要害。因此，他认为"读书不可贪多，且要精熟"④，"读书贪多，最是大病"⑤，"读书，只恁逐段子细看，积累去，则一生读多少书！若务贪多，则反不曾读得。"⑥ 贪多嚼不烂，自然抓不住要害，当然便难有长进了。在朱熹看来，只有抓住要害，而且循序渐进，才能最终认知天理。其二，要择善而从。朱熹门人万人杰问读书的方法，朱熹回答："别无方法，但虚心熟读而审择之耳"⑦，这"审择"即是择善而从的意思。他在阅读史书中，常参照不同的版本、不同书籍来研究其异同，便含有"审择"的意思。如他给吴斗南信中说："倾见东汉《讨羌檄》日辰与《通鉴》长历不同，又沈存中《笔谈》所载《朱浮传》引《天作》诗，目今范书印本亦异……幸并喻及也。"⑧ 这是比较典型的一段资料。

---

① 黎靖德编：《朱子语类》卷 121，第 2931 页。
② 黎靖德编：《朱子语类》卷 11，第 187 页。
③ 黎靖德编：《朱子语类》卷 8，第 130 页。
④ 黎靖德编：《朱子语类》卷 10，第 166 页。
⑤ 黎靖德编：《朱子语类》卷 104，第 2614 页。
⑥ 黎靖德编：《朱子语类》卷 10，第 166 页。
⑦ 黎靖德编：《朱子语类》卷 19，第 440 页。
⑧ 朱熹：《朱熹集》卷 59《答吴斗南》，第 3044 页。

那么，治史需要不需要"精思"？朱熹认为治史必须精思。在他看来，"《春秋》皆乱世之事，而圣人一切裁之以天理"①。也就是说，孔"圣人"在治春秋这段历史时，以天理来衡量、评判，使人们可从"乱世"的经验教训中获知天理之所在，这是"圣人"精思、审择的结果。治史当然要以"圣人"为榜样、以《春秋》为标准，"精思"历史中蕴含着的"天理"，总结经验教训，如此才能真正做到于自己修养有益。他曾说："看史……看治乱如此，成败如此，'与治同道罔不兴，与乱同事罔不亡'，知得次第"②，"凡观书史，只有个是与不是。观其是，求其不是；观其不是，求其是，然后便见得义理"③，这就是"精思"。可见，在朱熹看来，治史如果不以"见得义理"为最终目的，不从这一点上去"精思"，那么治史途径就是错误的，只有像孔"圣人"那样"精思"春秋历史，而又"一切裁之以天理"，才是正确的治史的途径。朱熹公开宣称："圣人之学与俗学不同，亦只争这些子。圣贤教人读书，只要知所以为学之道。俗学读书，便只是读书，更不理会为学之道是如何。"④ 这些话，不正表明了他的治学（当然也包括治史）的目的吗？

返约是博返约的治史途径的最后一环，即达到认识天理的无所不在，这是治史的最终目的。朱熹明确宣称："为学之道，圣贤教人，说得甚分晓。大抵学者读书，务要穷究。'道问学'是大事。要识得道理去做人。大凡看书，要看了又看，逐段、逐句、逐字理会，仍参诸解、传，说教通透，使道理与自家心相肯，方得。"⑤ 朱熹虽然承认"道问学"是件大事，也肯定可以去参照"诸解、传"，但归根结底仍是"要识得道理去做人"，即要认识天理并加强个人的修养。正如他说的那样："虽是说博，然求来求去，终归于一理。"⑥

---

① 黎靖德编：《朱子语类》卷23，第541页。
② 黎靖德编：《朱子语类》卷11，第195页。
③ 黎靖德编：《朱子语类》卷11，第196页。
④ 黎靖德编：《朱子语类》卷20，第447页。
⑤ 黎靖德编：《朱子语类》卷10，第162页。
⑥ 黎靖德编：《朱子语类》卷36，第963页。

那么，为什么"求来求去，终归于一理"呢？它的理论根据何在？朱熹在《大学或问》中说道："万物各具一理，而万理同出一原（源）"，即格物致知虽说是对大千世界的万物之理的探究，但万事万物之理"同出一源"，而"读书是格物一事"①，"穷理格物，如读经看史，应接事物，理会个是处，皆是格物"②。也就是说，朱熹强调要通过读经看史去了解、认识天理的"同出一原"，理会这个"是处"，也就是要求学者通过读经看史去体认天理的无所不在。这就是朱熹由博返约治史途径的理论根据和最终目的！朱熹在给孙敬甫的信中明确说道："《大学》所言格物致知，只是说得个题目。若欲从事于其实，须更博考经史，参稽事变，使吾胸中廓然，无毫发之疑，方到知止有定地位。"③所谓"知止有定"，即是指深明天理，便是通过"博考经史，参稽事变"而要达到的最终目的，也就是由"博"返"约"了。

朱熹对"返约"的看法有以下两个要点：

第一，返约有个积累的过程。朱熹说："约自博中来。既博学，又详说，讲贯得直是精确，将来临事自有个头绪。才有头绪，便见简约。若是平日讲贯得不详悉，及至临事只觉得千头万绪，更理会不下，如此则岂得为约？"④"约自博中来"是"平日讲贯"的结果，即通过积累，最终达到返约。就治史而言，这种积累过程要求学者平时在"做工夫"时必须严格地围绕"天理"去读史。朱熹说："今人读书，多不就切己上体察，但于纸上看，文义上说得去便了。如此，济得甚事！……古人亦须读书始得。但古人读书，将以求道。不然，读作何用？今人不去这上理会道理，皆以涉猎该博为能，所以有道学、俗学之别。"⑤显然，朱熹反对浙学不为求"天理"（即道）而只求"涉猎该博"的治史的途径，认为它是一种俗学，不可能真正做到深明天理的无所不在。他告诫门人："不可一向去无形迹处（指空谈）寻

---

① 黎靖德编：《朱子语类》卷10，第167页。
② 黎靖德编：《朱子语类》卷15，第284页。
③ 朱熹：《朱熹集》卷63《答孙敬甫》，第3308页。
④ 黎靖德编：《朱子语类》卷57，第1345—1346页。
⑤ 黎靖德编：《朱子语类》卷11，第181页。

（理），更宜于日用事物、经书指意、史传得失上做工夫"，只有这样去积累，才能"精粗表里，融会贯通，而无一理之不尽矣"。①

第二，返约必须精思明辨。吴晦叔给朱熹的信中曾说："勿恃简策，须是自加思索，超然自见无疑，方能自信"，朱熹答道："简策之言皆古先圣贤所以加（嘉）惠后学，垂教无穷……凡吾心之所得，必以考之圣贤之书，脱有一字之不同，则更精思明辨，以益求至当之归，毋惮一时究索之劳，使小惑苟解而大碍愈张也。"② 双方论辩的核心是需不需要依靠"简策"，吴氏意见是"勿恃策简"而自加思考，而朱熹则不同意，认为古代圣贤之书是天理所在，故学者必须依靠这些书籍，通过它们来探研和体认天理，同时必须"精思明辨"以求"至当之归"。从治史来说，他认为读《春秋》《尚书》这类经过圣人之手者，就须理解其中蕴含着的天理；读《左传》《史记》之类史书，则需辨别何者违背天理，何者符合天理。诚如前面笔者所指出的那样，朱熹迷信古代圣贤，认为圣贤所著之书"全是天理"，确实有形而上学的倾向；以天理来判别史书优劣也不可取；但他主张要通过阅读书籍并"精思明辨"，则又包含着踏实求学的合理因素。

总而言之，在朱熹"博而不杂"的治史途径的观点中，确实是精见卓识与迂腐固执混同在一起，有必要加以仔细分析和研讨。

二 博采善择的史料收集方法

所谓"史料"，是指研究历史、编纂史书的资料，既包括文献资料，也包括口述资料、金石资料等等。在朱熹所生活的时代，并没有出现"史料"这个词，因而这里是根据现行对史料的认识来讨论朱熹的有关见解。

朱熹在史料收集方面有比较完整的看法，概括起来说，即取材广泛、征集有序、责职分明。

---

① 黎靖德编：《朱子语类》卷9，第152页。
② 朱熹：《朱熹集》卷42《答吴晦叔》，第1976—1977页。

朱熹认为：编纂史书和研究历史都应该广泛地占有各种史料。他在《史馆修史例》一文中说到史馆修史应该"取到逐人碑志、行状、奏议、文集之属"，既有奏议、文集等文献资料，又有属于金石类的碑志等资料。朱熹还很注意口述资料。

这里先讨论朱熹关于文献资料的看法。他在一篇奏章中提到修宋高宗时期之史时说：

> 娄寅亮、张焘、赵鼎文字抄录见到，其范如圭有子念德见知平江府长州县，张戒家在建昌军居住，欲乞行下两处取索。其张戒亦系绍兴名臣，有奏议、文集、杂记等书数十卷，并乞指挥建昌军抄录申送，付下实录院参照修纂。①

这里的奏议、文集、杂记等都属于文献资料。当然，朝廷官员撰写的文献资料也有不少，也须送交史馆供修史之用。他说："史馆有《宰臣拜罢录》"②，"今日（史馆）作史，左右史有《起居注》、宰执有《时政记》、台官有《日历》，并送史馆著作处参改，入《实录》作史。"③ 这里的《起居注》《时政记》《日历》《宰臣拜罢录》乃至《实录》都是由朝廷官员所撰写下的文献资料，是进一步编纂史书的重要文献资料了。

上述这些都是可以稽考的文献史料，有些则无文字记载，但口耳相传，朱熹也认为应该予以收集备用。他在《史馆拟上政府札子》中说：

> 又闻故将岳飞亦尝有请（指请高宗建储），故殿中侍御史张戒私记其事，而它（他）臣僚亦有尝献言者，但无文字可以稽考。欲望朝廷特赐开陈，广行搜访，稍加褒显，以见圣朝崇德报

---

① 朱熹：《朱熹集》卷21《史馆拟上政府札子》，第884页。
② 黎靖德编：《朱子语类》卷131，第3156页。
③ 黎靖德编：《朱子语类》卷128，第3078页。

功之意。①

这里提到其他臣僚"亦有尝献言者,但无文字可以稽考",即指流传于世的口述资料,朱熹也主张由朝廷"广行搜访",进行采录,以备修史之用。朱熹对口述资料是很重视的,在此略录数条以分析他的有关看法:

> 契丹亡国之主天祚者,在虏中。徽宗又亲写招之,若归中国,当以皇兄之礼相待,赐甲第,极所以奉养者。天祚大喜,欲归中国,又为虏所得。由是虏人大怒,云:"始与我盟誓如此,今乃写诏书招纳我叛亡!"遂移檄来责问,檄外又有甚檄文,极所以骂詈之语,今《实录》皆不敢载。②

朱熹指出《实录》不敢载北宋末徽宗背盟之事和金人之语,应是当时所流传于世的事,属口述资料。《实录》不载,当为缺漏。从朱熹之语分析,他主张载入《实录》。又言:

> 曾光祖论及《中兴遗史》载孟后过赣州时事,与乡老所传甚合。③

这是用"乡老"所传之言即口述资料,用其来印证《中兴遗史》所记史事的可靠性。朱熹还提到苗傅之事的口述资料:

> 时韩世忠收范汝为,尚在建州。韩欲得苗(傅),而其人(指捉住苗氏之人)乃解送建守李。李送行在。韩势盛,遂入文字,以苗为某所得,被其人夺了。其捉人遂编官,建守亦罢官,

---

① 朱熹:《朱熹集》卷21《史馆拟上政府札子》,第884页。
② 黎靖德编:《朱子语类》卷127,第3049页。
③ 黎靖德编:《朱子语类》卷127,第3053页。

其功遂为韩所攘。文字所载，皆言韩收苗，但此中人知之。①

这里，朱熹以建州人所知收苗之事与"文字所载"比较，揭露韩世忠攘他人之功的行为。朱熹还十分注意对口述资料进行辨析：

> 问："庚辰《亲征诏》，旧闻出于洪景庐之手。近施庆之云，刘共甫实为之，乃翁尝从共甫见其草本。未知孰是。"曰："是时陈鲁公当国，命二公各为一诏，后遂合二公之文而一之，前段用景庐者，后段用共甫者。"②

这是朱熹以其父所闻事实，辨析《亲征诏》的作者。朱熹强调要对一些重要的口述资料加以保存：

> 因话及秦丞相，问："当时诸公皆入虏，渠何以全家得还？"曰："此甚可疑。当和亲时，王伦自虏至，欲高宗屈膝，中外愤怒。秦老出，有人榜云：'秦丞相是细作。'是时陈应之正同到庙堂，问和亲之故。秦云：'某意无他，但人主有六十岁老亲在远，须要取来相聚。'因顾左右，令取国书与应之看，乃是诏书。秦卷其前后，只见中间云：'不求而得，可谓大恩。'盖指河南也。"（原注：先生言毕云："此事当记取，恐久后无人知之者。"）③

此段含义十分明确，朱熹讲完秦桧议和出于高宗旨意，并声言当记取，恐久之而为人遗忘，说明他对口述资料的重视；同时，也反映了他对宋高宗等屈膝投降者的批评、反抗，显示了他的爱国热情。

朱熹编纂著作时也很注意采集口述资料。他在撰写《伊洛渊源录》这部著作时，便采集过不少口述资料。如《朱熹集》卷35《答吕

---

① 黎靖德编：《朱子语类》卷127，第3053页。
② 黎靖德编：《朱子语类》卷127，第3058—3059页。
③ 黎靖德编：《朱子语类》卷131，第3157页。

伯恭〈论渊源录〉》中便提及："杨应之事以少见，故悉取之，亦变例也（原注：恐可访问，更增广之）"①；"吕进伯、和叔本当别出，以事少无本末，故附之与叔，甚非是。告访问增益，别立两条（原注：临川有薛氏，汲公甥也，可因人问之）。"②"因人问之"便是采择口述资料，显然，朱熹主张访问有关人员而采集一些口述资料。

朱熹对史书不敢记之事、失记之事或有关国家重要史实之流传于民间者，都极为重视，而且即使他书中有记载，他也以民间传闻来印证，符合者便信之，不符合者便疑之，更注意发掘史料的来龙去脉，以便完全证实它。这里，可充分说明朱熹对广泛收集史料的态度，显示他的高超的史识，这确实是应该肯定的。

朱熹还认为收集史料应该有序。所谓有序，是指在收集史料时应该有条不紊地进行，只有这样，才可能尽量做到不遗漏史料，以便修史之用。朱熹的《史馆修史例》很有代表性。此文不长，录之如下：

> 先以历内年月日下刷出合立传人姓名，排定总目。
> 次将就题名内刷出逐人拜罢年月，注于本目之下。
> 次将取到逐人碑志、行状、奏议、文集之属附于本目之下（原注：各注起某年、终某年）。
> 次将总目内刷出收索到文字人姓名略具乡贯履历，镂版行下诸州，晓示搜访取索。仍委转运使专一催督，每月上旬差人申送本院，不得附递，恐有损失。如本月内无收到文字，亦仰依限差人申报。
> 置诸路申送文字格眼簿，一路一扇，一月一眼。如有申到，记当日内收附勾销，注于总目本姓名下，依前例。③

此文仅190字，然所述内容十分丰富，条例严整，充分显示了朱

---

① 朱熹：《朱熹集》卷35《答吕伯恭论渊源录》，第1534页。
② 朱熹：《朱熹集》卷35《答吕伯恭论渊源录》，第1534页。
③ 朱熹：《朱熹集》卷74《史馆修史例》，第3887—3888页。

熹对史料收集和管理的看法：第一步，在《日历》内记录下应该列传的人物姓名，不使遗漏；同时排定总目顺序，不致混乱。第二步，从总目中逐人记下拜罢年月，不致错乱。第三步，则把各人取到的碑志、行状、奏议及文集等资料附于总目各人名下，以便了解已收到的资料状况；并且注明起讫时间，以便核对。第四步，将被立传者的姓名、籍贯等资料，雕版印刷递送至原籍，由转运使专一负责催督，注明已收到的资料，一目了然，以便催索遗漏资料进行补充；同时，规定具体时间，由转运使派专人递送，以防遗失；即使这一期限未收到有关资料，亦须明白告诉史馆，让史馆了解情况，以堵绝搪塞敷衍之病。最后一步是史馆置格眼簿，规定"一路一扇"，分别记录；"一月一眼"，注明收到日期，然后在总目的该人的姓名下勾销。显然，这种史料收集的方法清楚明了，比较科学，可以防止错漏的产生与地方敷衍拖欠。

《朱子语类》中曾提及有关当时史馆修史的状况：

> 今之史官，全无相统摄，每人各分一年去做。或有一件事，头在第一年，末梢又在第二三年者，史官只认分年去做，及至把来，全斗凑不著。某在朝时建议说，不要分年，只分事去做。且天下大事无出吏、礼、兵、刑、工、户六件事。如除拜注授是吏部事，只教分得吏事底人，从建炎元年，逐一编排至绍兴三十二年。他皆仿此，却各将来编年逐月类入。众人不从。某又云，若要逐年做，须是实置三簿：一簿关报上下年事首末，首当附前年某月，末当附后年某月；一簿承受所关报本年合入事件；一簿考异。向后各人收拾得，也存得个本。又别置一簿，列具合立传者若干人，某人传，当行下某处收索行状、墓志等文字，专牒转运使司疾速报应。已到者，钩销簿；未到者，据数再催；庶几易集。后来去国，闻此说又不行。①

近世修史之弊极甚！史馆各自分年去做，既不相关，又不相

---

① 黎靖德编：《朱子语类》卷107，第2665页。

示。亦有事起在第一年，而合杀处在二年，前所书者不知其尾，后所书者不知其头。有做一年未终，而忽迁他官，自空三四月日而不复修者。有立某人传，移文州郡索事实，而竟无至者。尝观《徽宗实录》，有传极详，似只写行状、墓志；有传极略，如《春秋》样，不可晓。其首末杂手所作，不成伦理。然则如之何？本朝史以历日（应为日历）为骨，而参之以他书。今当于史院置六房吏，各专掌本房之事……如吏房有某注差，刑房有某刑狱，户房有某财赋，皆各有册系日月而书。其吏房有事涉刑狱，则关过刑房；刑房有事涉财赋，则关过户房。逐月接续而书，史官一阅，则条目具列，可以依据。又以合立传之人，列其姓名于转运司，令下诸州索逐人之行状、事实、墓志等文字，专委一官掌之，逐月送付史院。如此，然后有下笔处。及异日史成之后，五（六）房书亦各存之，以备漏落。①

这里值得注意的有以下几点：其一，朱熹批评当时史馆修史的弊病，如修史官员升迁而调离史馆，该职位缺员达数月之久而无人顶替；指出向地方索要有关史料而未能按时递送到史馆；杂手所作传记，详略不当等等问题。其二，他反对当时修史按年分人去做的编写方法，曾提出过分六部各负其责的方法，可惜这一建议未被采纳。其三，指出解决的办法是由史馆设六房吏，专门负责收集史料和作初步的整理工作，汇编成书，以供修史之用。其四，强调管理上要有专门簿册登记，各房之间，互相配合；而当史馆撰成史书后，六房吏所整理的有关史料汇编之书必须保存，以供今后修改和核查之用。可见，朱熹对收集史料、史官职位的设置、到撰写成书后的史料保存的方法，都提出了颇有价值的建议，这些建议也确实是可取的。从"后来去国，闻此说又不行"一语看，大约曾经实行过的，后来又中止了。不过，朱熹在绍熙五年十月任实录院同修撰，戊辰始入值史馆，丙子即御批除宫观，戊寅辞职，仅11天，可见此措施只是昙花一现而已。但是必须

---

① 黎靖德编：《朱子语类》卷107，第2666页。

指出，如果按朱熹所说的做下去，应该说会形成比较完备的收集史料的方法，如果有了丰富的史料，自然便可"成个好文字"①。从中也可以看出他的见解是很高明的。

朱熹对当时修史不负责任的态度批评甚多，如说："今虽有那《日历》，然皆是兼官，无暇来修得"②，此是批评修史制度不完备。又说："大抵史皆不实，紧切处不敢上史，亦不关报"③，这里所说"史皆不实"的原因之一就是"紧切处不敢上史"，也就是有的重要史料被隐瞒了，被阉割了。显然这是一种不负责的修史态度，是应该受到批评的。

朱熹还提出：在史料使用上，"如一事而记载不同者，须置簿抄出，与众会议，然后去取，庶几存得总底在"④，即在取舍不同记载的史料时，应该采取慎重态度，经过讨论后再作决定，同时还须保存原来的底册以备查核。实际上，这也是一种主张职责分明的建议，是可取的。但是，这些有价值的建议并未被采纳，据朱熹自己说："唯叶正则（适）不从"⑤。叶适当时任实录院检讨，主持修《高宗实录》。不过，叶适为何"不从"，目前无资料可以印证，只能阙疑待考了。

上面从修当代史（即宋史）角度来研讨朱熹对史料收集的看法，从总体上说，他主张广泛取材、征集有序并职责分明，提出了一些有价值的建议，这是应该予以肯定的。

三　强调实证的治史方法论

众所周知，朱熹对《周易》《诗》《尚书》等"经书"都作过考证，对古代礼仪制度、古代地理以及古代史事作过考辨，对《韩愈文集》《周易参同契》等书作了考异，也对流传到宋代的古代书籍作过

---

① 黎靖德编：《朱子语类》卷107，第2666页。
② 黎靖德编：《朱子语类》卷107，第2665页。
③ 黎靖德编：《朱子语类》卷128，第3078页。
④ 黎靖德编：《朱子语类》卷107，第2665页。
⑤ 黎靖德编：《朱子语类》卷107，第2665页。

辨伪，取得了不少成果，关于此，不少学者作过专门的论述①，笔者不再复述了。但是，朱熹为什么能取得如此之大的成绩呢？如果从治史方法上看，朱熹有什么特色呢？这种治史方法与他的理学思想有什么关系呢？又有什么价值与缺陷呢？这些都是应该作进一步的研究的。

朱熹之所以能取得这么大的成绩，是与他的治学（当然包括治史）方法有密切关系的。概括起来说，朱熹的治学方法论是一种强调实证、主张采用各种有效手段的治学方法论，而最终归结到体认天理这一最终目的上去。这是他治经的方法，也是治史的方法。具体说来，朱熹采用的有效手段包括考异、辨伪、校勘、训诂等等方面。这里仅从治史方面来讨论。

朱熹强调实证的治史方法论的特色，可概括为：其一，提倡"谨于阙疑"②，反对臆断；其二，强调参互考证，言必有据；其三，主张身到足历，核其事实。下面逐一分析。

朱熹的"谨于阙疑"包括两层意思，一是无明确证据应阙疑待考，二是不可晓者可暂缺而不论。他说"无证而可疑者，只当阙之"，不可"委曲牵合"。③ 这"无证"是指暂时无明确证据者，可阙疑待考，不必"委曲牵合"，否则便是穿凿。例如他在论述周文王之"王"是否为武王追尊之谥时，便是以无证可阙来处理的：

> 问："诸儒之说，以为武王未诛纣，则称文王为'文考'，以明文王在位未尝称王之证。及至诛纣，乃称'文考'为'文王'。然既曰'文考'，则其谥定矣。若如其言，将称为'文公'耶？"曰："此等事无证佐，皆不可晓，阙之可也。"④
>
> 问："'周公成文武之德，追王太王王季'，考之《武成》《金縢》《礼记》《大传》，疑武王时已追王。"曰："武王时恐且

---

① 参见钱穆《朱子新学案》"陆之三"及白寿彝《白寿彝史学论集》，北京师范大学出版社1994年版。
② 朱熹：《朱熹集》卷36《答陆子寿》，第1563页。
③ 黎靖德编：《朱子语类》卷80，第2077页。
④ 黎靖德编：《朱子语类》卷63，第1554页。

是呼唤作王,至周公制礼乐,方行其事,如今奉上册宝之类。然无可证,姑阙之可也。"①

第一段沈僩所问,引前儒之语,认为周文王在灭纣前应该称"文公"为是,朱熹认为此事无佐证,可阙疑待考。第二段是董铢所问《中庸》第十八章"周公成文武之德,追太王王季"一语,朱熹回答中虽肯定在武王时文王已称"王",但又推测可能是在周公制礼乐时才追尊确定,不过缺少其他证据,故也只能"阙之"待考。

朱熹提倡阙疑待考,也可从其所著《伊洛渊源录》中看出。朱熹在编著此书之时,吕伯恭曾对此书所载的史料提出异议,朱熹回答说:

折柳事有无不可知,但刘公非妄语人,而《春秋》传疑之法,不应遽削之也……今乃以一说疑之而遽欲刊之,岂不可惜?若犹必以为病,则但注其下云:'某人云:国朝讲筵仪制甚肃,恐无此事',使后之君子以理求者得其心,以事考者信其迹,亦庶乎其可矣。②

这里,朱熹说明采用"折柳事",是因为刘公(刘质夫)"非妄语人",有一定的可信性,故留而不删。显然,他认为对前人事迹在难以判断真伪时,主张应该"存疑",而不能删削了事。这种用加注的方法来处理,既保存了资料,又可以提醒后人在使用上应予注意,确实是个两全其美的办法。对其他学者,他也是这样要求。如他在答汪应辰的信中曾说:

蒙垂喻《语录》中可疑处,仰见高明择理之精,不胜叹服。如韩、富未尝同朝,王、韩拜相先后,如所考证,盖无疑矣。龟

---

① 黎靖德编:《朱子语类》卷63,第1554页。
② 朱熹:《朱熹集》卷35《答吕伯恭论〈伊洛渊源录〉》,第1531页。关于折柳事可参见《伊洛渊源录》卷4。

山（杨时）之语，或是未尝深考，而所传闻不能无误。窃谓止以所考岁月注其下，以示传疑，如何？①

这里，朱熹肯定了汪应辰对韩琦、富弼未同朝等问题的考证结论，但对杨时之语如何则持怀疑态度，认为应该兼而存之，加"注其下，以示传疑"。朱熹的话，充分显示其治史方法论的慎重特色。

另外，古史中有不可晓者可缺之。朱熹在回答熊梦兆问春秋五霸中秦穆公未"主盟中夏"，而"晋悼（公）尝为盟主，却楚服郑，何故不与"时说："此等无所考，且依旧说。"② 这里"无所考"已指出无法考证其原委，故可"依旧说"，缺而不论。朱熹回答李壁（璧）问三皇五帝相承之序时说："三五之目不可考，古事类此者多矣，今日岂能必其是非邪。"③ 这"不可考"是"不可晓"之意，不可晓则无须穿凿"必其是非"。又如：

（有学生问《周诰》事，朱熹答曰）："只是古语如此。窃意当时风俗恁地说话，人便都晓得。如这物事唤做这物事，今风俗不唤做这物事，便晓他不得。如《蔡仲之命》《君牙》等篇，乃当时与士大夫语，似今翰林所作制诰之文，故甚易晓。如诰，是与民语，乃今官司行移晓谕文字，有带时语在其中。今但晓其可晓者，不可晓处则阙之可也。"④

朱熹指出《尚书》中的事物、语言与后代不同，由此而产生了"不可晓处"，确实是具有历史发展眼光的。"但晓其可晓处，不可晓处则阙之"，显示其治史态度是严谨、踏实的。

他曾说："温公《书仪》虽记孔子之言，而卒从《仪礼》之制。盖其意谨于阙疑，以为既不得其节文之详，则虽孔子之言亦有所不敢

---

① 朱熹：《朱熹集》卷30《答汪尚书》，第1262页。
② 朱熹：《朱熹集》卷55《答熊梦兆》，第2800页。
③ 朱熹：《朱熹集》卷38《答李季章》，第1740页。
④ 黎靖德编：《朱子语类》卷79，第2057页。

从者耳。"① 这是朱熹赞扬同马光著《书仪》的求实精神,虽记录孔子之言,但又"谨于阙疑"。其实,朱熹自己治史也是具有这种精神的,他强调:"大率观书但当虚心平气以徐观义理之所在,如其可取,虽世俗庸人之言有所不废;如有可疑,虽或传以为圣贤之言,亦须更加审择。"② 他在治史中确实是如此做的:

> 因说今日田赋利害,曰:"某尝疑孟子所谓'夏后氏五十而贡,殷人七十而助,周人百亩而彻',恐不解如此。先王疆理天下之初,做许多畎沟浍洫之类,大段费人力了。若自五十而增为七十,自七十而增为百亩,则田间许多疆理,都合更改,恐无是理。孟子当时未必亲见,只是传闻如此,恐亦难尽信也。"③

这里暂且不讨论贡助彻规制究竟如何,也不讨论朱熹对贡助彻的见解是否正确,然而可见朱熹对孟子所说之语是抱有怀疑态度的,认为他当时并未见之,其结论不一定正确,不可尽信。众所周知,朱熹对孟子是极为尊崇的,视为圣贤,但在讨论三代贡助彻制度时,则独立思考,并不盲从,确实与司马光不盲从孔子有异曲同工之妙,充分显示其在研究古代制度时所具有的严谨、踏实的求实精神。

朱熹认为:治史不可盲从,要独立思考,应有自己见解,但又不能偏执已见,穿凿臆断。在他看来,"史传尽有不可信处","只《左传》是有多难信处"。④ 对这种难信之处,如果没有真正考证清楚,只能存疑,不可臆断。他批评吴斗南《庙议》"周有帝喾庙"之说:"礼书并无此文,《左传》亦无此说,似难臆断。"⑤ 他对《礼记正义》引刘氏、皇甫氏之说来解释贡助彻,认为此"正是呆人说话",斥之

---

① 朱熹:《朱熹集》卷36《答陆子寿》,第1563页。
② 朱熹:《朱熹集》卷31《答张敬夫》,第1321页。
③ 黎靖德编:《朱子语类》卷55,第1310页。
④ 黎靖德编:《朱子语类》卷137,第3268页。
⑤ 朱熹:《朱熹集》卷59《答吴斗南》,第3046页。

"皆是臆度,迂僻之甚"。① 他以司马光的《书仪》不以孔子之语为是作根据,批评后人以己意删削古书:"温公《书仪》诚有未尽合古制处,然兼而存之,自可考见得失。今以其一词之不合便欲削去,似亦草率。"② 朱熹批评陆子寿:

> 大凡读书处事,当烦乱疑惑之际,正当虚心博采以求至当。或未有得,亦当且以阙疑阙殆之意处之。若遽然以己所粗通之一说而尽废己所未究之众论,则非惟所处之得失或未可知,而此心之量亦不宏矣。③

这段话是朱熹针对陆子寿在讨论古代礼仪制度问题时"力抵郑、杜之非"而发的,他以为不能因为某一古代礼仪制度"偶失此文,而遽谓无此礼",而应该"虚心博采",详细考证,不能以己意而"尽废己所未究之众论"。朱熹这种见解是客观的,也是正确的。朱熹认为多闻博采能释疑,他批评某些囿于闻见的人说:"人只是读书不多。今人所疑,古人都有说了,只是不曾读得。"④ 确实,由于时光流逝,先秦古籍未能保存下来者很多,既不能因为缺少某些典章制度之文或史事难究其实而穿凿附会,也不能囿于自己闻见而否定"未究之众论",因为这种主观臆断必然会产生偏差。只有采取"谨于阙疑","虚心博采"的态度,才有可能得出正确的结论。

其二,强调参互考证,言必有据。在朱熹看来,由于时间久远而导致"古书错缪甚多"⑤,史传不可尽信,因而很有必要"参互考证,改而正之"⑥,否则治史就会出现错误。如他曾指出:"《史记》载《伊训》有'方明'二字,诸家遂解如'反祀方明'之类",他则认

---

① 黎靖德编:《朱子语类》卷55,第1310—1311页。
② 朱熹:《朱熹集》卷56《答赵子钦》,第2819页。
③ 朱熹:《朱熹集》卷36《答陆子寿》,第1566页。
④ 黎靖德编:《朱子语类》卷87,第2243页。
⑤ 黎靖德编:《朱子语类》卷79,第2031页。
⑥ 朱熹:《朱熹集》卷42《答胡广仲》,第1953页。

为"方"字是"乃"字之误,即"《尚书》所谓'乃明言烈祖之成德'也"。① 虽是一字之误,含义则完全不同。朱熹提出用参互考证的方法来纠谬正误,必须"脚踏实地,动有依据,无笼罩自欺之患"②,这样才能弄清事实,把握蕴含着的义理。朱熹强调实证的治史方法,涉及校勘、考证、辨伪、训诂等,下面略作介绍。

1. 校勘

朱熹对校勘有较为完整的看法,这一看法在他对韩愈文集的校勘中表现得最为充分,这并非校勘史著,但仍有必要先录之如下:

> 《韩文考异》大字以国子监版本为主,而注其同异(原注:如云"某本作某"。),辨其是非(原注:如云"今按云云"。),断其取舍(原注:从监本者已定,则云"某本非是"。诸别本各异,则云"皆非是"。未定则各加"疑"字。别本者已定则云"定当从某本"。未定则云"且当从某本"。或监本、别本皆可疑,则云"当阙",或云"未详"。)。其不足辨者略注而已,不必辨而断也……《考异》须如此,方有条理,幸更详之。③

归纳言之,朱熹对校勘方法的见解是:第一是选好底本,即以较好的版本为底本,参照其他版本进行校勘。这里所说的国子监版本《韩文考异》即是底本,监本是官本,在当时属于比较好版本。第二是注其同异,即把"诸别本"不同之处注于底本之下,实际上便是保留不同的材料,以供后人考证。第三是断其取舍,即校勘者以自己的学识来进行取舍,这是最能显示其学识的地方。下面再引一段很精彩的话:

> 然而犹曰"三十年间,闻人有善本者必求而改正之",则固

---

① 黎靖德编:《朱子语类》卷79,第2031页。
② 朱熹:《朱熹集》卷31《答张敬夫》,第1321页。
③ 朱熹:《朱熹集》卷44《与方伯谟》,第2094—2095页。

未尝必以旧本为是而悉从之也。至于秘阁官书，则亦民间所献，掌故令史所抄，而一时馆职所校耳。其所传者，岂真作者之手稿，而是正之者，岂尽刘向、扬雄之伦哉？读者正当择其文理意义之善者而从之，不当但以地望形势为重轻也。①

这里，朱熹指出所谓"秘阁官书"也是民间所献这一事实，同时也指出虽经馆阁所校，但并不一定是作者的原稿，而校书者也并非人人都是刘向、扬雄，因而即使是"官本"也不一定是"善本"。因此，朱熹提出应该广求善本而改正之，而不可专以"旧本"为是，其取舍标准是"择其文理意义之善者而从之"，而不是"以地望形势为重轻"。这些观点充分显示出朱熹的卓越见识。因为一般说来，馆阁所藏之书确实比民间所出之本好，而且版本越古越可信，石本一般错讹也较少。但问题都不是绝对的，官本、古本、石本也不是绝对毫无问题的，把此三种版本绝对化则会出现错误。因此，朱熹主张对民间近出小本正确者也应该采用，而错误的官本、古本、石本也不能完全相信。可见，朱熹是以"是"与"不是"（即对、错）来作标准的，而不是以"早"与"晚"、"官"与"私"来作标准。在此信违之间，不正反映出朱熹的卓越见识吗？第四，不足辨者只需略注而不必辨而断之。所谓不足辨和应该辨者，是从"义理"上着眼的，如果会影响到对义理的理解，则应该花大力气去辨而明之，反之则无须花力气去辨，否则，亦流入玩物丧志，影响到对己身的修养。

总而言之，朱熹的上述四个方面，其中注其同异、辨其是非、断其取舍都是正确的，是其严谨踏实的治学作风的反映，而最后一方面以义理作标准来决定"辨"与"不辨"，则是他的理学思想决定的，有很大的局限性。因为以这一标准来定辨别与否，肯定会遗漏很多应该辨别的东西。

从校勘上说，朱熹比较注意"经"书及宋代理学家的著作，对史书也不是不注意。如他曾写信给程迥，提及"近看《范蜀公集》引房

---

① 朱熹：《朱熹集》卷76《韩文考异序》，第4002—4003页。

庶《汉志》别本比今增多数字，又论员分方分之差，亦其详悉"①，询问其原因。他又说："孔明《出师表》，《文选》与《三国志》所载，字多不同，互有得失"②。如果把"经"书中的《春秋》和《尚书》也算进去，那么可以看出朱熹对史书校勘也是很注意的。当然，朱熹对他们刊布之书也从校雠角度予以关注。如他曾跋方季申所校韩愈文集说："余自少喜读韩文，常病世无善本，每欲精校一通，以广流布……今观方季申此本，雠正精密，辨订详博，其用力勤矣。"③ 赞美之词溢于言表。

朱熹认为"校书极难"，他批评"共父刻程集于长沙，钦夫为校，比送得来，乃无板不错字"④，因而主张精校、对校。他曾提及"尝为人校书，误以意改一两处，追之不及，至今以为恨也"⑤，可见朱熹对刊布书籍的校勘质量要求极高。

那么如何校勘？他在给吕伯恭信中曾说道："闻又刻《春秋胡传》，更喻使精校为佳。大抵须两人互雠乃审耳。两人一诵一听，看如此一过，又易置之。"⑥ 他叫叶彦忠校《诗传》时也嘱咐道："校时须两人对看，一听一读乃佳。着（著）旬日功夫，当可毕也。"⑦ 这种精校对雠的方法无疑是正确的，实际上，后代校勘采用这种方法者甚多。

朱熹反对以己意对古籍妄改。他在《记乡射疑误》中举自己读《乡射》一文时称："昔邢子才不喜校书，而曰日思其误，更是一适，刘斯立犹深病之。况此书不误而人自误，反谓书误而欲妄下雌黄于其间，其得罪于信古阙疑之君子当如何耶？"⑧ 可见朱熹对校勘古籍的态度。

---

① 朱熹：《朱熹集》卷37《答程可久》，第1658页。
② 黎靖德编：《朱子语类》卷136，第3237页。
③ 朱熹：《朱熹集》卷83《跋方季申所校韩文》，第4265页。
④ 朱熹：《朱熹集·续集》卷5《答罗参议》，第5240页。
⑤ 朱熹：《朱熹集》卷39《答许顺之》，第1782页。
⑥ 朱熹：《朱熹集》卷33《答吕伯恭》，第1436页。
⑦ 朱熹：《朱熹集·续集》卷8《与叶彦忠》，第5279页。
⑧ 朱熹：《朱熹集》卷70《记乡射疑误》，第3674页。

2. 辨伪

从朱熹一生辨伪来分类，大致可分为辨伪之书和辨伪之事（史事、典章制度等）两大类。他辨伪之书除上述提到的《麻衣易》、"定本"《潜虚》之外，还辨过《尚书》的大序和小序、《孔丛子》、《诗序》、《孝经》、《礼记》、《仪礼》、《文中子》、《世本》佚文、《李卫公问答》、《握奇经》、《东坡事实》、《子华子》、温公《节通鉴》等等，涉及经、史、子各种古籍。朱熹所辨伪的古代史事更多，如辨文中子世系、司马迁论孔子删《诗》至三百篇（见卷113）、辨赵鼎无"拔竹之事"、辨刺秦桧的施全并非岳飞旧卒（卷131）、辨范蠡载西施下吴会之事（卷134）等等。朱熹曾说："今之伪书甚多"①，"天下多少是伪书，开眼看得透，自无多书可读。"② 然而不读是消极态度，读而辨之则是积极态度。事实上，朱熹采取的是后一种态度：

> 熹窃谓生于今世而读古人之书，所以能别其真伪者，一则以其义理之所当否而知之，二则以其左验之异同而质之，未有舍此两途而能直以臆度悬断之者也。③

可见，朱熹主张采用"以义理之所当否"和"以其左验之异同而质之"两种方法来判断古书的真伪，而不能"臆度悬断"、更不能废而不读。他在《尹和靖手笔辨》中说得很清楚：尹氏认为"如世传史评之类，皆非先生（指程颐）所著"，朱熹反驳说："史评固非先生所著，但当论辨，以晓学者，不可因此并废语录也。"④ 显然，朱熹不同意尹氏的因噎废食的态度，而是采用比较客观的态度，即指出"作伪"处晓示读者，不可因此把原书都废除不读，这种治史态度是可取的。

朱熹比较注意吸收前人和当时学者的辨伪成果，如：

---

① 黎靖德编：《朱子语类》卷137，第3269页。
② 黎靖德编：《朱子语类》卷84，第2187页。
③ 朱熹：《朱熹集》卷38《答袁机仲》，第1682页。
④ 朱熹：《朱熹集》卷72《尹和静手笔辨》，第3754页。

> 洪景庐《随笔》中辨得数种伪书皆是……世间伪书如《西京杂记》，颜师古已辨之矣。①

这是吸收了宋人洪迈《容斋随笔》及唐代颜师古的辨伪成果。

> 见程沙随说，向时汪端明亦尝疑此书（《孝经》）是后人伪为者。②

这是朱熹疑《孝经》而引证汪应辰之说。

> 阮逸撰……《李靖问对》，见《后山谈丛》。③

兵书《李靖问答》，前人以为是唐人李靖所作，朱熹吸收北宋陈师道《后山谈丛》中的辨伪成果，断定是阮逸所作。在朱熹文集和《朱子语类》中，还有不少类似吸收前人辨伪成果的言论，这里不再多举例了。

3. 考证

朱熹有关考证的论述中有以下几个方面值得重视。

第一，既不能囿于旧说，又不可臆度穿凿。这是一个问题的两个方面，囿于旧说则不敢创新，臆度穿凿则是草率立论。朱熹认为对旧说不能曲折回护，因为"若被旧说一局局定，便看不出"④，要是曲折回护，最终仍是错。在朱熹看来，无论治经治史都只有"笃志虚心，反复详玩为有功耳"，他批评当时"学者多是率然穿凿，便为定论。或即信所传闻，不复稽考……如此岂复能有长进？"⑤ 这里，朱熹明确

---

① 黎靖德编：《朱子语类》卷138，第3278页。
② 黎靖德编：《朱子语类》卷82，第2141页。
③ 黎靖德编：《朱子语类》卷129，第3094页。
④ 黎靖德编：《朱子语类》卷80，第2085页。
⑤ 朱熹：《朱熹集》卷55《答李守约》，第2766页。

反对"率然穿凿"和"信所传闻"两种治史方法，这表现出他对宋代学者解说古代史事上尤为关注。如他批评胡宏："《春秋》制度大纲，《左传》较可据，《公》《穀》较难凭。胡文定义理正当，然此样处，多是臆度说。"① 朱熹批评薛季宣"率意"解说《春秋》："薛士龙曰：'鲁隐（公）初僭史。'殊不知《周官》所谓'外史合四方之志'，便是四方诸侯皆有史。诸侯若无史，外史何所稽考而为史？如古人生子，则'闾史'书之。且二十五家为闾，闾尚有史，况一国乎！"② 两段话都是批评草率立论、臆度穿凿。他认为"读书之法无他，唯是笃志虚心，反复详玩为有功耳"③，即主张踏踏实实读书，认真思辨与考证，既不可囿于旧说，也不可臆度穿凿。

朱熹研究古史往往有自己的独立见解，并不迷信古人之说：

  某尝疑诛少正卯无此事，出于齐鲁陋儒欲尊夫子之道，而造为之说。若果有之，则《左氏》记载当时人物甚详，何故有一人如此劳攘，而略不及之？史传间不足信事如此者甚多。④

  长平坑杀四十万人，史迁言不足信。败则有之，若谓之尽坑四十万人，将几多所在！又赵卒都是百战之士，岂有四十万人肯束手受死？决不可信。又谓秦十五年不敢出兵窥山东之类，何尝有（此）等事？皆史之溢言。⑤

前者是不信孔子诛少正卯，后者是不信长平之战坑杀四十万赵卒，这里且不论朱熹的观点正确与否，但他敢于对古史记载提出疑问，并提出自己怀疑的根据，不能不说朱熹的疑古精神是可嘉的。

第二，利用各种有价值的资料来进行考证，以获得正确的结论。今分别论之。

---

① 黎靖德编：《朱子语类》卷83，第2151页。
② 黎靖德编：《朱子语类》卷83，第2158页。
③ 朱熹：《朱熹集》卷55《答李守约》，第2766页。
④ 黎靖德编：《朱子语类》卷93，第2352页。
⑤ 黎靖德编：《朱子语类》卷134，第3214页。

利用金石资料。如朱熹曾写信给李守约：

　　《集古后录》甚荷留念，但向见傅漕处本中有一跋古钟鼎帖铭载翟伯寿说，或分一字作两三字，或合两三字为一字者，甚有理。后来见尤延之说常州有葛子平推此说以读《尚书》甚有功，以是常欲得之，而悔当时不及传录。①

　　这是朱熹向李守约索要《集古后录》一书，说及曾闻有人以此书考证《尚书》，可见他比较重视金石资料。他还称赞赵明诚"《金石录》煞做得好"②。

　　利用古逸书进行考证。这突出地表现在朱熹利用《竹书纪年》对古代史事进行考订：

　　（《中庸解》）说文王不称王，固好，但《书》中不合有"惟九年大统未集"一句。不知所谓九年，自甚时数起？若谓文王固守臣节不称王，则"三分天下有其二"，亦为不可。又《书》言"太王肇基王迹"，则到太王时，周家已自强盛矣。今《史记》于梁惠王三十七年书"襄王元年"，而《竹书纪年》以为后元年，想得当时文王之事亦类此。故先儒皆以为自虞芮质成之后，为受命之元年。③

　　汲冢古书，尧忧囚，舜野死，尹篡太甲，太甲杀尹之类，皆其所出。④

　　《史记》，魏惠王三十六年，惠王死，襄王立。襄王死，哀王立。今《汲冢竹书》不如此，以为魏惠王先未称王时，为侯三十六年，乃称王。遂为后元年，又十六年而惠王卒。即无哀王。惠王三十六年了，便是襄王。《史记》误以后元年为哀王立，故又

---

① 朱熹：《朱熹集》卷55《答李守约》，第2770—2771页。
② 黎靖德编：《朱子语类》卷130，第3122页。
③ 黎靖德编：《朱子语类》卷63，第1556页。
④ 黎靖德编：《朱子语类》卷138，第3277页。

多了一哀王。汲冢是魏安厘王冢，《竹书》记其本国事，必不会错。温公取《竹书》，不信《史记》此一段，却是。①

以上三例，均是以《竹书纪年》来考证古史正误。朱熹认为汲冢《竹书》是"记其本国事，必不会错"，肯定《通鉴》采《竹书》而弃《史记》，反映出朱熹重视古逸书的思想。

朱熹还用其他各种方法来考证。例如，他在讨论《易·系辞下》"上古结绳而治，后世圣人易之以书契"时，用民俗学资料来印证："结绳，今溪洞诸蛮犹有此俗。又有刻板者，凡年月日时，以至人马粮草之数，皆刻板为记，都不相乱。"② 另外，朱熹解释《尚书·益稷》"苗顽弗即工"时说："三苗，想只是如今之溪洞相似。溪洞有数种，一种谓之'猫'，未必非三苗之后也。史中说三苗之国，左洞庭，右彭蠡，在今湖北江西之界，其地亦甚阔矣。"③ 朱熹以民俗学资料来印证先秦古史中的有关问题，确实显示出他的史识是很高明的。

在《朱子语类》中还有一条材料值得重视：

> 欧公只见五代有伪作祥瑞，故并与古而不信。如《河图》《洛书》之事，《论语》自有此说，而欧公不信祥瑞，并不信此，而云《系辞》亦不足信。且如今世间有石头上出日月者，人取为石屏。又有一等石上，分明有如枯树者，亦不足怪也。《河图》《洛书》亦何足怪？④

朱熹并未反对欧阳修"不信祥瑞"，因为朱熹本人也反对谶纬迷信、阴阳灾异之说。如他说："日月食皆是阴阳气衰。徽庙朝曾下诏书，言此定数，不足为灾异，古人皆不晓历之故"⑤，"汉儒专以灾异、

---

① 黎靖德编：《朱子语类》卷51，第1228页。
② 黎靖德编：《朱子语类》卷76，第1944—1945页。
③ 黎靖德编：《朱子语类》卷78，第2022页。
④ 黎靖德编：《朱子语类》卷67，第1675页。
⑤ 黎靖德编：《朱子语类》卷2，第22页。

谶纬、与夫风角、鸟占之类为内学。如徐孺子之徒多能此，反以义理之学为外学"①，"元善每相见，便说气数谶纬，此不足凭"②。可见，朱熹是反对谶纬迷信的，那么，《河图》《洛书》本为谶纬迷信，为何朱熹却不反对呢？其原因有二。一是朱熹好《易》，对《河图》《洛书》是从"数"去认识的，形成了自己像数派的易学，因此他不认为《河图》《洛书》是谶纬迷信，以为它们"义理不悖而证验不差"③。二是朱熹在此以化石来解释，认为化石上有日、月、枯树之形迹，故《河图》《洛书》亦可能是此种情况，也是不足怪的。实际上，朱熹深信《河图》《洛书》是不正确的，然而他从化石角度来讨论这一问题，则又显示出他治史方法上广博的特色。

第三，考证必须充分掌握资料。这里从朱熹的史学研究来分析他的思想主张。他曾说："礼学多不可考，盖其为书不全，考来考去，考得更没下梢，故学礼者多迂阔。一缘读书不广，兼亦无书可读。"④朱熹指出了当时研究礼仪制度的问题有二：其一是读书不广，掌握资料不多；其二有关资料亡佚太多，可供研究的资料太少。朱熹在《乞修三礼札子》中提到自己考订礼书，"以《仪礼》为经，而取《礼记》及诸经史杂书所载有及于礼者，皆以附于本经之下，具列注疏诸儒之说"⑤，反映出他所主张的考证必须充分掌握研究资料的思想。

朱熹考证文中子（即王通）世系时，除了看《隋书》外，"并看（北宋）阮逸、龚鼎臣《〈中说〉注》，及《南史》、《刘梦得集》"，发现"四书不同"⑥，他认为"魏徵作《隋史》，更无一语及文中"⑦，并非如《中说》所称唐初一些大臣是王通的门人，而唐"开国文武大臣尽其学者，何故尽无一语言及其师兼所记其家世事？考之传记，无一

---

① 黎靖德编：《朱子语类》卷135，第3230页。
② 黎靖德编：《朱子语类》卷138，第3285页。
③ 朱熹：《朱熹集》卷38《答袁机仲》，所载数书表明朱熹不把《河图》《洛书》看作是谶纬迷信之书，参见第1682页等。
④ 黎靖德编：《朱子语类》卷83，第2177页。
⑤ 朱熹：《朱熹集》卷14《乞修三礼札子》，第570页。
⑥ 黎靖德编：《朱子语类》卷137，第3260页。
⑦ 黎靖德编：《朱子语类》卷137，第3260页。

合者"①，由此才断定《中说》一书中有后人附益部分，这也是从掌握各种资料入手去考证历史人物世系及生平情况。这种强调考证必须充分掌握资料的观点，无疑是正确的，因为只有充分掌握资料，研究结果才翔实可信，才会有价值。

4. 训诂

朱熹在训诂方面的成果颇多，最著名的是《四书集注》。

朱熹对前人的注解、训诂是极为重视的，认为："学者观书，先须读得正文，记得注解，成诵精熟。注中训诂文意、事物、名义，发明经指，相穿纽处，一一认得，如自己做出来底一般"②，甚至他强调"训诂，则当依古注。"③但是，由于时间久远，许多前人的训诂仍难以理解："颜师古注《前汉书》如此详，犹有不可晓者，况其他史无注者"④，因而就有必要参照前人之说，再加以自己精思明辨，以求获得正确的解答。朱熹在训诂上有一套较为完整的看法，他说：

> 经之有解，所以通经。经既通，自无事于解，借经以通乎理耳。理得，则无俟乎经。今意思只滞在此，则何时得脱然会通也。且所贵乎简者，非谓欲语言之少也，乃在中与不中尔。若句句亲切，虽多何害。若不亲切，愈少愈不达矣！⑤

朱熹在此提出对"经"训诂的标准有二：一是"通乎理"，二是"贵乎简"。通理即训诂经书必须达到理解天理这一目的；贵简则是阐释经书之理必须简单而又符合经书所蕴含着的天理，不能符合天理，虽简而无用。这虽是朱熹对"经"之训诂的要求，但是，如前所述，朱熹把《尚书》《春秋》既看成是"经"，又看成是"史"，因此，也可把上述要求看成是对"史"训诂的最高要求。朱熹曾说："《诗》

---

① 黎靖德编：《朱子语类》卷137，第3267页。
② 黎靖德编：《朱子语类》卷11，第191页。
③ 黎靖德编：《朱子语类》卷7，第126页。
④ 黎靖德编：《朱子语类》卷134，第3203页。
⑤ 黎靖德编：《朱子语类》卷11，第192页。

《书》是隔一重两重说,《易》《春秋》是隔三重四重说。《春秋》义例、《易》爻象,虽是圣人立下,今说者用之,各信己见,然与人伦大纲皆通,但未知曾得圣人当初本意否。且不如让渠如此说,且存取大意,得三纲、五常不至废坠足矣。"①显然,朱熹认为《诗》《书》之义理精髓不易理解,而《易》《春秋》更是难理解,但它们的义理"与人伦大纲皆通",无须如一般解经者去猜测"圣人当初本意",只需存其大意,得三纲五纲"不至废坠"便可。换句话说,读经看史只需了解天理这一真谛即可,也就是"通乎理"。因此,他自称:"大抵某之解经,只是顺圣贤语意,看其血脉通贯处为之解释,不敢自以己意说道理也。"②从"通乎理"可见,朱熹确实是努力把史学纳入理学的轨道中去。

朱熹虽然强调不"以己意说道理",但他往往是以自己所理解的"道理",去解释圣贤之书,这种例子比比皆是。如:

> 这一段,诸先生说得"损益"字,不知更有个"因"字不曾说。"因"字最重。程先生也只滚滚说将去。三代之礼,大概都相因了。所损也只损得这些个,所益也只益得这些个。此所以"百世可知"也。且如秦最是不善继周,酷虐无比。然而所因之礼,如三纲、五常,竟灭不得。马氏《注》:"所因,谓三纲、五常;损益,谓质、文三统。"此说极好。③

这是论述有关周代礼仪制度问题,朱熹武断地认为《周礼》核心是三纲五常,这是百世不变者。众所周知,"三纲"是由汉儒董仲舒提出的,见于《春秋繁露·基义》篇;"五常"一词始见于汉代,即使向前推衍,也只能推到《孟子·滕文公上》"父子有亲,君臣有义,夫妇有别,长幼有序,朋友有信"一段,显然,三纲五常并不是《论

---

① 黎靖德编:《朱子语类》卷104,第2614页。
② 黎靖德编:《朱子语类》卷52,第1249页。
③ 黎靖德编:《朱子语类》卷24,第598页。

语》所称道的周代礼仪制度所具有的，因而朱熹声称百世所因者是三纲五常是完全没有根据的，这不过是其站在理学家的立场所臆造出来的。可见，朱熹以自己所理解的"道理（天理）"去解释古代制度，而恰恰是这一点，又是他与汉儒的重要区别，也是宋代理学家与孔子之后的先秦汉唐儒家的重要区别。

"贵乎简"要求以简明的语言去训释古书。朱熹有一段很典型的话，录之如下：

> 凡解释文字，不可令注脚成文，成文则注与经各为一事，人唯看注而忘经。不然，即须各作一番理会，添却一项功夫。窃谓须只似汉儒毛、孔之流，略释训诂名物及文义理致尤难明者，而其易明处更不须贴句相续，乃为得体。盖如此则读者看注即知其非经外之文，却须将注再就经上体会，自然思虑归一，功力不分，而其玩索之味亦益深长矣。①

这里提出的"不可令注脚成文"，只需学汉儒"略释训诂名物及文义理致尤难明者"，即要求训诂者不要把注释当作阐述自己观点的议论。朱熹肯定："汉儒注书，只注难晓处，不全注尽本文，其辞甚简"②，"传注，惟古注不作文，却好看"③，"秦汉诸儒解释文义虽未尽当，然所得亦多"④。可见，朱熹还是推崇汉儒所用的以简洁为特色的训释方法。因此，他自称"只要依训诂说字"⑤，"某释经，每下一字，直是称等轻重，方敢写出。"⑥ 朱熹主张"贵乎简"，无疑是正确的，因为训诂毕竟与阐述自己观点的"作文"不是一回事，训诂只需将原文字音词义准确简明地注释出来就可以了；而作文则是表达注者

---

① 朱熹：《朱熹集》卷74《记解经》，第3886页。
② 黎靖德编：《朱子语类》卷135，第3228页。
③ 黎靖德编：《朱子语类》卷11，第193页。
④ 朱熹：《朱熹集》卷31《答张敬夫》，第1318页。
⑤ 黎靖德编：《朱子语类》卷72，第1812页。
⑥ 黎靖德编：《朱子语类》卷105，第2626页。

的观点，确实没有必要混入古人之说中。然而，朱熹并没有真正做到这一点。大致说来，朱熹在训释古代名物制度时是较为简略精审，而训诂一些伦理概念时则不但不简略，而且歪曲原意者甚多。①

除了上述"通乎理""贵乎简"，朱熹还认为必须"专家法"。他曾批评当时学者："治《周礼》者不曾理会得《周礼》，治《礼记》者不曾理会得《礼记》……以至《春秋》《诗》都恁地"②，造成了古代典章制度失传，而"古者礼学是专门名家，始终理会此事，故学者有所传授，终身守而行之"③。为什么朱熹看重"专门名家"的传承？这里先举一段《学校贡举私议》中的话：

> 其治经必专家法者，天下之理，固不外于人之一心。然圣贤之言，则有渊奥尔雅而不可以臆断者。其制度名物、行事本末，又非今日之见闻所能及也。故治经者必因先儒已成之说而推之。借曰未必尽是，亦当究其所以得失之故，而后可以反求诸心而正其谬。此汉之诸儒所以专门名家、各守师说而不敢轻有变焉者也。④

可见，朱熹所说的"家法"是指学术传承。在他看来：以往的制度名物、行事本末已不可闻见，因而只能通过前辈"专门名家"所著之书才能了解大概情况，即使有谬误之处，也可以"究其所以得失之故"，故"专门名家"甚为可贵。当然，他也批评汉儒"守之太拘而

---

① 《四书章句集注·论语集注》卷9中，朱熹训释孔子"性相近也，习相远也"时说："此所谓性，兼气质而言者也。气质之性，固有美恶之不同矣。然以其初而言，则皆不甚相远也。但习于善则善，习于恶则恶，于是始相远耳。"他还引用程颐之语："此言气质之性。非言性之本也。若言其本，则性即是理，理无不善，孟子之言性善是也。何相近之有哉？"第175—176页。朱熹所阐释的"性"之含义，完全是宋儒才特有的概念，即所谓"天地之性"与"气质之性"，而孔子之时根本是不存在这种概念的；他引程颐之语，实是弘扬程颐理学而已，也非孔子原意。更为严重的是，他在《大学章句》作了"补大学传"一节，以自己所作之文来"补充"《大学》，这实在与他所提倡的"不以己意说道理"相背离了。
② 黎靖德编：《朱子语类》卷84，第2184页。
③ 黎靖德编：《朱子语类》卷84，第2184页。
④ 朱熹：《朱熹集》卷69《学校贡举私议》，第3637—3638页。

不能精思明辨以求真是（求天理）"的弊病，因而并不可全取。显然，朱熹批评的是汉儒不能"求真是"的缺点，但对他们阐释和传承"制度名物、行事本末"这类历史知识则是很重视的。从朱熹的著述和《朱子语类》中，可以看出他是大量汲取汉儒的训诂成果的。因此，朱熹对宋代"汉世专门之学，议者深斥之"的状况是不满的，认为"百工曲艺莫不有师"，而"至于学者尊其所闻，则斥以为专门而深恶之，不识其何说也？"① 由此，他主张"各立家法，而皆以（汉儒）注疏为主"②，并参以唐宋诸儒之说，如此便可既有师承之家法，又避免汉儒"守之太拘而不能精思明辨"之病。当然，朱熹"专家法"是从理学的角度去阐述的；但他注意到学术的传承性，则又有可取之处。值得指出的是，朱熹不排斥汉儒的见解不但大大超过当时诸儒，也超过清儒独尊汉儒而贬宋儒的观点。

朱熹治史方法论的第三个特色是：主张"身到足历"地实地考察，并认为在可能的情况下借助一些器物来验证，以便获得正确的知识。朱熹在给程泰之的信中提到自己考证《禹贡》中彭蠡九江之事说："顷在南康两年，其地宜在彭蠡、九江、东陵、敷浅原之间，而考其山川形势之实，殊不相应。因考诸说，疑晁氏九江东陵之说以为洞庭巴陵者为可信……著书者多是臆度，未必身到足历，故其说亦难尽据，未必如今目见之亲切著明耳。"③ 为此，朱熹以自己亲身考察的经历，专门写了《九江彭蠡辨》一文，对《禹贡》记载之误进行辨析。他的门人董铢也曾问过苏东坡"三江"之说，朱熹回答说："东坡不曾亲见东南水势，只是意（臆）想硬说。且江汉之水到汉阳军已合为一，不应至扬州复言'三江'。薛士龙说震泽下有三江入海。疑它（他）曾见东南水势，说得恐是。"④ 朱熹曾批评孟子对贡助彻的解释，认为"孟子当时未必亲见，只是传闻如此，恐亦难尽信"⑤，也是

---

① 朱熹：《朱熹集》卷74《策问》，第3877—3878页。
② 朱熹：《朱熹集》卷69《学校贡举私议》，第3638页。
③ 朱熹：《朱熹集》卷37《答程泰之》，第1669—1670页。
④ 黎靖德编：《朱子语类》卷79，第2025页。
⑤ 黎靖德编：《朱子语类》卷55，第1310页。

基于这一立场的。朱熹主张"身到足历"的实地考察方法，确实是很有价值的观点。

他在谈论古史时，也用亲身经历或亲自闻见之事来讨论："越栖会稽，本在平江。楚破越，其种散，故后号为'百越'。此间处处有之，山上多有小小城郭故垒，皆是诸越旧都邑也。"①

除了提倡身到足历的实地考察外，朱熹还主张借用"器"来进行验证，尤其对天文地理更是如此。他在给蔡季通一信中讨论历法时说："历法恐亦只可略论大概规模，盖欲其详，即须仰观俯察乃可验。今无其器，殆亦难尽究也。"② 这里所说的"器"，即是观察工具。《朱子语类》中有一节说得更为明确："历是书，象是器。无历，则无以知三辰之所在；无玑衡，则无以见三辰之所在"③，即凭历书可"知"三辰大致位置，而凭玑衡这一器具则可"见"三辰的实际位置，即验证了历书的正确与否。另外，《朱子语类》中还有一段有关"测影"的资料：

问："'寅宾出日'，'寅饯纳日'如何？"曰："恐当从林少颖解：'寅宾出日'是推测日出时候；'寅饯纳日'，是推测日入时候，如土圭之法是也。旸谷南交昧谷幽都，是测日景（影）之处。"④

这是朱熹所解释测日影的土圭之法。对此，他曾做过试验。朱熹在写信给弟子林择之云："（用）竹尺一枚，烦以夏至日依古法立表以测其日中之景（影），细度其长短"⑤，这不正是借"器"进行验证的实例吗？朱熹曾想制作浑天仪："浑象之说，古人已虑及此，但不说

---

① 黎靖德编：《朱子语类》卷134，第3211页。
② 朱熹：《朱熹集·续集》卷2《答蔡季通》，第5158页。
③ 黎靖德编：《朱子语类》卷78，第1991页。
④ 黎靖德编：《朱子语类》卷78，第1991页。
⑤ 朱熹：《朱熹集》卷43《答林择之》，第2032页。

如何运转。今当作一小者，粗见其形制，但难得车匠耳。"① 他还突发异想，企图用一大瓮自造一种浑天仪来观察星象："古人未有此法，杜撰可笑。试一思之，恐或为即著其说，以示后人，亦不为无补也。"② 这种勇于探索、求实的治史方法，不是能给人以启迪吗？

在地理研究方面，朱熹曾托人制作木地图：

> 黄文叔顷年尝作地理木图以献，其家必有元样，欲烦为寻访，刻得一枚见寄。或恐太大，难于寄远，即依谢庄方丈木图，以两三路为一图，而傍设牝牡，使其犬牙相入，明刻表识以相离合，则不过一大掩可贮矣。切幸留念。

具体方法是："河西为一，陕西为一，河东、河北、燕云为一，京东、西为一，淮南为一，两浙、江东、西为一，湖南、北为一，西川为一，二广、福建为一"③，共十图。实际上，朱熹是很重视地图的，他看过《南北对境图》、《华夷图》、《中原图》、"泉州常平司"所藏"一大图"，以及薛季宣的《九域图》（均见《朱子语类》卷2），还看过"旧东京、关中汉唐宫阙街巷之类图"（见《朱子语类》卷138）。朱熹重视用地图作为直观的研究手段，以获得切实可信的知识，用到历史研究中或措之事业，这是完全应该肯定的。如他曾说：

> 又曰："元丰间（黄）河北流，自后中原多事；后来南流，虏人亦多事。近来又北流，见归正人说。"（原注：或录云："因看刘枢家《中原图》，黄河却自西南贯梁山泊，迤逦入淮来。神宗时，河北流，故虏人盛；今却南来，故其势亦衰。"）……潘子善问："如何可治河决之患？"曰："汉（朝）人之策，令两旁不立城邑，不置民居，存留些地步与他（它），不与他争，放教他

---

① 朱熹：《朱熹集·续集》卷3《答蔡伯静》，第5202页。
② 朱熹：《朱熹集·续集》卷3《答蔡伯静》，第5201页。
③ 朱熹：《朱熹集》卷38《答李季章》，第1736页。

宽，教他水散漫，或流从这边，或流从那边，不似而今作堤去圩他。元帝时，募善治河决者。当时集众议，以此说为善。"①

这里谈到两个问题：一是黄河改道与北方政权盛衰的关系。朱熹认为黄河改道与北方政权的盛衰是有关系的，这种看法并不正确。但是，"近来又北流"一语，反映出他希望北方政权衰弱，以便体现在南宋抗金、收复失地的爱国思想。二是具体的治理黄河河患问题。朱熹认为汉代治河不作堤岸去堵水、任其自流的办法是最佳方案，实际上汉代治黄河是一种消极的办法，不见得是最好的治河方法。但是，朱熹重视治理黄河河患的思想是值得肯定的。

上面分别论述了朱熹强调实证的治史方法论的三个主要特色。那么，这种治史特色与朱熹的理学思想有什么关系？概括起来说，有两个方面值得注意：其一，在主次关系上，明天理是主，是目的；而治史方法则为次，只不过是加深理解天理的手段。朱熹说：

读书玩理外，考证又是一种功夫，所得无几而费力不少。向来偶自好之，固是一病，然亦不可谓无助也。②

若论为学，则考证已是末流，况此又考证之末流，恐自此不须更留意，却且收拾身心向里做些工夫，以左右之明，其必有所至矣。③

朱熹认为考证之类治史方法"所得无几"而费力多，是针对己身修养而言，显然他是把治史方法仅仅作为提高己身修养的手段而已，目的就是修身。这种把己身修养（治史目的）与治史方法（手段）对立起来的观点，在理论上是有缺陷的。因为，采用某种手段来达到一定的目的，两者应该基本上是一致的，不应该有矛盾；而要达到一定

---

① 黎靖德编：《朱子语类》卷2，第31页。
② 朱熹：《朱熹集》卷54《答孙季和》，第2690页。
③ 朱熹：《朱熹集》卷59《答吴斗南》，第3047页。

的目的,所采用的手段也是多种多样的,无须把它们对立起来。第二段引文是朱熹给吴斗南信中的话,批评吴氏考证《诗经》中的植物。那么,是不是朱熹反对运用考证方法?回答是否定的。因为,在这封信中,朱熹首先批评吴氏臆造"周有帝喾庙"之事,认为这是无稽之谈,由此而下便批评吴氏考证《诗经》的植物"又考证之末流"。事实上,朱熹不但回答过门人许多有关《诗经》中的动植物,而且在其《诗集传》中也疏释过动植物,否则,这一些现象就难以解释了。换句话说,朱熹强调的首先是为己之学,即明天理,至于考证一些具体事物也应该围绕着这一目的而展开,如果放弃这一目的而进行考证,则是朱熹所反对的。

其二,朱熹在治史(当然也包括治经)上采用实证方法,是建构自己理学体系的手段,这也最终使他成为理学的集大成者。诚然,朱熹所著《四书集注》《诗集传》《楚辞集注》《周易本义》偏重于阐述自己的理学思想;《伊洛渊源录》《近思录》《八朝名臣言行录》《程氏遗书》只不过是集其他理学家的资料为主的书籍,但是哪一本著作能离开广泛收集资料、反复考订鉴别、认真辨误改正的方法呢?更不用说他的《韩文考异》《周易参同契考异》《阴符经考异》《楚辞辨证》等专门采用实证手段的考辨著作了。因此,《宋史》称"(朱)熹疏释四书,及为《易》、《诗传》、《通鉴纲目》,皆与(蔡)元定往复参订"[1],这"反复参订",不正是朱熹采用实证的治史方法的注脚吗?在朱熹的著作中,是可以经常看到他为了一个字、一个词或一段话反复与他人论辩,其旁征博引、细心考订的治学态度是令人敬佩的。因此,朱熹采用了实证的治史方法,确实是其建构理学体系的有力手段,朱熹成为理学的集大成者并不是偶然的!

当然,不能否认在朱熹的史学思想体系中,首先要求明辨天理,一切手段都是围绕着这一目的而展开的,为的是最终达到这一目的。由此,在某些具体场合,朱熹又为了建构自己的理学体系而忽视甚至歪曲历史事实。例如,他在对《周礼》一书的考辨中,为了"印证"

---

[1] 脱脱:《宋史》卷434《蔡元定传》,第12876页。

此书是圣人所作，宣扬三代礼仪制度是圣人所立，于是歪曲了历史事实，宣称："今只有《周礼》《仪礼》可全信……看来《周礼》规模皆是周公做"①，"后人皆以《周礼》非圣人书。其间细碎处虽可疑，其大体直是非圣人做不得"②。众所周知，《周礼》原名《周官》，汉代始出，与周代官制并不合，今文家认为是西汉末年王莽时的刘歆所伪作③。朱熹为维护《周礼》的"经"的地位，深信周代礼制是周公所为，从而赞美不已，故百般为《周礼》辩解，歪曲了历史事实，这也就与他一贯提倡的求实的治史方法背道而驰了。尽管如此，朱熹强调实证的治史方法仍是有一定价值的，也对后代起到了很大的影响，这是不可否认的历史事实。清代考据学家崇汉儒而贬宋儒，否认朱熹具有实证主义的思想，这确实是偏颇之论。

---

① 黎靖德编：《朱子语类》卷86，第2203页。
② 黎靖德编：《朱子语类》卷86，第2210页。
③ 《周礼》虽混入汉朝时人内容，但总体成书当为战国时期。

第五章

朱熹的史著编纂思想

朱熹的史著编纂思想甚为丰富，概而言之：其一是辨明正统的编纂纲领；其二是史体互补的编著体裁；其三是秉笔直书的良史作风；其四是信真传远的史著语言。值得注意的是，朱熹在长达数十年的治学生涯中，其史著编纂思想并非始终不变的，尤其他在亲自编撰《资治通鉴纲目》的过程中，通过自己的实践，其史著编纂思想有了根本性的改变，因此，这里将从考证朱熹编撰《资治通鉴纲目》的过程来阐述他的史学思想变化，同时也了解《资治通鉴纲目》是否为朱熹所做的这一桩数百年来的公案。

一 辨明正统的编纂纲领

朱熹的正统论继承汉儒董仲舒、刘向、刘歆、班固而来，但又有较大的不同。董仲舒认为"天地之气，合而为一，分为阴阳，判为四时，列为五行"①，在此基础上提出三统史观：夏为黑统，商为白统，周为赤统，三统循环不已；以此，董仲舒宣扬"天人感应"与"君权神授"说，认为"天不变，道亦不变"。刘氏父子则继董仲舒之后，创立五行相生、汉为尧后之说，建立了神秘的正闰史观。刘向著《洪范五行传论》，以阴阳五行、天人感应来解释历史；刘歆则有《三统历谱》，也认为历史兴衰按五行相生的顺序进行的。东汉章帝时召开

---

① 苏舆：《春秋繁露义证·五行相生第五十八》，中华书局1992年版，第362页。

了白虎观会议，后由班固整理而成《白虎通义》一书，完全继承了董仲舒的"三统史观"，神化了五行学说，并将自然现象、社会现象乃至政治制度、经济制度、思想文化及风俗习惯都纳入了这一体系，确立了封建伦理纲常的统治地位。以此反映到史著编纂思想上，便是正统论。班固附会谶纬神学，发挥了刘氏父子的五行相生的正闰学说，斥责司马迁以刘汉承继百王之末的通史体裁，而采用《史记》的纪传体形式，断代为史，著成《汉书》。他明确宣称"汉承尧运，德祚已盛，断蛇著符，旗帜上赤，协于火德，自然之应，得天统矣"①，将刘汉说成是上承三王的正统王朝。由于这种纪传体断代史更有利于反映一家一姓的封建王朝帝王将相的文治武功，因而后代所谓"正史"大都采用这种断代为史的体裁，而且为了标榜自己得自"天统"，炫耀君权神授，也全盘接受五行相生学说。于是，在编著史书时，往往争论蜂起，莫衷一是。然而，一些进步的史学家则持否定态度，如唐代刘知幾批评"汉代儒者董仲舒、刘向之徒，始别构异闻（指用阴阳五行附会人事），辅申它说。以兹后学，陵彼先贤，盖今谚所谓'季与厥昆，争知嫂讳'者也。而班《志》（《汉书·五行志》）尚舍长用短，捐旧习新，苟出异同，自矜魁博，多见其无识者矣"②。

宋朝始建，便有正闰之争，到太宗、真宗时，编成《册府元龟》，其中就明确地说道："自伏羲氏以木王终始之传，循环五周至于皇朝，以炎灵受命，赤精应谶，乘火德而王，混一区夏，宅土中而临万国，得天统之正序矣。"③ 显然，宋朝自开国后就有阴阳五行的正闰史观。

那么，朱熹对五行推衍的态度如何呢？《朱子语类》中有这么一段话很值得注意：

> 问："五行相生相胜之说，历代建国皆不之废，有此理否？"
> 曰："须也有此理，只是他前代推得都没理会。如秦以水德，汉

---

① 班固：《汉书》卷1下《高帝纪·赞》，第82页。
② 刘知幾著，浦起龙通释：《史通通释》卷19《〈汉书·五行志〉错误》，上海古籍出版社2009年版，第512页。
③ 李昉等：《册府元龟》卷1《帝王部总序》，中华书局1960年版，第2页。

却黜秦为闰，而自以火德继周。如汉初张苍自用水德，后来贾谊公孙臣辈皆云当用土德，引黄龙见（现）为证，遂用土德。直至汉末，方申火德之说。及光武以有赤伏符之应，遂用火德。历代相推去。唐用土德，后梁继之以金。及至后唐，又自以为唐之后，复用土德，而不继梁。后晋以金继土，后汉以水，后周以木，本朝以火。是时诸公皆争以为本朝当用土德，改正五代之序，而去其一以承周。至引太祖初生时，胞衣如菌蕗，遍体如真金色，以为此真土德之瑞。一时煞争议，后来卒用火德。此等皆没理会。且如五代仅有三四年者，亦占一德，此何足以系存亡之数！若以五代为当系，则岂应黜秦为闰？皆有不可晓者，不知如何。"①

显然，朱熹对五行相生相胜的正统论是持赞成态度的，但是，他认为只是"前代推得都没理会"，即出现了偏差与错误，才不可为据。朱熹指出汉初不继秦而用火德，却改用土德，东汉又改火德而用之；五代后唐不继后梁而仍用李唐的土德，这一切都是"没理会"的事。而且，五代有些王朝"有三四年"为一代者，"亦占一德"更不足以"系存亡之数"。这里有二个问题值得深入讨论：一是朱熹的五行推衍的正统论的理论根据是什么？二是他的正统论的具体标准是什么？

首先讨论朱熹五代推衍正统论的理论根据。

朱熹认为："太极（即理）分开只是两个阴阳，括尽了天下物事"，"所谓太极者，只二气五行之理，非别有物为太极也"。② 即"太极（理）"是产生天地万物的本源，统率二气五行，"天下物事"不可能超出这一"理"，人类社会的运行也不可能超脱这一本源："阴阳是太极之本，然阴静又自阳动而生。一静一动，便是一个辟阖。自其辟阖之大者推而上之，更无穷极，不可以本始言。"③ 因此，人类历史的运动也只能是一种周而复始的循环："阴阳是气，不是道，所以为阴

---

① 黎靖德编：《朱子语类》卷87，第2239—2240页。
② 黎靖德编：《朱子语类》卷94，第2365页。
③ 黎靖德编：《朱子语类》卷94，第2366页。

阳者，乃道也"①，"天地之化包括无外，运行无穷，然其所以为实，不越乎一阴一阳两端而已"②。值得注意的是，朱熹把阴阳作为"气"，而阴阳"生此五行之质"，因此"天地生物，五行独先……天地之间，何事而非五行？五行阴阳，七者滚合，便是生物底材料"。③既然阴阳五行是天地间一切"生物底材料"，那么，天地之间的人类社会当然也是禀此阴阳五行而产生相生相胜的循环："水生木，木生火，火生土，土生金，金又生水，水又生木，循环相生。"④而且他认为："理搭在阴阳上，如人跨马相似。才生五行，便被气质拘定，各为一物，亦各有一性。"⑤这种被气质"拘定"的人类社会的运行变化，决定了它的运行轨迹，那么一个国家的兴衰、演变就顺此五行相生相胜而起着变化："若以阴阳言，则他自是阴了又阳，阳了又阴，也只得顺他……国家气数盛衰亦恁地"⑥，只有到人类社会"无道极了"，才会"一齐打合，混沌一番，人物都尽，又重新起"⑦，"天地又是一番开辟"⑧。可见，五行相生相胜理论与朱熹历史循环论有着极为密切的关系，是其正统论的理论基石。

需要强调的是，朱熹在讨论五行推衍的正统论时，抛弃了董仲舒、刘向等人以"神""天"主宰历史发展的理论，而用"理""太极"来取代，实际上是从哲学的高度来解释历史演变的规律。正由于此，朱熹在阐述编纂《资治通鉴纲目》的根本纲领时说："岁周于上而天道明矣，统正于下而人道定矣，大纲概举而监戒昭矣，众目毕张而几微著矣"⑨，即以岁周而天道明、统正而人道定的正统论观点，将封建伦理纲常哲理化，达到昭监戒和明人事的目的，以此垂法后人。

---

① 黎靖德编：《朱子语类》卷74，第1896页。
② 朱熹：《朱熹集》卷76《金华潘公论文集叙》，第3984页。
③ 黎靖德编：《朱子语类》卷94，第2367—2368页。
④ 黎靖德编：《朱子语类》卷94，第2370页。
⑤ 黎靖德编：《朱子语类》卷94，第2374页。
⑥ 黎靖德编：《朱子语类》卷94，第2408页。
⑦ 黎靖德编：《朱子语类》卷1，第7页。
⑧ 黎靖德编：《朱子语类》卷24，第597页。
⑨ 朱熹：《朱熹集》卷75《资治通鉴纲目序》，第3948页。

那么，朱熹正统论与前代有什么区别呢？或者说有什么特色呢？朱熹说"只天下为一，诸侯朝觐狱讼皆归，便是得正统"①，也就是说，朱熹以是否为统一的政权、大权是否归一作为正统的唯一标准。以此标准，朱熹认为宋朝之前只有周、秦、汉、西晋、隋、唐六个王朝属于正统，而其余各王朝都不可列入正统之内。对于正统，朱熹又分为两类："有始不得正统，而后方得者，是正统之始；有始得正统，而后不得者，是正统之余。如秦初犹未得正统，及始皇并天下，方始得正统。晋初亦未得正统，自泰康以后，方始得正统。隋初亦未得正统，自灭陈后，方得正统。如本朝至太宗并了太原，方是得正统"②，这些都是属于正统之始；而当正统王朝出现分裂，或偏安一地时，只能算正统之余，如东晋、蜀汉之类便是；除了以上两种情况，其余便属"无统"（或称僭国或称篡贼）。可见，朱熹正统论的基点在于国家是否统一，大权是否归一，某一姓的统治是否中断，这显然与董仲舒、刘向父子乃至班固等人附会谶纬迷信的正统论有着明显的差别，不可混为一谈。上述引文中，朱熹批评前代未将汉继秦、五代继统混乱及"仅有三四年"也占"一德"，斥之为"没理会"的原因也正在这里。

朱熹把正统论作为史著编纂的根本纲领，以便解决史著书写年号问题。他认为正统王朝书写年号是不成问题的，但其他王朝则要区别对待。他说："自古亦有无统时。如周亡之后，秦未帝之前，自是无所统属底道理"，因为无统时诸国"不相主客"③，如"三国南北五代，皆天下分裂，不能相君臣，皆不得正统"，"此等处，合只书甲子，而附注年号于其下，如魏黄初几年，蜀章武几年，吴青龙几年之类，方为是"。④"至（刘）宋后魏诸国，则两朝平书之，不主一边。年号只书甲子"⑤，"南北（朝）亦只是并书"⑥。如果暂且不论正统，那么朱

---

① 黎靖德编：《朱子语类》卷105，第2636页。
② 黎靖德编：《朱子语类》卷105，第2636页。
③ 黎靖德编：《朱子语类》卷105，第2637页。
④ 黎靖德编：《朱子语类》卷105，第2636页。
⑤ 黎靖德编：《朱子语类》卷105，第2637页。
⑥ 黎靖德编：《朱子语类》卷105，第2637页。

熹基于各国不相统属的历史事实，主张采用书写甲子的办法来解决矛盾，应该说是可取的，是公平合理的。这比在分裂时期各割据政权自命为"正统"的观点要进步得多。由此，必须对朱熹这种观点中的可取之处加以肯定。

对于正统王朝出现外姓"篡权"或正统王朝灭亡后而后继正统王朝尚未建立前，朱熹认为可以采用权宜办法来解决，如唐代武后改唐为周，应书写"帝在房陵"，以示唐祚未绝；而"蜀亡之后，无多年便是西晋。中国亦权以魏为正"。① 这些都是编纂史著书写年号时的权宜的办法。

朱熹对《通鉴》以魏纪年是不满意的，提出"三国当以蜀汉为正"② 的看法，在一些研究著述中对朱熹的这种观点进行了批评。笔者认为还有进一步加以研究的必要。尽管朱熹以蜀汉为正统的观点是不可取的。但是有两点值得注意：其一，朱熹是用同一种标准来对各个王朝历史编纂的，这样就保持了编纂体例上的一致性，况且，朱熹把蜀汉作为"正统之余"的王朝，确实也不算什么"抬举"蜀汉。平心而论，从正统论的角度来编纂史书，无论褒谁贬谁都是不足称誉的。其二，朱熹的正统论是在特定的历史条件下出现的，此点应予以注意。章学诚曾说：

> 昔者陈寿《三国志》，纪魏而传吴、蜀，习凿齿为《汉晋阳秋》，正其统矣；司马《通鉴》仍陈氏之说，朱子《纲目》又起而正之。"是非之心，人皆有之"，不应陈氏误于先，而司马再误于其后，而习氏与朱子之识力偏居于优也。而古今之讥《（三）国志》与《通鉴》者，殆于肆口而骂詈，则不知起古人于九原，肯吾心服否邪？陈氏生于西晋，司马生于北宋，苟黜曹魏之禅让，将置君父于何地？而习与朱子，则固江东南渡之人也，惟恐中原之争天统也。诸贤易地则皆然，未必识逊今之学究也。是则不知

---

① 黎靖德编：《朱子语类》卷105，第2637页。
② 黎靖德编：《朱子语类》卷105，第2637页。

古人之世，不可妄论古人文辞也……今则第为文人论古必先设身，以是为文德之恕而已尔。①

章学诚从陈、习、司马氏及朱熹所处的历史条件出发来评论四人的正统论观点，是有一定道理的，然而将陈、习、司氏三人的正统论与朱熹的正统论作简单类比，不能不说是个很大的缺陷。

诚然，朱熹为蜀汉争正统有为偏安江南的南宋争正统的因素，但更重要的是，朱熹序正统是为了正名分这一目的，以便用封建伦理纲常对史事进行评价。他曾说，"《通鉴》之书，顷尝观考，病其于正闰之际、名分之实有不安者。因尝窃取《春秋》条例，稍加隐括，别为一书"②，这就明确地表明了朱熹撰写《资治通鉴纲目》的目的是为了序正统、正名分。在《朱子语类》中还有一段潘时举记载的有关诸葛亮之事，朱熹说："当时只有蜀先主可与有为耳。如刘表刘璋之徒，皆了不得。曹操自是贼，既不可从。孙权又是两间底人。只有先主名分正，故只得从之。"③ 朱熹在一份奏章中也说，"臣旧读《资治通鉴》，窃见其间周末诸侯僭称王号而不正其名，汉丞相出师讨贼，而反书入寇"④，表示很为不满。显然，朱熹论述正统论的目的在于正名分，即以封建伦理纲常去评论史事，辨别"是非"，否则便是"冠履倒置，何以示训？"⑤ 这种著史和评论史事的方法确实是偏颇的，难以揭示历史事件的真相，也不能正确评论历史人物的功过，其结论肯定不能令人信服。当然，称诸葛亮入寇也是不足取的。从这里可以看出朱熹的正统论不仅仅是为了争南宋的正统地位，更重要的是正名分，以阐述自己的理学观点，而这一点则是以往学者所鲜于论及的。

综上所述，朱熹将正统论作为史著编纂的根本纲领，这种正统论

---

① 章学诚撰，仓修良编：《文史通义新编·内篇二·文德》，上海古籍出版社1993年版，第79—80页。
② 朱熹：《朱熹集》卷46《答李滨老》，第2204页。
③ 黎靖德编：《朱子语类》卷136，第3235页。
④ 朱熹：《朱熹集》卷22《辞免江东提刑奏状三》，第926页。
⑤ 黎靖德编：《朱子语类》卷105，第2637页。

是以其理学思想为基础的企图把以往的正统论哲理化,并纳入理学轨道,实际上也是从哲学角度来解释历史发展的规律,应该说比前人的见解要高明得多。他把是否有个统一的王朝和大权是否归一作为正统的标志,以便解决史著编写中的体例问题,也是有一定合理因素的。但是,朱熹的正统论仍未摆脱五行推衍的循环论的束缚,把历史的发展解释成一种周而复始的模式,应该说是完全错误的。

二 史体互补的编著体例

我国古代史家对史书体例的优劣之争由来已久。司马迁著《史记》,创立纪传体,然而它却是一部贯通上古到汉武帝之时的通史。他说:"亦欲以究天人之际,通古今之变,成一家之言"①,明确提出了"会通古今"的思想,即所谓"原始察终,见盛观衰"② 之意。而班固作《汉书》,断代为史,另标一帜。于是马班优劣便争论不休。宋代著名史学家郑樵批评班固改易司马迁著史之法:"自《春秋》之后,惟《史记》擅制作之规模。不幸班固非其人,遂失会通之旨,司马氏之门户自此衰矣……由其断汉为书,是致周、秦不相因,古今成间隔",他强调"百川异趋,必会于海,然后九州无浸淫之患;万国殊途,必通诸夏,然后八荒无壅滞之忧。会通之义大矣哉!"③ 朱熹在这一问题上则是别具一格,甚有见地。此先将其《跋〈通鉴纪事本末〉》的主要内容节录如下:

> 古史之体可见者,《书》、《春秋》而已。《春秋》编年通纪,以见事之先后,《书》则每事别记,以具事之首尾。意者当时史官既以编年纪事,至于事之大者,则又采合而别记之。若二典所记,上下百有余年,而《武成》、《金縢》诸篇,其所纪载或更数

---

① 班固:《汉书》卷62《司马迁传》,第2735页。
② 司马迁:《史记》卷130《太史公自叙》,中华书局1959年版,第3319页。
③ 郑樵:《通志》卷首《总叙》,浙江古籍出版社2000年版,第1页。

月，或历数年，其间岂无异事？盖必已具于编年之史而今不复见矣。故左氏于《春秋》既依经作传，复为《国语》二十余篇，国别事殊，或越数十年而遂其事，盖亦近《书》体以相错综云耳。然自汉以来，为史者一用太史公纪传之法，此意固不复讲。至司马温公受诏纂述《资治通鉴》，然后千三百六十二年之事编年系日，如指诸掌。虽托始于三晋之侯，而追本其原，起于智伯，上系《左氏》之卒章，实相受授。伟哉书乎！自汉以来，未始有也。然一事之首尾或散出于数十百年之间，不相缀属，读者病之。今建安袁君机仲乃以暇日作为此书，以便学者。其部居门目，始终离合之间，又皆曲有微意，于以错综温公之书，其亦《国语》之流矣。或乃病其于古无初而区别之外无发明者，顾第弗深考耳！①

上述引文中关于《尚书》、《国语》体例，朱熹认为是纪事本末体，此说不确，这儿暂且不论。但朱熹所论述中有一些值得重视的地方：其一，朱熹认为《春秋》编年通纪，以见事之先后，《尚书》则每事别记，以具事之首尾，这是当时史官采取的不同的著史的体裁，优劣各具，应同时并存；其二，汉代后仅用司马迁纪传体（实指断代史）编写史书，而不再采用其他的编著方法，是不足为法的；其三，即使像《通鉴》这样的通史名著，也存在着弊病，应采取补救办法，而袁枢《通鉴纪事本末》则正好弥补了《通鉴》纪事"不相缀属"的缺陷，以便学者。显然，朱熹并没有简单地肯定或否定某种史书体裁，不像某些学者偏执一端而不及其余的态度，而是客观地分析各种体裁的长处与局限，对提出补救措施的史著体裁予以积极地肯定，可以说朱熹在当时是独具只眼的，其意见十分中肯，大大胜过其前辈与同时代的学者。

朱熹在教人读史中亦贯穿这一思想。他说："史亦不可不看。看

---

① 朱熹：《朱熹集》卷81《跋〈通鉴纪事本末〉》，第4171页。

《通鉴》固好，然须看正史一部，却看《通鉴》。"① 为什么要先看正史再看《通鉴》呢？那是因为"《通鉴》难看，不如看《史记》《汉书》。《史记》《汉书》事多贯穿，纪里也有，传里也有，表里也有，志里也有。《通鉴》是逐年事，逐年过了，更无讨头处"②，"如东晋以后，有许多小国夷狄姓名，头项最多。若是看正史后，却看《通鉴》，见他姓名，却便知得他是某国人。"③ 这虽是论读史书的方法，实际上也反映朱熹对编年体史书与纪传体史书的看法，即各有优劣，互为补充，这与上述论史著编纂体裁的思想是完全一致的。

朱熹在谈论当代史的编纂方法时，也基于这种立场。他曾批评当时"史官不相统总，只是各自去书，书得不是，人亦不敢改……如近时作《高宗实录》，却是教人管一年，这也不得。且如这一事，头在去年，尾在今年，那书头底不知尾，书尾底不知头，都不成文字！如为臣下作传，说得详底只是写行状，其略底又恰如《春秋》样，更无本末可考"④。基于此，朱熹认为修史必须置三簿："一簿关报上下年事首末……一簿承受所关报本年合入事件；一簿考异"⑤，然后以此可作《实录》。实际上，这种收集与整理史料而编纂史书的方法，是集纪传体与编年体为一体的方法，是一种比较好的编纂方法，应该予以肯定。值得指出的是，朱熹在自己的史学实践中也是采取多种编纂方法的，如《资治通鉴纲目》是纲目体，也是可以看成编年体；而《伊洛渊源录》则是北宋一代的理学史，可看成断代体史书。

三 秉笔直书的良史风范

秉笔直书是我国史著编纂的优良传统，那些曲意回护、隐讳避嫌的史著，往往被斥之为"秽史"。在我国历史上，南史、董狐秉笔直

---

① 黎靖德编：《朱子语类》卷11，第196页。
② 黎靖德编：《朱子语类》卷11，第196页。
③ 黎靖德编：《朱子语类》卷11，第196页。
④ 黎靖德编：《朱子语类》卷107，第2665页。
⑤ 黎靖德编：《朱子语类》卷107，第2665页。

书，被人称之良史，然其著述与言论早已亡佚，难窥其实。司马迁所著《史记》以直笔著称，人称"信史""实录"。《史通·惑经》云："史官执简，宜类于斯。苟爱而知其丑，憎而知其善，善恶必书，斯为实录"①。即使是对司马迁抱有不满的班固，仍然承认《史记》"其文直，其事核，不虚美，不隐恶，故谓之实录。"② 这一优良传统，被一些史学家所继承，到两宋时亦如此。司马光著《资治通鉴》，自称"但据其功业之实而言之"，"使观者自择其善恶得失，以为劝戒"③；郑樵认为："纪传之中，既载善恶，足为鉴戒，何必于纪传之后，更加褒贬？"④ 他斥责违心著史、曲意释史是"欺人之学"⑤。而朱熹也主张秉笔直书，据实著史，认为"佞臣不可执笔"⑥。朱熹在秉笔直书上有自己的一套看法，兹略述如下。

朱熹对秉笔直书的论述散见于《朱子语类》与朱熹文集等著述中，归纳起来，大致可分为以下几个方面：

其一，对显贵不隐讳，不虚美。朱熹认为："圣人作《春秋》，不过直书其事，美恶人自见"⑦，因此，垂训万世的"史"应该像孔子作《春秋》一样据实而书，把"善善恶恶、是是非非，皆著存得在那里"⑧，既不虚美，又不隐恶，这样才可为鉴戒之用。

朱熹在评判汉唐开国数君，便充分反映了这一观点，此先列几节资料：

> 唐太宗分明是杀兄劫父代位，又何必为之分别说！（程）沙随云，史记高祖泛舟于池中，则"明当早参"之语，皆是史之润饰……高祖既许之明早入辨，而又却泛舟，则知此事经史臣文饰

---

① 刘知幾著，浦起龙通释：《史通通释》卷14《惑经》，第374页。
② 班固：《汉书》卷62《司马迁传》，第2738页。
③ 司马光：《资治通鉴》卷69，第2187页。
④ 郑樵：《通志》卷首《总叙》，第1页。
⑤ 郑樵：《通志》卷74《灾祥略序》，第853页。
⑥ 黎靖德编：《朱子语类》卷130，第3133页。
⑦ 黎靖德编：《朱子语类》卷133，第3198页。
⑧ 黎靖德编：《朱子语类》卷134，第3216页。

多矣。①

太宗奏建成元吉，高祖云："明当鞠问，汝宜早参。"及次早建成入朝，兄弟相遇，遂相杀。尉迟敬德著甲持刃见高祖。高祖在一处泛舟。程可久谓："既许明早理会，又却去泛舟，此处有缺文，或为隐讳。"先生曰："此定是添入此一段，与前后无情理。太宗决不曾奏。既奏了，高祖见三儿要相杀，如何尚去泛舟！此定是加建成元吉之罪处。"②

唐太宗以晋阳宫人侍高祖，是致其父于必死之地，便无君臣父子夫妇之义。③

（杨）通老问："以宫人侍高祖，在太宗不当为。"曰："它（他）在当时，只要得事成，本无救世之心，何暇顾此？"④

高祖与裴寂最昵。宫人私侍之说，未必非高祖自为之，而史家反以此文饰之也。⑤

上面所引资料，主要涉及唐太宗两件事，一是以晋阳宫人私侍其父，二是杀兄劫父之位。众所周知，唐太宗是我国封建社会中有名的帝王，他在推翻隋王朝的斗争中功勋显赫，又创建了被后人誉为"贞观之治"的清明政局，因而自温大雅《大唐创业起居注》起，便讳饰了一些有关事实。此后史臣们只称太宗之功而讳言其过，特别是有关玄武门事变的真相几乎都被讳饰了，乃至《新唐书》更是称太宗"除隋之乱，比迹汤、武；致治之美，庶几成、康。自古功德兼隆，由汉以来未之有也"⑥。如此，唐太宗就被神化了，被尊为帝王楷模。而朱熹却直言不讳地指出：玄武门事变已被史臣"添入此一段"，"定是加建成、元吉罪处"，是"经史臣文饰多矣"。对于宫人私侍之事，朱熹

---

① 黎靖德编：《朱子语类》卷137，第3259页。
② 黎靖德编：《朱子语类》卷136，第3245页。
③ 黎靖德编：《朱子语类》卷136，第3245页。
④ 黎靖德编：《朱子语类》卷136，第3245页。
⑤ 黎靖德编：《朱子语类》卷136，第3244页。
⑥ 欧阳修、宋祁：《新唐书》卷2《太宗纪》，中华书局1975年版，第48页。

虽说过"未必非高祖自为之",但被史臣文饰过的,更多处却认定是唐太宗所为。值得指出,从唐太宗即位起,历代史臣盛誉其文功武绩,直到朱熹生活的时代,吕祖谦、陈亮、叶适、陈傅良等人也都赞美唐太宗的丰功伟业,而朱熹却能声称"唐太宗一切假仁借义以行其私"①,确实不同凡响。毋庸讳言,朱熹是站在理学家的立场上来评判玄武门事变和宫人私侍之事的,然而,他能指出唐太宗杀兄劫父位的事实,批评史臣曲意讳饰这些事件,也确实是有胆略的,也是符合历史事实的,这与现代史学界所揭示的历史真相是一致的。

朱熹讨论著史不隐讳、不虚美的事例还有很多,如论符坚之事:

> 符坚事自难看。观其杀符生与东海公阳,分明是特地杀了,而史中历数符生酷恶之罪。东海公之死,云是太后在甚楼子上,见它门前车马甚盛,欲害符坚,故令人杀之,此皆不近人情。盖皆是己子,不应便专爱坚而特使人杀东海公也。此皆是史家要出脱符坚杀兄之罪,故装点许多,此史所以难看也。②
>
> 符坚之兄,乃其(符坚)谋杀之。③

此批评史臣曲笔开脱符坚杀兄之罪。

> 且如武王初伐纣之时,曰"惟有道曾孙周王发",又未知如何便称"王"?假谓史笔之记,何为未即位之前便书为"王"?且如(宋)太祖未即位之前,史官只书"殿前都点检",安得便称"帝"耶!是皆不可晓。④

此段甚可注意。朱熹以周武王伐纣前不该称"周王发"为例,指出宋太祖未即位前也不应该称"帝",应直书原官名"殿前都点检",

---

① 黎靖德编:《朱子语类》卷135,第3219页。
② 黎靖德编:《朱子语类》卷136,第3235—3216页。
③ 黎靖德编:《朱子语类》卷136,第3244页。
④ 黎靖德编:《朱子语类》卷78,第1977页。

而史臣却书为"帝";他虽推托为"此皆不可晓",而实际结论是明白的——这是史臣的讳饰之言。又说:

> 《载记》所纪夷狄祖先之类,特甚,此恐其故臣追记而过誉之。①

此时朱熹批评《晋书》作者过誉"夷狄祖先"。应该指出,《晋书》作者是唐人,编著者把所谓的"十六国"中的十四国编入列传,其中西凉李暠为李唐的祖先,也列入列传。值得强调的是唐初的不少大臣是所谓"夷狄"的后裔,而李唐帝王又自称是李聃的后裔,朱熹说《晋书》作者"过誉",实际是批评史臣溢美李唐和他的大臣们。此非笔者推测之词,因为朱熹明确说过"唐源流出于夷狄"②,便是明证。可见,朱熹批评《晋书》作者"过誉",实际是批评他们对李唐帝王与大臣的曲意虚美。

其二,不受权贵操纵,不以己意取舍。朱熹极力主张据实而书,著史不应受舆论的干扰。他对宋代修《实录》受舆论干扰的现象是极不满的,认为史臣在"紧切处不敢上史",故意漏载有关史实是不对的。因此,朱熹曾著《史馆修史例》,对修史提出了改革意见,其关键之点就是要据实收集史料、要敢于实事求是地著史。正如邱汉生先生所说的那样:《史馆修史例》"对照朱熹所指出的'史弊',这里显然具有实事求是的精神"③,笔者认为这一观点是很有说服力的。

朱熹还曾指出:"李伯纪(纲)大节好,败兵事,乃当时为其所治者附会滋益之,不足尽信。"④ 这里所谓的"附会滋益"者,并不一定是执史笔者,但执史笔者偏听偏信而写下此段文字则是无疑的,由此也反映了朱熹对史官受舆论影响而"附会滋益之"的不满。

著史不以己意取舍,朱熹也论述颇多。如他对苏子由"作《颖滨

---

① 黎靖德编:《朱子语类》卷134,第3204页。
② 黎靖德编:《朱子语类》卷136,第3245页。
③ 邱汉生:《论朱熹"会归一理"的历史哲学》,《哲学研究》1982年第6期。
④ 黎靖德编:《朱子语类》卷131,第3140页。

遗老传》，自言件件做得是。如拔用杨畏来之邵等事，皆不载了（原注：当时有'杨三变''两来'之号）①，提出了严厉的批评。在《朱子语类》中还记载高宗的"其未相（指秦桧）时，说作相数月可以致治；既相，皆无所建明"一段话，朱熹说："当时史馆有《宰相拜罢录》，已载此罢相时事，亦有士大夫录得此书。秦已改史馆之书了，又行下收民间所藏者"②，当然朱熹对此表示极为不满和反感，于是告诉了自己的门人。

秦桧是朱熹所不喜者，斥之为"小人"③，朱熹批评他亦不足为奇。实际上，经常受到朱熹表扬的赵鼎、张浚，在对待国史上亦是以己意曲笔修改，朱熹也同样予以批评："赵忠简当国，遂荐元故家子弟，如范如圭数人，方始改得正。然亦颇有偏处；才是元祐事便都是，熙丰时事便都不是。后赵罢，张魏公继之，又欲修改动（原注：盖魏公亦不甚主张元祐事），令史官某等签出，未及改而又罢。赵复相，遂以为言而辞"，对此，朱熹认为："一代史册被他糊涂，万世何以取信！"④ 这里可见朱熹的一贯主张：著史不可以己意取舍。

对东晋陶侃之事，朱熹也很有感触地说道："庾氏世总朝权，其志一逞，遂从而诬谤之耳。秉史笔者既有所畏，何所求而不得哉？是其旁见曲出，乃所以证成其罪也……自古欲诬人而不得者，必污以闺房之事，以其难明故也。今《晋史》欲诬士行（陶侃），而乃以梦寐之祥，是其难明殆又甚于闺房哉。"⑤

上述所举例证，可以充分证明朱熹对著史不为权贵操纵、不以己意取舍的观点。那么，他自己的史学实践中又如何呢？即在他的史学实践中是否也贯穿这一思想呢？回答是肯定的。此以朱熹所著《八朝名臣言行录》为证。《朱子语类》中有这么一条记载："《涑水记闻》，吕家子弟力辨，以为非温公书（原注：盖其中有记吕文靖公数事，如

---

① 黎靖德编：《朱子语类》卷130，第3118页。
② 黎靖德编：《朱子语类》卷130，第3156—3157页。
③ 黎靖德编：《朱子语类》卷131，第3163页。
④ 黎靖德编：《朱子语类》卷127，第3056页。
⑤ 朱熹：《朱熹集》卷20《乞加陶威公状》，第847页。《朱子大全》"晋史"作"晋书"。

杀郭后等)。某尝见范太史之孙某说,亲收得温公手写稿本,安得为非温公书!某编《八朝言行录》,吕伯恭兄弟亦来辨。为子孙者只得分雪,然必欲天下之人从己,则不能也。"① 朱熹之所以坚持自己观点,是因为他对《涑水记闻》的真实性作过调查研究,以证实此书确实是温公所著。他在《书张氏所刻〈潜虚图〉后》中曾说到自己"尝问(范)炳文:'或谓《涑水记闻》非温公书者,信乎?'炳文曰:'是何言也!温公日录月别为卷,面记行事,皆述见闻,手笔细书,今可覆视,岂他人之所得为哉?特其间善恶杂书,无所隐避,使所书之家或讳之而不欲传耳。'"② 范炳文名仲彪,"尝娶温国司马氏"③,故朱熹亲闻如此,认为是确实可信者。吕伯恭是当时"东南三贤"之一,是位著名的理学家,且与朱熹同宗两程,私交甚笃,甚至两人一起编过《近思录》。朱熹在编《八朝名臣言行录》时,摘录《涑水记闻》中有关吕氏前辈的行事,吕伯恭为家族声誉而"力辨",朱熹虽能理解吕氏心情,但不徇私情、不为私交之谊而掩饰其祖先之事,确实显示他在著史上"据实而书"精神,这是完全应该加以肯定的。

其三,著史不可附会迷信。朱熹不信有什么"预言",他说:"左氏是三晋之后,不知是甚么人。看他说魏(国)毕万之后必大,如说陈氏伐齐之类,皆是后来设为豫定之言。"④ 此"后来设为豫定之言"即是预言,而且朱熹明确说是"后来"所设定的,而非前人所说,一针见血地指出了预言的不可信处。此处反映出朱熹的史识甚高。

朱熹是不信谶讳迷信的,他说:"(詹)元善每相见,便说气数谶纬,此不足凭"⑤;他的门人问"汉赤帝子事,果有之否?"朱熹答道:"岂有此理!尽是鄙俗相传,傅会之谈"⑥,明确地表示自己不信谶纬迷信的态度。

---

① 黎靖德编:《朱子语类》卷130,第3104页。
② 朱熹:《朱熹集》卷81《书张氏所刻〈潜虚图〉后》,第4178页。
③ 朱熹:《朱熹集》卷81《书张氏所刻〈潜虚图〉后》,第4176页。
④ 黎靖德编:《朱子语类》卷83,第2156页。
⑤ 黎靖德编:《朱子语类》卷138,第3285页。
⑥ 黎靖德编:《朱子语类》卷87,第2239页。

朱熹对胡安国以迷信来解释《春秋》是很不满的，说："《春秋传》例多不可信。圣人记事，安有许多义例！如书伐国，恶诸侯之擅兴；书崩山，地震、螽、蝗之类，知灾异有所自致也。"① 他的学生问："《左传》载卜筮，有能先知数世后事，有此理否？"朱熹答："此恐不然。只当时子孙欲借窃，故为此欺上罔下尔。如汉高帝（斩）蛇，也只是脱空。陈胜王凡六月，便只是他做不成，故人以为非；高帝做得成，故人以为符瑞。"② 应该着重指出，宋代处于中国封建专制制度日趋严厉之际，专制主义统治日益加强，皇权神圣不可侵犯的时期，而朱熹却有勇气批判神化皇权的做法，斥责封建帝王附会迷信，以"欺上罔下"为手段来窃位，并以高祖斩蛇与陈胜丹书狐鸣相提并论，指出庸人以成功为符瑞、失败为非是的观点，这种见解确实高人一等，在史学史上是应给予一定的地位。

朱熹反对著史附会谶纬迷信，其目的是要求著史中贯穿义理。他曾批评"汉儒专以灾异、谶纬，与夫风角、鸟占之类为内学。如徐孺子之徒多能此，反以义理之学为外学。且如《钟离意传》所载修孔子庙事，说夫子若会覆射者然"③，"杨震辈皆尚谶纬，张平之非之。然平之之意，又却理会风角、鸟占，何愈于谶纬！"④ 对那些附会迷信、以成败来论符瑞灾异的史著，朱熹持强烈的反对态度，甚至认为："看此等书，机关熟了，少间都坏了心术。"⑤ 朱熹要求史著中贯穿义理，实际是从哲学、政治理想高度来统帅编纂史书，这比他的前人与同辈的见解都深刻得多。当然，这种义理只是封建的伦理纲常，作为一个理学家提出这种观点也是不奇怪的。然而朱熹能明确反对谶纬迷信，则是进步的，应该予以肯定。

综上所述，朱熹继承了我国历史上秉笔直书的优良传统，这在其史著编纂思想中具有比较重要的地位，我们研究朱熹史学思想时应予

---

① 黎靖德编：《朱子语类》卷83，第2147页。
② 黎靖德编：《朱子语类》卷83，第2151页。
③ 黎靖德编：《朱子语类》卷135，第3230页。
④ 黎靖德编：《朱子语类》卷139，第3299页。
⑤ 黎靖德编：《朱子语类》卷122，第2952页。

以高度的重视。

四 信真传远的史著语言

朱熹对史著编纂的语言文字也有自己的看法，概括起来便是"信真传远"四字。在朱熹看来，《春秋》是孔圣人据鲁史删编而成的，它既是经，又是史，之所以能流传不息，是因为孔圣人在《春秋》中寓以义理，因此可以作为"经"来示法万代。如潘时举问如何看《春秋》时，朱熹明确说"只如看史样看"①，因为"当时天下大乱，圣人且据实而书之，其是非得失，付诸后世公论，盖有言外之意"②。所谓"据实而书之"，便是信真；而"付诸后世公论"则是传远。显然，朱熹把信真传远作为史著编纂语言的唯一标准。他曾批评《汉书》：

> 班固作《汉书》，不合要添改《史记》字，行文亦有不识当时意思处。如七国之反，《史记》所载甚疏略，却都是汉道理；班固所载虽详，便却不见此意思……如载文帝《建储诏》云："楚王，季父也，春秋高，阅天下之义理多矣，明于国家之大体。吴王于朕，兄也，惠仁以好德。淮南王，弟也，秉德以陪朕。岂不为豫哉！"（班）固遂节了吴王一段，只于"淮南王"下添"皆"字云："皆秉德以陪朕。"盖"陪"字训"贰"，以此言弟则可，言兄可乎！今《史记》中却载全文。③

这里，朱熹批评班固作《汉书》添改《史记》在吴楚七国之乱事件中许多文字，却失去了"汉道理"，而《史记》虽"疏略"，却"都是汉道理"，指出了《汉书》未能准确反映当时的"义理"实情。

---

① 黎靖德编：《朱子语类》卷83，第2148页。
② 黎靖德编：《朱子语类》卷83，第2149页。
③ 黎靖德编：《朱子语类》卷134，第3202—3203页。

其二，《汉书》删节《建储诏》中的一些话，用"皆"字不但语意乖戾，而且不能正确反映吴王与文帝的兄弟关系，也就失去了"真"；而《史记》全载之，则保全了"真"。

朱熹对当代（宋代）史书编纂中也有如此看法，认为当时虽有《起居注》《时政记》《日历》，"送史馆著作处参改，入《实录》作史"，但史皆不实，"紧切处"不敢上史，或"只据人自录来"，这种不敢上史、只据人自录来，当然也不能做到真实可信。朱熹不但主张著史时文字要真实可信——即"信真"，而且要能传之后世——即"传远"：

> 所贵乎文之足以传远，以其议论明白，血脉指意晓然可知耳。①

在朱熹看来，要"传远"，就必须要"真"，就像孔子的《春秋》那样据实而书才能传之久远，成为"经世之大法"②。朱熹以此标准来对其他著述进行评论。如他曾称赞"《桐乡志》文质实宽平，无所为作，文字利病不足言，正足以见养德之效"③；对"《五代史》略假借太原，以刘知远之后非僭窃"，朱熹夸奖为"辞较直也"④。这种表扬文质宽平和辞较直，都是表现出朱熹对文字的要求。

那么，如何才能做到信真传远呢？朱熹认为：首先应该是以道贯文，文道统一。在朱熹之前，唐代韩愈自称"愈之所志于古者，不惟其辞之好，好其道焉尔"⑤。韩愈是从古代散文角度来立论的，此"道"是指传统的儒家之"道"，其实质是把文学创作与纳入儒家的思想体系中去。朱熹在论述文道关系时也强调"道"的重要性，认为："道者，文之根本；文者，道之枝叶。惟其根本乎道，所以发之于文，

---

① 黎靖德编：《朱子语类》卷139，第3314页。
② 黎靖德编：《朱子语类》卷83，第2154页。
③ 朱熹：《朱熹集》卷34《答吕伯恭》，第1492页。
④ 黎靖德编：《朱子语类》卷134，第3204页。
⑤ 韩愈：《韩愈文集汇校笺注》卷16《答李图秀才书》，中华书局2017年版，第725页。

皆道也。三代圣贤文章，皆从此心写出，文便是道"①，"文皆是从道中流出，岂有文反能贯道之理？文是文，道是道，文只如吃饭时下饭耳。若以文贯道，却是把本为末。以末为本，可乎？"② 显然，朱熹更强调"道"的重要性，而反对以"文"为本。

朱熹曾辨文道关系："文与道，果同耶？异耶？若道外有物，则为文者可以肆意妄言而无害于道。惟夫道外无物，则言而一有不合于道者，则于道为有害。"③ 这里可见朱熹对道是十分重视的，也就是说，他更强调道的重要性：以道贯文。朱熹反复强调："文字只取达意而已，正不必过为华靡辨巧也"④，"文字之设，要以达吾之意而已。政（正）使极其高妙，而于理无得焉，则亦何所益于吾身而何所用于斯世"⑤，如果只重"文"而轻"道"，则会造成"裂道与文以为两物，而于其轻重缓急、本末宾主之分又未免于倒悬而逆置之也"⑥。在朱熹的论述中"道"就是"理"，以道贯文就是以理贯文，这与韩愈的文道观是有不同的。而且，朱熹曾批评韩愈："韩文公第一义是去学文字，第二义方去穷究道理，所以看得不亲切。"⑦ 显然，韩愈的这种"文先道后"的观点，朱熹是不同意的。

朱熹认为道先文后，而且要文道统一。那么文道怎么才能统一呢？朱熹说：

> 古之圣贤，其文可谓盛矣。然初岂有意学为如是之文哉？有是实于中，则必有是文于外……盖不必托于言语、著于简册而后谓之文。但自一身接于万事，凡其语默动静，人所可得而见者，无所适而非文也。姑举其最而言，则《易》之卦画、《诗》之咏

---

① 黎靖德编：《朱子语类》卷139，第3319页。
② 黎靖德编：《朱子语类》卷139，第3305页。
③ 朱熹：《朱熹集》卷33《答吕伯恭》，第1413页。
④ 朱熹：《朱熹集》卷49《答滕德粹》，第2395页。
⑤ 朱熹：《朱熹集》卷61《答曾景建》，第3203页。
⑥ 朱熹：《朱熹集》卷70《读唐志》，第3655页。
⑦ 黎靖德编：《朱子语类》卷137，第3273页。

歌、《书》之记言、《春秋》之述事，与夫《礼》之威仪，《乐》之节奏，皆已列为六经而垂万世，其文之盛，后世固莫能及。然其所以盛而不可及者，岂无所自来？而世亦莫之识也。①

这里，朱熹认为文道不可分，只有"道"实于中，才能做到"必有是文于外"，即符合"道"的"文"表现于外，这里强调了在文道这一关系中"道"是占主导地位的，"文"则从属于"道"。而且，朱熹还扩大了"文"的范围，以为"不必托于言语、著于简册而后谓之文"，把"自一身接于万事"，甚至在"语默动静，人所可得而见者"，都泛称为"文"，即把"道"的统率范围扩大到人类生活的一切方面，这不过是朱熹想把理学凌驾于一切之上的企望而已。如果单纯地从"道"（文章的思想性）与"文"（文字表达的艺术性）这一对关系来着眼，朱熹的说法显然是离题太远。不过，朱熹在"道""文"关系上强调"道"的重要性和主导作用，至今仍有一定的借鉴意义。

朱熹用"以道贯文"的标准去衡量史著编纂的。他说："有治世之文，有衰世之文，有乱世之文。《六经》，治世之文也。如《国语》委靡繁絮，真衰世之文耳。是时语言议论如此，宜乎周之不能振起也。至于乱世之文，则战国是也。然有英伟气，非衰世《国语》之文之比也。"②这种"治世之文""衰世之文""乱世之文"的评判标准就是"以道贯文"还是"以文贯道"。对司马迁的《史记》，朱熹认为"文雄健，意思不帖帖，有战国文气象"③，而欧阳修之文"稍近于道，不为空言。如《唐（书）·礼乐志》云：'三代而上，治出于一；三代而下，治出于二。'此等议论极好，盖犹知得只是一本"④。显然，在朱熹看来，战国文或《史记》虽有"英伟气""雄健"，但缺乏"道"之统帅，都不值得称道，而欧阳修之文"稍近道"，便值得称誉。可

---

① 朱熹：《朱熹集》卷70《读唐志》，第3653—3654页。
② 黎靖德编：《朱子语类》卷139，第3297页。
③ 黎靖德编：《朱子语类》卷139，第3299页。
④ 黎靖德编：《朱子语类》卷139，第3319页。

见评判标准是"以道贯文"还是"以文贯道"。

朱熹在强调"以道贯文"的同时,还提出必须文道统一。他在《与汪尚书》中提出:"道外有物,固不足为道,且文而无理,又安足以为文乎?盖道无适而不存者也,故即文以讲道,则文与道两得而一以贯之,否则亦将两失之矣。"① 也就是说,文道必须互相依存,道存于文中,即文讲道,两者不可分离,如此便文与道两存,否则便两失之。这种论述道文关系是具有辩证眼光的,是有一定的合理性的。

朱熹用"以道贯文"与"文道统一"来阐述史著编纂的"义理"与语言文字的关系,其实质是把史著编纂纳入理学的轨道上去。如果我们把这种"义理"看成是思想性的话,那么,朱熹这种以道贯文、文道统一的观点,要比他前代和同代的史学家们要深刻得多,朱熹无愧为理学的集大成者。

其次,简密而不疏,条理而明快,是朱熹对史著语言文字的又一要求。朱熹批评"《国语》文字多有重叠无义理处。盖当时只要作文章,说得来多尔"②;又指出:"《(新)五代史·宦官传》末句云:'然不可不戒。'当时必有载张承业等事在此,故曰:'然不可不戒。'后既不欲载之于此,而移之于后,则此句当改,偶忘削去故也。"③ 可见,朱熹对史著堆砌文字或有多余之语是持否定态度的,他提倡文字简洁。但是,文字简洁并不是疏略难详,而是必须让后人能读得明白。《通鉴》是一部深受朱熹推崇的史著,但对其中由于史料取舍不当而造成的史事难详的弊病,朱熹也是予以批评的:"《通鉴》:'告奸者与斩敌首同赏,不告奸者与降敌同罚。'《史记》商君议更法,首便有斩敌首、降敌两条赏罚,后面方有此两句比类之法。其实秦人上(尚)战功,故以此二条为更法之首。温公却节去之,只存后两句比类之法,遂使读之者不见来历。温公修书,凡与己意不合者,即节去之,不知

---

① 朱熹:《朱熹集》卷30《与汪尚书》,第1278页。
② 黎靖德编:《朱子语类》卷137,第3253页。
③ 黎靖德编:《朱子语类》卷139,第3308页。

他人之意不如此。《通鉴》此类多矣。"① 平心而论，朱熹对《通鉴》的批评是有一定道理的。

当然，朱熹认为必要的删节是使文字简洁、史事明白易晓的方法，是值得称道的。他说"今人但见《史记》所书（兵阵行伍）甚详，《汉书》则略之，便以司马迁为晓兵法，班固为不晓，此皆好奇之论。不知班固以为行阵乃用兵之常，故略之，从省文尔"②；他称赞《洛阳志》"文字最简严"③，"孙之翰《唐论》精练（炼）"④。这里都显示朱熹对文字简洁的肯定态度。

除了简密不疏外，他还要求史著语言文字必须有条理而明快。如"包显道曰：'《新史》（《新唐书》）做得《韩退之传》较不甚实。'先生曰：'《新史》最在后，收拾得事须备。但是它要去做文章，划地说得不条达。据某意，只将那事说得条达，便是文章。而今要去做言语，划地说得不分明。'"⑤ 这里的条达，便是指文章条理。朱熹强调叙事要完备而有条理："作文字须是靠实，说得有条理乃好，不可架空细巧"⑥，故朱熹对那些条理不明、表意不清的著述进行过不少批评：

> 司马迁《史记》用字也有下得不是处。贾谊亦然，如《治安策》说教太子处云："太子少长知妃色，则入于学。"这下面承接，便用解说此义。忽然掉了，却说上学去云："学者所学之官也。"又说："帝入东学，上亲而贵仁"一段了，却方说上太子事，云"及太子既冠成人，免于保傅之严"云云，都不成文义，更无段落。他只是乘才快，胡乱写去，这般文字也不可学。⑦

---

① 黎靖德编：《朱子语类》卷 134，第 3205 页。
② 黎靖德编：《朱子语类》卷 136，第 3239 页。
③ 黎靖德编：《朱子语类》卷 138，第 3278 页。
④ 黎靖德编：《朱子语类》卷 134，第 3208 页。
⑤ 黎靖德编：《朱子语类》卷 137，第 3275 页。
⑥ 黎靖德编：《朱子语类》卷 139，第 3320 页。
⑦ 黎靖德编：《朱子语类》卷 116，第 2805 页。

《史记》恐是个未成底文字，故记载无次序，有疏阔不接续处……①

这里批评《治安策》"不成文义，更无段落"，批评《史记》某些"记载无次序，有疏阔不接处"；另外，还批评"文字艰涩"②的《合同录序》，批评"（苏）子由文字不甚分晓"③，表扬"文字明快"④"文字较明白"⑤的苏东坡之文，都反映出朱熹对文字叙述上要求有条理而明快的看法。

值得补充的是，朱熹还注意到语言文字表述上的节奏。他承认柳宗元《封建论》一文是篇好文章，但批评它"如人火忙火急来说不及，又便了了"⑥的节奏过快的毛病，确实是很有见地的。

最后，朱熹主张编写史著应使用时代语言。司马迁的《史记》是使用时代语言的典范作品，可惜，这一优良传统到魏晋南北朝时被一些史家所抛弃，他们模仿古语，东施效颦，使史著语言文字受到严重地污染，故受到刘知幾的斥责："伪修混沌，失彼天然，今古以之不纯，真伪由其相乱"，刘氏主张"时人出言，史官入记，虽有讨论润色，终不失其概梗者也"。⑦朱熹的看法与刘知幾观点相近，极力主张编纂史书必须用时代语言文字，他说"苏秦张仪，都是会说，《史记》所载，想皆是当时说出"⑧，即肯定《史记》采用了当时的语言。他还说："前辈用言语，古人有说底固是用，如世俗常说底亦用。后来人都要别撰一般新奇言语，下梢与文章都差异了，却将差异底说话换了那寻常底说话。"⑨这"世俗常说底"便是指时代语言，而"新奇言

---

① 黎靖德编：《朱子语类》卷134，第3202页。
② 黎靖德编：《朱子语类》卷139，第3322页。
③ 黎靖德编：《朱子语类》卷139，第3312—3313页。
④ 黎靖德编：《朱子语类》卷139，第3306页。
⑤ 黎靖德编：《朱子语类》卷139，第3312页。
⑥ 黎靖德编：《朱子语类》卷139，第3306页。
⑦ 刘知幾著，浦起龙通释：《史通通释》卷6《言语》，第140、139页。
⑧ 黎靖德编：《朱子语类》卷139，第3298页。
⑨ 黎靖德编：《朱子语类》卷139，第3320页。

语"则是刻意雕凿、失其天然的语言文字。朱熹论后世训释楚辞更清楚地表现了这一思想：他认为《离骚》《卜居》等文"只是信口恁地说，皆自成文"①，后人训释常常"只求之于雅，而不求之于俗"②。这"信口恁地说"显然是当时口语，而后人求雅不求俗，即不从时代语言文字中去训诂，朱熹认为这是不对的。这里再从朱熹论《通鉴》的两段文字进一步探讨这一思想：

　　《通鉴》文字有自改易者，仍皆不用《汉书》上古字，皆以今字代之。③
　　《通鉴》东汉已后……人主称"上"，称"车驾行幸"，皆臣子之词；"我师"、"我行人"之属，皆内词，皆非所宜施于异代。④

　　这里，朱熹肯定《通鉴》不用《汉书》佶屈聱牙的上古字而用今字的做法，也否定它使用不宜施于后代的词语，显示了朱熹对史著编纂上要求采用时代语言文字的思想特色。这种思想至今仍有一定的借鉴意义。
　　那么，为什么后人不可用古人所用语言文字？除了时代变迁外，朱熹还认为后世人的资禀不同便不能去模仿古人，他说："后世人资禀与古人不同。今人去学《左传》《国语》，皆一切踏踏地说去，没收煞。"⑤ 什么是"资禀"？朱熹以为便是人性所禀之气质。他说："然就人之所禀而言，又有昏明清浊之异。故上知生知之资，是气清明纯粹，而无一毫昏浊，所以生知安行，不待学而能，如尧舜是也。其次则亚于生知，必学而后知，必行而后至。又其次者，资禀既偏，又有所蔽，

---

① 黎靖德编：《朱子语类》卷139，第3297页。
② 黎靖德编：《朱子语类》卷139，第3298页。
③ 黎靖德编：《朱子语类》卷134，第3204页。
④ 朱熹：《朱熹集》卷44《答蔡季通》，第2060页。
⑤ 黎靖德编：《朱子语类》卷139，第3321页。

须是痛加工夫，'人一己百，人十己千'，然后方能及亚于生知者。"①朱熹认为古人有生而知之者，禀气清明纯粹，而"今之学者，本是困知、勉行底资质，却要学他生知、安行底工夫。便是生知、安行底资质，亦用下困知、勉行工夫，况是困知、勉行底资质"②。显然，古、今人是资禀不同，故今人不可学《左传》、《国语》之语言来撰作。朱熹把人性分为生而知之、学而知之和困而学之各种等级，反映了他人性理论上的落后因素；但是，他又从古今人的"资禀"不同而提出不可勉强学古人之语言文字，却反映出他主张的不同时代有不同语言文字的思想，这倒有一定的合理性的。

朱熹自己著述中便比较注意这一问题，他在给张敬夫的信中说："吾辈秉笔书事，唯务明白，其肯故舍所宜用之字而更用他字，使人强说而后通耶"③；又说："文章须正大，须教天下后世见之，明白无疑"④；他给刘子澄的信中还批评当时"《叙古蒙求》亦太多，兼奥涩难读，恐非启蒙之具"⑤，同样也反映了朱熹的这一思想。

总之，朱熹对史著编纂上的一些看法，有不少是很有价值的，值得进一步研究，当然，其中也有一些落后因素，也应该鉴别剔除。

五　从朱熹亲撰《通鉴纲目》看其编纂思想的演变

《通鉴纲目》究竟是谁所作？从《四库全书总目提要》著成后，学者们比较一致的看法是：凡例是朱熹所著，他还撰写部分的"纲"，而"分注"则是朱熹托赵师渊撰写，即主要作者是赵师渊。当然，也有少量研究者认为朱熹曾写下了草稿，只不过最后交由赵师渊完成，

---

① 黎靖德编：《朱子语类》卷4，第66页。
② 黎靖德编：《朱子语类》卷8，第135—136页。
③ 朱熹：《朱熹集》卷30《答张敬夫》，第1296页。
④ 黎靖德编：《朱子语类》卷139，第3322页。
⑤ 朱熹：《朱熹集》卷35《答刘子澄》，第1545页。

如钱穆先生的《朱子新学案》就持这种观点。① 果真是这样吗？笔者认为这两种观点都值得商榷。

这里先讨论《四库全书总目提要》的观点。该书卷48"通鉴纲目测海"条批评此书作者何中："不知《纲目》出赵师渊手，犹误以为朱子书也"；"纲目续麟"进一步说"《纲目》一书，非惟分注非朱子手定，即正纲亦多出赵师渊手"，几乎要完全否定朱熹对《资治通鉴纲目》的著作权。该书卷47"纲目分注补遗"条云"（芮）长恤考究本原，知不出朱子之手"，并称芮氏"可为《纲目》之功臣矣"。实际上，四库馆臣以明末芮长恤首先证明《纲目》非朱熹作并不确定，因为明朝嘉靖万历年间的吕坤在《去伪斋文集》卷5《纲目是正序》（吕氏所作，今佚）已说过"余曰：《纲目》非朱子笔也，盖托其门人赵师渊几道为之。朱子也未尝彻首尾一过目耳"。可见，吕坤连朱熹是否完整地看过《纲目》都否定了。当然，吕坤也不是首先否定朱熹著作权的人。元朝文宗时的贺善作的《资治通鉴纲目书法序》曾提及当时有人否定此书为朱熹所作："抑尝请于先生曰：'或者以是书为门人之作，又以为未脱稿之书，何如？'曰：'皆非也，胡不观《纲目》篇端之自叙乎。夫子固曰辄与同志取两公四书，别为义例，增损隐括矣……至顺壬申二月中和节门人贺善再拜谨序。"② 显然在元朝已有这两种说法。

需要指出的是，贺善的序被后人歪曲了，《宋元学案》卷69《沧洲诸儒学案》列入"贺先生善"条，下面有王梓材的按语："先生与黄勉斋、李果斋为同门友，争朱子《纲目》非未成之书，则亦受业朱门者也。"③ 此大缪也。贺善在朱熹死后近百年而生，岂能及朱熹之门而与黄榦、李方子同学呢？这一错误，与全祖望有关，全氏《鲒埼亭

---

① 在笔者写成此稿时，又看到了《文史》第39辑［中华书局1994年版］所载叶建华《论朱熹主编〈纲目〉》一文，细读之后，发现该文虽论述了朱熹主编《纲目》的过程，但错误颇多，本文所论实际上也纠正了叶文的不少错误。

② 贺善：《书法序》，朱熹《资治通鉴纲目》卷首，文渊阁《四库全书》，台北商务印书馆1982年版，第32—33页。

③ 黄宗羲：《宋元学案》卷69《沧洲诸儒学案》，第2327页。

集外编》卷34《书朱子纲目后》一文云:"黄榦尝谓《纲目》仅能成编,朱子每以未及修补为恨;李方子亦有晚岁思加更定归详密之语。然则《纲目》原未成之书。其同门贺善争之,以为《纲目》之成,朱子甫逾四十,是后修书尚九种,非未成者。又力言朱子手著。但观朱子与赵师渊书,则是书全出讷斋。其本之朱子者,不过凡例一通,余未尝有所笔削,是左证也。"全氏号称渊博,他把贺善误认为朱熹门人,已是大错,而且全氏还否定《纲目》为朱熹所作。全氏是以朱熹给赵师渊(讷斋)的信为证的。

其实,这些信并不是全氏首先发现,而是宋末王柏首先发现的,他在宋度宗咸淳乙丑(即元年,1265年)写的《凡例后序》说得极为详细,很有必要节录:

《通鉴纲目》之惠后学久矣。李果斋《后语》曰:"著书之凡例,立言之异同,附列于其后。"然有是言也,而未见是书也。五十有余年,莫有知其详者,未尝不抚卷太息,遐想于斯焉……一日,观《讷斋赵公文集》,间有考亭往来书问,乃知纲下之目,盖属笔于讷斋,而昔未之闻。讷斋曰:"《凡例》一册,已抄此在。"信乎果有是书也。尘编将发,影响自露。及因上蔡书堂奉祠谢君作章为赵之姻,力嘱其询问,曰:"尝毁于水而未必存。"越一年,始报曰:"《凡例》幸得于赵君与峦。"录以见授……今诸本所刊《序例》,即此《凡例》之序也……朱子之书,流行天下无有遗者,独此一卷,晦迹既久,殆将埋沦。不广其传,则读是书者,终无释疑而辨惑。遂锓梓于稽古堂,与同志共之。①

这里须注意的有四点:其一,王柏认为朱熹的《资治通鉴纲目序》是序凡例;其二,他见过李方子的《后序》,但未见过凡例;其三,他是从赵师渊文集中了解到朱熹托赵氏撰《资治通鉴纲目》的,而以前数十年从未闻之;其四,王柏所刻凡例是从赵姓人手中得到的,

---

① 王柏:《凡例后序》,朱熹《资治通鉴纲目》,第3503—3505页。

而第一次回答是毁于水，隔一年后才得凡例。

这里必须先谈王柏所见过的李方子《后序》。该序今存，四库本《资治通鉴纲目》卷首亦载之。李序明确说他所刻底本来自朱熹之子朱在，并于嘉定十二年（1219）刊刻于泉州，其序称还将"（朱熹）著书之凡例，立言之异同，又附列于其后，使览者得考焉"。由此可知，王柏没有见到凡例，那也就没有见过李刻本《资治通鉴纲目》，故而王氏所言大有可疑。那么，王柏把朱熹《资治通鉴纲目序》说成是凡例序有什么根据呢？他把从赵氏手中所得的凡例断定为朱熹所撰的凡例又有什么可信程度呢？如果上述两点存有疑问，则另外两点也就值得怀疑了。这里，再进一步考证王柏发现的朱熹给赵师渊的信是否真是朱熹所撰。四库本《资治通鉴纲目》卷首所谓八书，即王柏发现的信，此仅列信中需要分析的部分：

《纲目》看得如何？得为整顿，续成一书，亦佳事也。

《通鉴纲目》……东平王苍罢归藩，连下文幸邺事，元本漏，已依所示者补之矣。

所补《纲目》幸早见示及他卷。不知提要曾为一一看过否？若闲中能为整顿得一番，亦幸事也。

所补《纲目》今附还，亦竟未及细看，不知此书更合如何整顿……此事全赖几道为结裹了却，亦是一事也。

从上述所引四信节要看，确实像朱熹托赵师渊所撰，而且有些地方由赵师渊指点才补上，朱熹则没有什么主见。事情真是如此吗？笔者是持否定态度的。

这里从最具说服力的朱熹文集的资料来看，朱熹撰写《资治通鉴纲目》的过程，只要证明朱熹确实撰写过《资治通鉴纲目》，那么所谓朱氏给赵师渊的信就不攻自破了。必须补充的是，所谓赵师渊撰《纲目》是依朱熹提供的凡例修撰的（见王柏序），即以《春秋》笔法来修撰的，这就与上述笔者所论证的朱熹反对《春秋》笔法有矛盾，那么，只要下述证据中出现朱熹抛弃凡例（抛弃《春秋》笔法），便也可以断定八书是伪。

朱熹在给蔡季通的信中说：

《通鉴》签贴甚精密，乍到此，未暇仔细。①

此信提及李伯谏在朱熹处，并说"即日秋暑"，应为乾道六年秋之事。这是朱熹托蔡季通将《资治通鉴》作签贴，以便自己作"纲"。在另一封给蔡季通的信中说：

《通鉴节》只名《纲目》，取一纲众目张之义，条例亦已定矣。三国竟须以蜀汉为正统，方得心安耳。②

此信写于乾道七年（1171）。显然，朱熹原定名为《通鉴节》，后来才改之；条例即是凡例。这是他最初撰写《资治通鉴纲目》的明确证据。另外还有两封信也值得注意：

某此无它，但为《通鉴》课程所迫，无复优游潜玩之功，甚思讲论耳。已看到后汉章帝处，只三四日当毕，向后功夫却不多矣。③

《纲目》凡例修立略定，极有条理意义矣。俟到此，更商榷之。但修书功绪尚广，若得数月全似此两月无事，则可以小成矣。④

第一封信提及张敬夫去国路经上饶事，张氏在乾道七年夏去国，则此信约写于夏秋之间。第二信提及凡例已略定，正与"条例亦已定"是一回事，那么，可以肯定第二信比第一信略晚。值得注意的是

---

① 朱熹：《朱熹集》卷44《答蔡季通》，第2063页。
② 朱熹：《朱熹集·续集》卷2《答蔡季通》，第5184—5185页。
③ 朱熹：《朱熹集·续集》卷2《答蔡季通》，第5181页。
④ 朱熹：《朱熹集·续集》卷2《答李伯谏》，第5170页。

前信讲"看到"西汉章帝处，后一信说若有数月无事则可"小成"，可知朱熹指的应该是写作内容，因为信中已明确说凡例基本已定。换言之，朱熹是一边看《资治通鉴》，一边确定凡例和应撰内容的。这一"小成"在次年三四月间。朱熹定下自己比较满意的凡例，又初定应撰内容后，便在同年四月写了《资治通鉴纲目序》。过去，一些学者对朱熹"没有"完成《资治通鉴纲目》却先写序表示疑惑，实际上是不了解朱熹在初修订《资治通鉴纲目》时的比较满意的心情。

在完成序之后，朱熹就将写"纲"的任务分配给其他人承担。朱熹给李伯谏的三封信得很清楚：

> 《通鉴纲目》三国以后草稿之属，临行忘记说及。今想随行有的便（方便），旋付及幸甚。唐事已了。但欲东汉之末接三国修之，庶几有绪，易为力耳……近游诚之相过，开爽可喜。渠南北（朝）事甚熟，或取过伯起者，托渠料理也。①
>
> 《通鉴》文字近方得暇修得数卷，南北朝者伯起不承当，已托元善矣，度渠必能成之。但见修者已殊费功夫，盖旧看正史不熟，仓卒无讨头处。计今秋可了见到者，余者望早付及。②
>
> 《通鉴》诸书全不得下功，前此却修得晋事，粗定条例，因事参考，亦颇详密。但晋事最末两三卷未到，故前书奉速。今承喻已寄少舆处，必定少舆遗下，不曾送来也……宋以后事分属张元善，已修得大字数卷来，尚未点勘。若得年岁无出入，有人抄写，此甚不难了。但恐不得如人意耳。③

"临行"一词，指李伯谏赴蕲州教授事。据《朱熹集》卷77《蕲州教授厅记》，李氏赴任为乾道八年秋。此三信显然是前后相承，故为乾道九年之事；从信中"计今秋可了"来判断，前二信约写于该年

---

① 朱熹：《朱熹集·续集》卷8《答李伯谏》，第5280页。
② 朱熹：《朱熹集·续集》卷8《答李伯谏》，第5280页。
③ 朱熹：《朱熹集·续集》卷8《答李伯谏》，第5281页。

初,后一封稍后数月。这里应注意三个问题:其一,这是朱熹分配撰写任务的可靠资料,大致可见李伯谏承担三国部分,南北朝原拟分给任希夷,后归张元善,少舆则为东晋部分①,唐代是朱熹自己撰写。先秦秦汉及五代为谁所撰则不详。蔡季通肯定参与撰述,但不明承担哪一部分(详下)。从朱熹想以东汉之末接三国来分析,或许东汉也是李伯谏所撰。其二,从"修得大字数卷来"一语,可见他们先写的是"纲",字数当然较少,而且唐代部分已完成,晋朝亦写成一部分,故朱熹说"若得年岁无出入,有人抄写,此甚不难了"。其三,这里没有提到赵师渊承担分撰任务。

"纲"写成后,开始撰"目(分注)"。下引朱熹给吕伯恭的信来分析写分注情况:

> 近稍得暇,整顿得《通鉴》数卷,颇可观。欲寄,未有别本,俟来春持去求是正也……此间颇苦难得人商量,正唯条例体式亦自难得合宜也。如温公旧例,年号皆以后改者为正,此殊未安。②

此信有明确的时间,为淳熙元年(1174)十月十四日。须注意的是"整顿得《通鉴》数卷,颇可观"一语,整顿的是"分注"而非"纲",因为数卷之纲并不多,决不会"颇可观",故可肯定是分注。换言之,朱熹从该年起着手撰分注,同时也有一个重要问题困扰着他,即条例、体式"难得合适",即由于分工撰述,各人撰写不一,所写内容与凡例不一致。同年冬,朱熹给林择之的信说得更为明白:

> 《通鉴(纲目)》功夫浩博,甚悔始谋之太锐,今甚费心力。然业已为之,不容中辍,须来年春夏间近入山僧寺,谢绝人事,

---

① 此处为笔者博士论文原文,不作改动。郭齐教授曾指出少舆承担撰写任务不确,笔者亦有回复。参见附录《朱熹编修〈资治通鉴纲目〉的再探讨》一文。
② 朱熹:《朱熹集》卷32《答张敬夫》,第1446页。

作一两月期,毕力了之乃可。盖心力不强,其间稍似间断,便觉条例不贯,故须如此耳。①

这里"功夫浩博"显然不是指写纲而言,这与上述数卷便"颇可观"完全合辙,可以肯定是朱熹撰写分注时的状况。还须指出,朱熹表示了"业已为之",就一定去完成的决心。此点是应该重视的。这里再用朱氏给蔡季通的信来证明:

《纲目》提要第九、第十册以是未定,未曾写。此物甚难作,书法固不可不本《春秋》,然又全用《春秋》不得。旧有例一册,不知曾并送去了(疑为否字)?②

此信时间无考,从提要"未定"一词,可见是乾道九年之事。提要十册,尚未知是何朝,但已确实可谓"功夫浩博"。而信中表示书法既要依《春秋》,又不能全依《春秋》,显示出朱熹对是否用《春秋》书法(笔法)已产生了怀疑态度。再则,从问是否曾给过蔡季通凡例一语,可知蔡氏当也参加了编写"纲"的任务。当然,从总体上说,朱熹并没有摆脱《春秋》笔法的局限,仍以它作为自己编撰《纲目》的准绳。这一"功夫浩博"的修撰工作断断续续作了数年,兹以给张敬夫之信证之:

《通鉴纲目》近再修至汉、晋间,条例稍举,今亦谩录数项上呈。但近年衰悴目昏,灯下全看小字不得,甚欲及早修纂成书。而多事分夺,无力誊写,未知何时可脱稿求教耳。③

此信作于淳熙四年,所谓"多事分夺"指在此之前朱熹先后撰修

---

① 朱熹:《朱熹集·别集》卷6《林择之》,第5481页。
② 朱熹:《朱熹集》卷44《答蔡季通》,第2065页。
③ 朱熹:《朱熹集》卷32《答张敬夫》,第1371页。

了《古今家祭礼》《近思录》《论孟集注》和《或问》《周易本义》《诗集传》等书，牵涉了大量精力。这里的"再修"是指分注的修订。兹以朱熹答吕伯恭之信为证：

> 《纲目》近亦重修及三之一，条例整顿，视前加密矣。异时须求一为隐括，但恐不欲入此千古是非林中，担当一分。然其大义例，熹已执其咎矣。但恐微细事情有所遗漏，却失眼目，所以须明者一为过目耳。①

此信有"敬夫北归"及收张敬夫初夏之信等语，张敬夫在淳熙五年由广西赴湖北任转运副使，故知此信是该年夏季所写。信中"重修"一词，点明是分注的修正，故下面才有"微细事情"一词，若是"纲"，何来微细事情？不过，此时重修只及三分之一，并未完成。《资治通鉴纲目》共59卷，上面给张敬夫信中"再修至汉晋间"，是今本《纲目》的卷16；而给吕伯恭信说三分之一，则是近20卷，可见这一年中朱熹只能修改数卷。这里用朱熹给李滨老的信来看这一工作的艰巨性：

> 《通鉴》之书，顷尝观考，病其于正闰之际、名分之实有不安者。因尝窃取《春秋》条例，稍加隐括，别为一书。而未及就，衰眊浸剧，草稿如山，大惧不能卒业，以为终身之恨。②

此信说到"来使还自九江"及立濂溪祠事（四月之事），故知此信上限是淳熙六年夏，下限亦不会超过该年冬。朱熹当时任职南康军。这里的"草稿如山"，可见《资治通鉴纲目》已具较大规模了，工作量是很大的，其艰苦可想而知。值得注意的是：此信十分明白地说《资治通鉴纲目》是采用《春秋》笔法的。那么也许有人会问，前面

---

① 朱熹：《朱熹集》卷34《答吕伯恭》，第1470页。
② 朱熹：《朱熹集》卷46《答李滨老》，第2204页。

引用的《朱子语类》的资料,朱熹是十分明确地反对《春秋》笔法的,而这里的所引资料,无一不肯定《春秋》笔法,这不是很矛盾吗?实际上并不矛盾,这是朱熹思想上的转变问题。

这里先引朱熹绍熙元年的《书临漳所刊四经后》中的一段话:

> 及长,稍从诸先生长者问《春秋》义例,时亦窥其一二大者,而终不能有以自信于其心。以故未尝敢辄措一词于其间,而独于其君臣父子大伦大法之际为有感也。①

显然,朱熹把自己对《春秋》笔法的思想转变说得很清楚了,即早年从诸先生时肯定《春秋》笔法,到怀疑它,最终"未尝敢辄措一词"。上述所引朱熹文集中的资料不也是反映出朱熹那种转变的过程吗?如最开始说:"凡例修立略定,极有条理意义矣","书法不可不本《春秋》,然又全用《春秋》不得","正唯条例、体式亦难得合适也",这不正是朱熹思想一步步发展的轨迹吗?

那么,《资治通鉴纲目》是否完成初稿了呢?回答是肯定的。兹以朱熹文集中的有关资料来证明:

> 《纲目》此中正自难得人写,亦苦无专一子细工夫,所修未必是当,请更须后也。②

该信提及张敬夫亡,及自己再次请祠之事,并言若批准则顺道赴长沙哭张氏之丧。朱熹在淳熙七年正月及三月两次请祠,张氏卒于该年二月,故知此信写于三月。这里所说"所修未必是当"甚应注意,笔者以为是朱熹完成《资治通鉴纲目》初稿的明确证据。因为上面提及淳熙四年给张敬夫信中已云"重修及三之一",六年给李滨老之信说"草稿如山",应是完成更多。那么,这里的"所修未必是当"则

---

① 朱熹:《朱熹集》卷82《书临漳所刊四经后·春秋》,第4248页。
② 朱熹:《朱熹集》卷34《答吕伯恭》,第1500页。

是完成之词,因为若不是已完成,何必说"更须后"呢?"更须后"即自己亦不满意这一成果,尚须再加修改之意。这里再举一例证之:

> 今且修此经书,《通鉴》看将来如何。恐心目俱昏,未必了得,终遗恨于身后耳。①

此是给刘子澄的信。信中提及吕伯恭之卒,吕氏卒于淳熙八年八月,故知此信写于是年秋天。信中"看将来如何",显然有完成《资治通鉴纲目》初稿的含义,只不过打算今后再作修改而已。

那么朱熹是否再行修改呢?笔者认为是进行过的,此以他给自己女婿黄榦之信为证:

> 此间数日来整顿《纲目》,事却甚简,乃知日前觉得繁,只是局生。要之天下事一一身亲历过,更就其中屡省而深察之,方是真实穷理,自然不费心力也。赵帅所云前官事不须理会,亦是一说,未可便以为非。②

赵帅是指赵汝愚,帅闽是绍熙二年事,故知此信当在此后所写。这里的"数日来整顿《纲目》",不正是再次修改的明确证据吗?值得注意的是,以往朱熹一直认为修《资治通鉴纲目》甚为麻烦,条例难以掌握,而现在则觉得"事却甚简",这是什么原因呢?实际上,这是因为朱熹思想上的变化:即原来坚信采用《春秋》笔法是修史的唯一准则,故自定凡例,依此修订《资治通鉴纲目》,在长达20年的实践过程中,他逐渐抛弃了这个观点,从此认为只有依孔子修《春秋》那样本着"天理"又据实而书,才是唯一正确的方法。他以这一标准去修《资治通鉴纲目》,也用同一标准去评价其他史著。如果不了解此,就无法解释笔者前面所举《朱子语类》中朱熹为什么反复申辩

---

① 朱熹:《朱熹集·别集》卷3《刘子澄》,第5403页。
② 朱熹:《朱熹集·续集》卷1《答黄直卿》,第5130页。

《春秋》无褒贬笔法的事实。这一思想转变，约在淳熙十三年左右才出现的。兹以朱熹给尤袤的信为证：

> 《纲目》不敢动著，恐遂为千古之恨。蒙教扬雄、荀彧二事，按温公旧例，凡莽臣皆书"死"，如太师王舜之类，独于扬雄匿其所受莽朝官称而以"卒"书，似涉曲笔，不免却按本例书之曰"莽大夫扬雄死"，以为足以警夫畏死失节之流，而初亦未改温公直笔之正例也。荀彧却是汉侍中光禄大夫而参丞相军事，其死乃是自杀，故但据实书之曰"某官某人自杀"，而系于曹操击孙权至濡须之下……而宋齐丘于南唐事亦相似。①

> （扬雄）以莽臣书之，所以著万世臣子之戒，明虽无臣贼之心，但畏死贪生而有其迹，则亦不免于诛绝之罪。此正《春秋》谨严之法。若温公之变例，则不知何所据依。晚学愚昧，实有所不敢从也。不审尊意以为如何？②

此两信都讨论扬雄事，故为同时无疑。前信有"不自知道学之犯科也"，及"陈同父近得书，大言如昨，亦力劝之，令其稍就敛退，若未见信，即后日之患"，可知是郑丙、陈贾攻程氏之学以后及朱陈之辩之中，可断定是淳熙十三年左右。这两信有三个问题须注意：其一，朱熹仍然未抛弃"《春秋》谨严之法"，即未抛弃《春秋》笔法；其二，"《纲目》不敢动着"，及下面提到"南唐事"，可见朱熹已完成《资治通鉴纲目》初稿，但没有考虑成熟应如何修改，担心"遂为千古之恨"而已；其三，这里"据实书之""直笔"又反映朱熹正在《春秋》笔法与据实而书之间徘徊，显示其矛盾心理。因此，笔者以淳熙十三年左右为朱熹思想转变之际，似无多大疑问。正由于有这一转变，朱熹才抛弃了凡例，才重新修订《资治通鉴纲目》，不过，从现存的资料还不足以证明已经完成修订工作，因此黄榦才说它仅能成

---

① 朱熹：《朱熹集》卷37《答尤袤之》，第1646页。
② 朱熹：《朱熹集》卷37《答尤袤之》，第1648页。

编，李方子才说"晚岁思加更定归详密"之语。

上述全以朱熹本人所写的信件为依据，应该说是最可靠的资料。从中可见朱熹不但写了《资治通鉴纲目》，而且还作过一些修改，时间长达20余年，虽说是断断续续，但基本发展的线索是清晰的，由此可证所谓给赵师渊"八书"及王柏所发现的"凡例"都是伪造的。实际上，如果真是朱熹托赵师渊所撰，即使是在庆元党禁中赵师渊不敢说出，害怕引起祸患，然而为什么党禁被解除之后他还不说呢？又为什么身为宋末大儒何基的弟子、著名学者王柏竟数十年后才得知是赵师渊写的呢？赵师渊及他的后代有什么必要隐瞒几十年之久呢？显然，唯一可以解释的是此八书及凡例都是伪作。

或许有人还会提出，此信是否可能是朱熹早年的信？笔者认为是不可能的。因为从上面所举资料来看，淳熙十三年之前，朱熹断断续续在修订，况且现存朱熹文集及《朱子语类》是经过朱熹后裔、朱熹门人以及朱子后学的数十年收集才编集而成，为什么竟然会毫无蛛丝马迹可寻？前面所引全祖望否认《资治通鉴纲目》是朱熹所作，引用黄榦所说朱熹"每以未及修补为恨"一语，那么黄榦原话如何呢？此引之：

> 先生所著书：有《易本义》、《启蒙》、《蓍卦考误》、《诗集传》、《大学中庸章句》、《或问》、《论语孟子集注》、《太极图通书西铭解》、《楚辞集注》、《辨证》、《韩文考异》，所编次有《语孟集义》、《孟子指要》、《中庸集略》、《孝经刊误》、《小学书》、《通鉴纲目》、《本朝名臣言行录》、《古今家祭礼》、《近思录》、《河南程氏遗书》、《伊洛渊源录》，皆行于世……《通鉴纲目》仅能成编，每以未及修补为恨。①

此为黄榦所作《朱子行状》中的话，十分明确地把《通鉴纲目》

---

① 黄榦：《勉斋集》卷36《朱子行状》，文渊阁《四库全书》，台北商务印书馆1982年版，第427页。

作为朱熹"所编次"之书,"仅能成编"指完成初稿,"每以未及修补为恨"则表示没有最终修订完成。而全氏断章取义,作为否定朱熹作《通鉴纲目》的根据,确实是太不应该了。因为,在这段引文之前,黄榦还写下如此数语:"若历代史记,则又考论西周以来至于五代,取司马公编年之书,绳以《春秋》纪事之法,纲举而不繁,目张而不紊,国家之理乱,君臣之得失了如指诸掌",这不是清清楚楚地说朱熹著述《纲目》的事吗?为何全氏竟视而不见呢?全氏补《宋元学案》引用过黄榦的《勉斋集》的,该书的卷8中在给李公晦的一封信,上面写道:

> 《通鉴纲目》昨见旧本,只是周威烈(王)前数段有诸国征伐至杀戮数十万人者,皆不载。尝以禀先生(朱熹),答云:"此岂可不载!"遂添得数段。后欲重修而未暇也。如此大部帙,其间岂无疏漏处?然其大经大法,则正大的确,非前辈诸儒所能及也。①

黄榦之信可以明确看出以下几点:其一,黄氏曾建议添补一些史料,而朱熹也曾添入一些内容;其二,朱熹曾"欲重修未暇",即原来已有成稿,否则也就无须"重修"了,这与《朱子行状》中"未及修补"是一回事;其三,"如此大部帙"一语可以看出《通鉴纲目》确实是一部较大规模的著作,绝非是所谓朱熹仅仅只作"凡例"和一部分"纲"而已,而且,"旧本"一词证明朱熹死后《通鉴纲目》曾印行过,黄榦、李公晦均看到过,否则也就无"旧本"之说。不过,此"旧本"是否为朱熹之子朱在所刻本,则难以断定。不过,黄榦之语已可充分证明《通鉴纲目》是朱熹所作之书,同时也反证所谓赵师渊的"八书"确实是伪造的。由此可见,全氏断章取义,把《通鉴纲目》一书判定为赵氏所作的结论,实在是草率之语。

至于宋代之后不少学者对《资治通鉴纲目》与凡例进行对照研

---

① 黄榦:《勉斋集》卷8《复李公晦书》,第92页。

究，撰写了大量的考异、书法、集览、正误、质实之类著作，无一不是把凡例作为朱熹之作，认为《资治通鉴纲目》为赵师渊所撰，企图寻找赵氏未按朱熹的"凡例"撰写而产生的种种矛盾之处，然而，他们受了王柏所获的假凡例之骗，做了无用之功，此不亦悲乎！

　　这里论证《资治通鉴纲目》成书过程问题，反映出朱熹编纂思想上的变化，即朱熹从原来以《春秋》笔法为撰述义例，而最终则又改变为重天理而据史实的编纂思想，这说明了他在长期的史学实践中，终于发现自己走了一条十分可怕的弯路。

第六章

朱熹的史学批评思想

朱熹的史学批评是基于其理学思想之上的，无论对古今史著、古今史家、古今人物的评论，无不如此。虽然，朱熹没有系统、全面的史学批评著作，然而抉微索隐，也是可以比较清楚地看出朱熹史学批评思想的全貌来。

一 "重理""据实"的史著评论法

朱熹的史著评论方法是"重理""据实"，即重视史著中是否贯彻天理、是否根据史实来撰写。下面分别阐述。

史著是否阐述义理，是朱熹评论它们的首要标准。朱熹认为史著阐述义理，便可以经世致用。他说：

> 孔子修六经，要为万世标准。若就那时商量，别作个道理，孔子也不解修六经得。如司马迁亦是个英雄，文字中间自有好处。只是他说经世事业，只是第二三著，如何守他议论！如某退居老死无用之物，如诸公都出仕官，这国家许多命脉，固自有所属，不直截以圣人为标准，却要理会第二三著，这事煞利害，千万细思之！①

---

① 黎靖德编：《朱子语类》卷108，第2687页。

这段话很值得重视。朱熹提出了评价史学著作的重要标准：史家著史必须为经世致用。在他看来，"古史之体可见者，《书》、《春秋》而已"①，不过"圣人"一切截之以天理，便成了可以作为经世事业之用的"经"。那么，史家著史也就必须以圣人为榜样，在史著中贯穿义理，以便经世致用。朱熹虽然承认司马迁"亦是个英雄"，也承认《史记》文字中"自有好处"，但是，司马迁把经世事业作为次要，则不能不受到批评。这里需要分析《史记》中"自有好处"是指什么。朱熹说：

（司）马迁《礼书》云："大哉礼乐之道！洋洋乎鼓舞万物，役使群动。"说得头势甚大，然下面亦空疏，却引荀子诸说以足之。又如《诸侯年表》，盛言形势之利，有国者不可无；末却云："形势虽强，要以仁义为本。"他上文本意主张形势，而其末却如此说者，盖他也知仁义是个好底物事，不得不说……《礼书》所云，亦此意也……迁尝从董仲舒游，《史记》中有"余闻董生云"，此等语言，亦有所自来也。迁之学，也说仁义，也说诈力，也用权谋，也用功利，然其本意却只在权谋功利……圣贤以《六经》垂训，炳若丹青，无非仁义道德之说。②

太史公三代《本纪》皆著孔子所损益四代之说。③

显然，《史记》中"自有好处"是指"仁义道德之说"（即义理），或是采用孔子之说。不过，朱熹认为《史记》说仁义道德太少，"其本意却只在权谋功利"；正由于此，也就不适合经世致用，不能与《春秋》、《尚书》这些"经"相提并论。从朱熹反对吕祖谦、陈亮、叶适、陈傅良等人尊崇《史记》的言论中，是完全可以看出这一点的。可见朱熹在评价史著时，首先看其是否阐述义理。在他看来，史

① 朱熹：《朱熹集》卷81《跋〈通鉴纪事本末〉》，第4171页。
② 黎靖德编：《朱子语类》卷122，第2951—2952页。
③ 黎靖德编：《朱子语类》卷135，第3221页。

家"作文字，论古今利害"，都必须做到"义理明"；只有"义理明，则利害自明"，这是因为"古今天下只是此理"。① 这里所说的义理便是天理。若反映到评论他们所著之书，也就必须用"天理"去衡量它们。这就是朱熹评论史著的理论出发点。

下面举例来讨论朱熹以这一标准评价历代史著的情况。

朱熹在评论"三传"时说：《左传》是史学，记事虽详，但"于道理上便差"②。这里所说的《左传》于道理上差，是指它"不本于义理之正"③，而是以成败论是非，即"只是以世俗见识断当它事，皆功利之说"，因而是"不知大义"。④ 他还举例说：

> 左氏是晓了识利害底人，趋炎附势。如载刘子"天地之中"一段，此是极精粹底。至说"能者养之以福，不能者败以取祸"，便只说向祸福去了。⑤

> （左氏）不识道理，于大伦处皆错。观其议论，往往皆如此。且《大学》论所止，便只说君臣父子五件，左氏岂知此？如云"周郑交质"，而曰"信不由中，质无益也"。正如田客论主，而责其不请吃茶！使孔子论此，肯如此否？……又如论宋宣公事，曰："宋宣公可谓知人矣。立穆公，其子飨之，命以义夫！"是何等言谈！⑥

上述两例，是朱熹判断《左传》说祸福、在纲常"大伦处皆错""不本于义理之正"的"证据"，可见他是以三纲五常这一"天理"来评价《左传》的。他评《史记》等史著：

---

① 黎靖德编：《朱子语类》卷139，第3322页。
② 黎靖德编：《朱子语类》卷83，第2152页。
③ 黎靖德编：《朱子语类》卷83，第2149页。
④ 黎靖德编：《朱子语类》卷83，第2151页。
⑤ 黎靖德编：《朱子语类》卷122，第2952页。
⑥ 黎靖德编：《朱子语类》卷123，第2959—2960页。

迁固之史，大概只是计较利害。范晔更低，只主张做贼底。①

《史记》《汉书》"计较利害"，《后汉书》"主张做贼底"，当然都是不本于义理之正，也就是不识义理。这都是从整体而言，具体到史著中的一言一行，朱熹也是以义理来衡量：

《旧唐书》一传载乞加恩相王事，其文曰"恩加四海"。宋景文为改作"恩加骨肉"。②

在朱熹看来，恩加骨肉是私，而恩加四海则是公，公私之间，天理人欲是不可混淆的。朱熹对司马光的《资治通鉴》比较赞赏："先正温国文正公，以盛德大业为百世师，所著《资治通鉴》等书，尤有补于学者"③，但也批评他以魏为正统的观点：

温公谓魏为正统。使当三国时，便去仕魏矣。④

温公只要编年号相续，此等处，须把一个书"帝"、书"崩"，而余书"主"、书"殂"。既不是他臣子，又不是他史官，只如旁人立看一般，何故作此尊奉之态？⑤

朱熹生活在南宋，他以南宋为正统，当然就不能同意司马光以魏为正统的观点。在朱熹看来，《春秋》"内中华，外夷狄"的大义是不可改变的，定正统、序名分都是天理所要求，否则便是义理不明。

朱熹对史评著作也按此标准来评价。他对范祖禹的《唐鉴》基本是持肯定态度的，但也批评该书说：

---

① 黎靖德编：《朱子语类》卷83，第2152页。
② 黎靖德编：《朱子语类》卷134，第3204页。
③ 朱熹：《朱熹集》卷74《玉山讲义》，第3900页。
④ 黎靖德编：《朱子语类》卷134，第3207页。
⑤ 黎靖德编：《朱子语类》卷105，第2636页。

《唐鉴》只是大体好,不甚精密,议论之间,多有说那人不尽。如孙之翰《唐论》虽浅,到理会一事,直穷到底,教他更无转侧处。①

　　朱熹批评《唐鉴》不甚精密,议论不尽,是指它议论有时不见义理,如说"范《唐鉴》言唐明皇能友爱兄弟,而杀其三子,正以其不能推此心耳"②。在朱熹看来,必须用义理来断定古人行事,否则评价就会产生偏差,因此《唐鉴》评论"唐明皇能友爱兄弟,而杀其三子"没有基于义理之上。他推崇胡寅的《读史管见》:"胡明仲侍郎史论,议论亦多切于事理"③。所谓"议论亦多切于事理",就是在评述史事时,能阐述蕴含着的"义理"。朱熹在评价史评著作时,都是看其是否基于"义理"。如他评苏子由《古史》时说:

　　苏黄门作《古史序》,篇首便言古之圣人其必为善,如火之必热,水之必寒;不为不善,如驺虞之不杀,窃脂之不谷,于义理大纲领处见得极分明,提得极亲切。虽其下文未能尽善,然只此数句,已非近世诸儒所能及矣。④

　　显然,朱熹很欣赏苏子由的《古史序》,因为他能称誉古之圣人"其必为善""不为不善"。"善"与"不善",便是天理、人欲之别;能区分天理、人欲,当然也就是识"义理"了。但朱熹对该书中"杂权谋"也予以批评:"苏子由《古史》前数卷好,后亦合杂权谋了。"⑤朱熹对陈亮的《酌古论》极为不满:"陈同父议论却乖,乃不知正。曹丕既篡,乃曰:'舜禹之事,吾知之矣!'此乃以己而窥圣

---

① 黎靖德编:《朱子语类》卷44,第1132页。
② 黎靖德编:《朱子语类》卷24,第594页。
③ 朱熹:《朱熹集》卷25《与郑自明》,第1084页。
④ 朱熹:《朱熹集》卷54《答赵几道》,第2735页。
⑤ 黎靖德编:《朱子语类》卷135,第3228页。

人，谓舜禹亦只是篡，而文之以揖逊耳。"① 在朱熹看来，尧舜禹是圣人，依次禅代全是天理，不杂一毫人欲；而曹丕为人欲之私而篡位，夺汉室天下是无君，无君便违反天理。这天理、人欲截然不同，如何能相提并论！

上面或论正史或论野史、史评，朱熹都是从天理（义理）角度出发来评论的。

或许有人要提出这样一个问题：朱熹以"义理"作为评论史著的标准之一，是不是所谓的《春秋》褒贬之法？回答是否定的。这里先列举《朱子语类》卷83《春秋·纲领》中的有关资料来说明：

> 人道《春秋》难晓，据某理会来，无难晓处。只是据他有这个事在，据他载得恁地……而今却要去一字半字上理会褒贬，却要去求圣人之意，你如何知得他肚里事！②

> 《春秋》只是直载当时之事，要见当时治乱兴衰，非是于一字上定褒贬……孔子作《春秋》，据他事实写在那里，教人见得当时事是如此……今要去一字两字上讨意思，甚至以日月、爵氏、名字上皆寓褒贬。③

> 或有解《春秋》者，专以日月为褒贬，书时月则以为贬，书日则以为褒，穿凿得全无义理！④

> 圣人据鲁史以书其事，使人自观之以为鉴戒尔……若欲推求一字之间，以为圣人褒善贬恶专在于是，窃恐不是圣人之意……其他崩、薨、卒、葬，亦无意义。⑤

> (《春秋》)恐只据旧史文。若谓添一个字，减一个字，便是褒贬，某不敢信。⑥

---

① 黎靖德编：《朱子语类》卷123，第2966页。
② 黎靖德编：《朱子语类》卷83，第2144页。
③ 黎靖德编：《朱子语类》卷83，第2144—2145页。
④ 黎靖德编：《朱子语类》卷83，第2146页。
⑤ 黎靖德编：《朱子语类》卷83，第2145页。
⑥ 黎靖德编：《朱子语类》卷83，第2145—2146页。

或论及《春秋》之凡例。先生曰："《春秋》之有例固矣，奈何非夫子所为也。昔尝有人言及命格，予曰：'命相，谁之所为乎？'曰：'善谈五行者为之也。'予曰：'然则何贵？设若自天而降，具言其为美为恶，则诚可信矣。今特出于人为（指善谈五行者），乌可信也？'知此，则知《春秋》之例矣。"①

孔子当时只是要备二三百年之事，故取史文写在这里，何尝云某事用某法？某事用某例邪？②

当时天下大乱，圣人且据实而书之，其是非得失，付诸后世公论，盖有言外之意。若必于一字一辞之间求褒贬所在，窃恐不然。③

从上述8例显然可见：其一，朱熹明确反对把《春秋》说成是孔子用褒贬笔法撰成的，反对任意穿凿；其二，认为孔子是根据鲁史旧文事实删削而成的；其三，指出所谓《春秋》凡例是后人所为，因而就如谈五行者说命格一样毫无意义，孔子并没有用过那种所谓一字褒贬的《春秋》笔法。显然，朱熹是否定有《春秋》笔法的。他批评胡文定《春秋传》概括的所谓"例"多不可信。"圣人记事，安有许多义例！"④ 在朱熹看来，"《春秋》所书，如某人为某事，本据鲁史旧文笔削而成……孔子但据直书而善恶自著"，如果"必要谓某字讥某人。如此，则是孔子专任私意，妄为褒贬"⑤，这是朱熹万万不能同意的。笔者在上一章中考证了《资治通鉴纲目》的成书过程，反映出朱熹思想上的变化，他最终采纳了自己所认为的孔子修《春秋》的方法：重天理而据史实。

朱熹明确提出读史书必须"通知古今之变，又以观其所处义理之

---

① 黎靖德编：《朱子语类》卷83，第2147—2148页。
② 黎靖德编：《朱子语类》卷83，第2144页。
③ 黎靖德编：《朱子语类》卷83，第2149页。
④ 黎靖德编：《朱子语类》卷83，第2147页。
⑤ 黎靖德编：《朱子语类》卷83，第2146页。

得失"①。这"观其所处义理得失"就是评价该史著的首要标准。

其次,史著编写必须符合历史事实。朱熹认为《春秋》是孔子据鲁史事实而进行删削,保存了历史事实。作为史家编写史著就应以圣人著《春秋》为榜样,必须据实而书,不能歪曲历史事实。这便是朱熹评论各种史著的又一标准。朱熹虽然批评《左传》不本于义理之正,但认为它记事颇实:"左氏曾见国史,考事颇精"②,"左氏所传春秋事,恐八九分是。《公》《穀》专解经,事则多出揣度。"③ 因此,朱熹门人钱木之问如何看《左传》,朱熹回答:"且看他记载事迹处"④,实际上是承认了《左传》记载史事比较真实;他教门人读《春秋》时要以《左传》去参证,原因也在于此。

朱熹以为《史记》记事比较真实,甚至所记古人语言亦很真实:"当时如苏秦张仪,都是会说。《史记》所载,想皆是当时说出"⑤。当然,朱熹也认为有失实处:

> 春秋时相杀,甚者若相骂然。长平坑杀四十万人,史迁言不足信。败则有之,若谓之尽坑四十万人,将有几多所在!又赵卒都是百战之士,岂有四十万人肯束手受死?决不可信。又谓秦十五年不敢出兵窥山东之类,何尝有(此)等事?皆史之溢言。⑥

朱熹还评论过《晋书》:

> 《晋书》皆为许敬宗胡写入小说,又多改坏了……《世说(新语)》所载,说得较好,今皆改之矣。⑦

---

① 朱熹:《朱熹集》卷46《答潘叔昌》,第2237页。
② 黎靖德编:《朱子语类》卷83,第2151页。
③ 黎靖德编:《朱子语类》卷83,第2151页。
④ 黎靖德编:《朱子语类》卷122,第2952页。
⑤ 黎靖德编:《朱子语类》卷139,第3298页。
⑥ 黎靖德编:《朱子语类》卷134,第3214页。
⑦ 黎靖德编:《朱子语类》卷134,第3204页。

著史须实,与胡写"小说"是完全不同的;况且《世说新语》中所载较好的资料,《晋书》也未如实撰入,而是改坏了。所谓"小说",实际是指荒诞不经之事,如朱熹批评《南史》与《北史》时便说过:

> 《南北史》除了《通鉴》所取者,其余只是一部好笑底小说。①

另外,朱熹对《新五代史》的批评值得注意:

> 《五代旧史》,温公《通鉴》用之。欧公盖以此作文,因有失实处。②

朱熹对司马光《通鉴》和欧阳修《新五代史》采纳《旧五代史》内容的情况作了比较,认为欧阳修重文字而造成失实。在《朱子语类》中另外还有一节可作参考:

> 包显道曰:"《新史》(《新唐书》)做得《韩退之传》较不甚实。"先生曰:"《新史》最在后,收拾得事须备。但是它要去做文章,剗地说得不条达。据某意,只将那事说得条达,便是文章。而今要去做言语,剗地说得不分明。"③

此条资料说得比较清楚。朱熹认为《新唐书》做在最后,应该能收集比较充分的史料,而欧阳修为做文章而忽略了史实,反而说得不分明,实际是批评《新唐书》重文字而轻史实。显然,在朱熹看来,史实与文字,从著史书来说,应该尊重史实,而不应该损害史实而追

---

① 黎靖德编:《朱子语类》卷134,第3204—3205页。
② 黎靖德编:《朱子语类》卷134,第3204页。
③ 黎靖德编:《朱子语类》卷137,第3275页。

求文字。朱熹的见解是正确的。对李焘的《续资治通鉴长编》，朱熹也有一些批评：

> 论李仁甫《通鉴长编》，曰："近得周益公书，亦疑其间考订未甚精密，因寄得数条来某看……此二事盖出于孙觌所纪，故多失实……仁甫不审，多采其说，遂作正文书之。"①

这里所说"此两事"是指姚平仲劫寨是否出于李纲之谋，种师中袭击金兵而败死是否迫于许翰（时为枢密使）之令。朱熹都是否定的，以为李焘作《续资治通鉴长编》采纳佞臣孙觌所记之语，造成失实。对胡寅《读史管见》中失实处，朱熹作了解释，认为是胡寅在"岭表所作，当时并无一册文字随行，只是记忆，所以其间有牴牾处"②，提醒学生读此书时应予以注意。

以上所举例证，已十分清楚地表明朱熹用记事是否真实来对史著进行评价的。实际上，朱熹还曾经看过宋朝各帝之《实录》或《国史》，短期兼任过实录院同修撰，他对当时修史歪曲史实或故意漏写重要史实是十分不满的，提出过很多尖锐的批评，充分反映出他的"据实"思想。

上述分析了朱熹评论史著的两条标准：一是义理是否得当，即叙述古今之变时，是否根据义理之精微来撰写；二是记录史实是否正确。朱熹认为两者缺一不可，既要根据义理来阐述，又要史实记载准确，如此便可经世致用。如果仅仅叙述古今之变，"只知有利害，不知有义理"③，那么这种史著只能坏人心术。可见，朱熹评价史著的理论，强烈地体现了要求把史学纳入理学轨道中去的倾向；当然，在具体的评价中，他要求著史必须根据史实来撰写，也有合理之处。

---

① 黎靖德编：《朱子语类》卷130，第3132—3133页。
② 黎靖德编：《朱子语类》卷101，第2581页。
③ 黎靖德编：《朱子语类》卷83，第2150页。

二 偏重道德的史学人才观

唐代刘知幾对史学人才提出了"才、学、识"的"史家三长"说：

> 史才须有三长，世无其人，故史才少也。三长：谓才也，学也，识也。夫有学而无才，亦犹良田百顷，黄金满籯，而使愚者营生，终不能致于货殖者矣。如有才而无学，亦犹思兼匠石，巧若公输，而家无楩柟斧斤，终不果成其宫室者矣。犹须好是正直，善恶必书，使骄主贼臣，所以知惧，此则为虎傅翼，善无可加，所向无敌者矣。脱苟非其才，不可叨居史任。自夐古以来，能应斯目者，罕见其人。①

概言之，史才是指史家应具备的各种能力，史学指史家掌握的各种知识，史识是指史家的人品与胆识。刘知幾的史家三长中，史识是最重要的，因为史家已具史才与史学后，若再具史识，则似"为虎傅翼，善无可加"，便可"所向无敌"了。那么，朱熹是怎么论述史学人才的？他的观点与刘知幾有无不同？下面试作一分析。

首先讨论"才"的问题。刘知幾的"才"是指史家才能；朱熹则以理学的概念，把"才"区分为两个方面，一是指人的"资禀"，一是指人的才能（能力）。所谓"资禀"，朱熹说："才只是一个才。才之初，亦无不善。缘他气禀有善恶，故其才亦有善恶。"② 显然这种"资禀"说是继承了张载的"天地之性"和"气质之性"学说，既赋予才"性"的属性，即"善"；同时又赋予"气"的属性，即"不善"。这种"资禀"说是一种先验论，以为人的"才"是一种与生俱来的东西，显然是不值得肯定的。值得注意的是，朱熹在论述才的资

---

① 刘昫：《旧唐书》卷 102《刘子玄传》，中华书局 1975 年版，第 3173 页。
② 黎靖德编：《朱子语类》卷 59，第 1383 页。

禀时，强调"持敬修养"功夫，即必须要有"省察矫揉之功"①；这种持敬修养功夫，"'操则存，舍则亡'，只在操舍两字之间"②，否则即使有才，所发出来者必然也是"不善"。这种"才"的修养功夫，对经学家或对史学家来说都是一样的。例如，朱熹说"司马迁才高，识亦高，但粗率"③，这"粗率"便是指司马迁"资禀"较差又缺乏道德修养功夫。如苏子由评价司马迁"浅陋而不学，疏略而轻信"，朱熹以为"此二句最中（司）马迁之失"④，认为司马迁"学孔子，则亦徒能得其皮壳而已"⑤。显然朱熹是说司马迁在道德修养功夫不好，因而也就影响"才"之发挥。朱熹还说"（陈）同父才高气粗，故文字不明莹，要之，自是心地不清和也"⑥，这也是批评陈亮缺乏道德修养功夫，不能识得义理之正，所做《酌古论》必然流入功利窠中去。

另一方面，朱熹又把才规定为人的才能（能力）。他说："才是心之力，是有气力去做底。心是管摄主宰者，此心之所以为大也。心譬水也；性，水之理也……才者，水之气力所以能流者，然其流有急有缓，则是才之不同。"⑦ 这里把心比喻为水，而把才比作"心之力"，是水流动的力量，显然是指一种能力，因此他把才称之"人之能也"。⑧ 当然，"其流有急有缓"，就是指人的能力有大小了。他说："同这一事，有一人会发挥得，有不会发挥得；同这一物，有人会做得，有人不会做，此可见其才"⑨，"人皆有许多才，圣人却做许多事，我不能做得些子出"⑩ 的原因就是"才"的大小。例如圣人能根据鲁史旧文做出《春秋》"经"来，而其他史家为何做不出这样的史书来

---

① 朱熹：《四书章句集注·孟子集注》卷11，第329页。
② 黎靖德编：《朱子语类》卷12，第215页。
③ 黎靖德编：《朱子语类》卷134，第3202页。
④ 黎靖德编：《朱子语类》卷122，第2951页。
⑤ 黎靖德编：《朱子语类》卷122，第2957页。
⑥ 黎靖德编：《朱子语类》卷123，第2965页。
⑦ 黎靖德编：《朱子语类》卷5，第97页。
⑧ 朱熹：《四书章句集注·孟子集注》卷11，第328页。
⑨ 黎靖德编：《朱子语类》卷59，第1387页。
⑩ 黎靖德编：《朱子语类》卷59，第1382页。

呢？除了个人的道德修养外，他们的才能不如"圣人"也是一个重要原因。朱熹在谈到《周礼》的编写时说："圣人行事，皆是胸中天理，自然发出来不可已者，不可勉强有为为之"，而"后世之论，皆以圣人之事有所为而然。《周礼》纤悉委曲去处，却以圣人有邀誉于天下之意，大段鄙俚。此皆缘本领见处低了，所以发出议论如此。如陈君举《周礼说》有'畏天命，即人心'之语，皆非是圣人意"①，可见圣人才能大，"自然发出来不可已"，是"不可勉强"为之的；而后代人则是"本领见处低"——即才能小，连准确阐述圣人之书的能力也没有。朱熹批评陈傅良治《周礼》，在《朱子语类》中还有更详细、更明确的话：

君举胸中有一部《周礼》，都撑肠拄肚，顿著不得。②

这"撑肠拄肚，顿著不得"不正是说陈傅良才能小吗？朱熹还有另外一段话也说得很明白：

或曰："永嘉诸公多喜文中子。"曰："然，只是（才能）小。它（他）自知定学做孔子不得了，才见个小家活子，便悦而趋之。譬如泰山之高，它不敢登；见个小土堆子，便上去，只是小。"③

这里不是说得很清楚了吗？

朱熹正是以这种"才"和"德"来评论史家的。如他说《左传》是个"博记人"所做，"考事颇精"，是个有史才的人，然而批评他"只是不知大义，专去小处理会"④，"《左氏传》是个博记人做，只是

---

① 黎靖德编：《朱子语类》卷130，第3117页。
② 黎靖德编：《朱子语类》卷123，第2960页。
③ 黎靖德编：《朱子语类》卷123，第2962页。
④ 黎靖德编：《朱子语类》卷83，第2151页。

以世俗见识断当它事,皆功利之说。"① 另外,朱熹虽称司马迁才高识亦高,但同时批评他"粗率",虽说仁义,但本意却只在于权谋功利。因此他对浙江学者尊崇《左传》《史记》,"抬得司马迁不知大小,恰比孔子相似"② 是极力反对的。陈亮偏重史学研究,喜欢说今道古。朱熹十分不满陈亮不注重己身修养而去治史的做法,他说陈亮"才高气粗","议论却乖,乃不知正。曹丕既篡,乃曰:'舜禹之事,吾知之矣!'此乃以己而窥圣人,谓舜禹亦只是篡,而文之以揖逊尔。同父亦是于汉唐事迹上寻讨个仁义出来,便以为此即王者事,何异于此?"③

朱熹对司马迁、陈亮及浙江学者"才"的评述是从道德上着眼的。诚然,朱熹看到了"才"的发挥是与道德修养有关,这种看法确实具有一定的合理因素;但"才"与"德"毕竟是两个不同的概念,是不容混淆的。

朱熹对"史学"的论述也同样基于"义理"这个道德因素之上。当然,朱熹并不反对史家必须掌握各种有关的知识,认为他们应该是个"鸿博"之士。他在辞免实录院之职时说:"信史所传,垂法万世,宜得鸿博之士执简操笔其间,庶几将来有以考信"④。这里充分体现出他对史家应具有"鸿博"这一学术素养的观点。张仲隆专治《通鉴》,把通鉴作室名,朱熹为其作《通鉴室记》:"张侯仲隆慷慨有气节,常以古人功名事业自期许,不肯碌碌随世俗上下。至其才器闳博,则又用无不宜",其"博观载籍,记览不倦,盖将酌古揆今,益求所以尽夫处事之方者而施之。非特如世之学士大夫兀兀陈编,掇拾华靡,以为谈听之资;至其施诸事实,则泛然无据而已也"。⑤ 这里肯定张仲隆"博观载籍,记览不倦"的治史特点,反映出朱熹对史家之"学"必须"鸿博"的观点。

---

① 黎靖德编:《朱子语类》卷83,第2151页。
② 黎靖德编:《朱子语类》卷122,第2951页。
③ 黎靖德编:《朱子语类》卷123,第2965—2966页。
④ 朱熹:《朱熹集》卷23《辞免兼实录院同修撰奏状一》,第982页。
⑤ 朱熹:《朱熹集》卷77《通鉴室记》,第4026—4027页。

朱熹有关"史学"的看法,大致可以概括出以下几个特点:

第一,掌握知识应该是系统而又全面的、不应该是零打碎敲的功夫。朱熹曾作过这样一个比喻:"为学须先立得个大腔当了,却旋去里面修治壁落教绵密。今人多是未曾知得个大规模,先去修治得一间半房,所以不济事。"① 这种把学比作修房中打好"基础"与"装修"的关系,反映出他主张掌握知识要系统而又全面的看法。他认为:"学问不只于一事一路上理会"②,"学问,不考古固不得。若一向去采摭故事,零碎凑合说出来,也无甚益。"③ 在朱熹看来,治学应该"将诸书划定次第。初入学,只看一书。读了,理会得都了,方看第二件。每件须要贯穿,从头到尾,皆有次第","如刑名度数,也各理会得些;天文地理,也晓得些;五运六气,也晓得些;如《素问》等书,也略理会得"④,如此,掌握知识才会有系统而又全面,才可能达到博学。

朱熹门人蔡季通一生治《周易》,精研律吕历法,也曾帮助朱熹修撰《通鉴纲目》,朱熹对他很为欣赏。这里先从朱熹评价蔡季通的历法研究来讨论。他说:

> 或问:"(蔡)季通历法未是?"曰:"这都未理会得。而今须是也会布算,也学得似他了,把去推测,方见得他是与不是。而今某自不曾理会得,如何说得他是与不是?……只是觉得自古以来,无一个人考得到这处。然也只在《史记》《汉书》上,自是人不去考。司马迁班固刘向父子杜佑说都一同,不解都不是。"⑤

这里有两点须注意:其一,研讨蔡季通历法正确与否,须是扎实先学得"会布算",而朱熹自称"未曾理会得",即承认自己没有系统

---

① 黎靖德编:《朱子语类》卷8,第130页。
② 黎靖德编:《朱子语类》卷8,第143页。
③ 黎靖德编:《朱子语类》卷86,第2204—2205页。
④ 黎靖德编:《朱子语类》卷10,第174页。
⑤ 黎靖德编:《朱子语类》卷2,第26—27页。

而又全面地学习历法知识,当然谈不上评价蔡氏的历法了;其二,历法可以从《史记》等书中去考证,只是人们未下过这一功夫,那种零打碎敲的方法当然不行。朱熹也曾给蔡季通《律吕新书》作序云:"季通乃能奋其独见,超然远览,爬梳剔抉,参互考寻,用其平生之力,以至于一旦豁然而融会贯通焉。"① 在《朱子语类》中也有类似之说:他称道《律吕新书》"甚分明",是他"看得许多书"② 的结果,但同时也指出蔡氏由于"不能琴,他只是思量得,不知弹出便不可行"③,故该书仍有"未细考"④ 的地方。上述所引对蔡氏的评价,把他全面而又系统治史的方法说得很清楚了。

另外,朱熹称赞司马光所作《通鉴》有补学者,原因是他"有学问",否则1300余年史事如何能叙述得如此有条理而又清楚!朱熹看吕祖谦《大事记》,说:"其书甚妙,考订得子(仔)细",考订得仔细也是因为他"读书多"。⑤ 他批评苏子由《古史》"前后大概多相背驰,亦有引证不著"⑥,都反映了朱熹对史家之"学"的看法。朱熹教育门人治史时说:"史且如此看读去,待知首尾稍熟后,却下手理会。读书皆然"⑦,也反映这一思想。

第二,掌握知识应该在博学基础上"慎思"。他在解释《论语》"多闻,择其善者而从之,多见而识之"时说:"皆欲求其多也。不然,则闻见孤寡,不足以为学矣"⑧,"'多闻、多见'二字,人多轻说过了,将以为偶然多闻多见耳。殊不知此正是合用功处,圣人所以为'好古敏以求之'"⑨,因而读书要"无所不习"⑩。他以这种观点来论

---

① 朱熹:《朱熹集》卷76《律吕新书序》,第3989页。
② 黎靖德编:《朱子语类》卷92,第2345页。
③ 黎靖德编:《朱子语类》卷92,第2346页。
④ 黎靖德编:《朱子语类》卷92,第2345页。
⑤ 黎靖德编:《朱子语类》卷122,第2953、2954页。
⑥ 黎靖德编:《朱子语类》卷130,第3117页。
⑦ 黎靖德编:《朱子语类》卷11,第197页。
⑧ 黎靖德编:《朱子语类》卷24,第589页。
⑨ 黎靖德编:《朱子语类》卷24,第588—589页。
⑩ 黎靖德编:《朱子语类》卷87,第2250页。

述"史学"。他曾批评宋人争古音律之演变时说:"温公与范忠文、胡安定与阮逸李照等议乐,空自争辩。看得来,都未是,元不曾去看《通典》。据《通典》中所说皆是,又且分晓"①,"乐律,《通典》中盖说得甚明。本朝如胡安定范蜀公司马公李照辈,元(原)不曾看,徒自如此争辨(辩)也。"② 从这里可以看出朱熹要求考制度、治史事必须博览众书的观点。

当然,仅仅博学是不够的,应该在博学的基础上进行"慎思"。慎思包括两个方面:一是准确理解所学的内容,不可脱空臆说、穿凿附会。这在朱熹批评宋人解释《春秋》一书时表现得最充分③。二是要求学者从所学的内容中去把握义理,反思己身,去恶从善。他说:"《中庸》言'慎思',何故不言深思?又不言勤思?盖不可枉费心去思之,须是思其所当思者,故曰'慎思'也。"④ 什么是"所当思者"?朱熹的解释是:"令学者入细观书做工夫者,正欲其熟考圣贤言语,求个的确所在……若更去外面生出许多议论,则正意反不明矣"⑤,"读书之法,只要落窠槽。今公们读书,尽不曾落得那窠槽,只是走向外去思量,所以都说差去……某常以为书不难读,只要人紧贴就圣人言语上平心看他,文义自见。今都是硬差排,思其所不当思,疑其所不当疑,辨其所不当辨,尽是枉了,济得甚事!"⑥ 显然,朱熹所谓"慎思"的内容之一是不离经叛道,要认真去把握义理,这对经学家与史学家都是一样的。朱熹经常批评"浙间学者"的史学便是如此,他说:

> 问:"东莱《大事记》有续《春秋》之意,中间多主《史

---

① 黎靖德编:《朱子语类》卷92,第2344页。
② 黎靖德编:《朱子语类》卷92,第2347页。
③ 《朱子语类》卷17到卷83中论四书五经说得很多,《朱熹集》中也有不少有关论述,可参见。
④ 黎靖德编:《朱子语类》卷121,第2928页。
⑤ 黎靖德编:《朱子语类》卷121,第2928页。
⑥ 黎靖德编:《朱子语类》卷121,第2929页。

记》。"曰:"公乡里主张《史记》甚盛,其间有不可说处,都与他出脱得好。如《货殖传》,便说他有讽谏意之类,不知何苦要如此?"①

吕氏言汉高祖当用夏之忠,却不合黄屋左纛。不知纵使高祖能用夏时,乘商辂,亦只是这汉高祖也,骨子不曾改变,盖本原处不在此。②

这是批评吕祖谦治史未能慎思,未能准确地把握义理,而是穿凿附会。朱熹批评陈傅良:

（朱熹）问:"曾见君举否?"（滕德粹）曰:"见之。"曰:"说甚话?"曰:"说《洪范》及《左传》。"……又问:"《春秋》如何说?"滕云:"君举云:'世人疑左丘明好恶不与圣人同,谓其所载事多与经异,此则有说。且如晋先蔑奔,人但谓先蔑奔秦耳。此乃先蔑立嗣不定,故书奔以示贬。'"曰:"是何言语!先蔑实是奔秦,如何不书'奔'?且书'奔秦',谓之'示贬';不书'奔',则此事自不见,何以为褒?昨说与吾友,所谓专于博上求之,不反于约,乃谓此耳。是乃于穿凿上益加穿凿,疑误后学。"③

陈傅良以《左传》与《春秋》所载无异,左丘明与孔子好恶相同,朱熹是完全不能接受的。在他看来,左氏与圣人差距太悬殊,根本不可类比;陈傅良所辨确实是"不当辨"处,枉费心思而且"疑误后学"。

第三,掌握知识的最终目的是为了改变人的气质之性,以正人之"心术",从而达到真正把握义理,"存天理,灭人欲"。他说:"大抵

---

① 黎靖德编:《朱子语类》卷122,第2952页。
② 黎靖德编:《朱子语类》卷122,第2957页。
③ 黎靖德编:《朱子语类》卷123,第2959页。

学问以变化气质为功"①,"学以知道为本,知道则学纯而心正,见于行事,发于言语,亦无往而不得其正焉。"② 这就是朱熹的"为学"可以变化气质、达到正人之心术的观点。当然,史家也受气禀所限,为学也有个变化气质而正心术的问题。如果不从改变人的气质、达到正心术之目的出发,即使学得再多也不过是博杂而已,因为他们被"气禀所拘","或厚于此而薄于彼,或通于彼而塞于此",充其量是"能尽通天下利害而不识义理"③ 的人,这就是朱熹所批评的《左传》作者、浙学学者之类的"史学者",他们的心术既偏,学问也必然是一种"见得浅"的"俗学"而已,是不值得肯定的。而朱熹对司马光则称赞不已,认为他大纲正,"规模稍大,又有学问,其人严而正"④,所撰《资治通鉴》有功于后学。朱熹还专门撰写《六君子赞》,把司马光与周、张、邵、两程放在一起来歌颂。由此可见朱熹从理学角度来分析"史学",与刘知几所论之"史学"也是有明显不同的。

朱熹对"史识"的论述也是以理学家的眼光来审视的。如朱熹评价《左传》时说:

> 左氏见识甚卑,如言赵盾弑君之事,却云:"孔子闻之,曰:'惜哉!越境乃免。'"如此,则专是回避占便宜者得计,圣人岂有是意!⑤

朱熹指出《左氏》作者"见识甚卑",是因为他"于义理上全然不理会",曲解圣人之意。实际上,他把"史识"分成两个方面,一是义理之"识",二是利害之"识"。上述评价《左传》作者"识利害"和"于义理上全然不理会"便是从这两个方面评价的。朱熹对司马迁、班固、范晔等历代史家,以及对宋代的史学家的评价都没脱离

---

① 朱熹:《朱熹集》卷49《答滕德粹》,第2391页。
② 朱熹:《朱熹集》卷30《答汪尚书》,第1276页。
③ 黎靖德编:《朱子语类》卷4,第75页。
④ 黎靖德编:《朱子语类》卷130,第3103页。
⑤ 黎靖德编:《朱子语类》卷83,第2150—2151页。

这两个方面来评价。诚然，他对司马光评价稍高，认为他的"见识"高于其他史学家，但不是没有批评，有时批评还是十分严厉的。他的门人黄义刚问："温公力行处甚笃，只是见得浅"时，他明确地回答说："是"①。所谓司马光见得浅，从史学上说是指司马光史识不高，如他不该删节过去史书中的一些重要内容、把曹魏作为正统、认为智伯之亡是"才胜德"等。

对宋代其他史家的史识，朱熹也有很多评论，例如：

又问："欧公如何？"曰："浅。"久之，又曰："大概皆以文人自立。平时读书，只把做考究古今治乱兴衰底事，要做文章，都不曾向身上做工夫。平日只是以吟诗饮酒戏谑度日。"②

范淳夫论治道处极善，到说义理处，却有未精。③

（范淳夫）虽知尊程子，而于讲学处欠缺。如《唐鉴》极好，读之亦不无憾。④

范《唐鉴》首一段专是论唐太宗本原，然亦未尽。太宗后来做处尽好，只为本领不是，与三代便别。⑤

从这些引文中可以清楚地看出朱熹在论述"史识"时采用了两把标尺，一是看史家对历史事件所表现出来的"利害"是如何见解；二是他们在评价历史中是否贯穿义理。比较而言，朱熹把后者作为评价史家见识的最重要的标准。

朱熹认为，史识的提高与史家的修养是密切相关的。他说："学者若得胸中义理明，从此去量度事物，自然泛应曲当"⑥，因此必须"加沈潜之功，将义理去浇灌胸腹，渐渐荡涤去那许多浅近鄙陋之

---

① 黎靖德编：《朱子语类》卷130，第3103页。
② 黎靖德编：《朱子语类》卷130，第3113页。
③ 黎靖德编：《朱子语类》卷130，第3105页。
④ 黎靖德编：《朱子语类》卷130，第3105页。
⑤ 黎靖德编：《朱子语类》卷134，第3208页。
⑥ 黎靖德编：《朱子语类》卷13，第237页。

见",这样"方会见识高明"。① 在他看来,要提高自身修养,必须从理会"经"的真正内蕴入手,这样便"如明鉴在此,而妍丑不可逃。若未读彻《语》《孟》《中庸》《大学》便去看史,胸中无一个权衡,多为所惑"②。朱熹批评浙学学者史识低,明确指出"婺州士友只流从祖宗故事与史传一边去。其驰外之失,不知病在不曾于《论语》上加工"③。他也批评过欧阳修:

> 问:"欧阳修以'除隋之乱,比迹汤武;致治之美,庶几成康'赞之,无乃太过?"曰:"只为欧公一辈人寻常亦不曾理会本领处,故其言如此。"④

"寻常不曾理会本领处",史识就低下,撰史就不能正确把握分寸了。朱熹在与陈亮论辩时,批评陈亮以功利去评判汉唐帝王,反复劝诱他加强道德修养,其原因也在这里。

诚然,史家的见识是与其道德修养有一定的关系,但道德修养绝非是史识的决定因素。况且朱熹把认识"义理"作为道德修养的永恒标准,确实是形而上学的论调,是不值得肯定的。因为,一个时代有一个时代的道德标准,秦汉与宋代不同,南宋何尝又与春秋时期无异呢?因而,评价一个史家的史识,只能把他放在他所隶属的时代中去考察,而不可以后代的已经变化了的标准去衡评他。而且,刘知幾的史识中已经包括史家的人品这一内容,这是指史家"好是正直,善恶必书"的良史风范,属于史家应具备的条件之一。而朱熹所说的史识中却加入通晓"义理"这一理学家的道德修养内容,并非是史家所必备的条件。由此可见,朱熹对史识所作的阐述,相对刘知幾的史识来说是个倒退。

通过上述分析,可见朱熹对史家三长的论述,都贯穿着"义理"

---

① 黎靖德编:《朱子语类》卷104,第2613页。
② 黎靖德编:《朱子语类》卷11,第195页。
③ 黎靖德编:《朱子语类》卷122,第2956页。
④ 黎靖德编:《朱子语类》卷134,第3208页。

这一标准，他是以理学家的眼光、而不是用史学家的眼光对史学人才作评述的。

第四，还须讨论朱熹的史家人才观与章学诚的关系。这里先把章氏的有关论述罗列于下：

> 才、学、识，三者得一不易，而兼三尤难，千古多文人而少良史，职是故也。昔者刘氏子玄，盖以是说谓足尽其理矣。虽然，史所贵者义也，而所具者事也，所凭者文也……非识无以断其义，非才无以善其文，非学无以练其事，三者固各有所近也；其中固有似之而非者也。记诵以为学也，辞采以为才也，击断以为识也，非良史之才学识也。虽刘氏之所谓才学识，犹未足以尽其理也。①

章学诚批评刘知幾的才学识"未足以尽其理"，是因为他"不识"史德，章氏说：

> 夫刘氏以谓有学无识，如愚估操金，不解贸化，推此说以证刘氏之指，不过欲于记诵之间，知所抉择以成文理耳……此犹文士之识，非史识也。能具史识者，必知史德。德者何？谓著书者之心术也。②

章氏提出"史德"，甚为自得，而其族孙章廷枫更是百般推崇："论史才史学而不论史德，论文情文心而不论文性，前人自有缺义。此与《史德》篇俱足发前人之覆。"③ 一锤定音，至今无人反对章廷枫提出的史德是"发前人之覆"的观点。

对此，笔者以为不然。诚然章学诚提出"史德"两字是前无古人，但他史德的真正内涵，朱熹早于章氏五六百年就提出了。而且章

---

① 章学诚撰，仓修良编：《文史通义新编·内篇五·史德》，第181页。
② 章学诚撰，仓修良编：《文史通义新编·内篇五·史德》，第181页。
③ 章学诚撰，仓修良编：《文史通义新编·内篇三·质性》附章廷枫按语，第113页。

氏有关"才学识"和"史德"的论述，与朱熹理学之间的关系极大。

首先，章学诚"史德"所强调的是著书者的"心术"，是从道德着眼的；而朱熹在论述"治史者"时一再强调要通过学圣人来正其心术，也是从道德角度来立论的。应该强调指出，章氏所谓的心术，是指著书者是否掌握"义理"而非其他，这可从《史德》篇中看出。章氏说："所患乎心术者，谓其有君子之心而所养未底于粹也。"① 此"所养未底于粹"正是指掌握义理"未粹"！因此，章学诚认为，由于人的气质秉性有所偏差，故往往"似公而实逞于私，似天而实蔽于人，发为文辞，至于害义而违道，其人犹不自知也。故曰心术不可不慎也"②。章氏之说与朱熹的论述有多大差别呢？这不正是可以看出章氏之"史德"的来源吗？

其次，章学诚认为才出于"气"，提出"养气"的观点，从根本上说与朱熹毫无区别。章氏说：

> 史有三长：才、学、识也。古文辞而不由史出，是饮食不本于稼穑也。夫识，生于心也；才，出于气也；学也者，凝心以养气，炼识而成其才者也。③

> 读书广识，乃使义理充积于中，久之又久，使其胸次自有伦类，则心有主，心有主，则笔之于书，乃如火然泉达之不可已，此古人所以为养气也。④

所谓"养气"，出于孟子"浩然之气"之说，但孟子不说"义理"，而朱熹在阐述孟子"养气"说时则是强调义理，由此把章氏"养气"说作为承继朱熹学说而来，大概也不会太离谱的。其实，章学诚在《原学上》中清楚地说道：

---

① 章学诚撰，仓修良编：《文史通义新编·内篇五·史德》，第182页。
② 章学诚撰，仓修良编：《文史通义新编·内篇五·史德》，第183页。
③ 章学诚撰，仓修良编：《文史通义新编·内篇二·文德》，第80页。
④ 章学诚撰，仓修良编：《文史通义新编·外篇二·徐尚之古文跋》，第470页。

> 人生禀气不齐，固有不能自知适当其可之准者，则先知先觉之人从而指示之，所谓教也。①

在《质性》中说：

> 人秉中和之气以生，则为聪明睿智；毗阴毗阳，是宜刚克柔克，所以贵学问也。②

这种从气禀角度来论述"贵学问"，是不难看出其与朱熹"资禀"说之间的相似之处的。

再次，章氏的主敬说是朱熹的持敬修养论的翻版。章氏认为："心虚难持，气浮易驰，主敬者，随时检摄于心气之间，而谨防其一往不收之流弊也。"③ 这种"主敬"说强调道德修养，以为只有通过修养才能改变人的气质，即所谓的"凝心以养气，炼识而成其才"。这不正能看出它与朱熹持敬修养论之间一脉相承的关系吗？

最后，章学诚强调学者要学程朱理学的著作，理解义理，作为提高学识的基础。他在《清漳书院留别条训》中除强调要求诸生学习六经之外，还特意指出：

> 理解莫萃于宋儒遗书，朱子而外，若周、程、张、邵以下诸贤，语录文集、全本集本，俱当量力购求，即元、明诸儒，亦当酌量采集。平日先以经传正文及注疏解义，会通诸儒语录文集，标识天人性命心情气质仁知诚正中和理义之属，别类为篇……皆使胸中了然无疑……此则所谓胸有定识，千变万化，皆可一以贯之者也。④

---

① 章学诚撰，仓修良编：《文史通义新编·内篇二·原学上》，第 57 页。
② 章学诚撰，仓修良编：《文史通义新编·内篇三·质性》，第 112—113 页。
③ 章学诚撰，仓修良编：《文史通义新编·内篇二·文德》，第 80 页。
④ 章学诚撰，仓修良编：《文史通义新编·外篇二·清漳书院留别条训》，第 493 页。

在《家书一》中说：

> 天下至理，多自从容不逼处得之；矜心欲有所为，往往不如初志。故尔辈于学问文章未有领略，当使平日此心时体究于义理，则触境会心，自有妙绪来会，即泛览观书，亦自得神解超悟矣。朱子所谓常使义理浇洗其心，即此意也。①

无须再举例便可看出章氏所谓的"识"与朱熹理学之间的渊源关系了。

从上面论述中可见章学诚的才、学、识、德与朱熹理学之间的渊源关系。事实上，章氏确实是程朱理学的忠实奉行者，他多次批判戴震的言论便是明证。当然，章学诚的《文史通义》也有很多精见卓识，但这不是本书所需论述者，故不再赘述了。

三 崇义理而讲功业的人物评价法

朱熹对历史人物评价法包含两个标准，首先是义理标准，其次才是功业标准。朱熹在《论语集注》中有一段评价管仲的话极为重要：

> 程子曰："桓公，兄也。子纠，弟也。（管）仲私于所事，辅之以争国，非义也。桓公杀之虽过，而纠之死实当。仲始与之同谋，遂与之同死，可也；知辅之争为不义，将自免以图后功亦可也。故圣人不责其死而称其功。若使桓弟而纠兄，管仲所辅者正，桓夺其国而杀之，则管仲之与桓，不可同世之仇也。若计其后功而与其事桓，圣人之言，无乃害义之甚，启万世反复不忠之乱乎？如唐之王珪魏徵，不死建成之难，而从太宗，可谓害于义矣。后虽有功，何足赎哉？"愚谓管仲有功而无罪，故圣人独称其功；

---

① 章学诚撰，仓修良编：《文史通义新编·外篇三·家书一》，第686页。

王魏有罪而后有功,则不以相掩可也。①

程颐与朱熹都是站在"义理"角度上来评论管仲等人的,而且都是以所辅者是否"正"来作为评价的着眼点,这种观点不可取。但是,程颐坚持把"所辅者正"作为唯一的标准,就显得很迂腐,而朱熹则认为功过不可相掩,即在肯定他们"有罪"的基础上仍可"立功",功罪不可混淆。可见,朱熹是持崇义理而讲功业的人物评价法。比较而言,朱熹虽然没有摆脱理学的局限,但他能从两个方面来评价,见识大大超过了程颐。

那么,朱熹义理、功业的双重评价法有什么特点呢?

第一,坚持以义理标准作为评价历史人物的首要标准,即看其所作所为是否符合"义理",这是他评判历史人物出发点与归结点。朱熹的义理标准,又可细分为以下几方面:

其一是从正统论出发去评判历史人物。朱熹评论三国时期的历史人物就突出地表现这一评价标准,他说:

> 诸葛孔明天资甚美,气象宏大。但所学不尽纯正,故亦不能尽善。取刘璋一事,或以为先主之谋,未必是孔明之意。然在当时多有不可尽晓处。如先主东征之类,不见孔明一语议论……先主不忍取荆州,不得已而为刘璋之图。若取荆州,虽不为当,然刘表之后,君弱势孤,必为他人所取;较之取刘璋,不若得荆州之为愈也。学者皆知曹氏为汉贼,而不知孙权之为汉贼也。若孙权有意兴复汉室,自当与先主协力并谋,同正曹氏之罪。如何先主才整顿得起时,便与坏倒!如袭取关羽之类是也。权自知与操同是窃据汉土之人。若先主事成,必灭曹氏,且复灭吴矣。权之奸谋,盖不可掩。平时所与先主交通,姑为自全计耳。②

---

① 朱熹:《四书章句集注·论语集注》卷7,第153—154页。
② 黎靖德编:《朱子语类》卷136,第3236—3237页。

朱熹评价诸葛亮、曹操、孙权三人，都是从"兴复汉室"与否着眼的，能为兴复汉室出力者当然是属于符合义理的行为，应该肯定；反之则是不符合义理，应该受到谴责的。他斥责曹操、孙权都是"汉贼"，而赞扬诸葛亮的原因便在这里。他称赞诸葛亮"大纲却好"①，便是指诸葛亮能识蜀汉为正统而去尽力帮助刘备。这种评价三国人物的方法，其实是基于"正统论"观点之上的，有极大的局限性，其结论并不可全取。

其二是以公、私为标准来评判历史人物。朱熹认为，公是天理，私是人欲。如说：

> （余）隐之以五伯为困知勉行者，愚谓此七十子之事，非五伯所及也。假之之情与勉行固异，而彼于仁义亦习闻其号云耳，岂真知之者哉？温公云：假者，文具而实不从之谓也。文具而实不从，其国家且不可保，况于霸乎？虽久假而不归，犹非其有也。愚谓当时诸侯之于仁义，文实俱丧，惟五伯能具其文耳，亦彼善于此之谓也。又有大国，资强辅，因窃仁义之号以令诸侯，则孰敢不从之也哉？使其有王者作而以仁义之实施焉，则爝火之光其息久矣。孟子谓久假不归，乌知其非有，止谓当时之人不能察其假之之情，而遂以为真有之耳。此正温公所惑，而反以病孟子，不亦误哉！②

这是朱熹是辨余隐之的《尊孟》和司马光的《疑孟》两文所写下的一段文字。孟子原文出于《尽心上》："尧舜，性之也；汤武，身之也；五霸，假之也。久假而不归，恶知其非有也。"朱熹批评余隐之将五霸说成是"困知勉行"者，因为困知勉是孔子七十高弟之行，而五霸只是"于仁义亦习闻其号云耳，岂真知之者"；同时，朱熹也批评司马光认为的五霸假借仁义是"非其有"的观点，认为"诸侯之于

---

① 黎靖德编：《朱子语类》卷136，第3236页。
② 朱熹：《朱熹集》卷73《读余隐之尊孟辨·温公疑孟下》，第3821页。

仁义，文实俱丧"，而五霸则"能具其文"，只不过是"当时之人不能察其假之之情而遂以为真有之"而已。显然，朱熹是从"天理"角度来评论五霸的，认为他们是"窃仁义之号以令诸侯"，不是真为周王朝着想，故不是为"公"而是为"私"，因而根本不可与孔"圣人"高弟比并。他评论周武王：

  纣之时，天下大乱，得武王仗仁义、诛残贼，天下遂大治。①

武王能"仗仁义、诛残贼"是为天下黎民百姓，是以天下为公，值得肯定。他评诸葛亮：

  武侯所谓鞠躬尽力，死而后已，成败利钝，非能逆睹者，非独建立事功为然也。②

武侯能为国家鞠躬尽力，死而后已，当然便是为"公"，因而是很了不起的，朱熹加以肯定，这在《朱子语类》中多次提及并加以褒扬。朱熹在分析唐高祖、太宗起兵反隋与汉高祖反秦之异同时说：

  汉高祖取天下却正当，为他直截恁地做去，无许多委曲。唐初，隋大乱如此，高祖太宗因群盗之起，直截如此做去，只是诛独夫。为他心中打不过，又立恭帝，假援回护委曲如此，亦何必尔？所以不及汉之创业也。③

朱熹对暴秦虐隋十分反感，肯定汉高祖与唐高祖、太宗起兵反抗他们都是正当的"事业"，是"公天下"，是天理，因而只需"直截做去"，"诛独夫"，创立新政权；然而李氏父子却立恭帝以掩饰

---

① 黎靖德编：《朱子语类》卷25，第636页。
② 朱熹：《朱熹集》卷46《答黄直卿》，第2252页。
③ 黎靖德编：《朱子语类》卷136，第3244页。

之，"假援回护"则有"私意"，做得不光明磊落，因而不如汉之创业之正大光明。诚然，朱熹没有否定李氏父子推翻虐隋的功业，但认为以天下为公则不必以私意掩饰，公、私之间便是天理、人欲。如果不强调这一点，便会导致"以成败论是非，但取其获禽之多而不羞其诡遇之不出于正"①的错误，如此评论必然会坏人心术。他在评判周世宗时曾说："世宗却得太祖接续他做将去。虽不是一家人，以公天下言之，毕竟是得人接续，所做许多规模不枉却。"②"以公天下言之"一语，可看出他的立足点是"义理"，因为五代乱世是朱熹所一直批评的对象，而后周太祖郭威与周世宗柴荣能以"公天下"为己任，除乱拨正，是值得肯定的。至于宋朝"毅然以天下国家为己任"③的范仲淹、"忠义之心，虽妇人孺子皆知之"④的张浚，朱熹都是给予肯定的。

还须指出，朱熹在评判历史人物时并不是看其如何说的，而是从其实际行为来作论述：

> 或问："维州事，温公以（李）德裕所言为利，（牛）僧孺所言为义，如何？"曰："德裕所言虽以利害言，然意却全在为国；僧孺所言虽义，然意却全济其己私。且德裕既受其降矣，虽义有未安，也须别做置处。乃缚送悉怛谋，使之恣其杀戮，果何为也！"⑤

朱熹在评论牛李优劣时，并没有从双方语言表达上作直观的判断，而是透过表面现象，以他们"为国"（即公）还是为"己私"来作评论的，确实显示出他超人的卓识。

其三是以气节来评判历史人物。这种例子很多，略举几例以证之：

---

① 朱熹：《朱熹集》卷36《答陈同甫》，第1592页。
② 黎靖德编：《朱子语类》卷136，第3251页。
③ 黎靖德编：《朱子语类》卷129，第3087页。
④ 黎靖德编：《朱子语类》卷131，第3150页。
⑤ 黎靖德编：《朱子语类》卷136，第3249页。

> 微子既去之后，比干不容于不谏。谏而死，乃正也。①

比干为国而谏，宁死不辞，则是有气节。朱熹论西汉末年士大夫：

> （严）子陵之高节，自前汉之末，如龚胜诸公不屈于王莽者甚多，《汉书》末后有传可见。②

朱熹认为王莽篡汉，是"汉贼"，而不屈王莽者之气节则值得赞赏。又如论陶渊明：

> 晋宋间人物，虽曰尚清高，然个个要官职，这边一面清谈，那边一面招权纳货。（陶）渊明却真个是能不要，此其所以高于晋宋人也。③

朱熹批评晋宋间那些"一面清谈"，"一面招权纳货"者的伪善行为，反衬陶渊明的高尚气节。这里所说的气节，虽然也是封建的道德观念，然而朱熹确实是以一种比较高尚的道德情操来衡量他们的，尤其揭露晋宋间伪善者的面貌是入木三分的，这一点不能完全否定。

> 和州有官本《忠义录》，刻靖康以来忠义死节之士。④
> 因论人物，云："浙人极弱，却生得一宗汝霖（宗泽），至刚果。"⑤

这些都是论述宋代忠义烈士，显示了朱熹对抗金将士的褒奖。

---

① 黎靖德编：《朱子语类》卷29，第740页。
② 黎靖德编：《朱子语类》卷122，第2957页。
③ 黎靖德编：《朱子语类》卷34，第874页。
④ 黎靖德编：《朱子语类》卷130，第3137页。
⑤ 黎靖德编：《朱子语类》卷130，第3135页。

朱熹以伦理道德标准来评论历史人物，常常是用来比较南宋时期的士大夫：

> 今世人多道东汉名节无补于事。某谓三代而下，惟东汉人才，大义根于其心，不顾利害，生死不变其节，自是可保。未说公卿大臣，且如当时郡守惩治宦官之亲党，虽前者既为所治，而来者复蹈其迹，诛殛窜戮，项背相望，略无所创。今士大夫顾惜畏惧，何望其如此……大抵不顾义理，只计较利害，皆奴婢之态，殊可鄙厌。①

朱熹以东汉士大夫的"名节"来与南宋士大夫的"不顾义理"作比较，严厉地批评了那些贪生怕死的南宋官僚。如果把朱熹对汉末荀彧的评价作一分析，更可看出他的用意所在：

> 荀彧之死……考其议论本末，未见其有扶汉之心也，其死亦何足悲？又据本传，彧乃唐衡之婿，则彧之失其本心久矣。②

汉末荀彧没有"扶汉之心"，即是指荀氏不识正统所在，不遵"天理"之正，当然其死也就不足可惜了。而当时北宋亡后，又有一些宋朝大臣和将领投降辽国，甚至甘当儿皇帝，朱熹说这一番话就显得颇有深意了。实际上，朱熹这种气节观对后代是有较大影响的，如宋末士大夫、明末抗清士人受此影响颇大。

其四是以伦理观念来评价历史人物。如：

> 或问："范文正公经理西事，看得多是收拾人才。"曰："然。如滕子京孙元规之徒，素无行节，范公皆罗致之幕下。后犯法，又极力救解之。如刘沪张亢亦然。盖此等人是有才底，做事时，

---

① 黎靖德编：《朱子语类》卷35，第923页。
② 朱熹：《朱熹集》卷46《答潘叔昌》，第2241页。

须要他用，但要会用得他。"①

朱熹说滕、孙等人"素无行节"，是从伦理观念上评判他们的，但也肯定他们有才，认为做事业时要用他们。朱熹与陈亮的论辩中有一段话极可注意，他批评陈亮：

> 却将圣人事业去就利欲场中比并较量，见有仿佛相似，便谓圣人样子不过如此，则所谓毫厘之差、千里之缪者，其在此矣。且如管仲之功（业），伊、吕以下谁能及之？但其心乃利欲之心，迹乃利欲之迹，是以圣人虽称其功，而孟子、董子皆秉法义以裁之，不少假借……盖圣人者，金中之金也。学圣人而不至者，金中犹有铁也。汉祖、唐宗用心行事之合理者，铁中之金也。曹操、刘裕之徒，则铁而已矣。②

这里，朱熹把人分为四类：圣人、君子（学圣人而不至者）和"曹操刘裕之徒"，以及介于君子与小人之间的人——如汉高祖、唐太宗之类；并从他们所作的功业是否符合"义理"来进行评判，在一定程度上肯定了他们的功业。值得指出的是，朱熹批评汉高祖、唐太宗主要是从伦理道德上着眼的，即批评他们的一些行为不符合"义理"。如朱熹说：

> 或谓史赞（唐）太宗，止言其功烈之盛，至于功德兼隆，则伤夫自古未知有。曰："恐不然。史臣正赞其功德之美，无贬他意。其意亦谓除隋之乱是功，致治之美是德。自道学不明，故曰功德者如此分别。以圣门言之，则此两事不过是功，未可谓之德。"③

---

① 黎靖德编：《朱子语类》卷133，第3189页。
② 朱熹：《朱熹集》卷36《答陈同甫》，第1603—1604页。
③ 黎靖德编：《朱子语类》卷136，第3247页。

朱熹在此批评了撰写《新唐书》的欧阳修，认为他混淆了"功""德"之间的界限。在朱熹看来，无论是除隋之乱还是贞观之治，都是"功"而已，不可说成是"德"。实际上，朱熹认为唐太宗是"无德"的，只有权谋心计而无伦理道德，如他以晋阳宫女私侍其父、杀兄夺位、"纳巢刺王妃"①之类均是无德之行，即使是"从魏郑公'仁义'之说"，也"只是利心，意谓如此便可以安居民上"。②由此朱熹斥责"唐太宗一切假仁借义以行其私"③，"全不知以义理处之"④。

第二，朱熹在强调义理标准的前提下，仍然比较注重历史人物所作出的功业。他认为"事变无穷，小而一身有许多事，一家又有许多事，大而一国，又大而天下，事业恁地多，都要人与他做。不是人做，却教谁做？"⑤显然，朱熹对治国平天下的经世之功业也很较重视的。这里先分析朱熹对汉高祖、唐太宗的评价：

"汉高祖之起，与唐太宗之起不同，高祖是起自匹夫取秦，所以无愧；唐却是为隋之官，因其资而取之，所以负愧也。要之，自秦汉而下，须用作两节看。如太宗，都莫看他起初一节，只取他济世安民之志，他这意思又却多。若要检点他初起时事，更不通看。"或曰："若以义理看太宗，更无三两分人！"曰："然。"⑥

众所周知，朱熹在与陈亮论辩时，从义理上对汉高祖、唐太宗是否定的；但这里他从唐太宗的"济世安民之志"来着眼，肯定"这意思又却多"。换言之，朱熹对唐太宗贞观年间所作的实绩是加以肯定的。当然也应指出，朱熹认为汉唐起兵不同是从汉高祖与唐太宗当时的身份来着眼，以"负愧"与否来分析他们争天下是否合于"义理"，

---

① 黎靖德编：《朱子语类》卷 136，第 3246 页。
② 黎靖德编：《朱子语类》卷 136，第 3247 页。
③ 黎靖德编：《朱子语类》卷 135，第 3219 页。
④ 黎靖德编：《朱子语类》卷 136，第 3246 页。
⑤ 黎靖德编：《朱子语类》卷 117，第 2824 页。
⑥ 黎靖德编：《朱子语类》卷 47，第 1181 页。

当然是不可取的。

朱熹评价秦始皇与评价唐太宗有相似之处：

> 问："孔子犹说著周，至孟子则都不说了。"曰："然。只是当时六国如此强盛，各自抬举得个身己如此大了，势均力敌，如何地做！不知孟子奈何得下，奈何不下？想得也须减一两个，方做得。看来六国若不是秦始皇出来从头打叠一番，做甚合杀！"①

朱熹对春秋战国的诸侯坐大很为不满，认为他们为图争霸而无视周天子，是不合义理的；他对秦始皇统治时期的暴政也是反对的。而在这一段材料中，朱熹则对秦始皇消灭六国、统一天下则是持肯定态度的，也就是说肯定了秦始皇所作的一统天下的功业。又如，朱熹认为五代是个乱世，黎民百姓生活在水深火热之中，而"周世宗一出便振"②，因而是很值得称赞的。朱熹赞誉周世宗"天资高，于人才中寻得个王朴来用，不数年间，做了许多事业"③，如"大均天下之田"，"收三关"，甚至说如果周世宗不死，则"须先取了燕冀，则云中河东皆在其内矣"④，可见他对周世宗所作的功业是充分肯定的。因而他在门人问周世宗是否为"贤主"时，肯定地说"看来也是好"，"世宗胸怀又较大"，"可谓有天下之量"。⑤ 朱熹在评价范仲淹时曾说："（范氏）自做秀才时便以天下为己任，无一事不理会过。一旦仁宗大用之，便做出许多事业"⑥，其着眼点也在做出事业来。

朱熹歌颂狂狷，批评乡愿。所谓狂狷，就是"终是有筋骨"⑦ 的人，因为世道衰微，人欲横流，"若不是刚介有脚跟底人，定立不

---

① 黎靖德编：《朱子语类》卷47，第1180页。
② 黎靖德编：《朱子语类》卷136，第3251页。
③ 黎靖德编：《朱子语类》卷136，第3250页。
④ 黎靖德编：《朱子语类》卷136，第3251页。
⑤ 黎靖德编：《朱子语类》卷136，第3251页。
⑥ 黎靖德编：《朱子语类》卷129，第3088页。
⑦ 黎靖德编：《朱子语类》卷43，第1110页。

住"①，只有"刚健有立底人，方做得事成"，因此他以为"人须有些狂狷，方可望"。② 自然，朱熹认为狂狷者有过激之弊，或许在道德修养上有些欠缺，然而他们有才，能做成功业，因而比"德之贼"③ 的乡愿要强得多，甚至比那些守旧者也要强。例如他在比较汉文帝与汉武帝时说，文帝资质较美，但循循自守，无进取之心；而武帝"病痛固多，然天资高，志向大，足以有为"④。在朱熹看来，只要这种"才"所做出的功业不损害义理，也是值得肯定的。至于乡愿则毫无肯定之处。朱熹说：乡愿即"乡人之愿者也。盖其同流合污以媚于世"⑤，"不狂不狷，人皆以为善，有似乎中道而实非也，故恐其乱德"⑥。可见，朱熹认为乡愿是无甚见识、卑陋随俗而又欲取"媚于世"者，无才、无德，也做不出功业。朱熹对乡愿的批评是严厉的：

> 敬之问："乡愿德之贼。"曰："乡愿者，为他做得好，使人皆称之，而不知其有无穷之祸。如五代冯道者，此真乡愿也。本朝范质，人谓其好宰相，只欠世宗一死尔。如范质之徒，却最敬冯道辈，虽苏子由议论亦未免此。本朝忠义之风，却是自范文正公作成起来也。"⑦

这里，朱熹批评五代冯道、宋代范质之类乡愿，认为他们"不狂不狷"，毫无进取精神，实际是无才无德、因循守旧、诡谀偷安、使政局败坏、社会风气日坠并有"无穷之祸"者，是君子所不齿的，而"君子取夫狂狷者，盖以狂者志大而可与进道，狷者有所不为，而可与有为也。所恶于乡愿，而欲痛绝之者，为其似是而非，惑人之深

---

① 黎靖德编：《朱子语类》卷43，第1110页。
② 黎靖德编：《朱子语类》卷43，第1109页。
③ 黎靖德编：《朱子语类》卷47，第1188页。
④ 黎靖德编：《朱子语类》卷135，第3226页。
⑤ 朱熹：《四书章句集·论语集注》卷9，第179页。
⑥ 朱熹：《四书章句集注·孟子集注》卷14，第376页。
⑦ 黎靖德编：《朱子语类》卷47，第1188页。

也"①。可见，朱熹肯定有进取精神、能做成功业狂狷者；否定碌碌无为、无德无才的乡愿。

在朱熹看来：作为一个士大夫，若为官，必须"律己公廉，执事勤谨，昼夜孜孜，如临渊谷"②，就像被他称之"杰出之才"③的范仲淹那样，"平日胸襟豁达，毅然以天下国家为己任"④，而决不可学"倡和议以误国，挟房势以邀君"⑤的秦桧。同时，朱熹也要求正君心，要求他们严于律己，选贤授能，疏斥奸佞，以倡兴国家，而不可学"朕宁亡国，不用张浚"⑥的宋高宗。他认为君王应该"穷理尽性，备道全德"⑦，否则"一念之间未能去其私邪之蔽"，便会造成"朝廷之上忠邪杂进，刑赏不分，士夫之间志趣卑污，廉耻废坏"⑧的危险状况。值得注意的是，在封建专制主义日趋严厉的状况下，朱熹能点名批评宋代帝王和权臣，确实是很有胆识的，而他歌颂以天下国家为己任的人才，也充分体现其经世致用的可贵思想。

朱熹肯定济世安民之举，肯定那些能作出事业的历史人物，对生事扰民的举措则是反对的。他以圣人为例："圣人合做处，也只得做，如何不做得。只是不生事扰民，但为德而民自归之。"⑨因此，他批评"汉高（祖）初定天下，萧何大治宫室，又从娄敬说，徙齐、楚大姓数十万于长安"⑩，认为这是扰民之举。对汉武帝"讨西域，初一番去不透，又再去，只是要得一马，此是甚气力！若移来就这边做，岂不可"，"武帝征匈奴，非为祖宗雪积年之忿，但假此名而用兵耳"⑪，甚

---

① 朱熹：《四书章句集注·孟子集注》卷14引"尹氏言"，第376页。
② 朱熹：《朱熹集》卷64《答吴尉》，第3366页。
③ 黎靖德编：《朱子语类》卷129，第3088页。
④ 黎靖德编：《朱子语类》卷129，第3087页。
⑤ 黎靖德编：《朱子语类》卷131，第3158页。
⑥ 黎靖德编：《朱子语类》卷131，第3162页。
⑦ 朱熹：《朱熹集》卷12《己酉拟上封事》，第489页。
⑧ 朱熹：《朱熹集》卷11《戊申封事》，第473页。
⑨ 黎靖德编：《朱子语类》卷23，第537页。
⑩ 朱熹：《朱熹集》卷49《答王子合》，第2377页。
⑪ 黎靖德编：《朱子语类》卷135，第3227页。

至认为武帝"末年海内虚耗,去秦始皇无几"①。他批评隋文帝:"有人却知节用,然不知爱民,则徒然鄙吝于己,本不为民。有人知所以爱人,却不知勿夺其时"②,"虽会节俭,又须著有爱民之心,终不成自俭啬而爱不及民,如隋文帝之所为。虽则是爱民,又须著课农业,不夺其时"③。可见,朱熹在评论历史上的帝王时,不但看他们能否做出功业来,同时也看他们是否会做出"不夺其时"之类于民有利的事,反映出朱熹坚持儒家传统的"重民"思想。

总而言之,朱熹对历史人物的评价方法,坚持以义理作为评价人物的首要标准,在此前提下,他也比较注重历史人物在历史上所做出的"功业",这是有可取之处的。当然,朱熹评价历史人物,其目的是为了把史学纳入到理学的轨道中去,不可避免地印上了浓厚的理学色彩,因而受到后人的一些批评也是不足为奇的。然而,也不能不看到他在论述历史人物的功业问题上,又显示出强烈的经世致用的入世精神,这一点又必须予以充分的肯定和加以实事求是的评价。

---

① 黎靖德编:《朱子语类》卷135,第3227页。
② 黎靖德编:《朱子语类》卷21,第497页。
③ 黎靖德编:《朱子语类》卷21,第496页。

第 七 章

朱熹史学思想在宋代史学上的地位

通过前面对朱熹史学思想较为全面的分析和研究，接着应该对他在宋代史学上的地位作一全面的评判。

宋代著名学者陈傅良在宁宗即位后曾辞去实录院同修撰一职，辞呈中提到"当今良史之才莫如朱熹、叶适"①，对朱熹推崇备至。而朱熹至此时尚未在朝廷中央任过官职，他与陈傅良学术旨趣迥异，直接接触时间不长，通信也不多（朱熹文集中收入给陈氏数封信）。以陈氏当时的学术声望、才识及地位，如此称颂朱熹之史才，可见朱熹在他心目中的位置。那么，朱熹史学思想在宋代史学上地位究竟如何呢？笔者以为可以从两个方面来讨论，一是将朱熹与他同时代的史学家、思想家作比较研究，以确定朱熹的历史地位；二是从朱熹史学思想对后世的影响来确定它的历史地位。下面先比较朱熹与同时代的史学家、思想家们在史学思想方面的优劣，以确定朱熹在当时的地位。

一 朱熹与吕祖谦的史学思想比较

朱熹史学思想具有浓厚的理学色彩，在宋代史学上十分突出。朱熹是两宋最著名的理学家、理学集大成者。从两宋理学家看，周、程、

---

① 陈傅良：《止斋集》卷27《辞免录院同修撰第二状》，四部丛刊初编本，商务印书馆1912年版。

张、邵等人虽在历史哲学上有所涉及，但在史学的其他方面论述极少，故可不必多论。胡安国著有《春秋传》，但强调"微言大义"，穿凿附会；张栻虽著有史论，但构不成完整的史学思想体系，因此胡、张两氏均无法与朱熹比拟。与朱熹、张栻并称"东南三贤"的吕祖谦（1137—1181年），一生嗜好治史，其史学著作数量比朱熹更多，也有比较完整的史学思想体系。因此，比较朱熹与吕祖谦两人在史学思想方面的异同，了解宋代理学与史学之间的关系，以便正确评判朱熹带有强烈理学色彩的史学思想在宋代史学史上的历史地位。那么，朱熹与吕祖谦两人的史学思想究竟有哪些不同呢？

首先，与朱熹相比，吕祖谦的史学思想更为"纯粹"，即更接近传统的史学；朱熹则表现出坚定的理学立场，其史学思想带有更为浓烈的理学色彩。这里先比较吕祖谦与朱熹两人对治史目的的看法。吕祖谦确实也是个十分著名的理学家，他当然也强调学者必须进行道德修养，然而他在讨论学者治史问题时，则侧重于"用"。例如，他在谈论学《左传》时强调"学者须当为有用之学"①，明确将《左传》之类史书作为有用之学；他重视总结历代典章制度的演变过程，认为"凡兴废因革，皆兼考其义之当否，时之升降，事之利害"②，只有通过追本溯源，知其利弊，然后可以从政，这样治史才是"讲实理，育实才，而求实用也"③。吕祖谦所著的《历代制度详说》一书便是这种思想的产物。与吕祖谦不同，朱熹则把治史作为进行己身修养的辅助手段，首先强调要在治史中发现"天理"之无所不在，以利自己的道德修养，其次才谈得上治国平天下。显然可见吕祖谦与朱熹两人对治史目的的看法上是存在一些差异的。产生这种差异的原因是，吕祖谦为人较为谨慎，与人为善，学业上很少与人论战，

---

① 吕祖谦：《左氏传说》卷5《令尹蒍艾猎城沂使封人虑事》，黄灵庚、吴战垒主编《吕祖谦全集》第7册，浙江古籍出版社2008年版，第68页。
② 吕祖谦：《东莱吕太史别集》卷14《读史纲目·财赋》，黄灵庚、吴战垒主编《吕祖谦全集》第1册，第563页。
③ 吕祖谦：《东莱吕太史集》卷5《太学策问》，黄灵庚、吴战垒主编《吕祖谦全集》第1册，第84页。

因此仕途上一帆风顺，没有受过太大的挫折，如此他长期在朝廷中当官，当然就比较着重于"用"，即施之于政；朱熹为人性格耿直而坦诚，与人论战不少，敢于坚持自己的见解，并且在弹劾唐仲友等人问题上与一些执政者积下深刻的矛盾，因此在仕途上波折太多，加之他宁愿长期赋闲在家，课徒为生，也不愿意与自己见解不同者同朝共事，因此他只能从儒家进而治国平天下，退而独善其身的修养学说出发，强调己身修养。因此，朱熹与吕祖谦两人生活经历不同、所处环境不同，在对治史目的问题上出现不同的看法，也就不是奇怪的事了。

其次，由于朱熹与吕祖谦对治史目的问题上存在不同看法，必然在治史态度上也会产生一些不同。虽然吕祖谦与朱熹一样区分过为己为人之学，认为"大抵君子之学，本非是计较利害，为己而已；才计较利害，便是为人"①，虽然他也说过"大抵为学之道，当先立其根本，忠信乃实德也。有此实德，则可以进德修业；根本不立，则德终不可进，业终不可修"②，表示只有"读经多于读史，工夫如此，然后能可久可大"③。但是，实际上吕祖谦不但不反对偏重治史者，而且经常称赞一些治史者，反映出他是一个偏重史学的理学家，这可以从他称赞陈亮等人的有关言论便可看出。吕祖谦一生也收了不少学生，他教育学生时比较偏重于史学，这是有明文记载的：吕祖谦的学生吴必大来见朱熹，朱熹问："向见伯恭，有何说？"曰："吕丈劝令看史"④，这是明显的一例；吕祖谦自己在《左氏传续说·纲领》中也明确说过："学者观史各有详略，如《左传》、《史记》、《前汉》三书皆当精熟细看，反复考究，直不可一字草草。"⑤ 而朱熹则强调"先经后史"

---

① 吕祖谦：《左氏传说》卷13《周原伯鲁不说学》，黄灵庚、吴战垒主编《吕祖谦全集》第7册，第150页。
② 吕祖谦：《丽泽论说集录》卷1，黄灵庚、吴战垒主编《吕祖谦全集》第2册，第4页。
③ 吕祖谦：《东莱吕太史外集》卷5《与叶侍郎［正则］》，黄灵庚、吴战垒主编《吕祖谦全集》第1册，第710页。
④ 黎靖德编：《朱子语类》卷122，第2951页。
⑤ 吕祖谦：《左氏传续说·左氏传续说纲领》，黄灵庚、吴战垒主编《吕祖谦全集》第7册，第1页。

的治学顺序，认为学者应以四书六经为主，尤其要认真看四书，只有到"有余力"时才可去治史，而且必须把治史作为治经的"辅助功课"，作为明天理的途径之一。这种态度与吕祖谦确实是有差异的。因此，《宋元学案》称"宋乾（乾道）、淳（淳熙）以后，学派分而为三：朱学也，吕学也，陆学也。三家同时，皆不甚合。朱学以格物致知，陆学以明心，吕学则兼取其长，而复以中原文献之统润色之"①。这里指出了朱熹与吕祖谦在治学上的差异，其实也可看成是在治史态度上的差异。正由于此，朱熹对吕祖谦的这种治史态度提出进行批评，认为"伯恭、子约宗太史公之学，以为非汉儒所及，某尝与之辨"②，其不满溢于言表。

　　再次，吕祖谦认为治史可以"畜德致用"。他坦率承认自己的《大事记解题》"盖为始学者设"，"至于畜德致用，浅深大小，则存乎其人焉。次辑之际，有所感发，或并录之。此特一时意之所及，览者不可以是为限断也。"③ 而朱熹则认为治史过多会坏人心术。吕氏的治史畜德论是基于他对"心"的认识。他说："是知上帝之降衷，虽在昏纵悖乱之中，（天理）未尝不存也"④，"梁伯溺于土功，无故劳民，底于灭亡。议者莫不指罔民以寇，自致骇溃定梁伯之罪，是则然矣，吾独于罪之中而知天理之所在焉"⑤，"天理不可灭"⑥，而这一天理则存在于人的心中："心外有道，非心也；道外有心，非道也。"⑦ 这种将道等同于心、把心等同于宇宙本体的观点，更接近于陆九渊的心学。

---

①　黄宗羲：《宋元学案》卷51《东莱学案》，第1653页。
②　黎靖德编：《朱子语类》卷122，第2951页。
③　吕祖谦：《大事记解题》卷1，周敬王三十九年庚申，黄灵庚、吴战垒主编《吕祖谦全集》第8册，第231页。
④　吕祖谦：《左氏博议》卷5《盗杀伋寿》，黄灵庚、吴战垒主编《吕祖谦全集》第6册，第98页。
⑤　吕祖谦：《左氏博议》卷11《梁亡》，黄灵庚、吴战垒主编《吕祖谦全集》第6册，第281页。
⑥　吕祖谦：《左氏博议》卷5《盗杀伋寿》，黄灵庚、吴战垒主编《吕祖谦全集》第6册，第97页。
⑦　吕祖谦：吕祖谦：《左氏博议》卷10《齐桓公辞郑太子华》，黄灵庚、吴战垒主编《吕祖谦全集》第6册，第240页。

吕氏把心分为"内心"（又称本心、道心）和外心（私心、利心），他说：

"人心惟危"，人心是私心；"道心惟微"，道心是本心。①

他用这些概念来论述历史上的人物和事件：

大抵父子之道天性也……盖人之心有内外，天属之爱，内心也。惟后来被小人以开拓土地之说，引诱他内心向外去，流而忘反。他外心日炽，内心日消，使他里面心都消尽，故其父子自为虎狼，更向戕贼，然后谗间之计可行也。②

利则居后，害则居先，此君子处利害之常法也。是故见利而先谓之贪，见利而后谓之廉，见害而先谓之义，见害而后谓之怯，皆古今之定名……晋文公私有讨于曹，披裂其地，为诸侯者，坐视不能救则亦已矣，乃乘其危而共取其利，是诚何心也？臧文仲所以迟迟其行者，其亦忸怩而有所不安欤？……今冒利兢进，虽得地之多，吾恐文仲之所丧者之多于地也……本心易失，而利心易昏也。③

第一例是评论春秋时期楚平王信谗言而欲杀太子建之事，第二例是对臧文仲分曹国之田提出批评。这两例均是以"内心"（本心、道心）与"外心"（私心、利心）来讨论历史事件。正是基于这种以"心"论史的观点之上，吕祖谦认为"'多识前言往行，以畜其德'，

---

① 吕祖谦：《丽泽论说集录》卷9，黄灵庚、吴战垒主编《吕祖谦全集》第2册，第244页。

② 吕祖谦：《左氏传说》卷14《费无极极言于楚子若大城城父而寘太子以通北方王收南方是得天下王说》，黄灵庚、吴战垒主编《吕祖谦全集》第7册，第153页。

③ 吕祖谦：《左氏博议》卷15《臧文仲分曹田》，黄灵庚、吴战垒主编《吕祖谦全集》第6册，第378—379页。

于古圣贤之言行，考迹以观其用，察言以求其心，如是而后，德可畜也"①。也就是说，在此基础上，学者便可认识什么是德，便可做到"畜德"，治史的作用也就充分体现出来。吕祖谦是想通过治史，总结历史上正反两方面的经验，从而达到促进己身修养的目的，这当然是一种理学观点。《宋元学案》把"多识前言往行以畜德"作为吕氏家学的真谛，应该说是正确的。而与吕祖谦相反，朱熹认为史书中"道理（天理）不多"，学者不应该通过看史书来体认天理，而应该直接从四书六经中体认。如果偏重于治史，不但达不到对自己修养有利的目的，而且史书中的阴谋权术之类，却会坏人心术。因此，朱熹曾说"人言何休为《公羊》忠臣，某尝戏（言）伯恭为毛郑之佞臣"②，实际是指吕祖谦"于史分外子细，于经却不甚理会"，而这种重史轻经的治学方法必然"见得浅"③，难以光大道学。

最后，朱熹史学思想是个核心为天理的完整体系，而吕祖谦虽有比较完整的史学思想，但与朱熹相比确实存在差距。之所以说朱熹史学思想是个完整的体系，是因为它涉及史学思想的各个方面，如历史哲学、治史态度、治史方法论、史著编纂理论、史学批评，从哲学高度到具体的编纂、以至历史人物、历史事件的评价，都有相关的研究；说其核心是天理，是因为在每个部分都贯穿着他的天理论。下面试作分析。

朱熹史学思想的哲学基础是其历史哲学，而其历史哲学的最高层次是天理论。在这一层次中，他把天之"道"（历史发展的规律）与人之"道"（封建的伦理道德）等同起来，认为两者都是永恒的，泛称为"天理"，以此为基础来讨论人类社会的发展和个人在历史上的作用等等相关问题。虽然，朱熹在人类社会发展的客观现实面前，也

---

① 吕祖谦：《丽泽论说集录》卷1《大畜》，黄灵庚、吴战垒主编《吕祖谦全集》第2册，第49—50页；黄宗羲：《宋元学案》卷51《东莱学案》引文略有删节，第1654页；黄宗羲《宋元学案》卷36《紫微学案》把"多识前言往行以畜德"作为吕氏家传，吕祖谦此说正是明证。第1233页。

② 黎靖德编：《朱子语类》卷122，第2950页。

③ 黎靖德编：《朱子语类》卷122，第2951页。

不得不承认它的发展有一种不以人类意志为转移的必然趋势，但他又把这种"势"置于"理"规定性之下，即所谓"理势"。虽然朱熹在研究历史中，发现了人在人类社会的发展中可以起到一定的、积极的作用（所谓"本领"作出的"事业"），看到了人的主观意志（心术）与社会实践（经世致用）之间的内在关系，但他夸大了人的主观意志，偏重于心术的作用，由此提出了正"心术"的观点，而朱熹所谓的正心术正是要求人们去理解、认识天理这一永恒的"真理"！同样，朱熹承认客观历史是可知的，其规律也是可知的，但他以"天理"来替代历史发展的规律，认为认识了天理便是认识了历史发展的规律，因而他的格物致知的历史认识论的首要任务是对天理的认知，并把认识天理作为历史研究的终极任务。可见，朱熹天理论贯穿到历史哲学的各个方面，充分显示其历史哲学的核心便是"天理"。

朱熹对治史态度的看法，也是以天理为核心的。在他看来，四书六经是天理所在，是学者首先要认真学习的；而史书中"道理不多"，无须费力去研究，因而治史只能作为认识天理的辅助手段。如此，学者必须先经后史，"培壅根本"，然后才可去治史，才能对史书中的天理、人欲一目了然。这样，才能认识到历史事件、历史人物所反映出来的是非、利弊、得失、功过、成败等经验教训，才可"善可为法、恶可为戒"，才会对己身的道德修养有益，治史才有价值。显然，朱熹在治史态度上仍是以认识天理为核心，其基础便是天理论。

朱熹在治史方法论上有一些独到的见解，如收集史料上应该博采善择，强调实证的治史方法，这些都是应该予以肯定的。但需要指出的是，他认为治史方法仅仅是手段，而采用这些手段的目的是为了更准确地认识天理。因而在主次关系上，他强调明天理是主，是目的；治史方法是次，是理解天理的手段。正因为如此，为了论证圣贤之语便是天理，他就往往抛弃自己所强调的实证方法，忽视甚至歪曲历史事实。如朱熹认为《周礼》是周公所作，于是反复"考辨"，目的就是为了论证《周礼》所载之语是圣人所阐述的天理。

在史著编纂方面，朱熹的远见卓识与迂腐固执两方面都表现得淋漓尽致。朱熹在继承董仲舒、刘向父子、班固等人的五行推衍正统论的基础上，作了哲理性的改造，并提出了"大权归一"便是正统的观点；同时又从序名分这一"天理"出发，把蜀汉认定为"正统之馀"的王朝，归入正统这一大的系列。这样，他的"大权归一"的正统标准便出现了二律背反的矛盾：如果把"大权归一"作为正统标准，则蜀汉不能归入正统这一系列之内；如果把蜀汉归入正统系列，则"大权归一"是正统标准就难圆其说。显然，从序名分这一天理去判断正统与否，是难以得出符合历史真实的结论的；况且，五行推衍正统论的本身便不可取。当然，朱熹的正统论，含有如何解决数朝并列时的史著编写方法问题，他主张采用书写甲子来解决这一难题，确实也含有合理因素。但他把正统论作为编纂史书的根本纲领，在编纂原则上已犯了难以挽回的错误，即使小修小补也是无济于事的。在对待东汉以后出现的史书体裁马班优劣论上，朱熹能摆脱这一束缚，别开生面地提出史体互补的观点，其见解确实比他前辈或同时代学者们高明。至于他主张秉笔直书的良史风范，是继承了前辈史家的优良传统，而且他在评论史著或自己著史时也从这一前提出发，无疑也是正确的。他强调著史必须贯穿义理（天理），即含有从哲学、政治理想高度来统率编史的因素，从其高瞻远瞩看，他并不比前辈或同辈中那些优秀史家逊色；然而这种观点仍是一种理学的说教，十分明显地反映出他那强烈的以理学占领史学阵地的愿望，偏离了史书编纂的正确途径，其局限性是不言而喻的。从朱熹亲撰《资治通鉴纲目》一书的过程来分析，他逐渐抛弃了所谓《春秋》义例，力图以重天理而据事实作为自己编纂此书的原则，从其原意说，他既想以理阐史，但又不能不正视历史事实而采用直书的方法，确实显示出一种矛盾的心态。作为一个理学家，他是无法摆脱这一窘状的。

朱熹的史学批评思想，完全是以"天理"这一标准来衡量史学著作、史家和历史人物的。虽然他在具体论述中也不乏精见卓识，如功过不掩的人物评价方法之类，但其最终目的仍是为了阐述天理，而且一以贯之。

总而言之，朱熹以天理论作为史学思想的基石，由此涉及史学思想的各个方面，使各个方面有机地组合起来，构筑成一个完整的理论体系。这种思辨性极强的史学理论体系，宋代其他史学家们确实很难与之抗衡。实际上，正由于朱熹史学思想的这种思辨性强、有完整体系的特点，对后代产生了"震慑"作用，在封建社会中没有人能打破这一理论体系而创造出一种新的理论体系来取代它。在评价朱熹史学思想时，这一点也必须予以重视。

吕祖谦虽有比较完整的史学思想，但他在论述一些史学问题上则从史学的特点出发来思考，带有比较"正统"的史学观。同时，吕祖谦在论述一些问题上也存在不少错误的看法。

作为一个理学家，吕祖谦在历史哲学上并不否论三纲五常（天理）在历史发展中的作用，如他说过：

> 理之在天下，犹元气之在万物也。一气之春，播于品物，其根其茎，其枝其叶，其华（花）其色，其芬其臭，虽有万而不同，然曷尝有二气哉！理之在天下，遇亲则为孝，遇君则为忠，遇兄弟则为友，遇朋友则为义，遇宗庙则为敬，遇军旅则为肃。随一事而得一名，名虽至于千万，而理未尝不一也。气无二气，理无二理。然物得气之偏，故其理亦偏，人得气之全，故其理亦全。惟物得其偏，故莸之不能为薰，荼之不能为荠，松之不能为柏，李之不能为桃。各守其一而不能相通者，非物之罪也，气之偏也。至于人则全受天地之气，全得天地之理，今反守一善而不能相推，岂非人之罪哉？……凡天下之理未有出乎孝之外也。①

这里，我们以吕祖谦对卫宣公淫乱而导致卫国大乱之事的议论来讨论他的"天理论"：

> 卫宣公之无道（即与夷姜淫乱之事），昏纵悖乱，腥闻于天。乖戾之气所召者，宜其为凶，为奸，为逆，为恶，而伋、寿二子

---

① 吕祖谦：《左氏博议》卷3《颍考叔争车》，黄灵庚、吴战垒主编《吕祖谦全集》第6册，第58—59页。

并生其家,然则天理有时而舛乎?曰:是所以为天理也。世皆以人欲灭天理,而天理不可灭。彼卫公之家,三纲坏矣,五典坠矣,凡生民之常性,皆剥丧而无余矣,而二子之贤,忽生于至丑至污之地焉。是知上帝之降衷,虽在昏纵悖乱之中,未尝不存也。二子自幼至长,所闻者何语,所见者何事?而介然自守,习不能移,岂得之人乎!是天以二子彰,此理之未尝亡也……观二子之生,则知天理之不可灭;观二子之死,则知天资之不可恃。是道也,非洞天人之际,达性命之原,何足以知之哉!①

这里,吕祖谦强调了"天理不可灭",显示其理学家的立场。吕祖谦还进一步认为:"至理所在,可以心遇而不可以力求……天下之理,固眩于求而真于遇也。理有触于吾心,无意而相遭,无约而相会,油然自生。虽吾不能以语人,况可以力求乎!一涉于求,虽有见,非其正矣。日用饮食之间,无非至理,惟吾迫而求之,则随得随失。研精极思,日入于凿,曾不知是理交发于吾前而吾自不遇,是非不用力之罪也,乃用力之罪也。天下之学者,皆知不用力之害,而不知用力之害。苟知力之不足恃,尽黜其力,而至于无所用力之地,则几矣。"②吕祖谦强调说"心外有道非心也,道外有心非道也",在这种观点的束缚下,他以为"圣人之心,万物皆备,尚不见有内,又安得有外耶!史,心史也;记,心记也"。③吕祖谦这种"以心论史"的历史哲学更接近于陆九渊的心学体系。

他还有一段十分重要的论述:

> 世之论良心者,归之仁,归之义,归之礼,归之智,信未有

---

① 吕祖谦:《左氏博议》卷5《盗杀伋寿》,黄灵庚、吴战垒主编《吕祖谦全集》第6册,第97—99页。
② 吕祖谦:《左氏博议》卷13《宋公赋诗》,黄灵庚、吴战垒主编《吕祖谦全集》第6册,第333页。
③ 吕祖谦:《左氏博议》卷10《齐桓公辞郑太子华》,黄灵庚、吴战垒主编《吕祖谦全集》第6册,第241页。

敢以诈为良心者也。名诈以良心，岂有说乎？曰：诈非良心也。所以诈者，良心也……吾是以知天理常在人欲中，未尝须臾离也。梁伯欲心方炽，而慊心遽生，孰导之而孰发之乎？①

这里，吕祖谦以"良心"（诈心）来讨论梁国灭亡之事，这种"以心论史"的观点确实也是不能正确解释历史发展的规律的，因而吕祖谦的历史哲学仍不能使人满意。

当然，吕祖谦也意识到"天下一事一物皆有'始衷终'。若看得见始不见得衷，若见得终不见得始，皆是见理不尽"②。所谓的"终""衷"，是指事物发展的"势"，例如他在讨论春秋战国时期的史事，就用"势"来讨论的："虢仲、芮伯、梁伯、荀侯、贾伯伐曲沃，此虽等闲言语，亦可以观天下之势。何以见之？盖自此以后，五国皆不见于传，尽为大国并吞了。此又见世代升降处。是岂不可以观天下之大势乎？"③ 显然，这是指天下大势是一种不以人的意志所转移的趋势。而且，这种"势"不是像朱熹说的那种周而复始的"循环论"，而是一种向前发展之势，而且强调人应该顺势而做事业，即强调人在历史上的作用。吕祖谦在讨论春秋战国时期历史时以这种观点来解说，例如在讨论"葵丘之会"时有那么几段话：

> 天下之为治者，未尝无所期也。王期于王，伯期于伯，强期于强，不有以的（靶）之，孰得而射之？不有以望之，孰得而趋之？志也者，所以立是期也；动也者，所以赴是期也；效也者，所以应是期也……自期于强者，至强则止，欲挽之使进于伯，不可得也；自期于伯者，至伯则止，欲挽之使进于王，不可得也。

---

① 吕祖谦：《左氏博议》卷11《秦取梁新里》，黄灵庚、吴战垒主编《吕祖谦全集》第6册，第281—282页。
② 吕祖谦：《左氏传说》卷20《范氏中行氏将伐公齐高强言三折肱知为良医》，黄灵庚、吴战垒主编《吕祖谦全集》第7册，第214页。
③ 吕祖谦：《左氏传说》卷1《虢仲与芮梁荀贾伐曲沃》，黄灵庚、吴战垒主编《吕祖谦全集》第7册，第10页。

何则？其素所期者，止于如是也……抑不知天下之势，不盛则衰；天下之治，不进则退。强而止于强者，必不能保其强也；伯而止于伯者，必不能保其伯也……吾是以知自期之不可小也，进伯而至于王，极天下之所期，无在其上者，其亦可以息乎？曰：王道果可息，则禹之孜孜，汤之汲汲，文之纯亦不已，何为者耶？"①

显然可见，吕祖谦强调做事要有奋斗目标，"期"即是理想的目标，但这一目标则须以"动"（行动）来达到，其实就是讨论了人的作用。而"天下之势，不盛则衰；天下之治，不进则退"，则是指人对天下之势的判断后，要顺势而做事，否则不进则退。他在讨论东周初年齐桓公称霸之事来阐明"势"与事功之间的关系："此时得桓公出来总集天下之势，整顿天下之事，岂非有大功于当世？"②他曾评论白起败韩魏之师说："遂成秦并六国之势。冉之是举，可谓有大功于秦矣。"③意思是说，白起顺应当时之势，做出并六国的大事来。吕祖谦还讲到赵武灵王胡服骑射之事，以为"武灵王可谓有天下之志矣"④，也含有顺势而之意。这里都可以看出吕祖谦在讨论"势"问题上比较注意人的作用，表现比较突出。

当然，吕祖谦所谓的"势"的观点，仍是基于"天理论"之上的，因而这种观点就不可能正确解释人类社会的发展的规律的，也无法正确解释个人在历史上的作用等等相关问题。因为吕祖谦仍强调三代是王道流行，而春秋之后则霸道横行了，他讨论齐桓公称霸时就说过："然所谓犹有可憾者。盖五霸未出，先王之遗风余泽犹有存者，天下之人犹有可见者。霸主（指齐桓公）一出，则天下之人见霸者之

---

① 吕祖谦：《左氏博议》卷11《会于葵丘寻盟》，黄灵庚、吴战垒主编《吕祖谦全集》第6册，第246—248页。

② 吕祖谦：《左氏传说》卷2《齐小白入于齐》，黄灵庚、吴战垒主编《吕祖谦全集》第7册，第14页。

③ 吕祖谦：《大事记解题》卷5，周赧王二十二年，黄灵庚、吴战垒主编《吕祖谦全集》第8册，第401页。

④ 吕祖谦：《大事记解题》卷4，周赧王八年，黄灵庚、吴战垒主编《吕祖谦全集》第8册，第376页。

功,而无复见先王之泽矣。"① 他在《邾灭须句》一条中也说:"自唐虞三代,以至春秋之初,千百世绵延,而皆不废绝。何故才入春秋之世,便见屠戮?盖须句、六、蓼皆小国,所以不废于春秋之前者,盖向时有圣贤之君以振作之。风声气习,尚有典刑,老成人相与维持,故得世守其祀。所以虽小而仅存。至此先王德泽既已斩绝,渐入春秋战国气象,故先王之诸侯,亦不能自存。此最见得风声气习之大推移,习俗之大变革处。学者当子(仔)细看,到此又须看得天下大势,与战国汉唐相接。"② 显然,吕祖谦是站在王霸之辨的立场上来讨论历史发展的趋势问题的。

值得指出的是,吕祖谦与朱熹不同的是,他的思想中还含有法家思想的影子,强调法、术、势。在《左氏传说》的《荀偃言鸡鸣而驾塞井夷灶》条中,吕祖谦十分感慨地说道:"晋自襄公以后,权在臣下,世世都如此。自襄公时先轸不顾而唾,已有臣强之渐。后来灵公以下,驯至厉公,威令在臣下。以悼公之霸,一时收晋国之权,及细考之,政在臣下,君弱臣强,根本之患,元不曾除去。"③ 在同卷《齐侯遂东太子光后光即位杀太子牙》及《范宣子逐栾盈栾盈复入于晋》都谈到晋国大权让崔杼(弑庄公者)、栾书(弑厉公)、栾盈等人掌握,而国君无权,就如土木偶人似地随权臣摆布。《晋栾盈复入于晋入于曲沃》条说:"故使嬖臣之权愈重,而晋之愈不振,而霸业愈衰者,士大夫之过也。(即指晋国士大夫不与权臣争)"④ 显然,在吕祖谦看来,帝王统治臣下之"权"(权势)是极为重要:

> 吾尝持是而观后世隆替之由,权在则昌,权去则亡,未有失

---

① 吕祖谦:《左氏传说》卷2《齐小白入于齐》,黄灵庚、吴战垒主编《吕祖谦全集》第7册,第14页。

② 吕祖谦:《左氏传说》卷4《邾灭须句》,黄灵庚、吴战垒主编《吕祖谦全集》第7册,第52页。

③ 吕祖谦:《左氏传说》卷7《荀偃言鸡鸣而驾塞井夷灶》,黄灵庚、吴战垒主编《吕祖谦全集》第7册,第89页。

④ 吕祖谦:《左氏传说》卷8《晋栾盈复入于晋入于曲沃》,黄灵庚、吴战垒主编《吕祖谦全集》第7册,第101页。

权而国不随亡者也。①

鲁道衰而权移于季氏，议者徒见其专权之祸，而不见其窃权之由。吾读《左氏》书至季文子出莒仆之事，然后知季氏窃权之始，盖在此也。权，君之所司也。堂陛甚高，扃镭甚严，操柄甚尊，岂人臣能一旦徒手而夺其权哉？必有隙焉，然后能乘之；必有名焉，然后能假之；必有术焉，然后能攘之……宣公篡立，大臣未附，国人未信，其权未有所属，此千载一时之大隙也……故因莒仆之事，借其名、闶其术，嘿收一国之权于掌中而人不悟。深矣哉！文子之谋也。②

吕祖谦也强调帝王统治之"术"，他虽然反对秦王朝施以残暴的刑法，但并不反对有必要的刑法和统治臣下之"术"，而且认为"文武并用"是"长久之术也"③。他说：

陛戟警跸，公孙述之待马援也；岸帻迎笑，光武之待马援也。以述之肃，反取'井蛙'之讥；光武之嫚，而援委心焉。然则朴邀小礼，果非所以待豪杰耶？英雄豪悍之士，磊落轶荡，出于法度之外，为君者亦当以度外待之。破崖岸，削边幅，附背握手，以结其情；箕踞盛气，以折其骄；嘲诮谑浪，以尽其欢；慷慨歌呼，出肺肝相示，然后足以得其死命。是非乐放肆也，待豪杰者法当如是也。④

这里，吕祖谦指出帝王对待豪杰之士的态度可以不以"天理"为

---

① 吕祖谦：《左氏博议》卷20《周公王孙苏讼于晋》，黄灵庚、吴战垒主编《吕祖谦全集》第6册，第469页。
② 吕祖谦：《左氏博议》卷23《季文子出莒仆》，黄灵庚、吴战垒主编《吕祖谦全集》第6册，第521—522页。
③ 吕祖谦：《大事记解题》卷9，汉太祖高皇帝十二年，黄灵庚、吴战垒主编《吕祖谦全集》第8册，第571页。
④ 吕祖谦：《左氏博议》卷7《宋万弑闵公》，黄灵庚、吴战垒主编《吕祖谦全集》第6册，第135—136页。

标准，尤其对那些出于"法度"之外英雄豪杰之士，更应统治有"术"（权术）。从上述引文中可以看出，吕祖谦确实也是讲权、术、势，因此与朱熹"以德论政"的观点相背。自然，朱吕两人相比，吕祖谦的观点更接近于历史的现实，但在南宋及宋之后，这种带有法家影子的观点自然难于与朱熹"正宗"的儒家观点相匹敌，因此吕祖谦的史学思想不可避免地逐渐被人"遗忘"了。

自然，吕祖谦比较注意总结历史的经验教训，例如他说："春秋之世，王泽既竭，反道败德，乱伦悖理，不可概举……自是而降，则如灭国之祸，尤所谓惨烈而可惧者。国于天地，有与立焉……穆公信能推此惧心而充之视天下之诸侯，国一灭则心一警，心一警则政一新，是伤彼所以药此，损彼所以增此也。固可离危亡之门，而卜治安之基矣，岂止西戎之霸耶！"① 这种比较善于总结历史经验教训的治史态度，仍是具有合理因素的，值得我们重视。

前面已经分析过朱熹坚决反对祥瑞灾异、谶纬迷信的态度。与朱熹相比，吕祖谦则显得比较保守。他反对柳宗元《贞符》所否定的符命说，认为："大抵符命之说，亦不可谓之无。如所谓'天降时雨，山川出云，嗜欲将至，有开必先。'所谓帝王之兴，见乎蓍龟，动乎四体，当深察其邪正。若以不正之说例论之，且如玄鸟生商、伏羲受图也不足信，是因噎而废食也。大抵帝王之兴，自有自然之兆。人之正心，感天地之正气，所谓符命者自可信，却不是附会凑合得来，岂可谓之不于其祥于其仁？若以此察之，正邪之说，昭然如日星之明。"② 吕祖谦还力图从理论上加以论述：

> 为官守帑者，吏也；为国守边者，将也；为天守名分者，君

---

① 吕祖谦：《左氏博议》卷21《楚人灭江秦伯降服》，黄灵庚、吴战垒主编《吕祖谦全集》第6册，第488—489页。
② 吕祖谦：《左氏传说》卷2《毕万之后必大》，黄灵庚、吴战垒主编《吕祖谦全集》第7册，第22页。

也……天未尝以名分与人君，特寄之人君俾守之耳。①

天者，人之所不能外也……世之论天者，何其小耶！日月星辰之运，则付之天；灾祥妖孽之变，则付之天；丰欠疫疠之数，则付之天。若是者，皆非人之所能为。吾知崇吾德，修吾政而已。彼苍苍者，吾乌知其意之所在哉……果如是说，则所见者不过覆物之天而已矣。抑不知天大无外，人或顺或违，或向或背，或取或舍，徒为纷纷，实未尝有出天之外者也。顺中有天，违中有天，向中有天，背中有天，取中有天，舍中有天，果何适而非天耶？"②

善观天者，观其精；不善观天者，观其形。③

和气致祥，乖气致异，二气相应，犹桴鼓也。物之祥不如人之祥，故国家以圣贤之出为佳祥，而景星、矞云、神爵、甘露之祥次之；物之异不如人之异，故国家以邪佞之出为大异，而彗孛、飞流、龟孽、牛祸之异次之。④

这里所说的"天"并非是客观的天，而是一种能够左右人事的神秘的力量，正如他所强调的那样："人言之发，天理之发也；人心之悔，即天意之悔也；人事之修，即天道之修也。无动非天，而反谓无预于天，可不为大哀耶！"⑤ 可见，吕祖谦强调天人感应、将祥瑞灾异说成是"和气""乖气"演化的结果，这显然是错误的。吕祖谦还承认有"天命"，他认为："命者，正理也，禀于天。而正理不可易者，

---

① 吕祖谦：《左氏博议》卷7《王赐虢公晋侯玉马》，黄灵庚、吴战垒主编《吕祖谦全集》第6册，第148页。
② 吕祖谦：《左氏博议》卷12《鲁饥而不害》，黄灵庚、吴战垒主编《吕祖谦全集》第6册，第298—299页。
③ 吕祖谦：《左氏博议》卷12《鲁饥而不害》，黄灵庚、吴战垒主编《吕祖谦全集》第6册，第300页。
④ 吕祖谦：《左氏博议》卷5《盗杀伋寿》，黄灵庚、吴战垒主编《吕祖谦全集》第6册，第97页。
⑤ 吕祖谦：《左氏博议》卷12《鲁饥而不害》，黄灵庚、吴战垒主编《吕祖谦全集》第6册，第299—300页。

所谓命也。使太甲循正理而行，安有覆亡之患哉！"① 他以这种观点来分析夏商政权交替："夏之先后，懋德如此，宜可以凭藉扶持，固亿万年之基本。子孙才尔不率，天遂降之以灾。天理感应之速，反覆手间耳……伐夏非汤之本意，实迫于天命之不得已耳。"② 显然，吕祖谦的这种观点与董仲舒的"天人感应说"完全相同，确实是一种错误的观点。与此相应，吕祖谦也不反对卜筮，同时也从理论上加以论证：

物莫不有先。础先雨而润，钟先霁而清，灰先律而飞，蛰先寒而闭，蚁先潦而徙，鸢先风而翔。阴阳之气，浑沦磅礴于覆载之间，而一物之微先见其几，如券契符钥，无毫厘之差，何也？通天地一气，同流而无间者也。一物且然，而况圣人备万物于我乎！圣人备万物于我，上下四方之宇，古今来往之宙，聚散惨舒，吉凶哀乐，犹疾痛疴痒之于吾身，触之即觉，干之即知。清明在躬，志气如神，嗜欲将至，有开必先。仰而观之，荣光德星，欃枪枉矢，皆吾心之发见也；俯而视之，醴泉瑞石，川沸木鸣，亦吾心之发见也；玩而占之，方功义弓，老少奇耦，亦吾心之发见也。"③

吕祖谦还以为后世"始求吉凶于心外。心愈疑，而说愈凿（穿凿）；说愈凿，而验愈疏。附（附会）之以瞽史之习，杂之以巫觋之妄，千蹊百径，庶几一中。失之于心，而求之于事，殆见心劳而日拙矣，《左氏》之所载是也"④。由此，吕祖谦感叹道："噫！桑林之见，妄也；偻句之应，借也；台骀、实沈之祟，妖也；彼蓍龟之中，曷尝

---

① 吕祖谦：《增修东莱书说》卷8，黄灵庚、吴战垒主编《吕祖谦全集》第3册，第134页。
② 吕祖谦：《增修东莱书说》卷8，黄灵庚、吴战垒主编《吕祖谦全集》第3册，第126页。
③ 吕祖谦：《左氏博议》卷8《卜筮》，黄灵庚、吴战垒主编《吕祖谦全集》第6册，第180页。
④ 吕祖谦：《左氏博议》卷8《卜筮》，黄灵庚、吴战垒主编《吕祖谦全集》第6册，第181页。

真有是耶？妄者见其妄，借者见其借，妖者见其妖，皆心之所发见耳。蓍龟者，心之影也，小大修短，咸其自取。伛者曲而躄者跛，夫岂影之罪哉！"① 甚至吕祖谦还质疑荀子对相术的批判：

> 势相敌而后讼，未有非其敌而讼者也……亲屈公卿之贵而与皂隶讼，亲屈巨室之富而与窭人讼，亲屈儒者之重而与卜祝讼，胜之不武，不胜为笑，适以自卑而已矣。荀卿以大儒而著《非相》之篇，下与卜祝较，何其不自爱也……是书一出，相师之气坐增十倍，互相告语，以谓：我何人也？卜祝也；彼何人也？儒者也……今彼乃明目张胆，极其辩而与我争曲直，恐不胜者，是必我之道可以与彼抗也。由是卜祝之流，人相劝，家相勉，支分派别，相形之术遂蔓延于天下矣。然则荀卿之于相术，将以排之，适以助之；将以抑之，适以扬之。《非相》之篇，吾恐未免为"是相"之篇也……荀卿强斥以为异端而与之辩，无故而为吾道增一异端，非卿之罪耶？②

吕祖谦这种为谶纬卜筮、祥瑞灾异的曲解粉饰是不值得肯定的，这与朱熹坚决反对卜筮谶纬、祥瑞灾异的态度大相径庭，其优劣一目了然。

在义利王霸问题上，吕祖谦与朱熹也有很大的差异。虽然吕祖谦也说过："正其义而不谋其利，明其道而不计其功，此吾儒之本指也。自谋利计功之说行，虽古人之事峻厉卓绝，表表然出于常情俗虑之外者，莫不以是心量之，其为害岂浅鲜哉？"③ 他在评论齐桓公晚年国内之祸时也说过这么一段话："吾读书至此，未尝不怜其（齐桓公）衰

---

① 吕祖谦：《左氏博议》卷8《卜筮》，黄灵庚、吴战垒主编《吕祖谦全集》第6册，第181—182页。
② 吕祖谦：《左氏博议》卷16《周叔服相公孙敖二子》，黄灵庚、吴战垒主编《吕祖谦全集》第6册，第391—393页。
③ 吕祖谦：《左氏博议》卷25《楚箴尹克黄不弃君命》，黄灵庚、吴战垒主编《吕祖谦全集》第6册，第549页。

而哀其穷也。世之诋伯者，必曰'尚功利'，五伯桓公为盛，诸子相屠，身死不殡，祸且不能避，岂功利之敢望乎！是知王道之外无坦途，举皆荆棘；仁义之外无功利，举皆祸殃。彼诋伯以功利者，何其借誉之深也。"① 显然，吕祖谦批判霸道、反对谋利计功之说。但是，吕祖谦并未将这种观点坚持下去，他又提出"霸（道）亦假（借）德说"：

> 自古论王霸，皆曰王以德，霸以力。德与力是王霸所由分处。然而霸亦尝假德而行，亦未尝专恃力而能霸者。如晋文公之霸，所谓出定襄王，入务利民，伐原以示之信，大蒐以示之礼，皆是依傍德而行。惟文公以德辅力，故能一战而霸。而得平公以后，全无德，全恃力，不知霸虽是力，亦必假德方能立。以此知维持天下者，其可斯须去德邪？②

我们认为，将吕祖谦说成是坚决反对霸道、反对追求功利的正统理学家是不正确的。事实上，吕祖谦在不少地方对追求功利的行为表示理解与体谅，显示其在王霸义利问题上的矛盾性。即使在评价齐桓公存邢救卫而称霸的这件事上，他也有不同说法："王者之所忧，伯者之所喜也；伯者之所喜，王者之所忧也。王者忧名，霸者喜名。名胡为而可忧耶？不经桀之暴，民不知有汤；不经纣之恶，民不知有武王。使汤、武幸而居唐、虞之时，无害可除，无功可见，汤自汤，武自武，民自民，交相忘于无事之域，则圣人之志愿得矣。功因乱而立，名因功而生，夫岂吾本心耶？是故云霓之望，非汤之盛也，乃汤之不幸也；壶浆之迎，非武王之盛也，乃武王之不幸也。伯者之心异是矣……王者恐天下之有乱，伯者恐天下之无乱。乱不及，则功不大；

---

① 吕祖谦：《左氏博议》卷9《齐寺人貂漏师》，黄灵庚、吴战垒主编《吕祖谦全集》第6册，第224页。
② 吕祖谦：《左氏传说》卷12《治兵于邾南甲车四千乘》，黄灵庚、吴战垒主编《吕祖谦全集》第7册，第139页。

功不大，则名不高。将隆其名，必张其功；将张其功，必养其乱。"①而齐桓公在狄伐邢、卫之后二、三年才救之，只不过是"齐桓公徒欲成区区之名，安视其死至于二年之久，何其忍耶！"② 显然可见，吕祖谦又以"名""实""功""利"来讨论王霸之辨，认为"王者不计功谋利，霸者计功谋利"③，而齐桓公只是为了图霸之"名"，目的全在"计功谋利"，而不是维护周王室的"权威"，因此所行并非王道，而是霸道。这一说法与上述"惟文公以德辅力，故能一战而霸"的评价存在明显的矛盾。吕祖谦评价齐桓公的观点与朱熹有所不同。朱熹站在维护周王室的立场上，认为齐桓公与管仲存邢救卫是维护周王室的"权威"，有"九合诸侯，一匡天下"的"仁者之功"，因此"管仲有功而无罪，故圣人独称其功"。④ 显然，朱熹根据《论语》而给予齐桓公、管仲不算太低的评价（参见本书第六章第三节），得出的结论必然与吕祖谦有所不同。

　　前面已经讨论了朱熹的经世致用观，指出作为理学家的朱熹在强调学者治经以利修养的基础上，并不反对治史，甚至认为治史仍具有经世致用的效用。不过，在朱熹看来，与治经相比，治史毕竟是种辅助之学，因此他反复强调"经先史后"。吕祖谦虽然也强调治经的重要性，但他在讨论史学功用之时，回避了何者为先、何者为后的问题，只是强调学者治史要注意史学的经世作用，他曾说："读史先看统体，合一代纲纪风俗消长治乱观之。如秦之暴虐，汉之宽大，皆其统体也。"⑤ 显然，注意到秦汉之不同，在吕祖谦看来是极具经世意味的。他还说过："大抵《左氏》载版筑用兵救焚之事，如世务曲折，条目

---

① 吕祖谦：《左氏博议》卷9《齐侯戍曹迁邢封卫》，黄灵庚、吴战垒主编《吕祖谦全集》第6册，第208—209页。
② 吕祖谦：《左氏博议》卷9《齐侯戍曹迁邢封卫》，黄灵庚、吴战垒主编《吕祖谦全集》第6册，第210页。
③ 吕祖谦：《左氏传说》卷2《公败宋师于乘丘》，黄灵庚、吴战垒主编《吕祖谦全集》第7册，第16页。
④ 朱熹：《四书章句集注·论语集注》卷7，第154页。
⑤ 吕祖谦：《东莱吕太史别集》卷14《读史纲目》，黄灵庚、吴战垒主编《吕祖谦全集》第1册，第561页。

所裁，纤悉备具，所载甚详。亦足以见当时风声气习，近于三代。其人皆是着实做工夫，皆为有用之学，非尚虚文也。"① 吕祖谦曾批评"战国陋儒，诵章句而不知践履，守陈迹而不识时宜"②，也批评"今人为学，多尚虚文，不于着实处下工夫，到临事之际，种种不晓"，因此"学者须当为有用之学"。③ 这些都是要求学者在读史中注意总结历史经验教训，这种观点确实也有合理之处的。

在讨论孔子删削而成《春秋》时，吕祖谦强调了孔子使用了褒贬笔法，一言一字均有深意，这是因为"圣人之心，万物皆备，尚不见有内，又安得有外耶！史，心史也；记，心记也。推而至于盘盂之铭，几杖之戒，未有一物居心外者也"④，所以能做到"具万理于一言"⑤，笔削褒贬而莫不中理。在吕祖谦看来，圣人所褒贬是有深意的："其褒者，既往之功也；其贬者，既往之罪也"⑥，因此《春秋》中的一言一字均是万世遵循之准绳。例如，他评价孔子书鲁隐公元年"王"字，说道："春秋之时，人欲肆，天理灭，泯泯棼棼，瞀乱错惑，夫子不得已而标'王'之一字出诸'正月'之上，然后天下知自隐至哀二百四十二年之间予夺褒贬无非王道之流行，自岁首至岁穷三百六旬之间视听食息无非王道之发见。向若夫子不笔之于《经》，则人虽终日不离王道之内，习不察，行不著，亦不知王之为王矣。呜呼，夫子虽欲如《书》之无言，岂可得哉！"⑦ 至于《春秋》中所记之事，也

---

① 吕祖谦：《左氏传说》卷5《令尹蒍艾猎城沂使封人虑事》，黄灵庚、吴战垒主编《吕祖谦全集》第7册，第68页。

② 吕祖谦：《大事记解题》卷7，秦始皇三十四年，黄灵庚、吴战垒主编《吕祖谦全集》第8册，第493页。

③ 吕祖谦：《左氏传说》卷5《令尹蒍艾猎城沂使封人虑事》，黄灵庚、吴战垒主编《吕祖谦全集》第7册，第68页。

④ 吕祖谦：《左氏博议》卷10《齐桓公辞郑太子华》，黄灵庚、吴战垒主编《吕祖谦全集》第6册，第241页。

⑤ 吕祖谦：《东莱吕太史别集》卷13《春秋讲义·公子益师卒》，黄灵庚、吴战垒主编《吕祖谦全集》第1册，第552页。

⑥ 吕祖谦：《东莱吕太史别集》卷13《春秋讲义序》，黄灵庚、吴战垒主编《吕祖谦全集》第1册，第544页。

⑦ 吕祖谦：《东莱吕太史别集》卷13《春秋讲义·春王正月》，黄灵庚、吴战垒主编《吕祖谦全集》第1册，第547页。

有微言大义，如"《春秋》首夺隐公之'即位'，使万世之为子、为臣、为诸侯者，咸知身非己有，爵非己有，国非己有。三纲得存，五品得序，皆夫子一削之力也"①。显然，吕祖谦的这种观点是不正确的。值得注意的是，吕祖谦卒于淳熙八年（1181年），而此时朱熹同样也持有《春秋》有褒贬之笔法的观点，他在与吕祖谦的信件往来中互相影响是极为明显的事实；而朱熹改变这一观点在淳熙十三年左右（参见第五章有关部分），倘若吕祖谦不早逝，或许在与朱熹的交往中也会改变自己的看法的。

在史书编纂体例上，吕祖谦与朱熹相似，认为纪传与编年两体互有得失，不可偏废；而选择史著的体例，应根据所撰内容来确定。因此，吕祖谦在史学实践上，《大事记》采用编年体体例来撰写，此书还附有专门辑录历代学者对所记事件或人物的评论的《通释》12卷，对事件本末作扼要介绍的《解题》12卷；另外，吕祖谦还撰写了史论著作《左氏博议》，此书是对《左传》所记的一些历史事件进行评论。显然，吕祖谦在史体运用上是有自己独特的地方的。

另外，吕祖谦史学思想上还有不少值得肯定的地方，如他提倡直笔，说："春秋之时，王纲解纽，周官三百六十，咸旷其职，惟史官仅不失其守耳"②，"然一时之史官，世守其职，公议虽废于上，而犹明于下。以崔杼之弑齐君，史官直书其恶，杀三人，而书者踵至，身可杀而笔不可夺，铁钺有敝，笔锋益强。威加一国，而莫能增损汗简之半辞，终使君臣之分，天高地下，再明于世。是果谁之功哉！呜呼！文、武、周公之泽既竭，仲尼之圣未生，是数百年间，中国所以不沦于夷狄者，皆史官扶持之力也……春秋之时，非有史官司公议于其间，则胥戎胥虐，人之类已灭，岂能复待仲尼之出乎！史官非特有功于仲

---

① 吕祖谦：《东莱吕太史别集》卷13《春秋讲义·不书即位》，黄灵庚、吴战垒主编《吕祖谦全集》第1册，第548页。

② 吕祖谦：《左氏博议》卷8《曹刿谏观社》，黄灵庚、吴战垒主编《吕祖谦全集》第6册，第182页。

尼之未出也……大矣哉！史官之功也。"① 吕祖谦强调史官之功绩，正是歌颂他们的直笔风范。在读史顺序上与朱熹一样主张按顺序阅读："史当自《左氏》至《五代史》依次读，则上下首尾洞然明白。至于观其他书，亦须自首至尾，无失其序为善。若杂然并列于前，今日读某书，明日读某传，习其前而忘其后，举其中而遗其上下，未见其有成也。"②

从上可见，吕祖谦与朱熹两人的史学思想并不完全相同。虽然吕氏的史学思想中也含有理学成分，但他更偏重于史学的传统，具有比较明显的"中原文献之学"色彩；而朱熹则以"纯"理学的观点来阐述自己的史学思想，显示出强烈的理学倾向与浓厚的理学色彩，形成自己"以理阐史、以史证理"的理论特色。侯外庐先生主编的《宋明理学史》中曾指出：朱熹把"天理论引入社会政治思想，引入历史哲学，使这些领域也呈现不同的面貌"③，如果从史学思想角度来看，可以说也使这一领域"呈现不同的面貌"，这就是在该领域中从此出现了一种有浓厚理学色彩的新理论体系。

朱熹与吕祖谦的史学思想，一个在宋代之后成为封建帝王推崇的思想武器，而另一个则消沉无声，其原因也是多方面的：其一，朱熹的理学思想受到后代封建帝王的推崇，因此其史学思想也受到重视；与朱熹相比，吕祖谦的理学思想没有受到后代封建帝王的"眷顾"，没有朱熹理学思想那么高的地位，因此他的史学思想便不可能超越朱熹的史学思想而受到封建帝王推崇。其二，吕祖谦去世太早，其学虽未中断④，但其后学毕竟既没有朱熹多，也没有像朱熹后学那样不遗

---

① 吕祖谦：《左氏博议》卷8《曹刿谏观社》，黄灵庚、吴战垒主编《吕祖谦全集》第6册，第183页。
② 吕祖谦：《东莱吕太史外集》卷5《杂说》，黄灵庚、吴战垒主编《吕祖谦全集》第1册，第715—716页。
③ 侯外庐主编：《宋明理学史》上册，人民出版社1984年版，第424页。
④ 台湾学者杜维运先生《清代史学与史家》一书中说："永嘉之周行己、郑伯熊，及金华之吕祖谦、陈亮，创浙东永嘉、金华两派之史学"，"金华一派又由吕祖俭传入宁波而有大史家王应麟出"，"元明之世，浙江史学……其统不绝"，"至清初黄宗羲出，则聚成中兴之新局面"。台北东大图书出版公司1984年版，第164—165页。

余力地推崇师说；尤其在吕祖谦去世后，其偏重史学的"缺点"又被朱熹猛烈地批判过，因此在封建社会中，封建文人受到朱熹思想的影响，而对吕祖谦的史学思想不甚重视也就不奇怪了。其三，与朱熹史学思想相比，吕祖谦的史学确实也存在许多不足之处，如推崇谶纬卜筮、祸福灾异之说，在明道正谊、义利王霸问题上的模棱两可的含糊之说；虽然承认天理对史学的重要性，但没有坚持贯彻到底等等，这一切都是其史学思想本身存在的矛盾与问题。从正统的封建观点来比较，自然朱熹的史学思想就要"正宗"得多，因此后代封建帝王推崇朱熹的史学思想并不是没有理由的。

二 朱熹与郑樵的史学思想比较

郑樵（1104—1162年）与朱熹是南宋前期活跃在福建的两位著名人物，郑樵以史学出名，朱熹以理学行世。郑樵与朱熹并无直接触，但朱熹是知道郑樵的学术倾向的，在讨论个别问题时还引用过郑樵的结论。

《朱熹集》卷72《九江彭蠡辨》中引用郑樵的话：

> 莆田郑樵渔仲独谓："东汇泽为彭蠡，东为北江，入于海"十三字为衍文，亦为得之……至如郑渔仲汉水衍文之说，固善矣。而其下文江水"东迤，北会于汇，东为中江，入于海"之数言，似亦可疑，而彼犹未能尽正也。①

在《朱子语类》卷73等中也多次提到郑樵。显然，朱熹对郑樵是有所了解的，而且在考证方面受到过郑樵的启发。比较两人在史学思想上的一些观点，可以看出南宋时期史学思想发展上的一些特点。

其一，郑樵与朱熹相同，他虽然主张据史直书，但强烈地反对"一字褒贬"。

---

① 朱熹：《朱熹集》卷72《九江彭蠡辨》，第3739—3741页。

唐宋时期，不少学者在研究《春秋》时，都说孔子在《春秋》中附以微言大义，而书写时则字字有褒贬。郑樵立场鲜明地反对这种《春秋》"一字褒贬"说："自唐之后，又莫觉其非，凡秉史笔者，皆准《春秋》，专事褒贬"，他认为"纪传之中，既载善恶，足为鉴戒，何必于纪传之后，更加褒贬？"① 显然，郑樵强调史著应该着重于叙述史实，无须画蛇添足地在纪传之后附一褒贬的评价，也就是强调著史应该据实直书。他曾著《春秋论》，指出"以《春秋》为褒贬者，乱《春秋》者也"②。郑樵甚至将"一字褒贬"说作为欺人、欺天之学："仲尼既没，先儒驾以妖妄之说而欺后世。后世相承，罔敢失坠者。有两种学，一种妄学，务以欺人；一种妖学，务以欺天。凡说《春秋》者，皆谓孔子寓褒贬于一字之间，以阴中时人，使人不可晓解。三传唱之于前，诸儒从之于后，尽推己意而诬以圣人之意，此之谓欺人之学。说《洪范》者，皆谓箕子本《河图》、《洛书》以明五行之旨。刘向创释其传于前，诸史因之而为志于后，析天下灾祥之变而推之于金、木、水、火、土之域，乃以时事之吉凶而曲为之配，此之谓欺天之学。"③ 他甚至斥责道："天下本无事，庸人扰之而事多。载籍本无说，腐儒惑之而说众。"④ 这种批判唐宋时代学者圣化《春秋》（当然不是说唐代学者是始作俑者）的观点，是宋代疑古思潮的产物，但像郑樵这样旗帜鲜明地反对"一字褒贬"说的学者，在宋代也是不多见的。

朱熹也主张秉笔直书，但他对《春秋》是否寓有圣人褒贬笔法的认识，则有一个发展过程。概括起来说，淳熙十三年前，朱熹深信《春秋》是寓有圣人褒贬之意，书法上体现圣人对史事的看法。而绍熙之后，朱熹抛弃了《春秋》字字褒贬之说，认为《春秋》只是圣人据实而书的著作。朱熹说："圣人作《春秋》，不过直书其事，美恶人

---

① 郑樵：《通志》卷首《总叙》，第1、2页。
② 郑樵：《郑樵文集》附录一《春秋论》，书目文献出版社1992年版，第59页。
③ 郑樵：《通志》卷74《灾祥略序》，第853页。
④ 郑樵：《郑樵文集》卷2《寄方礼部书》，第28页。

自见"①，因此，能垂训万世的"史"应该像孔子作《春秋》一样据实而书，把"善善恶恶、是是非非，皆著存得在那里"②，既不虚美，又不隐恶，这样才可为鉴戒之用。在《朱子语类》中有大量有关所谓《春秋》褒贬的资料，此略引几例："《春秋》只是直载当时之事，要见当时治乱兴衰，非是于一字上定褒贬……孔子作《春秋》，据他事实写在那里，教人见得当时事是如此……今要去一两字上讨意思，甚至以日月、爵氏、名字上皆寓褒贬"③，因此，朱熹强调："《春秋》所书，如某人为某事，本据鲁史旧文笔削而成。今人看《春秋》，必要谓某字讥某人。如此，则是孔子专任私意，妄为褒贬！孔子但据直书而善恶自著。今若必要如此推说，须是得鲁史旧文，参校笔削异同，然后为可见，而亦岂复可得也？"④ 显然可见朱熹认为《春秋》是孔子根据鲁史旧文事实删削而成的；同时也明确反对把《春秋》说成是孔子用褒贬笔法撰成的，反对任意穿凿。显然，朱熹在绍熙之后是否定《春秋》"一字褒贬"说的。

至于据史直书，朱熹论述颇多，这在前面几章中已有论述。这里仅以朱熹评述唐太宗之事的言论为例来说明。朱熹论唐太宗，主要涉及两件事，一是以晋阳宫人私侍其父，二是杀兄劫父之位。众所周知，唐太宗是我国封建社会中有名的帝王，他在推翻隋王朝的斗争中功勋显赫，又创建了被后人誉为"贞观之治"的清明政局，因而自温大雅《大唐创业起居注》起，便讳饰了一些有关事实，特别是有关玄武门事变的真相几乎都被歪曲了；《新唐书》更是称"其除隋之乱，比迹汤、武；致治之美，庶几成、康。自古功德兼隆，由汉以来未之有也"⑤。如此，唐太宗就被神化了，被尊为万世帝王楷模。而朱熹却直言不讳地指出：玄武门事变之真相已被史臣"添入此一段"，"定是加

---

① 黎靖德编：《朱子语类》卷133，第3198页。
② 黎靖德编：《朱子语类》卷134，第3216页。
③ 黎靖德编：《朱子语类》卷83，第2144—2145页。
④ 黎靖德编：《朱子语类》卷83，第2146页。
⑤ 欧阳修、宋祁：《新唐书》卷2《太宗纪赞》，第48页。

建成元吉之罪处"①，是"经史臣文饰多矣"②。而对于宫人私侍之事，朱熹虽然说过"未必非高祖自为之"③，但更多处却认定是唐太宗所为，也是被史臣文饰过的。值得指出，从唐太宗即位起，历代史臣盛誉其文功武绩，直到朱熹生活的时代，吕祖谦、陈亮、叶适、陈傅良等人也都赞美唐太宗的丰功伟业，而朱熹却能声称"唐太宗一切假仁借义以行其私"④，确实不同凡响。毋庸讳言，朱熹是站在理学家的立场上来评判玄武门事变和宫人私侍之事的，然而，他能指出唐太宗杀兄劫父位的事实，批评史臣曲意讳饰这些事件，也确实是有胆识的。朱熹批评历代史官隐讳、虚美的事例还有很多，这里就不再赘述了。

郑樵与朱熹的这种据实而书的史著编纂思想是正确的，是当时一种进步史学的思想。

其二，郑樵在"自成一家之言"与"唯圣人是从"之间徘徊，而朱熹则强调"唯圣人是从"。

在郑樵看来，撰史就是要有自己的特色，史书就应该写成"自得之书"，如此就会成"一家之言"。在郑樵看来，孔子的《春秋》与司马迁的《史记》就是这样的书。《春秋》是"仲尼取虞夏商周秦晋之书为一书。每书之篇，语文既殊，体制亦异。及乎《春秋》，则又异于《书》矣"，因此是孔子的"自得之书"。"袭《书》、《春秋》之作者，司马迁也，又与二书不同体，以其自成一家言，始为自得之书。"⑤ 而后代史家，不过沿袭司马迁，并无创新。因此，郑樵对司马迁之后的史学基本持否定态度。在此基础上，郑樵便以毕生精力来创造"自成一家之言"的"自得之书"。他所撰写的《通志》中的某些部分——如"略"——可以称得上是这样的"自得之书"。他在向朝廷献上《通志》时"表"中说：

---

① 黎靖德编：《朱子语类》卷136，第3245页。
② 黎靖德编：《朱子语类》卷137，第3259页。
③ 黎靖德编：《朱子语类》卷136，第3244页。
④ 黎靖德编：《朱子语类》卷135，第3219页。
⑤ 郑樵：《郑樵文集》卷3《上宰相书》，第37页。

> 所赖闽中无兵火之厄，可以见天下之书；犹幸家无担石之储，可以绝人间之事……顾臣修史之本末，尽出圣训之绪余。观彼《春秋》，默备四时之气，较于马、班，似有一日之长。唯此编摩，岂敢容易。守株待兔，莫辩指踪，常山击蛇，要观首尾，若无自得之学，曷成一家之言。①

这里十分明白地表示《通志》是一部"自得之学"，并能成为"一家之言"的著作。

然而，郑樵强调《春秋》作为一代创新之巨著，是万世学者学习、仿效的榜样，因此他强调"百代而下，史官不能易其法，学者不能舍其书"②。自然，作为宋代的学者郑樵，他不可能逃脱时代的羁绊，他不自觉地又走上了一条迷信圣人的道路，这与他"自成一家之言"的宗旨确实有些矛盾的。

朱熹在编纂史书上没有提出过"自成一家之言"的观点，他强调应该以圣人《春秋》为法，据史直书而义理（即"天理"）自见，这种"唯圣人是从"观点，显示出他的史学编纂思想的保守一面。这种论述在朱熹文集及《朱子语类》中记载颇多，如朱熹说过"古史之体可见者，《书》、《春秋》而已"③，不过"圣人"一切截之以天理，便成了可以作为经世事业之用的"经"。因此，后世史家著史也就必须以圣人为榜样，在史著中贯穿义理，以便经世致用。他还说："孔子修六经，要为万世标准……司马迁亦是个英雄，文字中间自有好处。只是他说经世事业，只是第二三著，如何守他议论！如某退居老死无用之物，如诸公都出仕官，这国家许多命脉，固自有所属，不直截以圣人为标准，却要理会第二三著，这事煞利害，千万细思之！"④ 可见，朱熹强调孔子著《春秋》是为万世立"标准"，显示出他唯圣人是从的观点。然而朱熹在评价司马迁时，虽然认为他"亦是个英雄"，

---

① 郑樵：《郑樵文集》附录一《上殿通志表》，第57—58页。
② 郑樵：《通志》卷首《总叙》，第1页。
③ 朱熹：《朱熹集》卷81《跋〈通鉴纪事本末〉》，第4171页。
④ 黎靖德编：《朱子语类》卷108，第2687页。

也承认《史记》文字中"自有好处",但是,朱熹认为司马迁把经世事业作为次要,则不能不受到批评。朱熹强调指出《史记》说仁义道德太少,"其本意却只在于权谋功利"①,正由于此,也就不适合经世致用,不能与《春秋》《尚书》这些"经"相提并论。从朱熹反对吕祖谦、陈亮、叶适、陈傅良等人尊崇《史记》的言论中,也完全可以看出这一点的。②

可见,郑樵与朱熹在史著编纂思想方面略有差异,郑樵主张要自成一家之言,朱熹则以为《春秋》可为万世著史标准;同时他们两人不约而同地表示要"唯圣人是从",则显示出时代的局限性。不过,在具体史学实践上,郑樵《通志·二十略》确实能"成一家之言";而朱熹著《资治通鉴纲目》,也开创了一种史著编纂体裁,他们都对中国史学发展做出了自己的贡献。

其三,郑樵与朱熹都提倡实证之学与图谱之学。

在宋代疑古的氛围中,郑樵提倡"实学",十分重视对前代著作进行考订,并强调图谱之学对史学的重要作用。郑樵曾著《本草成书》《成书》《外类》三书,声称"三书既成,乃敢传《诗》,以学者所以不识《诗》者,以大小《序》与毛、郑为之蔽障也。不识《春秋》者,以《三传》为之蔽障也"③,他还作过"《原切广论》三百二十篇,以辨《诗序》之妄"④,作《春秋考》《天文志》《春秋地名》《郡县改更》⑤等书,以辨析前代谬误与缺漏。遗憾的是,郑樵所著的这些考据之书,大部分都亡佚了,使我们无法窥视其中奥妙。

郑樵对图谱之学十分重视,他曾说:"天下之事,不务行而务说,不用图谱可也。若欲成天下之事业,未有无图谱而可行于世者"⑥,以

---

① 黎靖德编:《朱子语类》卷122,第2952页。
② 参见《朱熹文集》、《朱子语类》有关评论吕祖谦、浙学部分。
③ 郑樵:《郑樵文集》卷2《寄方礼部书》,第29页。
④ 郑樵:《郑樵文集》卷2《寄方礼部书》,第29页。
⑤ 参见郑樵《郑樵文集》卷2《寄方礼部书》,第28—33页。
⑥ 郑樵:《通志》卷72《图谱略·索象》,第837页。

为"图谱之学不传,实学尽化为虚文矣"①。郑樵将"图谱"分为十六类,认为各有其用。(参见《图谱略·明用》)这种重视图谱、强调实证的观点确实是很有见地的。

朱熹也十分重视实证之学,甚至主张"身到足历"地实地考察,并认为在可能的情况下借助一些器物来验证,以便获得正确的知识。关于这一问题,本书前面已经详细讨论过,在此不再赘述。

其四,在历史哲学方面,郑樵没有完整的论述,而朱熹则有完整而独特的观点。

吴怀祺先生指出:郑樵在讨论历史阶段时使用过"古者""三代之前""三代之后""中古""近古"及"当今"等概念,"是把人类的古史理解为一个不断进化的过程"②。需要强调的是,这不过是沿袭前人的观点,没有任何创新,换句话说,郑樵在历史哲学上没有自己独特的见解。因为郑樵只是意识到历史是递进的,但这是一种模糊的历史进化论观点,因而没有必要拔高其历史哲学的观点。当然,在某些具体问题上,郑樵仍是有自己见解的。例如郑樵指出:"天地之间,灾祥万种,人间祸福,冥不可知"③,因此"国不可以灾祥论兴衰","家不可以变怪论休咎"。④ 显然郑樵是反对阴阳灾异论的,强调国家兴衰不能用灾祥来讨论。然而国家兴衰原因究竟何在?按照吴怀祺先生的看法:郑樵对历史盛衰的看法主要是从人事中寻找原因的。事实上,由于保存下来的郑樵有关论述颇少,确实很难看出其历史哲学究竟如何。

现存有关朱熹的资料十分丰富,因此可以看出朱熹完整的历史哲学,概括地说,朱熹比较深入地探讨过历史发展的过程。本书前面几章中已有详尽的讨论。不过必须指出,朱熹的历史哲学要比郑樵丰富、完整得多,理论程度也高得多。虽然朱熹的历史哲学存在或说暴露出一些明显的弱点,但毕竟这种历史哲学比前人要完整与理论化,而且

---

① 郑樵:《通志》卷72《图谱略·原学》,第837页。
② 吴怀祺:《宋代史学思想史》,黄山书社1992年版,第259页。
③ 郑樵:《通志》卷首《总叙》,第3页。
④ 郑樵:《通志》卷74《灾祥略序》,第853页。

对后世的影响也是极其深远的,这不能不特意指出。

总之,郑樵与朱熹在史学思想上有许多异同之处,研究他们的异同,对正确认识郑樵与朱熹是大有帮助的,也就比较容易地确定朱熹在宋代史学上的地位。

三 朱熹与叶适的史学思想比较

叶适(1150—1223年)字正则,浙江永嘉人。学者们一般都认为:叶适继承了薛季宣、陈傅良的事功思想并有较大发展,因此称他为永嘉学派的集大成者。但是,全祖望称:"水心较止斋又稍晚出,其学始同而终异。永嘉功利之说,至水心始一洗之。然水心天资高,放言砭古人多过情,其自曾子、子思而下皆不免,不仅如象山之诋伊川也。要亦有卓然不经人道者,未可以方隅之见弃之。乾、淳诸老既殁,学术之会,总为朱、陆二派,而水心断断其间,遂称鼎足。然水心工文,故弟子多流于辞章。"① 这里所说的"其学始同而终异"是说叶适与陈傅良在学术上的最终归属上存在着明显差异,"永嘉功利之说,至水心始一洗之"则是说强调叶适抛弃了功利主义观点。全祖望指出叶适与陈傅良始同终异的差异是正确的,但说永嘉功利之说被叶水心"一洗之"则是不正确的。

关于前者,宋末学者黄震已经注意到了:"水心混然于四者之间,总言统绪,病学者之言心而不及性,似不满于陆(九渊);又以功利之说为卑,则似不满于二陈(陈亮、陈傅良);至于朱(熹),则忘言焉。"② 显然,在宋代末年,叶适这种不满意陈亮、陈傅良的功利之说已经受到学者的注意了。然而,全祖望与黄震虽然看到了叶适与两陈的差异,但他们没有分析叶适文章中的大量有关功利的论述。也就是说,叶适的功利观点与两陈的功利观点究竟存在什么不同?叶适的功利观点接近宋代哪一位主张功利的思想家?另外,黄震看出叶适在文

---

① 黄宗羲:《宋元学案》卷54《水心学案》,第1738页。
② 黄震:《黄氏日抄》卷68《读水心文集》,第639页。

章中很少有反对朱熹的言论，但以"忘言"来表述，确实是极不准确的。像朱熹这样在当时有极大影响的思想家，叶适竟会"忘言"？看来是说不通的。

我们认为：叶适确实强调六经统绪，强调学习与理解六经可以致道成德，其余均不足为法；他也承认功利的重要性，对永嘉学派的功利观点并不是简单的"一洗之"，而是"始同而终异"，企望以更正统的儒家思想来解释功利，这一极有特色的理论使他更接近以吕祖谦为代表的金华学派的史学思想，从而与陈亮的永康学派及以陈傅良为代表的永嘉学派有差异。当然，这也与朱熹的史学思想存在明显的差异。从叶适著述中可以发现，虽说他对朱熹有所讳言，不像对陆九渊攻击那么激烈，但不是完全没有批评。因此，比较朱熹与叶适在史学思想方面的异同，可以更清楚地看出朱熹史学思想在宋代史学上的地位。从叶适来说，他晚年所作的《习学记言序目》50卷，是他一生学术的最终结晶，最能反映其史学思想，其中专论史事达25卷之多，而且在其他部分中涉及史学部分也极多。现存的《叶适集》（包括《水心文集》与《水心别集》）中反映的是叶适从早年到晚年的诗文，其中晚年部分尤当看作是其史学思想最后的观点，因此这里讨论时比较注重引用其晚年的定论，适当引用早年的与晚年比较一致的看法，如此才可能比较准确地对比叶适与朱熹在史学思想方面的异同与优劣。

学界对叶适在哲学思想方面的论述较多，也较准确；叶适那种具有批判专制主义的色彩的政治理论有许多闪光的亮点，但这是另外一个问题，这里也就不多加讨论了。值得指出的是，学术界对叶适在史学思想方面的问题缺乏研究与深入讨论，甚至对其不足之处有所讳言，以突出他与理学思想家如朱熹、陆九渊的哲学思想方面的对立。然而，这种研讨不利于准确地了解叶适的整体思想面貌。朱熹的史学思想前面已经详加讨论了，这里侧重从叶适的史学思想方面来讨论，自然既会联系朱熹的史学思想加以比较，也会或多或少地带到对叶适哲学思想的层面。

我们先从叶适对《史记》的评价入手来探讨。叶适曾说过：

以（司马）迁所纪五帝三代考之，尧舜以前固绝远，而夏商残缺无可证，虽孔子亦云。独周享国最长，去汉未久，迁极力收拾，然亦不过《诗》《书》《国语》所记而已，他盖不能有所增益也，是则古史法止于此矣。及孔子以诸侯之史，时比岁次，加以日月，以存世教，故最为详密。左氏因而作《（左）传》，罗络诸国，备极妙巧，然尚未有变史法之意也。至迁窥见本末，勇不自制，于时无大人先哲为道古人所以然者，史法遂大变，不复古人之旧。然则岂特天下空尽而为秦，而斯文至是亦荡然殊制，可叹已！①

这段话值得注意的有以下几个方面：一是叶适认为司马迁《史记》所撰夏商周三代所引用的资料仅是《诗》《书》《国语》之内的资料，无所增益，因此与孔子"以诸侯之史，时比岁次，加以日月，以存世教，故最为详密"相比是不可同日而语；二是左氏没有改变史法，而司马迁撰写《史记》后，使"史法遂大变，不复古人之旧"，因此是不足为法的；三是孔子所作《春秋》是"以存世教"，而《史记》则使"斯文至是亦荡然殊制"，即不再使史著存有世教的作用。

关于《史记》所撰三代没有更多的资料，这是史料所决定的，本来也无可指责，况且司马迁还亲自游历考察补充过一些资料，而叶适刻意求全确实是过分的要求。其次，以为《史记》改变了史法，即指司马迁改变了先王及孔子等圣贤确立的古史法（在叶适的著述中，古史法与书法是两回事，古史法是指史书的体裁及史意，而书法则专指《春秋》书法，即具体书写史著的方法。下面将详细分析）。什么是古史法呢？叶适说：

《书》起唐、虞，《诗》止于周，《春秋》著于衰周之后，史体杂出而其义各有属，尧、舜以来，变故悉矣。其在于上世者，远而难明，故放弃而不录，录其可明，又止于如此，然则可谓简

① 叶适：《习学记言序目》卷19《史记一》，中华书局1977年版，第264页。

矣。使仲尼之意犹有所未尽而必见于他书，则法当益详；惟其以为不待他书，而古今之世变已尽见于此矣。然则法简而义周，后世可不深思其故哉！①

显然，在叶适看来，《书》《诗》《春秋》都属于史著范围，"史体杂出"是指它们史体的不同，"变故悉矣"则指史体至此悉备。自然，六经包含"古代史事"的内容是无可怀疑的，但包含古代史事内容的著作毕竟不能等同史著，例如叶适所说的《诗》就不可确定为史著。因此，严格说来，叶适的看法确实是有欠缺的。问题的核心并不在《诗》是不是史著，而是叶适所认定的六经具有"法简而义周"的史法。按照叶适的观点，史法包含两方面的内容，一是指史著体裁，即史体；二是指史著的义理，即史意。叶适认为，这种古史法正是史著的核心问题，违背它，也就违背了圣人的意志，就不是好的史著。那么哪种史著体裁好呢？下面先引一段叶适之语再加以讨论：

> 欧阳氏用《春秋》法书唐五代《帝纪》。按尧舜三代史，今存者惟《书》，其载事必具本末。《春秋》，诸侯史也，载事不能自通者，左氏必以《传》纬之，亦所以具本末也；孤行无本末而以类例为义，始于《公羊》，董仲舒师之，于是经生空言主断，而古史法没不见矣。若夫司马迁变史，则又不然。《纪》《世家》，君也；《传》，臣也；各因其人以著其事，非如上世史因事以著其人也。欧阳氏三者不备考，而杂用之，于《纪》则有掩郁不详之患，于《传》则有掠美偏恶之失，长空言之骄肆，而实事不足以劝惩，学者未当遵也。②

显然，叶适认为史著体裁以"载事必具本末""因事以著其人"为佳，实际是指编年体史著的记载方法；而那种"孤行无本末而以类

---

① 叶适：《叶适集·别集》卷6《史记》，中华书局1961年版，第720页。
② 叶适：《习学记言序目》卷38《唐书一》，第559页。

例为义"的"经生空言主断"的评价史事的方法是背离了古史法的;至于司马迁改变古史法而将史著改为纪传体,更与古史法格格不入的。叶适说道:"自《诗》《书》之作皆有叙,所以系事纪变,明取去也。司马迁变古法,惟序已意,既已失之;然包括上古,收拾遗散,操纵在心,犹时有高远之意,常人所不能测之者。及班固效之(纪传体),而浅近复重,往往不过常人之识之所能及,至其后史官则又甚矣。是迁之法一传而坏,曾不足以行远,非复古史法不可也。"① 显然,叶适对司马迁改变古史法、班固继之撰纪传体史著是十分不满的,以为是败坏了古史法,因此强烈呼吁"非复古史法不可也"。他叹息道:"(司马)迁以畏异之意加嗟惜之辞,史法散矣。"② 这里的"嗟惜之辞"是指将项羽列为世家并对他的失败表示惋惜。可见,叶适对《史记》改变了古史法进行了批评,以为这是司马迁之罪:"苟使《六经》之学得不泯绝于世,则诸子异说亦可以已矣。自(司马)迁发其端,而刘向始尽求而叙之,异端之学遂以大肆于后,与圣人之道相乱。呜呼!天下之人所以纷纷焉至今不能成德就义而求至于圣贤者,岂非迁之罪耶!"③

基于这一思想,叶适对后世的纪传体史著有很多批评,如他批评《三国志》:"陈寿虽著《魏书》,然有汉则无魏,而其事词错杂,使后世无别,史法不复存矣。"④ 上述所引叶适批评欧阳修以纪传体修唐五代史也是明显的一例。可见,叶适是反对变易《书》《春秋》古史法来撰写史著的,因为纪传体不是"载事必具本末""因事以著其人"的史法,不值得推崇。他甚至认为司马迁"言大道不足以辨丽奇伟,而辨丽奇伟必出于小道异端,然而(司马)迁之得失,尽见于此矣,其叙秦始皇、汉武帝巡狩、封禅,穷奢极欲,与其尽变先王之政以开货利之门"⑤,而"后世病史之难,以为不幸无(司马)迁、(班)固

---

① 叶适:《习学记言序目》卷23《汉书三》,第333页。
② 叶适:《习学记言序目》卷19《史记一》,第266页。
③ 叶适:《叶适集·别集》卷6《史记》,第721页。
④ 叶适:《习学记言序目》卷27《魏志》,第372页。
⑤ 叶适:《叶适集·别集》卷6《史记》,第721页。

之才,是类出迁、固下矣"①。显然,叶适这种泥古不化的观点与朱熹史体互补的思想,差距很大,其优劣也一目了然。

与此相关的是史意。叶适在评价《史记》时说:"盖其治乱兴衰,圣贤更迭,与夫桀、纣之大恶,不可使之不传;而纤细烦琐,徒以殚天下之竹帛而玩习后世之口耳者,圣人固宜其有所不录也。噫!太史(司马)迁不能知圣人之意,而纷然记之为奇以夸天下者,何耶?(司马)迁出秦人之后,诸侯之史皆已燔灭而不可见,然犹傅会群书,采次异闻,如此其多。使迁如圣人尽见上世之书籍,衒其博而不能穷,将如之何耶?"②所谓司马迁"不能知圣人之意",即不知圣人所撰写的《春秋》包含了义理,从史著角度说即是史意。按照叶适的看法,司马迁不知圣人著《春秋》的史意而以己意撰写《史记》,那就背离了古史法。叶适认为司马迁虽生于秦王朝焚书之后,仍"傅会群书,采次异闻",不分巨细、不辨有无义理都写入《史记》是不对的,因为那些"纤细烦琐,徒以殚天下之竹帛而玩习后世之口耳者"是没有必要载入史著中去的。那么,叶适究竟是指哪些内容没有必要写入《史记》呢?他明确指出:"战国之人,尚诈无义,贼天地君臣之大经,苟以奉一时之欲;而楚、汉之兴,其事迹又皆已浅近苟且而不足信。使圣人处此,固绝而不书,虽书之且不使尽见。何者?天下之事,惟其有一人述之,是以不可磨灭。若夫豪商、大贾、奸人、刺客之流,优笑之贱,日者之微,莫不奋笔墨之巧以示其能,使后世之士溺于见闻而不能化,荡于末流而不能反,又况残民害政之术尽出于其中哉!嗟夫!其意深矣,远矣。此述作之所以为难,非圣人不得尽其义也。"③显然,叶适认为不必载入史著的有以下几个方面:一是"尚诈无义、贼天地君臣之大经"者;二是类似楚汉相争中"事迹又皆已浅近苟且而不足信"者;三是"豪商、大贾、奸人、刺客之流,优笑之贱,日者之微",均是不可入史著,因为一旦载入史册,那么

---

① 叶适:《叶适集·别集》卷6《史记》,第722页。
② 叶适:《叶适集·别集》卷6《史记》,第720—721页。
③ 叶适:《叶适集·别集》卷6《史记》,第721页。

就会"使后世之士溺于见闻而不能化,荡于末流而不能反",何况"残民害政之术尽出于其中",使后世帝王学而用之,不利于他们为善积德。众所周知,《史记》广博地收集史料,将许多有价值的资料都保存下来,正是《史记》最大的优点,而叶适则以圣人"法简而义周"为标准而对史事进行取舍,以为司马迁不能了解圣人作史之意,"傅会群书,采次异闻"而撰《史记》是不能有补于世教,这正好显示叶适自己思想上极大的保守性。不过,也必须补充说明,叶适并不是单纯地反对广博地收集资料,他只是强调载入史册的资料必须有助世教的作用。下面引用他对《左传》的评价,可以充分看出叶适的这一观点:

> 《春秋》所以讥刺抑损,皆衰世之事也,而名之曰经,以训天下,学者疑焉。左氏去孔子既远,当战国之初,然以其所闻于弟子之论,采国史之旧文,次其本末以示后世。学者不能读,乃更以为阴谋权术之书,世之欲苟简以赴功者,皆挟左氏以自重。武夫庸人,又暂学以文其阙,其道或足以济乱,而不知其所由乱。而操笔之士,又特取其文义之类于今者,窃窃然而模之。至其援绳墨,演凡例,以考《春秋》之大义,则往往以为乖异而不合。然而是书其无传乎? 夫人心有广狭,则其观物有小大,学者患焉,故略论著其大概。①
>
> 凡左氏之所录者,将以翼扶《春秋》以待后世之择也。盖《春秋》之祸,大纲已易而小纪未坏。大纲已易,故夷狄化为中国而不能正;小纪未坏,故三代之诸侯,其存者犹数百年。夫溯其末者可以反其本,迹其衰者可以见其兴,《六经》之外,舍左氏其谁欤?②

显然,这里赞赏左氏"以其所闻于弟子之论,采国史之旧文,次

---

① 叶适:《叶适集·别集》卷6《左氏春秋》,第715—716页。
② 叶适:《叶适集·别集》卷6《左氏春秋》,第718页。

其本末以示后世",那是因为左氏"所录者,将以翼扶《春秋》以待后世之择",可以"溯其末者可以反其本,迹其衰者可以见其兴",这正是叶适所赞赏的《春秋》"法简而义周"的史意。

另外,叶适对李焘作《续资治通鉴长编》广博地采掇史料也予以很高的评价:"自史法坏,谱牒绝,百家异传,与《诗》、《书》、《春秋》并行。而汉至五季,事多在记,后史官常狼狈收拾,仅能成篇……及公(李焘)据变复之会,乘岁月之存,断自本朝,凡实录、正史、官文书,无不是正,就一律也;而又家录、野记,旁互参审,毫发不使遁逸,邪正心迹,随卷较然。夫孔子所以正时月日必取于《春秋》者,近而其书具也,今惟《续通鉴》为然尔。"① 叶适赞赏李焘是因为他的著作有补于世教的"邪正心迹,随卷较然"的功效。因此他赞叹道:"蜀自三苏死,公父子兄弟(李焘及李璧李埴兄弟)后起,兼方合流以就家学,综练古今名实之际,有补于世。"② 比较而言,朱熹虽然也批评司马迁,认为《史记》中没有贯穿义理,这与叶适对《史记》的批评毫无两样;然而,朱熹并没有批评司马迁创造的纪传体的史著体裁,更没有指责司马迁"傅会群书,采次旧闻",即对《史记》保留大量的史料是加以赞赏的。与此相反,朱熹对《左传》却持坚决批判的态度,认为它记载史事虽然详细,但它"趋炎附势"③,"于道理上便差"④,"只是以世俗见识断当它事,皆功利之说"⑤。显然,朱熹与叶适在具体评价上《左传》与《史记》上还是存在较大差别的。这一差别反映了两人对史著体裁发展上所持的态度。

这里还涉及《春秋》书法问题。前面已经讨论过朱熹对《春秋》书法的看法,即从早年强调孔子撰写《春秋》有书法,到淳熙十三年左右改变了看法,以为孔子只是据实而书,不存在褒贬书法。叶适在这一问题上是什么看法呢?他说:

---

① 叶适:《叶适集》卷12《巽岩集序》,第210页。
② 叶适:《叶适集》卷12《巽岩集序》,第210页。
③ 黎靖德编:《朱子语类》卷122,第2952页。
④ 黎靖德编:《朱子语类》卷83,第2152页。
⑤ 黎靖德编:《朱子语类》卷83,第2151页。

孟子言《春秋》鲁史记之名，孔子所作以代天子诛赏，故曰"知我者其惟《春秋》乎！罪我者其惟《春秋》乎！"……今以《春秋》未作以前诸书考详，乃有不然者。古者载事之史，皆名《春秋》，载事必有书法，有书法必有是非，以功罪为赏罚者，人主也，以善恶为是非者，史官也，二者未尝不并行，其来久矣。史有书法而未至乎道，书法有是非而不尽乎义，故孔子修而正之，所以示法戒，垂统纪，存旧章，录世变也。然则"春秋"非独鲁史记之名，孔子之于《春秋》，盖修而不作。且善恶所在，无间尊卑，凡操义理之柄者，皆得以是非之，又况于圣人乎！乃其职业当然，非侵人主之权而代之也。然则《春秋》者，实孔子之事，非天子之事也，不知孟子何为有此言也。①

显然，叶适强调孔子撰《春秋》是有书法的，但反对的只是如孟子所说的褒贬书法。他强调说：

周自昭穆之后，君德虽衰，纪纲法度故在；厉王大坏矣，犹曰释位共和而间王政，未有以霸统者也。及周亡东迁，平桓欲自振不能，而齐庄僖稍已鸠诸侯，荆亦始大，遂有桓文之事，而吴越起东南，天下之变故繁矣。故《春秋》因诸侯之史，录世变，述霸政，续《诗》《书》之统绪，使东周有所系而未失。盖世之治、道之行，而事之合乎道，世之乱、道之废，而事之悖乎道，皆其理之固然；书其悖缪以示后世，皆森然具之，岂待察其所以而后知也？此其大旨也。以孔子之言考之，"管仲相桓公，九合诸侯，不以兵车，一匡天下，民到于今受其赐，微管仲，吾其被发左衽矣，如其仁，如其仁"，所谓"其事则齐桓晋文"者，此《春秋》之桢干也。又曰："天下有道，则礼乐征伐自天子出；天下无道，则礼乐征伐自诸侯出。自诸侯出，盖十世希不失矣；自

---

① 叶适：《习学记言序目》卷9《春秋》，第117页。

大夫出，五世希不失矣；陪臣执国命，三世希不失矣。天下有道，则政不在大夫；天下有道，则庶人不议。"《春秋》书法，备此数者，因其出也，见其失也，反其在下，遏其横议，此《春秋》之绳墨也。至于凡例条章，或常或变，区区乎众人之所争者，乃史家之常，《春秋》之细尔，学者不可不知也。①

可见，叶适否认《春秋》具有孟子等后儒所说的那种微言大义的褒贬书法，其所谓的书法是指孔子撰述《春秋》时的具体书写方法。这当然反映出叶适史学思想上的可贵之处。其实，叶适不但认为《春秋》不存在褒贬书法，而且强调《左传》也不存在褒贬书法：

按《左氏》所言书法，皆旧史文；其经孔子特修者，皆别异之。孔子自言"吾犹及史之阙文"，盖是时学者已浮于古矣。所贵于孔子者，贵其存古，非贵于作古也。于其义有所不尽者发之，理有所害者更之，则亦不得已尔，然不以此为功也。既已修定，则旧史之书法即孔子之书法，故凡《左氏》所释，悉本旧文而时见新义，后有君子，当以是考之，庶几不以实事为空文也。以空文为实事，其害浅，易正也，质之以实则信矣；以实事为空文，则其害深而难正，以为虽实犹弗信也。②

仲尼曰："'以臣召君，不可以训'，故书曰'天王狩于河阳'，言非其地也，且明德也。"《左氏》特举此，见孔子改史之义，明其他（地）即用旧文也。后世不知，以为尽孔子作，且不信《左氏》，一一笺释，虚实皆失，事义俱乱，不惟不足以知圣人，又不知古有史法矣。③

显然，叶适认为《左传》与《春秋》一样，只是依"旧史文"

---

① 叶适：《习学记言序目》卷9《春秋》，第118—119页。
② 叶适：《习学记言序目》卷9《隐公》，第120页。
③ 叶适：《习学记言序目》卷10《僖公》，第135页。

来撰写史著的,所谓"贵其存古"是指保存古史的原貌,"非贵于作古"是否定在撰写过程中融入自己的微义大义,认为只有在史实对"理有所害者"才不得已地加以改动,这就《左传》与《春秋》的书法,即保存了旧史史实的书法。而"后世不知",以为《春秋》存在褒贬书法,由此加以"一一笺释",使"虚实皆失,事义俱乱",反而违背了古史法了。自然,只要将史事叙述清楚,裁剪得当,特别不可像《史记》那样"纷然记之为奇以夸天下",就可以达到有补世教的作用。叶适曾说过:"文字章(彰),义理著,自《典》《谟》始。此古圣贤所择以为法言,非史家系日月之泛文也。自是以后,代有诠叙,尊于朝廷,藏于史官,孔氏得之,知其为统纪之宗,致道成德之要者也,何所不足而加损于其间,以为孔氏之书欤?"① 显然,叶适以为像《书》这类"文字章,义理著"、能"致道成德"的史著才有资格被圣贤"择以为法言",以对后世进行教化,也就是说具备了教化功能,而不必在史著中画蛇添足地阐述微言大义进行褒贬。

另外,叶适认为史著中必须确立正统,这也是极为重要的书法:

> 平阳朱黼,因《通鉴》、《稽古录》,章别论著,始尧、舜,迄五代,三千余篇,述吕(后)、武(则天)、王莽、曹丕、朱温,皆削其纪年以从正统,曰:"吾为书之志也。"书法无大于此矣,报仇明雪,贵夏贱夷其次也。②

可见,史著是否"从正统"是十分重要的书法。显然,叶适与朱熹相似,把正统作为编纂史著的重要标准。

归纳上述论述,叶适否定《春秋》有微言大义的褒贬书法,强调撰史应该依据史实,这是有价值的见解。至于要求史著具有教育作用,从历史的眼光来评论也是无可非议的。但遗憾的是,叶适并未始终坚持这一《春秋》无褒贬书法的观点,他曾说过这么一段完全与上述观

---

① 叶适:《习学记言序目》卷5《尚书》,第51页。
② 叶适:《叶适集》卷12《纪年备遗序》,第208页。

点相反的话："《春秋》书'齐豹盗，三叛人名'，独此为改正旧史，发明大义。其他凡后世所言《春秋》之法（褒贬书法），千条万端，皆浮辞赘说也。"① 显然，叶适以为《春秋》只有这一处是改正旧史而采用了微言大义的褒贬书法，其他则都是沿用旧史之文而无褒贬意义。应该强调，叶适的话违反了自己一贯所强调的《春秋》无褒贬书法的观点，而且将"齐豹盗，三叛人名"认为有微言大义也只能说是他的主观猜测，因为没有直接史料来印证这段话是孔子改正旧史文字并赋予微言大义的。

当然，从整体上分析问题，叶适仍是反对将《春秋》说成具有微言大义褒贬书法的，以为《春秋》仅仅是依据旧史撰写，不存在微言大义。叶适也以这种标准来讨论后代史著，如他批评《公羊传》《谷梁传》时说："'君子以督为有无君之心而后动于恶，故先书弑其君'，《左氏》释先后之义精矣。《公羊传》《穀梁传》亦自以为精义，然皆不切事情之词也，故余以为浮妄多此类。"② 叶适称《公羊传》《穀梁传》"自以为精义，然皆不切事情之词"，即阐明微言大义而不符合史实的书法，斥之为"浮妄"。他对"襄王，嫡也；子带，乱也；树嫡黜乱"是否为《春秋》褒贬书法作过如此解释："周封曲沃，其柄已尽失，及王世子为会，缀君位于齐，逆父子理，而周不复有命令矣"，"昔王季爱文王而太伯去之，周是以兴；不能考古人之德而欲用《春秋》之法，宜王道之遂废也"。③ 显然，叶适从"古人之德"角度来否认这是《春秋》褒贬书法，强调后世以褒贬书法来论《春秋》则使"王道遂废"。从现存叶适的著述中，可以看到他对欧阳修所撰的《新唐书》及《新五代史》两书批评最多，而两书确实采用了所谓的褒贬书法。例如，他指出："《新旧史》（《旧唐书》《新唐书》）相去百余年，《旧史》所褒者皆实美，而《新史》所贬者乃虚意也。若谓唐自此衰，以为宣宗之过，则又不然。宣王之后有幽王，十余年周遽亡，

---

① 叶适：《习学记言序目》卷9《昭公》，第126页。
② 叶适：《习学记言序目》卷9《桓公》，第121页。
③ 叶适：《习学记言序目》卷10《僖公》，第132页。

岂必以此咎宣王乎？夫方镇、宦官，为唐必坏之疾，至是既不可为，则为人主者，能敛衽恭己，精于听察，使小权小政不至甚挠，不贻民害以了目前，若是而已。《新史》以大者责之，论则善矣，余亦未知其所处也。"① 这里且不论叶适一切以三代为标准、用"周"王朝来比拟唐事的方法是否正确，但他指出《旧唐书》所褒者是"实美"，即真实存在的事情，而《新唐书》所褒者是"虚意"。

叶适认为，史著应该具有"补世教"的作用，这一作用就是使观史者从中得到教化，于自己的道德修养有所裨益，即通过观览史著中的史意使人"致道成德""成德就义"。他以这一观点评判后世史著，如他评《新唐书》记唐高宗娶武则天事，认为这不能补世教："《新史》论于志宁谏承乾'知太宗之明，虽匕首揕胸不愧'；不谏立武后，'知高宗之昧，虽死无益'。身任宰相，人主烝妾为妻，国存亡所系，岂更论有益无益？惟不居其位则可矣。如志宁者，恃太宗谏必不死，不惟不死而已，高宗时直畏死祸不敢言，随时观望，孟子所谓'逢君之恶'，正永徽之罪人。《新史》去取如此，安能有补世教耶！"② 对破坏君臣父子夫妇名分者也予以批判："'裴枢独孤损之流，虽其力未必能存唐，终不亡唐而独存'，欧（阳修）语如此，然是时已随朱温至洛阳，何不亡唐之有！其不使非清流为太常卿，乃习气尚存耳。以此立义，欲扶世教，亦如司马氏言不当命韩赵魏为诸侯而自坏其名分也。"③ 这里所举的事例，确实反映出叶适对古史法的观点。

他在评论唐代帝王是否观史时也说过：

唐人谓人主不观史，其说陋矣。后世相因，遂以人主不观史为盛节，谓必如是而后史官得其职，此（欧阳）修所以有乞不进本之说也。不知自古人主何尝不观史？彼其所书，善恶不隐，顾省懔然，观其一日，可以戒其终身矣。若人主赧然讳避，赫然诛

---

① 叶适：《习学记言序目》卷38《唐书一》，第572页。
② 叶适：《习学记言序目》卷41《唐书四》，第603页。
③ 叶适：《习学记言序目》卷43《五代史》，第641页。

戮，则史官亦未尝畏懦回避，身可杀而史不可改，史法由此而备，故可为治道之助。①

所谓"彼其所书，善恶不隐，顾省懔然"指作史者在史著中表现出来的"史意"，而人主"观其一日，可以戒其终身矣"，是指人主从史意中得到的教益，以利他们致道成德，而"可为治道之助"，正是有补世教的另一说法而已。正由于此，叶适不但不反对学者读史，而且强调通过读史来使自己致道成德或说成德就义。与此相比，朱熹虽然也承认读史可以明理，对学者的修身养性有裨益，但他认为学者只有在学有余力的前提下才可读史，否则就会牵涉精力外泄，反而对自己的道德修养产生不利。可见，叶适与朱熹在对待读史的态度上存在明显的差异。

在叶适看来，古史法已经由前代圣贤确立，没有必要加以改变，甚至连文字也无须改易，因为文字在尧舜时已经确定，后世不必再制字词："孙休武后刘龚别制名字，为世所嗤，固无足论者。然自伏牺（羲）至尧舜，文字皆已一成不变，后世无复加损矣。凡物号事名，亘天极地，无不皆然，此人为之耶？天设之耶？莫知其然而然耶？学者乃谓伏牺始画八卦，造书契以代结绳之政，由是文籍生焉，恐未可据也。"② 自然，这种以为伏羲之后文字皆一成不变、后世无须加损的观点是十分保守的，这与叶适一切以古史法为准则的观点完全吻合。

叶适坚决反对在史著记怪异之事，在他的著作中保留着不少有关资料，这里仅举数例以说明他的观点：

> 桑、谷共生，雊雉鼎耳，古人皆以事训其君；事不明则改为者无所据凭，事明则德改而异消，何应之有！不然，则祸至而应如响，虽欲削之可得乎！《春秋》以年纪事，灾异即事也。若灾异之所以为事与事之所以应，盖其体不可得而并著也，然《左

---

① 叶适：《习学记言序目》卷48《皇朝文鉴二》，第719页。
② 叶适：《习学记言序目》卷28《吴志》，第393页。

氏》则固著之矣。《新史》用《春秋》法，于纪年已皆记其大者，而不著事应，可也；《志》则纪年之笺传尔，安得复用《春秋》法，削其事应而独以灾异言哉！①

（杨）坚少年以相表（相貌）自矜，言其异者固非一人；而史又述其始生时"头上角出，遍体鳞起"。嗟乎！是直变怪不祥之物尔，岂天不爱民，假之富贵而使代相屠戮耶？史法之坏始于司马迁，甚矣！②

《隋志》所载杂占气候，详于司马迁所记，盖后人又推言之也。其言天子气，自战国秦汉已言天子气矣。唐虞三代言其德而不言其气；然则"光被四表"者，文士之虚称尔。有气而无德，将为不祥以祸天下，而何述焉？③

隋文虽焚谶而妄称祥瑞，至有袁充王劭之事，又甚于谶矣！④

彼其君臣（指隋文帝与杨素）以诈力夺攘得富贵，不畏报复，而又取信于阴阳地理，以垂子孙无穷之基，殆与秦皇汉武求长生，异欲而同揆耶？⑤

上述数例已经能够清楚表明叶适反对阴阳灾异、风水占卜这类术数迷信的思想，他斥责所谓"天子气"是"文士之虚称"，充分显示他进步的史学观点。值得指出，前面我们也已经指出朱熹具有反对在史著中撰写阴阳灾异、反对谶纬迷信的进步思想。但事实上，朱熹在这方面也有一些不足之处。例如朱熹对风水占卜在一定程度上是相信的，他曾经让他的弟子蔡季通占卜墓穴。因此，叶适对此事也进行了批评："近时朱公元晦，听蔡季通预卜藏穴，门人裹糗行绋，六日始至：乃知好奇者固通人大儒之常患也。"⑥ 自然，如果叶适坚持这种反

---

① 叶适：《习学记言序目》卷39《唐书二》，第583页。
② 叶适：《习学记言序目》卷36《隋书一》，第533页。
③ 叶适：《习学记言序目》卷36《隋书一》，第542页。
④ 叶适：《习学记言序目》卷37《隋书二》，第546页。
⑤ 叶适：《习学记言序目》卷37《隋书二》，第550页。
⑥ 叶适：《叶适集》卷12《阴阳精义序》，第206页。

对阴阳灾异、谶纬迷信、风水占卜的话，那就显示出他的史识的高超之处，遗憾的是他也不能完全坚持下来。他曾说："国之将兴必有象，《定之方中》《绵公刘》虽大小不同，皆可见也"①，甚至还说："吴范占验存亡兴废，无不审中，使如其言，无用人事矣；将天定而人从耶？将人为者天合耶？将如物之形立而影随也？自尧舜三代以道制命，以德祈天，而祯祥数术犹未尝不行乎其间；独未知秦汉之后或有圣贤事功者，其天道先具又当如何尔。"②显然可见，叶适也认为"国之将兴必有象"之类的"祯祥数术"在三代也曾流行过，这是因为尧舜等圣贤"以道制命，以德祈天"所致。叶适还从《左传》中找出"理论根据"："韩简谓'物生而后有象，象而后有滋，滋而后有数'。善败先成于人而象数应之，非龟筮自能为吉凶，其理甚正，不使术家之妄说并行也。"③显然，叶适反对阴阳迷信、占卜谶纬也是不彻底的。

其次要讨论叶适与朱熹在历史哲学方面的异同。前面已经论述了朱熹的历史哲学包含理、势、心术三个层次；他把"天道"与"人道"等同起来，都说成是永恒的，泛称为"天理"，以此来讨论人类社会的发展和个人在历史上的作用等相关问题。他也承认历史的发展有一种不以人类意志为转移的必然趋势，但这种"势"是受制于"理"的规定性。朱熹也承认人在历史发展中可以起到一定的、积极的作用，注意到人的心术与经世致用之间的内在关系。但他毕竟夸大了人的主观意志的作用，并提出了正"心术"的观点，正心术要求人们去理解、认识天理这一永恒的"真理"！朱熹承认客观历史是可知的，其规律也是可知的，但他以"天理"来替代历史发展的规律，认为认识了天理便是认识了历史发展的规律，因而他认为历史认识论的首要和终极任务是对天理的认知，由此建立起"以理阐史、以史证理"的富于特色的史学思想。

值得注意的是，叶适著作中极少谈到天理、人欲两对概念，也不

---

① 叶适：《习学记言序目》卷6《国风廊》，第66页。
② 叶适：《习学记言序目》卷28《吴志》，第398页。
③ 叶适：《习学记言序目》卷10《僖公》，第132页。

用它们来讨论历史的发展问题，而且在运用这两个概念时大部分是批评两程或其他理学家，大多是转用他们的这些概念。那么，叶适在讨论历史发展时使用什么概念呢？下面先引证几段叶适的论述：

> 论世有三道，皆以人心为本：三代以上，道德仁义，人心之所止也；春秋以来，人心渐失，然犹有义礼之余焉；至于战国，人心无复存矣，先物而流，造势为倾，绵蕞以出智巧，驾漏以成事机，皆背心离性而行者也，故其祸至于使天下尽亡而后已。自汉及今，学者欲求复于人心之所止，则固有道矣。然其质者不能论世观变，则常患于不知；其浮者不能顺德轨行，则挠而从之众矣。①

此段话极为重要，叶适批判了汉代至宋代学者中质、浮两类人，即以为质朴者不能论世道变化，而浅浮者则不能顺德轨行；他们的共同缺陷在于不知道"论世有三道，皆以人心为本"这一关键，即不是真正懂得"人心之所止"的道理。也就是说，无论三代以上、春秋以来、战国之后，道德、义礼、智巧都是由人心所发，而历史发展就在这人心沉浮中体现出来。显然，叶适的历史哲学的核心概念是"人心"，以为历史发展的趋势是：三代以上是人心所止，春秋以来人心渐失，而战国以后则是背心离性了。这种以人心发展为线索来讨论历史发展的轨迹，强调道德、义礼、智巧来区分前代与后世的差异，确实是很不科学的。同时也必须指出，叶适在这里将历史的发展说成是一种倒退的趋势，是很难使人赞同的。在叶适看来，人心所体现出来的就是人道，叶适讲的人道是指人的道德观念。因此，从总体来说，可以概括叶适的历史哲学为道德衰退论。或许许多学者对此会存在许多疑问，那么下面用叶适自己的语言来印证：

> 存亡之数，天也；使国之亡者，亦天也。夫以善代不善，以

---

① 叶适：《习学记言序目》卷18《战国策·总论》，第260页。

能代不能，上世以德，后世以智与力，是有以使之矣。天下之祸，无大于莫之使而自亡；自亡者，非天也，其人而已矣。天下至大也，其存亡之数至难也。故其上则有至仁而伐不仁，其次必有英雄为之役，最下而奸雄之人或执其国家之命，势强力厚而不能舍。夫视其国本之所由兴，或久或近，而有是三者，则其国不得不亡，是固有以使之也。①

这里可见，叶适将一个国家灭亡有三种情况，一是自己不仁，而被至仁者灭之（如汤、武灭桀、纣）；二是国家强弱，弱小者被英雄灭之（如项羽灭秦、唐太宗灭隋）；三是国家大权被奸雄之人擅夺（曹操于东汉、司马懿于曹魏）。其中"所谓有英雄为之役者，亦天命之所宜然也……出于是三者，则亦若天之使然耳"②。这里所说的"上世以德，后世以智与力"，"德"就是道德，"智与力"即智巧；在上世与后世的关系上，叶适认为是后世不如上世，其落脚点正是在道德这一层面上，这是叶适以道德讨论历史发展的明确的注脚。而"存亡之数，天也"一语，则反映出叶适在难以解释"人心"为何促使历史转运变化时的无奈叹息，并不是他相信天命论。实际上，叶适力图将天（天道）与人（人道）分开，不承认天有控制人的权力，但又认为人必须敬天、畏天。他说：

"阴阳之精，本在地而上发于天"，后世天文术家固未有能言此者。然圣人敬天而不责，畏天而不求，天自有天道，人自有人道，历象璇玑，顺天行以授人，使不异而已。若不尽人道而求备于天以齐之，必如"景之象形，响之应声"，求天甚详，责愈天急，而人道尽废矣。③

---

① 叶适：《叶适集·别集》卷6《三国志》，第723—724页。
② 叶适：《叶适集·别集》卷6《三国志》，第724页。
③ 叶适：《习学记言序目》卷22《汉书二》，第312页。

显然可见,叶适以圣人是敬天、畏天来解释"天自有天道,人自有人道",以为"不尽人道而求备于天以齐之",最终必然导致"人道尽废"的结局。叶适正是从是否"尽人道"来讨论三代与后世的种种差异,来解释历史的发展变化的。他强调:"尽人道以事天者,圣人也;(人道)与天为一,则学者之过也。"① 下面一段话也可证实叶适的这一观点:

> 按经星之传,远自尧舜,而位置州分侯国始详于周衰。然则唐虞时诸侯尤多,而星吉凶所不主,占验家固无其文也。《春秋》记星异,《左氏》颇载祸福,其后始争以意推之。至秦汉一变,诸侯权轻,专地久,星官袓故书述旧事。今班氏所志(按:《汉书·天文志》),有其变而无其应者众矣,况后世乎!天文、地理、人道,本皆人之所以自命,其是非得失,吉凶祸福,要当反之于身。若夫星文之多,气候之杂,天不以命于人,而人皆以自命者求天,曰天有是命则人有是事,此亦古圣贤之所不道,而学者为君子者之所当阙也。顾乃学之以为博,言之以为奇,以疏而意密,则学者之所慎也。②

显然,叶适所谓"天不以命于人"表示出坚决反对天命的主张,而"人皆以自命者求天"则是指人心所求,而非天"意",因此"古圣贤之所不道"。自然,叶适站在反对天命的立场来讨论问题,有其合理、进步的一面,但他以"唐虞时诸侯尤多"来解释"星吉凶所不主"是没有道理的,显示他并不理解与不懂得历史发展的真正规律。在反对天命的前提下,强调以所谓"人道为主、不求天道"的观点,实际上忽视了人类社会发展的客观规律,而代之以道德作为标准,即以人心(或说人道)来讨论历史的演进,自然也不可能得出正确的结论。

---

① 叶适:《习学记言序目》卷6《大雅文王之什》,第76页。
② 叶适:《习学记言序目》卷22《汉书二》,第312页。

不过，还必须看到，叶适在讨论以人道为主、不求天道时，也批判过其他一些不正确的历史发展观，他说：

> 欲治天下而不见其势，天下不可治已。昔之论治天下者，以为"三代之时，其君各有所尚，夏之忠，商之质，周之文，数百年而不变。其后周之失弱，秦之失强，故忠、质、文之相代，若循环之无穷"。而或者又曰："弱之失在于惠也，则莫若济之以威；强之失在于威也，则莫若反之以惠。惠止于赏，威止于刑，故赏不至于滥而无所劝，刑不至于玩而无所惧。"盖其意以为治天下之势无出于此矣。①

叶适批判前人"忠质文"式历史循环论，批判以惠、威来讨论时代演化的观点，应该说是正确的，无可非议。

在叶适看来，道德沦亡、人道废黜、自然导致三代圣贤确立的"王道"消亡，而智巧、霸力百出；这一人道亡与智巧出的转变是自商鞅开始的："古无力征天下之术，以德而天下自至，则有之矣……卫鞅之后，苏秦张仪，造为从（纵）横，为从者抗秦以自存而已，为衡者虽连诸侯以事秦，然服之而未有以取之也。既而谋诈锋出，至韩非李斯，卒并山东而取天下，于是论天下始有势，兼天下始有术……自后相承，说客处士舍是则不谈。然则王道之亡而人心转易至此。"② 如此，"周衰，秦以力，楚以诈，始变三代之治为暴强之国"③，人心散坏，道德沦亡，至后世则一代不如一代。因此，叶适对商鞅等法家人物进行大力批判。叶适要求直追三代王道，因此对荀子的"法后王"的观点表示不能同意："荀卿屡言为治当以后王为法，后王者，周也，意诚不差。然周道在春秋时，已自阙绝不继，自一鲁外，诸侯视之皆如弁髦；孔子尽力补拾，其大者十仅得七八，而小者不存多矣。

---

① 叶适：《叶适集·别集》卷2《治势上》，第637页。
② 叶适：《习学记言序目》卷18《战国策》，第252页。
③ 叶适：《习学记言序目》卷10《桓公》，第130页。

况至荀卿,王法灭尽之余,暴秦大并之日,孔氏子孙畏祸不敢,而独怅怅然以无因难验之说叫呼其间,有轻易之情,无哀思之意,徒以召侮而不能为益也。"①

正因为叶适持这种人心、人道来讨论历史发展趋势,也就不可避免地涉及义利王霸问题。在义利王霸问题上,叶适以为三代行王道,后世以霸道(叶适也称之霸力)。他认为霸道是"以势力威令为君道,而以刑政末作为治体",因此,"汉之文宣、唐之太宗,虽号贤君,其实去桀纣尚无几也"。② 正由于此,叶适对欧阳修赞美唐太宗是十分反感的:"欧阳氏《策问》……其言则虽以三代为是,而其意则不以汉唐为非;岂特不以为非,而直谓唐太宗之治能几乎三王,则三代固不必论矣;故其制度纪纲,仪物名数,皆以唐为是而详著之。以余观太宗之治,曾不能望齐桓之十一也,而何三王之可几哉!然则欧阳氏之学,非能陋汉唐而复三代,盖助汉唐而黜三代者也。"③ 显然,叶适认为三代王道远胜于汉唐霸政,因此对欧阳修"助汉唐而黜三代"极为反感。

在叶适看来,三代王道被破坏"非一人之力"④,是始于管仲而成于商鞅、李斯等人。他说:"王政(王道政体)之坏久矣,其始出于管仲。管仲非好变先王之法也,以诸侯之资而欲为天子,无辅周之义而欲收天下之功,则其势不得不变先王之法而自为"⑤,而后世"凡为管仲之术者,导利之端,启兵之源,济之以贪,行之以诈,而天下之乱益起而不息……数百年之间,先王之政,隳坏亡灭……盖王政之坏,始于管仲而成于(商)鞅、(李)斯"⑥。可见,叶适以先王之道兴废来讨论王霸关系的,认为管仲是破坏王道的始作俑者,而后世商鞅、李斯等人继之,于是王道衰败,人心散坏,争霸求利,世道衰坏而一

---

① 叶适:《习学记言序目》卷44《荀子》,第646页。
② 叶适:《习学记言序目》卷6《国风幽》,第71页。
③ 叶适:《习学记言序目》卷50《皇朝文鉴四》,第753页。
④ 叶适:《叶适集·别集》卷6《进卷·管子》,第705页。
⑤ 叶适:《叶适集·别集》卷6《进卷·管子》,第705页。
⑥ 叶适:《叶适集·别集》卷6《进卷·管子》,第706页。

蹶不振。叶适在评论晋称霸时说："是时晋霸未改，而其卿大夫不学无识，乃欲以私意断事，以气力雄长，晋之亡形既兆，而天下大势从之，三代之旧遂以沦胥，哀哉！"① "三代之旧遂以沦胥"是叶适无可奈何的叹息。其实，叶适还说过"周衰，圣贤不作，管仲相齐，成匡济之业……余考次（管）仲事，与王道未有以异，而处士权谋用为首称"②，意思是管仲虽崇尚权谋功利，但毕竟还打着匡济周王室的旗号，与王道没有太大的出入。③ 而后代之人则无管仲之才，如何能恢复三代王道呢："天下之才，未有过于管仲者也，皆不若仲而已矣；皆不若仲，则皆师其故智而拾其遗说……治变而世变，世变而俗成。然则后世之事，有望管仲而不可及者矣，而况于三代乎！"④ 在叶适看来，"三代之下，道远世降，本王心行霸政，以儒道挟权术，为申商韩非而不自知"⑤，意思是三代之后王道愈为衰败，即使是儒家学者也是挟杂法家思想而不自知。因此，叶适大声疾呼废弃霸道，依靠众人之力来逐渐恢复三代王道："王政之坏，非一人之力；及其复之也，亦非一人之功"⑥，"然则居今之世，理经援古，欲一举而尽复三代之治者，以寒致暑而进病者于膏粱，不知其不能食而继之以死也，而何以为之哉！其欲为之者，植之有本，复之有渐，因今之弊政而行之，足以为之兆也。其继益久，其变益狎，将有待于后，则其复者固非一人之功也。虽然，可谓难矣。圣人不千岁而一起，圣人不继世而皆遇，夫安得而俟焉！"⑦ 叶适强调这种恢复三代王道是渐进而非突进，否则反而致其死地，只有"复之有渐"才能恢复三代之政。全祖望大约看到这一点，才说"永嘉功利之说，至水心始一洗之"吧。但是，水心

---

① 叶适：《习学记言序目》卷11《定公》，第159页。
② 叶适：《习学记言序目》卷28《蜀志》，第400页。
③ 按：叶适这段话与上述所引"管仲非好变先王之法也，以诸侯之资而欲为天子，无辅周之义而欲收天下之功，则其势不得不变先王之法而自为"有矛盾。此类矛盾在叶适著作中并不少见。
④ 叶适：《叶适集·别集》卷6《进卷·管子》，第706页。
⑤ 叶适：《习学记言序目》卷28《蜀志》，第402页。
⑥ 叶适：《叶适集·别集》卷6《进卷·管子》，第705页。
⑦ 叶适：《叶适集·别集》卷6《进卷·管子》，第706页。

并不是完全放弃功利之说,而是要求在实行王道的基础上来求得功利。

叶适很不满意"古今异时,言古则不通于今"之说,斥之是"摈古于今,绝今于古",因为"摈古于今,绝今于古,且使不言古,则无所斟酌,无所变通,一切出于苟简而不可裁制矣"。① 他曾举例道:"(汉)文帝接秦之敝,本欲有所为;惜乎当时无知治明道之士,而其间既已空缺数百年,高则有慕古之迂,卑则有循俗之陋,故其事止于如此。后世去文帝时虽远,然其君臣议论执碍不行处,亦不过如此,盖未见有实能通之者。"在叶适看来,"行之可否,百世一理,何论古今"②,即王道是放之百世皆为准的绝对真理,只有在王道的基础之上由"知治明道之士""有所为",那么三代王道是一定可以恢复的。他说:

> 世方相竞于作,则不知而妄为固亦无怪。自孔子回作为述以开天下,然后尧舜三代之事不至泯绝,性命道德有所统纪。如使作而未已,舍旧求新,无复存者,则人道废坏,散为鬼蜮,又如羲黄之时矣。百圣之归,非心之同者不能会;众言之长,非知之至者不能识;故孔子教人以多闻多见而得之,又著于大畜之《象》曰:"多识前言往行,以畜其德。"③

叶适将《象》作为孔子所作是错的,但他的重点则在"多识前言往行,以畜其德"上,否则,"舍旧求新,无复存者,则人道废坏,散为鬼蜮,又如羲黄之时矣",这是多么可怕的一图画案呵!其实,叶适这一观点,与他所写的《汉阳军新修学记》中一句话是一样的意思:"考正古今之俗,因野夫贫女之常性,而兴其俊秀豪杰之思,一其趋向,厚其师友,畜其闻知,广其伦类,极夫先王之道德之正,文献渊源之远,而一归于性命之粹。"④ "考正古今之俗","畜其闻知,

---

① 叶适:《叶适集·别集》卷12《法度总论一》,第786页。
② 叶适:《习学记言序目》卷20《史记二》,第289页。
③ 叶适:《习学记言序目》卷13《述而》,第186—187页。
④ 叶适:《叶适集》卷9《汉阳军新修学记》,第141页。

广其伦类,极夫先王之道德之正,文献渊源之远",正是"多识前言往行,以畜其德"的注脚。显然这种思想接近于吕祖谦在天理论基础上的畜德致用的功利思想,而与陈亮、陈傅良等王霸并用的功利思想有较大差异。

自然,叶适的功利论与吕祖谦的功利论也有差别,这一差别具体说来是吕祖谦还持"霸亦假王"的观点,而叶适则不同意霸道能借王道而行,这在他评论齐桓公、晋文公的功业时已经清楚地表达出来。在叶适看来,"修德者以为无事于功,责功者功成而德日削矣"①。显然,他认为追求功利而轻视道德的修养,必然会产生"功成而德日削"的结果,因此霸道不可能借助王道而行。

另外也应该强调指出,叶适的以王道为基础的功利思想与朱熹思想也有较大不同。因为朱熹虽然不乏经世致用的思想,尽管在他任官期间也做了大量有实效的事情,但他站在比叶适更为正统的儒家立场上,强烈地反对霸道,要求明确区分义利王霸,反对直接谈论功利。关于这一点,前面已经作了大量的论述,这里就不再赘述了。

那么,叶适为什么会产生这种以王道为基础的功利思想呢?从渊源上说,他脱胎于永嘉学派的理路,虽然对陈傅良的功利思想及永康学派陈亮的"说王道霸"的功利思想颇有微词,但他毕竟没有完全放弃功利思想。因此他著述中经常谈功利,这是叶适没有完全放弃功利思想的明证。其次,他向往的是三代的王道,所效法的是先王圣贤,明确指出后世不如三代,强调要求以众力来恢复三代王道。故而他强调"因今之弊政而行之"②,"顺三才之理,因当世之宜,举而措之而已矣!"③ 什么是"三才之理"?叶适明确说道:"仁、义、礼、乐,三才之理也,非一人之所能自为;三才未尝绝于天下,则仁、义、礼、乐何尝一日不行于天下。"④ 叶适如此认识,必然使其表现为既批判说王道霸、又强烈地要求以三代王道为归宿的功利主义思想。再次,他

---

① 叶适:《习学记言序目》卷12《国语·周语》,第165页。
② 叶适:《叶适集·别集》卷6《进卷·管子》,第706页。
③ 叶适:《叶适集·别集》卷8《王通》,第743页。
④ 叶适:《叶适集·别集》卷8《王通》,第742页。

对两程、陆九渊、朱熹等人某些思想观点也不同意,尤其对他们自称继承先王道统的言论大为不满,于是,叶适从源头上来反对他们的道统论,同时也以继承道统自命。关于这一问题,有些前辈与时贤也注意到叶适批评孟子,否认子思、孟子等人在儒家道统中的地位,但由于种种原因,论述仍不详尽,有些问题也没有得到进一步论述。① 这里再就有关叶适的道统论与王道功利论的问题作些补充。

首先应该指出,叶适认为自尧、舜、禹、皋陶、汤、伊尹、文、武、周公直至孔子,存在着一个连贯的道统次序,虽然"世有差降,德有出入,时有难易,道有屈伸"②,但孔子排定了自尧至周公的道统次序是无可非议的。叶适进一步指出,汉唐诸儒尊子思、孟子,致使"二千年间,萌蘖泛滥,若存若亡",然而他们不但没有揭示道统真正的大义所在,有些观点也与孔子有较大差异。至于宋代诸儒,叶适明确说道:宋儒"博探详考,知本统所由,而后能标颜、曾、孟子为之传,揭《大学》、《中庸》为之教,语学者必曰:'不如是,不足达孔子之道也。'然后序次不差而道德几尽信矣"③。在叶适看来,揭示尧舜禹到孔孟的道统系统的功绩应归于两程、张载、朱熹及吕祖谦等数人,尤其对朱熹"极辨于毫釐之微,尤激切而殷勤,未尝不为之叹息也"④。

不过,叶适一方面肯定宋儒揭示儒家道统的功绩,另一方面又强烈地反对将子思、孟子纳入这一道统系统之内。他明确说过,"然自周(公)召(公)既往,大道厘析,六艺之文,惟孔子能尽得其意,使上世圣贤之统可合。自子思孟子犹有所憾"⑤,意思指子思、孟子不能完全理解先王圣贤之意,当然也就不能继承道统。由此,叶适叹息地表示:"自孔氏之高弟不足以知之,各因其质之所安而谓道止于如

---

① 侯外庐等:《中国思想通史》第四卷下册第十六章,人民出版社1957年版;徐洪兴:《论叶适的"非孟"思想》,载《论浙东学术》,中国社会科学出版社1995年版。
② 叶适:《习学记言序目》卷5《尚书·总论》,第60页。
③ 叶适:《叶适集》卷10《同安县学朱先生祠堂记》,第167页。
④ 叶适:《叶适集》卷10《同安县学朱先生祠堂记》,第167页。
⑤ 叶适:《习学记言序目》卷8《经解》,第105页。

此,况于后世,不能言统纪者固非,而能言者亦未必是。"① 也就是说,叶适排斥了孟子之后所有儒家学者的道统继承权,当然也就不把宋儒如周敦颐、两程、张载、朱熹等人作为道统的继承者。

应该指出,宋代自两程起,一直推崇子思及孟子,尤其是朱熹将子思与孟子这一道统视为自己学术理论的生命线,然后将周程诸儒承继于子思与孟子这一道统之后,当然自己也就当仁不让地自继于两程之后:"宋德隆盛,治教休明,于是河南程氏两夫子出,而有接乎孟子之传……然后古者大学教人之法,圣经贤传之指,粲然复明于世。虽以熹之不敏,亦幸私淑而与有闻焉。"② 正因为朱熹尊子思与孟子,他也就极其重视四书,甚至将四书的地位放在六经之前,排定四书次序为《大学》《中庸》《论语》《孟子》,作为学者入德之门。显然,朱熹抬高了思孟学派的地位。

叶适则从具体问题入手,来批评两程的观点,以便否定他们的道统继承权。他批判了"程氏诲学者必以敬为始"的观点,认为"学有本始,如物始生,无不懋长焉,不可强立也","是则敬者,德之成也。学必始于复礼,故治其非礼者而后能复。礼复而后能敬,所敬者寡而悦者众矣,则谓之无事焉可也。未能复礼而遽责以敬,内则不悦于己,外则不悦于人,诚行之则近愚,明行之则近伪;愚与伪杂,则礼散而事益繁,安得谓无!此教之失,非孔氏本旨也"。③ 叶适与两程的差异是:两程认为学以持敬为始,而叶适则以为学以复礼为始。叶适还指出:"近世之学,虽曰一出于经,然而泛杂无统,洇洓失次,以今疑古,以后准前,尊舜文王而不知尧禹,以曾子子思断制众理,而皋陶伊尹所造,忽而不思,意悟难守,力践非实"④,甚至挖苦道:"理不尽,徒胶昔以病今;心不明,姑舍己以辨物。勤苦而种,皆文藻之末;鲁莽而获,皆枝叶之余。"⑤ 值得注意的是,朱熹对两程的

---

① 叶适:《习学记言序目》卷17《孔丛子》,第246页。
② 朱熹:《大学章句序》,参见朱熹《四书章句集注》,第2页。
③ 叶适:《叶适集》卷10《敬亭后记》,第163—164页。
④ 叶适:《习学记言序目》卷5《尚书·总论》,第60页。
⑤ 叶适:《叶适集》卷11《南安军三先生祠堂记》,第192页。

"持敬"功夫是极其赞赏的,一直告诫自己学生要将敬字作为学者的第一义。显然,叶适反对两程持敬,实际也含有对朱熹的批评,通过这些批评来达到否定他们继承了道统。但是,必须指出,叶适与程朱的不同观点,并不构成理学与反理学之间的斗争!

正因为叶适对子思、孟子加以批评,也就使他将《大学》《中庸》《孟子》三书排斥在"经"之外。他在《习学记言序目》中专门对《大学》等三书中的主要观点进行过严厉地批评,以为此三书与六经存在着很多差异,甚至嘲笑道:"学者不足以知其统而务袭孟子之迹,则以道为新说奇论矣。"① 值得补充的是,叶适只是批评子思、孟子的某些学术观点,指出他们与孔子之间的不同,反对将他们纳入儒家道统继承人的行列,但对子思、孟子仍有许多赞美之词,甚至有时仍将孟子视为儒家道统的继承人,这种矛盾的现象在叶适著作中仍不少见,下仅举两例:

"孟子道性善,言必称尧舜。"按子思独演尧舜之道,颜曾以下为善有艺极者所不能也,故自孟子少时,则固已授之矣。尧舜,君道也,孔子难言之;其推以与天下共而以行之疾徐先后喻之,明非不可为者,自孟子始也。②

周衰而天下之风俗渐坏,齐晋以盟会相统率;及田氏六卿吞灭,非复成周之旧,遂大坏而不可收,戎夷之横猾不是过也。当时往往以为人性自应如此……而孟子并非之,直言人性无不善,不幸失其所养使至于此,牧民者之罪,民非有罪也,以此接尧舜禹汤之统……此孟子之功所以能使帝王之道几绝复续,不以毫厘秒忽之未备为限断也……而后世学者,既不亲履孟子之时,莫得其所以言之要,小则无见善之效,大则无作圣之功,则所谓性者,姑以备论习之一焉而已。③

---

① 叶适:《习学记言序目》卷49《皇朝文鉴三·序》,第739页。
② 叶适:《习学记言序目》卷4《滕文公》,第200页。
③ 叶适:《习学记言序目》卷14《告子》,第206页。

前一段是叶适对孟子认定的尧舜之道"非不可为"观点的肯定，后一段对孟子使王道"几绝复续"之功的赞扬，似乎又在一定程度上承认孟子对儒家道统的继承权。显然，夸大叶适"非孟"思想是有欠缺的，但叶适在更多的场合表示子思、孟子不应继道统也是明显的事实。叶适学生孙之弘在《习学记言序目序》中也曾明确指出：叶适认为"以孟轲能嗣孔子，未为过也，舍孔子而宗孟子，则于本统离矣"[1]。显然可见，叶适反对的主要是"舍孔子而宗孟子"的观点，实际是批评宋儒中特别尊崇思孟学派的理学家，如朱熹等人。

叶适也反对将曾子作为孔子道统的继承人，他说：

> 然余尝疑孔子既以一贯语曾子，直唯而止，无所问质，若素知之者，以其告孟敬子者考之，乃有粗细之异，贵贱之别，未知于一贯之指果合否？曾子又自转为忠恕。忠以尽己，恕以及人，虽曰内外合一，而自古圣人经纬天地之妙用固不止于是，疑此语未经孔子是正，恐亦不可便以为准也。子贡虽分截文章、性命，自绝于其大者而不敢近，孔子丁宁告晓，使决知此道虽未尝离学，而不在于学，其所以识之者，一以贯之而已；是曾子之易听，反不若子贡之难晓。至于近世之学，但夸大曾子一贯之说，而子贡所闻者殆置而不言，此又余所不能测也。[2]

> 若孔子晚岁独进曾子，或曾子于孔子后殁，德加尊，行加修，独任孔子之道，然无明据。又按曾子之学，以身为本，容色辞气之外不暇问，于大道多所遗略，未可谓至。[3]

既然叶适否定曾子、子思、孟子继道统，实质上也否定了两程、朱熹等人的道统论，但他仍坚信儒家确实是存在着道统的。他强调说："不能言统纪者固非，而能言者亦未必是也。"[4] 那么，这一道统究竟

---

[1] 叶适：《习学记言序目》附录，第759页。
[2] 叶适：《习学记言序目》卷13《里仁》，第178—179页。
[3] 叶适：《习学记言序目》卷49《皇朝文鉴三·序》，第738—739页。
[4] 叶适：《习学记言序目》卷17《孔丛子》，第246页。

如何呢？叶适以为："《书》称'人心惟危，道心惟微，惟精惟一，允执厥中'，道之统纪体用卓然，百圣所同"，"此道常在，无阶级之异，无圣狂、贤不肖之殊"。① 可见，叶适所谓的"道统"与两程乃至朱熹等理学家的看法毫无两样。但是，两程至朱熹的理学家认为是他们继承了孔孟不传之道统，否定其他学者也有继承道统的权力，前面在讨论朱熹与陈亮的论辩时，我们已经作过论述。然而与朱熹的观点不同，叶适认为：自孔子之后的道统是确实存在的，但是，"道统"既不是由曾子、子思、孟子等人继承过，也并非属于某些人私有，他批评道："时诸儒以观心空寂名学，徒默视危拱，不能有论诘，猥曰：'道已存矣。'"② 这里的"时诸儒"是有所指的："古圣贤之微言，先儒所共讲也；然皆曰：'至二程而始明。'凡二程所尝讲，皆曰：'至是止矣。'其密承亲领，游、杨、尹、谢之流，而张、吕、朱氏后时同起，交阐互畅，厥义大弘，无留蕴焉。窃怪数十年，士之诣门请益，历阶睹奥者，提策警厉之深，涵玩充溢之久，固宜各有论述，自名其宗，而未闻与众出之以扶翼其教，何哉？岂敬其师之所以觉我，而谦于我之所以觉人欤？"③ 显然，叶适是批评两程至张栻、吕祖谦乃至朱熹等理学家。在叶适看来，"道者，天下共由之途也。使有人焉，以为我有是物也，将探而取之，而又曰我得之矣，则其统已离矣。"④ 其意指两程等人自命继承了道统，实际上已经离开了道统。叶适也断然否认陈亮所说的汉唐帝王、英雄豪杰也能继承孔子道统的观点。在叶适看来，孔子之后虽然没有具体的人来继承道统，但是道统存在于六经之中，六经始终存在于世，那么道统也就存在于世，而不像朱熹等所说的儒家道统密传几绝，因此应该从源头六经开始钻研，认真理解六经的含义，以真正掌握儒家道统，否则就会像子思、孟子那样走样。他说："道者，自古以为微渺难见；学者，自古以为纤悉难统。今得其所谓一，贯通上下，应变逢原，故不必其人之可化，不必其治之有立，

---

① 叶适：《习学记言序目》卷8《中庸》，第108—109页。
② 叶适：《叶适集》卷25《宋厩父墓志铭》，第490页。
③ 叶适：《叶适集》卷29《题陈寿老〈论孟纪蒙〉》，第607页。
④ 叶适：《叶适集》卷22《故运副龙图侍郎孟公墓志铭》，第431页。

虽极乱大坏绝灭蠹朽之余，而道固常存，学固常明，不以（孔子）身没而遂隐也"①，因此，"读书不知接统绪，虽多无益也；为文为能关教事，虽工无益也；笃行而不合于大义，虽高无益也；立志不存于忧世，虽仁无益也。"② 叶适之所以将自己的著作取名为"习学记言"，其根本原因也在这里。叶适还有一段特别重要的话，表现他自命继道统的理论根据与意向：

> 生于数千载之后，既不及亲见圣人之行事，循其言语动作而可以得其心，与接闻其风声而可以知其人矣，其所以学为圣贤者，独其言在耳。是故孔子录之为经以示后世，其意反覆深切，将使学者因是言而求之，而可以得尧、舜、禹、汤、文、武、周公之心，与知其为人而无疑也……达者知其言也而至于道，不达者不知也，则众人而已矣，今其载于书者皆是也。③

显然，叶适以为可以通过"学其（圣人）言"而达其道，即继承圣人的道统。正因如此，叶适对曾以续六经为己任的王通不无恻隐之心："以续经而病王氏者，举后世皆然也，夫孰知其道之在焉"④，"善哉乎王通氏，其知天下之志乎！其有能为天下之心乎！何以知之？以其能续经而知之。"⑤ 叶适对王通的赞美，实际是他自命道统继承人的心灵写照。

叶适的道统论与他的王道功利说也是有关系的。首先，叶适认为三代圣贤也讲功利，但这种功利是基于王道基础之上的，而后世讲功利则基于申商韩非等人的理论之上。例如，叶适认为周公平武庚之叛的功业是符合王道的："武庚弗顺可也，四国多方，胡为而迪屡不静乎？以是知纣之存亡为世道之大变矣。周公虽尽心力以行王

---

① 叶适：《习学记言序目》卷13《里仁》，第178页。
② 叶适：《叶适集》卷29《赠薛子长》，第607—608页。
③ 叶适：《叶适集·别集》卷6《孔子家语》，第709—710页。
④ 叶适：《叶适集·别集》卷8《王通》，第743页。
⑤ 叶适：《叶适集·别集》卷8《王通》，第742页。

道,而自是以后,圣人之治终不复作,乃世变之当然,不可不知也。"① 换句话说,周公这种符合王道的功业,符合"圣人之治"的要求,也是他继承道统的根据之一,但后世则很少有完全符合王道的功业了。叶适讨论管仲与诸葛亮两人的功业与王道的关系是十分典型的资料:

> 周衰,圣贤不作,管仲相齐,成匡济之业,《春秋》二百余年载之。余考次仲事,与王道未有以异,而处士权谋用为首称。诸葛亮治蜀,虽不能复汉,然千岁间炳如丹青。余撼亮所行实用霸政,而论者乃以为几于王道。盖古今之世不同,而人心见识亦随以变也。②
>
> 三代之下,道远世降,本王心行霸政,以儒道挟权术,为申商韩非而不自知,以(诸葛)亮始末考之,历历可见;所以使其功烈不能究者,皆末俗余论误之也,余故谆谆具之。③

这里,叶适虽然将管仲辅齐桓公称霸仍看成"与王道未有以异"的功业,但明确表示这是"周衰,圣贤不作"的情况下出现的"成匡济之业",意思是管仲仍不属于圣贤,当然叶适也就不会说管仲有资格继承道统,只承认孔子所品评的"如其仁,如其仁"了。至于诸葛亮,叶适十分明确指出他"实用霸政",那么也就完全没有资格继承道统了,因此对那种认为诸葛亮"几于王道"观点,叶适表示不能同意的。叶适之所以"谆谆具之",是因为功业必须以王道为准,如果功利与王道相悖,那只是申商韩非之类的功利,是不符合王道的,因此也就应该剥夺他们的道统继承权。显然,叶适的功利说是基于王道理想之上的,因此我们称之为王道功利论。

其次,叶适以这种王道功利说来衡量后世史事,以此评判他们是

---

① 叶适:《习学记言序目》卷5《周书》,第58页。
② 叶适:《习学记言序目》卷28《蜀志》,第400页。
③ 叶适:《习学记言序目》卷28《蜀志》,第402页。

否继承道统。叶适指出，古今人物对功业态度是不同的：

> 古无力征天下之术，以德而天下自至，则有之矣……卫鞅之后，苏秦张仪，造为从（纵）横，为从者抗秦以自存而已，为衡者虽连诸侯以事秦，然服之而未有以取之也。既而谋诈锋出，至韩非李斯，卒并山东而取天下，于是论天下始有势，兼天下始有术。秦之亡，谋臣智士抵掌而议，运宇宙如丸泥，张良陈平之徒，竟以空手辅佐其人，而攫取天下无不如志；自后相承，说客处士舍是则不谈。然则王道之亡而人心转易至此，嗟夫甚哉！学者贵于自反而已。①

> 古人勤心苦力为民除患致利，迁之善而远其罪，所以成民也，尧舜文武所传以为治也；苟操一致而已，又何难焉！故申商之术命尧禹曰桎梏。战国至秦，既已大败，而后世更为霸、王杂用之说，自以为甚恕矣；至于书传间时得其一若申商之类者，未尝不拊卷嗟惜，以为偶举而必效，当行而无疑也。②

这里，叶适指出古人与今人对功业的态度是不同的，古人以"德"来致天下，而不以力征，后人则以申商韩非之术来致功业。因此他强调指出："古人于事变之际少干涉，不惟功名之心薄，诚恐雅道（王道）自此而坏，若后世则不然。"③ 叶适曾以周文王为例："（周）文王不改物，始终一道而已，故孔子言'三分天下有其二，以服事殷，周之德其可谓至德也已矣'，此最论王伯（霸）之准的也。学必守统纪，不随世推迁，后学既讹伯为霸，而其道亦因以离。"④ 显然，周文王的德行与功业是无可指责的，而后世既讲霸道，自然也就离开了道统了。这里还须补充，上述引文中，叶适明确表示反对"霸、王杂用"之说，虽未指明何人，但陈亮持"王霸并

---

① 叶适：《习学记言序目》卷18《战国策》，第252页。
② 叶适：《习学记言序目》卷43《唐书六》，第639页。
③ 叶适：《习学记言序目》卷11《襄公二》，第150页。
④ 叶适：《习学记言序目》卷14《告子》，第207页。

用"之说,叶适显然是不能同意的。叶适以这种观点来讨论其他历史问题,如评论孝文帝迁都并非王道,并以周公相比较:"孝文(帝)都洛最无谓。周公虽有四方朝贡道里均之说,然成周固未尝受迁邑之利,五帝三代何尝有都洛之文?况王政废兴,岂在都邑,乃汉以后经生相承,夸大其辞耳。孝文自合更为其国开百余年深厚之王业,岂谓一迁洛而本根浮动,坟庙宗族,皆已弃绝,边徼镇戍,单寒无依?向非孝文,便当身见祸乱,然亦竟十余年而国为墟矣。盖好名慕古而不实见国家大计,其害至此。后之学者,又将誉之不已,是以亡为存,以败为成,乌在其言王道也!"① 叶适在讨论春秋时期史事时也批评过孟子:"狐偃言'求诸侯莫如勤王',晋侯辞秦伯,纳襄王,霸业实始于此,与荀彧劝曹操拒袁绍事意略同。盖诈谋日开,假托日盛,王道遂亡,正孔子所恶,而孟子犹与尧舜汤武同称,盖择义未尽也。"② 晋侯求霸业造成了"王道遂亡"的结局,自然是破坏了道统,而孟子比作尧舜汤武,即将他也列入道统体系,叶适是不能同意并对孟子提出批评。上面也曾提到叶适对欧阳修赞扬汉唐而轻三代、甚至说"唐太宗之治能几乎三王",也表示强烈反感,这正是基于他王道功利论之上的。

  总之,叶适的王道功利论是与他的道统论相辅相成的,体现在他对历史问题的看法。从总体来说,叶适对历史问题的看法确实不是一种向前看的观点,而是一种强烈的回归三代的观点,这种观点正是他的以人心来讨论历史发展趋势的必然结果,而理论色彩则较为逊色。比较而言,朱熹的历史哲学确实比叶适的历史哲学更为精致,理论色彩更为浓厚,尤其他维护孟子的地位,将孟子列入道统系统,是很受后人赞许的,因此朱熹的史学思想也更能被后人接受。当然,无论是朱熹还是叶适,在他们讨论历史问题时,也都存在着一些闪光的东西,这也是应该肯定的。

---

① 叶适:《习学记言序目》卷34《魏书》,第496页。
② 叶适:《习学记言序目》卷10《僖公》,第133—134页。

四　朱熹史学思想对后世的影响

朱熹史学思想对后世和影响之大，在宋代史学上是很少见。这可以从朱熹史学思想对宋代学者的影响，以及对宋代之后学者的影响两个方面来论述。

朱熹史学思想对宋代学者的影响，最明显的例子是朱熹门人中热衷于史学者大有人在，其中撰有史著者：张洽著有《春秋集注》、《春秋集传》、《左氏蒙求》、《读通鉴长编事略》、廖德明有《春秋会要》、刘爚有《史稿》、曹彦约有《舆地纲目》、吴仁杰有《汉书刊误补遗》、陈宓有《春秋三传钞》、《续通鉴纲目》、《唐史赘疣》、赵汝谈有《通鉴》、王遇有《两汉博议》、郑可学有《春秋博议》、《三朝北盟举要》①；考证礼仪制度者，如李如圭《仪礼纲目》；文集中有史学内容者，如杜斿《粹裘集》，叶适序之曰"此文自经史诸子皆有论辩，学之博矣"；潘植"尤嗜史学，上下数千年，贯穿出入"；黄学皋亦"通经史，尤长《诗》、《书》、《春秋》"②，都可充分证明朱熹史学思想对其门人有深刻的影响，否则怎么会有那么多的门人都去治史呢？

朱熹史学思想对宋末的朱熹后学王应麟、黄震、王柏等人影响也是十分清楚的。王应麟、黄震、王柏等人均以博学著称，于史学尤为擅长。在他们的著作中也并不讳言自己受到朱熹的影响。

朱熹史学思想对宋代其他学者也有影响。如陈均"用朱子《纲目》义例，提要备言，辑成《宋编年举要》、《备要》二书……端平初，时宰言于朝，下福州取其书"③，端平初仅距朱熹去世34年，其成书应更早。黄仲炎撰《春秋通说》十二卷，"大旨宗朱子《春秋》

---

① 均见黄宗羲《宋元学案》卷69《沧州诸儒学案上》。这里所列并不是朱熹门人所写史著的全部，而是极少的一部分。
② 黄宗羲：《宋元学案》卷69《沧州诸儒学案上》，第2310、2291、2325页。
③ 黄宗羲：《宋元学案》卷49《晦翁学案下》，第1597页。

无褒贬之说"①。按《四库全书总目》云此书成于理宗绍定三年（1230年），显然可看出朱熹史学思想对宋代其他学者之影响。不过，朱熹史学思想在宋代仅是对学者起到影响，而非是对官修史书起到直接影响，这与元明清三代是不同的。

值得指出的是，宋代之后，朱熹史学思想中的落后因素比合理因素更被后人重视。例如，朱熹的正统论、强烈的义理道德观念等等深受后人推崇，而有关"势""机"的看法、史体互补的观点、注重实证的治史手段、功过不掩的人物评价方法等等，则却很少有人重视。究其原因，大约可以从以下三个方面来分析。首先，朱熹史学思想本身的局限性，即浓厚的理学气味，导致其史学思想中合理因素被人忽视，而落后因素被人重视的局面。如上所述，朱熹是宋代第一个以理学思想来完整地、全面地、深入地阐述史学思想的理论家，他以哲学家的眼光来审视史学思想的各个侧面，确实有不少地方比"纯粹的"史学家要深刻得多。而且，朱熹毕竟是一个博通今古的大学者，他在建构史学思想体系时，有不少精彩的论述、精辟的见解。遗憾的是，由于朱熹力图以理学思想去阐述史学理论问题，强调正统，因此，那些精彩而又精辟的见解往往淹没在"天理论"的汪洋大海之中，也就难以被人钩稽出来，从而失去了应有的光彩，也失去了受到正确评价的机会，这正是其理学思想笼罩下的史学思想的悲剧所在！事实上，人们（包括后代统治者及学者）在论述一些具体问题时所涉及的朱熹史学思想，绝大部分是从理学角度去加以认识的，大多强调的只是朱熹史学思想中的一些糟粕，这样，对朱熹史学思想就不可能不产生偏差；而朱熹史学思想中一些有价值的地方也就被忽视了。因此，造成朱熹史学思想落后因素更被人重视的结果，不能不说是与朱熹史学思想本身的局限性有关。

其次，朱子后学对朱熹思想的推崇，主要是对他的理学思想顶礼膜拜，神化朱熹。而且，在没有创造出一种绝对超越朱熹历史哲学的

---

① 宋慈抱：《两浙著述考》"黄仲炎条"引《温州经籍志》，浙江人民出版社1985年版，第385页。

理论,并构成一整套史学思想体系之前,是不可能推翻朱熹史学思想体系的。

这里需解释两个概念:一是朱子学,是一种信奉和学习朱熹思想,并加以研究和传播的学问;二是朱子后学,是指信奉、学习、研究和传播朱子学的人。应该看到,各学者由于学识水平不同、所接受的朱熹思想的角度不同,因而他们对朱熹思想的阐述就不可能完全一致,这也就形成朱子学中的各个流派,如在朱熹门人中便有以黄榦为代表的"嫡传",以及陈淳、蔡沈、程端蒙等学派。他们所侧重的角度不同,在解释朱熹思想时必然也会有差异。黄榦曾对李燔说:"新年又六十有八矣,每念先师一生辛苦著书,以惠后学,光明炜焕,而诸生莫有能达其旨趣者,又复数年,传习益讹,先师之目将不瞑于地下矣。"① 黄榦生于1152年,说此语应是1219年,距朱熹去世19年。他感觉到"诸生莫有能达其(朱熹)旨趣",而仅仅10余年便"传习益讹",这里显然是指朱子后学对朱熹思想的解释有了变化,即不符合朱熹的原意了。理解这一点是至关重要的,因为不加以区别,则混淆了朱熹与朱子后学的思想,不利于准确评价朱熹的史学思想。况且,从黄榦这个嫡传衣钵的弟子起,朱子后学们都是对朱熹的理学顶礼膜拜,神化朱熹,不敢越雷池一步,因循守旧,只能使朱子学逐步走向衰弱。当然也有一些思想家,对朱熹思想进行过批判,但他们没有创造出一种绝对超越朱熹历史哲学的理论(仍局限于封建伦理观念中),也没构成一整套史学思想去取代朱熹的史学思想,因而朱熹史学思想中的落后因素,在朱子后学的推崇下仍有生存下去的能力。

最后,封建帝王为巩固统治而对朱熹思想的利用,把朱熹圣人化;在史学思想方面强调的是朱熹的正统论、义理道德史观。众所周知,朱熹生前,其思想只是宋代理学中的一个派别,并未取得统治地位;况且他在晚年又遭到"庆元党禁"的打击,理学被斥为"伪学",其思想也不可能成为统治阶级的代表思想。朱熹去世后才解党禁,虽然

---

① 黄榦:《勉斋集》卷5《与李敬子司直书》,第63页。

其门人黄榦、李燔、李方子、陈淳、辅广等人坚持师说，但正如魏了翁在嘉定年间所言"老师宿儒，零替殆尽；后生晚辈，不见典刑"①，显然其影响也不算太大。到嘉定十三年，经过真德秀、魏了翁等人一再要求，宋廷终于给周敦颐、两程赐谥号（朱熹则在嘉定二年赐曰："文"），也就是肯定了程朱理学的合法地位。此时，朱熹思想虽日益扩大着影响，但还远远不是"统治思想"。宋末元初，经过赵复、许衡等人的大力宣扬，朱熹理学思想始在北方地区传播；到元仁宗皇庆二年（1313），元朝中书省奏准科举"专立德行、明经科。明经内四书、五经，以程子、朱晦庵注解为主，是格物、致知、修己、治人之学"②；至延祐二年（1315）正式开科取士，从此确立了程朱理学为官学的地位。值得提出，从当时情况来说，统治集团不但尊崇朱熹理学思想，而且也开始尊崇其史学思想。这可以从修宋辽金三史中来分析。元世祖中统二年（1261）曾欲修辽、金两史，未成。逮至宋亡，仁宗延祐年间（1314—1320）便提出修宋、辽、金三史，但孰为正统则众说纷纭，难于定夺；至顺帝至正三年（1343），总裁脱脱才确定各与正统，始定于一议，终于修成三史。③ 在这场长时间的正统之争中，姚燧、杨维桢、危素、倪士毅、揭傒斯、王袆、杨奂等人都以朱熹的正统观点来立论，而王理、修端等人则主张应该平等对待三个王朝。从最后的结果看，脱脱不以某一姓王朝为正统而贬视另外两个王朝、以分别撰写一史的做法是正确的。但是，三史的撰写未受朱熹正统论束缚，但不能说没有受到朱熹史学思想的一定影响。如欧阳玄在《进〈宋史〉表》中就明确表明"矧先儒性命之说，资圣代表章之功，先

---

① 魏了翁：《鹤山先生大全集》卷16《论士大夫风俗》，四部丛刊初编本，商务印书馆1912年版，第13页。

② 方龄贵校注：《通制条格校注》卷5《科举》皇庆二年十月，中华书局2001年版，第220页。

③ 赵翼著，王树民校证：《廿二史札记校证》卷23《宋辽金三史》，中华书局1984年版，第494页；另外参见权衡撰、任崇岳笺证《庚申外史笺证》，中州古籍出版社2000年版；脱脱《元史》卷40《顺帝纪》；卷138《脱脱传》；卷182《欧阳玄传》。

理致而后文辞，崇道德而黜功利。书法以之而矜式，彝伦赖是以匡扶"①，十分清楚地表达了官修《宋史》受到朱熹史学思想的影响。

朱熹正统论对元代学者们也有较大的影响。上述提到的杨维桢便是以"天理""道统"作根据来区别正统与否，认为只有道统所在，才是"治统之所在"②；杨奂认为正统之国必须"敦道义之本，塞功利之源"③，才可长治久安；另外，赵居信撰《蜀汉本末》是"宗《资治通鉴纲目》之说，以蜀为正统"，而此书前有一佚名者作的序，声称："朱子出而笔削《纲目》，有以合乎天道而当乎人心"④；王惟贤著《春秋指要》，自序中表白："本朱子直书善恶自见"⑤。这些言论都可看出他们受到朱熹史学思想的影响。不过，这些学者的理学色彩确实比较浓厚。

明清两代情况与元代有所不同。明太祖、成祖都欣赏《通鉴纲目》；而清康熙、乾隆两帝更是对《通鉴纲目》推崇备至。康熙不但下令将《通鉴纲目》译成满文，还亲自序曰"朱熹本之为《纲目》，纲仿《春秋》，目仿《左氏》，义例森严，首尾条贯，足以示劝惩而昭法戒。煌煌乎典章之总会，而治道之权衡也"，自称"于《纲目》一书，朝夕起居之时，循环披览，手未释卷"⑥，亲自批注。乾隆即位之初，便规定乡试、会试策题"必令详引《纲目》中事迹人物"⑦；乾隆还在修《明纪纲目》的诏书中宣称："宋司马光汇前代诸史为《资治通鉴》，年经月纬，事实详明。朱子因之成《通鉴纲目》，书法谨严，得圣人褒贬是非之义。后人续修《宋元纲目》，上继紫阳，与正史纪

---

① 欧阳玄：《圭斋集》卷13《进〈宋史〉表》，文渊阁《四库全书》，台北商务印书馆1982年版，第149页。

② 杨维桢：《正统辨》，陶宗仪：《南村辍耕录》卷3，中华书局1959年版，第37页。

③ 杨奂：《正统八例总序》，苏天爵《元文类》卷32，上海古籍出版社1993年影印本，第395页。

④ 永瑢等：《四库全书总目》卷50《蜀汉本末》条，第454页。

⑤ 钱惟乔、钱大昕：《鄞县志》卷13《人物》，《续修四库全书》，上海古籍出版社2002年版，第288页。

⑥ 《清圣祖实录》，康熙三十年三月戊子，《清实录》第5册，中华书局1985年版，第666页。

⑦ 《清高宗实录》，乾隆元年五月，《清实录》第9册，中华书局1985年版，第474页。

传相为表里，便于检阅，洵不可少之书也。今武英殿刊刻《明史》将次告竣，应仿朱子义例，编纂《明纪纲目》，传示来兹"①。乾隆还专门下诏就正统论问题表示自己看法："《春秋》大一统之义，尊王黜霸，所以立万世之纲常，使名正言顺，出于天命人心之正。紫阳《纲目》，义在正统……夫正统者，继前统、受新命也"②，"至元世祖平宋，始有'宋统当绝，我统当绪'之语，则统绪之正，元世祖已知之稔矣！……盖《春秋》之大义，《纲目》大法，实万世不易之准。"③乾隆帝在肯定朱熹的"大权归一"即是正统的前提下，以华夷不别为清王朝争正统，在现在看来是没有什么意义的，但在当时则是很为重要的。这里可以看出朱熹正统论对当时修史也产生了很大的影响，这与元代有不同。

在帝王的推崇下，朱熹史学思想对学术界的影响就十分大了。明人谢铎上书宪宗，称"《（通鉴）纲目》一书，帝王龟鉴"④，要求以此作为长治久安的法宝。王世贞更是声称自己一以朱熹为准，推崇"考亭朱子熹因《通鉴》为《纲目》，黜魏帝汉，义例严正，真是非不谬于圣人"⑤，甚至强调"《通鉴纲目》不作，则《尚书》、《春秋》之旨渐微"⑥，将《通鉴纲目》与六经相提并论。谢陛作《季汉书》也是"遵朱子《纲目》义例，尊汉昭烈为正统"⑦。清人徐鼒在《小腆纪年附考自叙》中说，自己撰写此书是"所以仰遵纯庙圣谕，窃取《春秋》、《纲目》之义，汲汲以正人心、维世运之愚衷，与不才之躯同忽焉没矣，是则梓而存之之意也夫！"⑧

---

① 《清高宗实录》，乾隆四年八月辛巳，《清实录》第10册，中华书局1985年版，第486页。
② 《清高宗实录》，乾隆四十六年十月，《清实录》第23册，中华书局1985年版，第308页。
③ 《清高宗实录》，乾隆四十六年十月，《清实录》第23册，中华书局1985年版，第308—309页。
④ 张廷玉等：《明史》卷163《谢铎传》，中华书局1974年版，第4431页。
⑤ 王世贞：《纲鉴会纂·序》，清光绪三十五年上海美华书局石印本，第1页。
⑥ 王世贞：《纲鉴会纂》，第1页。
⑦ 永瑢等：《四库全书总目》卷50《季汉书》条，第456页。
⑧ 徐鼒：《小腆纪年附考自叙》，徐鼒：《小腆纪年附考》，中华书局1957年版，第3页。

正由于此，明清两代以《纲目序》的天道、人道为宗旨而撰写的史书极多，严重地束缚了史家们的思想，影响了史学的发展。这里仅用以纲目体编写史书的部分统计，来说明这一点。笔者统计《四库全书总目》《千顷堂书目》和今人宋慈抱《两浙著述考》三书中用纲目体撰写的史书，共宋人6种，元人9种，明人44种，清人18种，时间不详者6种。① 实际上，这仅是一小部分而已。值得注意的是上述作者表明的是以《纲目》之"义"作史，即重视的恰恰是朱熹史学思想中落后的因素！

当然，作为一种史书体裁，纲目体也有其长处，钱大昕曾说"昔人所言'事增于前，文省于旧'，惟《通鉴》可以当之。朱文公之《纲目》虽因温公之书，无所增益，而义例谨严，犹能成一家之言"②；梁启超认为"此法（纲目体）很容易，很自由，提纲处写断案，低一格作注解，在文章上不必多下功夫，实为简单省事的办法。做得好，可以把自己研究的结果畅所欲言，比前法（《通鉴》编年体）方便多了。虽文章之美不如前法，而伸缩自如，改动较易，又为前法所不及"③，这些评价是比较客观的。近现代学者采用纲目体编写的史著也有很多，如周维翰《西史纲目》、王国维《胡服考》、《两汉博士考》、梁启超《中国文化史》、邓之诚《中华五千年史》、严耕望《唐五代时期之成都》等，不乏精彩之作。

至于依据朱熹所撰《八朝名臣言行录》《伊洛渊源录》而撰述之书，也有不少。后人的言行录著述，大都是模仿朱熹著作体例而成，缺少创见。清人李元度在《国朝先正事略序》中说："宋朱子撰《言行录》，取并世名臣事迹，件系而条缀之，为后世法……嗣是杜大珪有《名臣碑传录》、苏天爵有《元名臣事略》、徐铉（纮）有《明名臣琬琰录》、项笃寿有《今献备遗》，皆祖述朱子之意以成书

---

① 金毓黻先生《中国史学史》仅列6种，并以为元人陈桱《通鉴续编》为最早续纲目体之史书也不确。金毓黻：《中国史学史》，商务印书馆1999年版，第191页。

② 钱大昕：《潜研堂文集》卷28《跋柯维骐〈宋史新编〉》，丛书集成三编本，台北新文丰出版公司1997年版，第229页。

③ 梁启超：《中国历史研究法补编》，上海古籍出版社1987年版，第170页。

者也。"① 虽然不能说上述所有的著作都毫无价值，但是确实有不少是东施效颦式的著作，正如《四库全书总目》批评明人尹直的《南宋名臣言行录》说："此书续朱子《名臣言行录》而作"，"然朱子所作《名臣言行录》，原以网罗旧闻，搜载轶事，用备史氏之采择。若徒钞录史文，一无考证，则《宋史》列传具在，亦何必徒烦笔墨乎！"② 朱熹撰写《伊洛渊源录》，开创了学术史著作的撰写途径之功理应肯定，然其本意是尊周、程诸人，序道学之统；到他去世后，这种史体几乎变成尊崇道学的专用工具，后继著作竟达数十种之多，如宋人车若水有《道统录》、明人谢铎有《伊洛渊源续录》、朱衡有《道南源委》、周汝登有《圣学宗传》、清人沈廷芳有《理学渊源》、许君征有《理学正宗》、朱鼎铉有《理学渊源录》等，附会攀比，丑态百出。当然也有一些学者甚有见地，写出有价值的著作，如黄宗羲《明儒学案》及《宋元学案》（此书其子百家、及门人全祖望亦参与）等。

总之，朱熹史学思想对后世影响较大者是正统论、名分论及强调著史必须贯穿义理等落后因素。产生这种结果的原因，除了朱熹史学思想本身的弱点之外，主要是封建帝王以及朱子后学在把朱熹"圣人"化的过程中，突出了朱熹史学思想中的封建伦理纲常（义理、道德修养），而抛弃了其他合理成分。他们的目的是要使朱熹变成了"朱子"、凡人变成"圣人"、把朱熹自创的一家之说变成了封建社会后期的"统治思想"，即"朱子学"（所谓程朱理学，核心是朱子学）。平心而论，这种责任主要不在朱熹身上，而在神化朱熹者身上。朱熹确实强调封建的伦理纲常，但是，朱熹思想是封建社会还在上升时期、中原王朝受到周边少数民族的威胁时、中国传统的儒学受到佛学冲击的情况下产生的，因而这种思想是符合时代需要的，并非属于没落、腐朽的思想，这与中国封建社会走向没落时再出现是不可同日

---

① 李元度：《国朝先正事略序》，李元度《国朝先正事略》，近代中国史料丛刊本，台北文海出版社1966年版，第5页。

② 永瑢等：《四库全书总目》卷61《南宋名臣言行录》条，第549页。

而语的。当然，朱熹思想中也有不少落后因素，而且还被封建统治集团利用了，这不能让朱熹来负责，我们不必苛求古人。必须指出，客观地评价朱熹思想与复活朱熹理学是两种完全不同的态度。客观评价朱熹思想，目的在于清理中国的传统文化，使人们更加清楚地了解中国历史的发展和曾经取得过的成就，以此找到中国文化的出路和方向；而复活朱熹理学，则是一种不切实际的想法。因为朱熹思想已时过境迁，如果不从现代社会的具体条件着眼而想复活理学，笔者以为太缺乏历史主义的眼光了。

第 八 章

朱熹史学思想对日本及朝鲜半岛的影响

一 朱熹思想进入日本的时间

要讨论朱熹史学思想对日本的影响,至少要研究两个比较重要的问题,一是朱熹思想进入日本的时间问题,二是朱熹史学思想究竟是什么时候开始、在什么范围内对日本学界产生比较明显的影响。关于朱熹思想进入日本的时间问题,首先要考虑朱熹著作进入日本的时间。按照日本学者讨论这一问题的概念,他们将在江户(1603—1867 年)之后在日本传播的以朱熹思想为主体的宋代理学称之为日本朱子学。那么,我们先从朱子学这一概念入手来讨论朱熹思想进入日本问题。

关于日本朱子学的起源,日本学术界主要有两种观点:其一,"近世儒学的始祖"[①] 是藤原惺窝(1561—1619 年),近世儒学即是朱子学;其二,以《日本思想大系》第 28 卷的主要编纂者石田一良先生为代表,他说:"过去,藤原惺窝被作为后期封建时代的日本朱子学的首倡者,我则不那么认为"[②],因为"惺窝的儒学不是纯粹的朱子学,在这一点上可以说与罗山是有不同的"[③],因此他把藤原惺窝作为

[①] [日]東京大学日本史研究室编:《日本史概说》,東京大学出版会 1961 年版,第 161 页。
[②] [日]石原一良:《江户の思想家们》上卷,東京研究社 1979 年版,第 24 页。
[③] [日]《藤原惺窝の儒学思想》,《日本思想大系·28·藤原惺窝·林羅山》,第 451 页。家永三郎等主编的《日本思想大系》于 1970—1982 年由東京岩波书店出版。

禅儒转变为朱子学过程中的思想家，把他的门人林罗山（1583—1657年）作为日本朱子学的始祖。这一观点在日本很有影响。

然而，上述两种观点都不能令人信服。首先，"纯粹"不是判断日本朱子学起源的标准。试问，石田先生所谓的"纯粹的朱子学"是以林罗山作标准还是以朱熹作标准？如果是指前者，那只是"罗山学"的纯粹，这就不能作为日本朱子学起源标准；如果指后者，那么罗山思想中包含着心学、日本神道思想，乃至还有某些佛学因素，与朱熹思想相比并不纯粹，怎么能把罗山作为"纯粹的朱子学"而作起源标准呢？退一步说，把罗山作为"纯粹的朱子学"，那么他的后学是否仍然保持"纯粹"？如果有变化，是否要排斥在日本朱子学之外呢？事实上，任何一种思想学说的发展都是一个动态的过程，每个个体对自身而言是"纯粹"的，与其他个体相比都不可能是"纯粹"的。因此，要是以"纯粹"作标准，恐怕永远找不出日本朱子学的起点的。

其次，这两种观点与朱熹思想在日本传播的历史状况不符。早在朱熹在世之时，日本人就接触到他的思想，并将其著作带回日本（详见下）。此后，朱熹思想对日本思想界产生了重要影响，到15世纪形成了萨南学派和海南学派。如萨南学派创始人桂庵玄树（1427—1508年）公开宣称"不宗朱子元非学，看到匡庐始是山"①，并收徒传播朱熹思想。他的门人伊地知重贞还刊刻《大学章句》，广泛赠人，以致雕板磨损，不得不重新雕板。② 该学派的文之玄昌（1555—1620年）很有影响，"公卿及士大夫游其门者，问禅者少，皆受朱注，自此三州（指萨摩、大隅、日向）靡然成风"③。怎么能将这一切都排斥在日本朱子学之外，而把惺窝或罗山作为开山鼻祖呢？实际上，这两种观点都受到日本学术界长期以来区分"宋学"与"朱子学"两大阶段的局限。迄今为止，日本学术界仍把镰仓（始于1192年）前后

---

① 王家骅：《儒家思想与日本文化》，浙江人民出版社1990年版，第68页。
② ［日］長澤規矩也：《長澤規矩也著作集》第2卷，東京汲古書院1982年版，第119页。
③ ［日］西村天囚：《日本宋学史》，東京梁仁堂1909年版，第112页。

从中国传去的宋代儒学称之为宋学，用以区别以往的汉唐儒学，及区别后来的江户之后的所谓"纯粹的朱子学"以及阳明学等等。这一宋学流行时期大约到安土桃山时期（1573—1602）结束。在宋学传入日本的时间上，学者们有不同看法：一种认为在朱熹卒年（1200）已传入朱熹的《中庸章句》，此后10余年俊芿才回国，提倡宋学。① 另一种认为顺德天皇建历元年（宋宁宗嘉定四年，1211）日僧俊芿带回的书中有儒书256卷（未载书名），但由于"当时宋朝的宋学，已由朱熹集其大成"，"因此，他所带回的儒书中，四书以及有关宋学的书当不在少数"。② 第三种看法则把见于记载的四条天皇仁治二年（理宗淳祐元年，1241）日僧辨圆带回的宋学著作作为传入日本之始。③

这里暂不讨论宋学传入日本的时间问题，而先辨析用宋学概括这一阶段儒学的弊病。日本学者所说的镰仓前后传入的宋学，是指包括濂、洛、关、闽、心、蜀诸派在内的宋代理学，其中闽学则是指朱熹为代表的理学学派。然而日本学者把宋学在日本流行时间的下限断在17世纪初，相当于中国的明朝末年，那么这一宋学概念包括了宋、元、明三朝的理学，与镰仓前后传入的宋代理学便不一致。如果把宋学作为理学的同等概念使用，那么江户之后没有必要区分出朱子学这一概念，因为它已被包含在宋学之中，早在镰仓前后传入日本，并在日本流传很久了。可见，用宋学、朱子学来划分日本数百年的理学发展阶段是不合适的。

中国研究日本朱子学的奠基人朱谦之先生曾说过这么一段话："宋学约可以分为前后两个时期。第一时期是12世纪镰仓时代至16世纪室町时代，当时武士以好禅僧而并接受禅学与宋儒之学"，"第二时期是17世纪德川时代……当时享有特权的最高等级的封建贵族和武士贵族代表着武力，而极盛的朱子学则是维护这种封建身份制度的文化

---

① 京都大学：《日本中近世史》，東京創元社1953年版，第131页。
② ［日］木宫泰彦：《日中文化交流史》，商务印书馆1980年版，第353页。
③ 王家骅：《儒家思想与日本文化》，第58页。

力量。即在这个关键的时代，日本和中国文化再度接触，中国传来的儒教，尤其是朱子学说，成为官学"。① 朱先生的这段话，除了具有上述日本学者同样的问题外，还有如下一个错误，即所谓德川时代"日本和中国文化再度接触"，因为德川之前日本从未间断吸收中国文化，何来"再度接触"？

实际上，上述种种问题归根结底是一个界定朱子学这一概念的问题。所谓朱子学，是一种信奉和学习朱熹思想，并加以研究和传播的学问。中国朱子学是如此，日本朱子学也是如此。值得强调的是，要区分开朱子学与朱子学者两个不同的概念，前者是指一种学问，后者是指思想主要倾向属于该学问的人。因此，只要信奉朱熹思想，便不论其身份、信奉程度、学习方式、研究角度乃至传播途径及范围有多少差异，都应归入朱子学研究的范围，而判别某人是否属于朱子学者，则需分析其思想的主要倾向。基于此，笔者认为既然日本朱子学并非土生土长，而是从中国移植过去的，那么研究其起源，弄清楚日本人是何时、何地接触到朱熹思想，对这种思想的态度如何，通过什么途径传播这种思想，这样便可找出日本朱子学之起源——尽管它是涓涓细流，但它毕竟是组成这条长河的源头。

关于日本人接触朱熹思想问题。

日本鸟尾氏旧藏一幅宋画，题为《荣西禅师归朝宋人送别书画之幅》，画上有两首赠别诗，署名为窦从周、钟唐杰。② 我国著名学者周一良先生对此画作了考证，周先生从荣西是个持戒严格的禅僧和他的汉学水平不高两个方面来否认此画不是窦、钟两氏赠给荣西的。周先生的结论是对的，但证据略嫌不足。在此作一补充，以支持周先生之说，同时也以便讨论朱熹思想传入日本的时间。

窦从周、钟唐杰两人均是朱熹的弟子。窦氏丹阳人，钟氏袁州萍乡人。《朱子语类》今存钟唐杰所问4条，分别载于卷15、卷18、卷95和卷120，均为袭盖卿所记。据《朱子语类》卷116："甲寅八月三

---

① 朱谦之：《日本哲学史》，生活·读书·新知三联书店1964年版，第26—27页。
② 转见周一良《中日文化关系史论》，江西人民出版社1990年版，第111页。

日,盖卿以书见先生于长沙郡斋",可知袭氏师从朱熹始于甲寅(光宗绍熙五年,1194)八月三日。据王懋竑《朱子年谱》卷四载:朱熹于绍熙五年八月被召赴临安任焕章阁待制兼侍讲,九月在途中曾上过一奏,十月己丑(初二)抵临安,接着便奏事行宫便殿及进讲,已无时间在临安授徒讲学了。因而袭氏师从时间不超过3个月,而且没有再次从学。因为从现存《朱子语类》所保存的袭氏所录200余条语录来看,共提及同时求学者以及与袭氏同时记录者共26人,其中9人有语录传世。此9人中,董拱寿、萧佐、廖谦、杨至、钟震5人是绍熙五年师从朱熹,晏渊、潘植两人自绍熙四年起师从,李方子为淳熙十五年(1188)入门。但据《语类》卷95潘植记袭氏问、卷115袭氏记李方子问、卷116袭氏记晏渊问,可知此3人于绍熙五年与袭氏同学于朱熹处。最后一人便是窦从周,他始从朱熹之年为淳熙十三年,但卷52载窦、袭两氏同闻"孟子'养气'"一章可证两人在绍熙五年同学于朱熹处。《语类》中未见绍熙五年后师从朱熹的门人记袭氏之问或袭氏记他们之问,由此排除了袭氏再次从师的可能性。那么可以断定钟唐杰此间亦师从朱熹并结识窦从周,而且进一步可推定窦、钟两人随朱熹赴临安,并结识那位日僧,作画题诗赠别。若非同时在朱熹处求学,并一起赴临安,窦、钟两氏一在丹阳,一居萍乡,均非京官(窦氏卒于庆元二年,1196),怎能同时为日僧在临安作画题诗呢?据史书记载及日本学者考证:荣西曾两次赴宋,在宋居住4年余,但恰恰绍熙五年并不在宋,显然,此画决非赠给荣西的,而是赠给另一佚名日僧。① 此画题诗颇长,现摘数语:"武林忽相遇,针芥意颇投。儒道虽云异,诗酒喜共酬"(钟氏诗);"诗论坐终日,问法天花零。相得臭味同,蔼蔼芝兰馨"(袭氏诗)。从诗中可见,窦、钟两氏与日僧,虽则一为儒家信徒,一为佛门弟子,但他们作画题诗,情谊颇深。那么,作为朱熹门人,而且朱熹正好春风得意当了侍讲,即使日僧不知道朱熹大名,窦、钟两氏也决不可能不提及自己恩师并

---

① [日]木宫泰彦《日中文化交流史》中《南宋时代入宋僧一览表》无绍熙五年在华日僧之名。

介绍朱熹思想，日僧也不会不问朱熹思想及主要著作的。其实，当时朱熹已名满天下，"入朝，君子倾心归之"①，即使"朱子门人有至行在者，公卿延致惟恐后"②，袭、钟两人怎会闭口不谈朱熹？日僧怎会不询及朱熹呢？实际上，从诗中也可以看出该日僧对朱熹有好感，否则就不会"针芥意颇投"，"相得臭味同"了，而是话不投机半句多了。

但是，考证出绍熙五年袭、钟两氏作画并非赠送荣西，还不能判断日本禅僧接触朱熹思想的最早时间，也不能判断朱熹思想传入日本的时间。下面再就日本禅僧接触朱熹思想的时间作一番探讨。

朱熹在19岁进士及第，24岁任同安主簿后就广收门徒，但名气并不大。绍兴三十二年（1162，朱熹33岁）八月，他上了著名的《壬午封事》，力主抗金；次年应召赴临安奏事垂拱殿，便崭露头角；淳熙二年（1175，46岁），朱陆辩论于鹅湖寺，震动儒学界；到淳熙五年止，朱熹已先后完成了《伊洛渊源录》《近思录》《四书集注》等大量著述，并陆续刊行，加以授徒讲学，其理学思想广泛传播，他已成为当时最著名的学者之一。史载史浩"再相，谓此行本非素志，但以朱元晦未见用，故勉强一出耳"③。史浩再次为右丞相，为淳熙五年三月。④ 既然朱熹之名盛行南宋，而一直对中国思想、中国文化颇感兴趣的日本人会毫无觉察或失之交臂吗？然而，由于没有直接而又明确的记载，确实难以断定日本人接触朱熹思想的最早时间，但是，甚少可以从下述几方面来推断。

首先看朱熹与名僧大慧宗杲的关系。朱熹酷爱游历名山大川，经常赴寺观游览，与不少僧人有交往，美籍华裔学者陈荣捷先生专门作过研究，在此不赘。⑤ 陈荣捷先生还专门考证朱熹与大慧的交往，认

---

① 黄宗羲：《宋元学案》卷40《横浦学案》，第1335页。
② 黄宗羲：《宋元学案》卷69《沧州诸儒学案上》，第2283页。
③ 黄宗羲：《宋元学案》卷40《横浦学案》，第1330页。
④ 徐自明：《宋宰辅编年录校补》卷18，中华书局1986年版，第1234页。
⑤ 参见钱穆《朱子新学案》、陈荣捷《朱熹》。《朱子新学案》，台北三民书局1971年版；《朱熹》，台北东大出版公司1961年版。

为他们在绍兴二十六年冬到次年春曾会面于梅州（或潮州）①。但是，朱熹与大慧关系究竟如何，史料甚少且不明。据笔者统计：《朱子语类》共提及大慧15处，《朱子文集》亦多次提及；从这些现存的资料来分析，可以看出朱熹虽批判大慧宗杲的佛学思想，但对其德行并无批评，这是他对大慧的基本态度。此是值得注意的第一点。

其次应注意大慧与张浚的关系。张浚之母计氏曾"亲书入道概略，作数偈呈（大）慧"②，以示悟禅。张浚在绍兴七年任丞相时，延请大慧主持临安径山兴圣万寿禅寺，此为南宋第一禅寺，尊奉之意显而易见。秦桧得势后，张浚被贬出临安，大慧也被流放，直至绍兴二十六年，大慧才被"特恩放还。明年春，复僧伽黎"，安置在明州育王山，绍兴二十八年才召回重新主持径山，"道俗歆慕如初"。孝宗隆兴元年（1163）八月，大慧圆寂于径山，"丞相以次，致祭者沓来。"③

张浚则于绍兴三十一年（1161）重新被起用，隆兴元年正月拜枢密使，驻建康，其间数度赴临安，与大慧保持联系亦为必然，否则大慧圆寂后，张浚便不会特意撰写《大慧普觉禅师塔铭》来赞颂他了。

实际上，大慧虽是禅僧，但他提倡忠义之心，力主抗金，被流放衡阳等地正是由此，这一点，最近已有学者提到了。④因而，张浚视大慧为同调，张氏在《大慧塔铭》中称颂"师虽为方外士，而义笃君亲，每及时事，爱君忧时见之词气"，"使为吾儒，岂不为名士？"值得注意的是，张浚重新被起用，抗金势力抬头，朱熹便上了《壬午封事》，推波助澜；次年（隆兴元年）张浚指挥北伐金国，但由于部将间不和而导致败绩，孝宗动摇于和战间；十一月，朱熹奏事垂拱殿，也力主抗战，显然与张浚观点一致，也与大慧一致，此是值得注意的第二点。

---

① ［美］陈荣捷：《朱子与大慧禅师及其他僧人的往来》，《朱子学刊》（第1辑），福建人民出版社1989年版。陈荣捷先生考证了朱熹与大慧宗杲会面的时间，但仍有疑点。不过，两人会过面是可以肯定的。
② 普济：《五灯会元》卷20《秦国夫人计氏》，中华书局1984年版，第1354页。
③ 普济：《五灯会元》卷19《径山宗杲法师》，第1274、1278页。
④ 潘桂明：《中国禅宗思想历程》，今日中国出版社1992年版，第505—509页。

再次，大慧广结朝臣，深知朝廷政况，这对其弟子深有影响。大慧是临济径山派创始者，"嗣法弟子有九十人，临济一宗至此又大盛"①，史称他"道法之盛，冠于一时。众二千余，皆诸方俊乂"②，即使在"宗杲得罪秦相，褫服加巾窜岭表"时，仍"从之者数百人"。③大慧弟子遍布江、浙、闽、广、湘、赣等地，其中临安灵隐谁庵的了演、最庵的道印、庆元府育王山佛照寺的德光、大圆寺的遵璞、天童山无用寺的净全、温州雁山能仁寺的祖元、处州连云寺的道能等人，地处日僧赴宋登岸处及最常拜谒的名山大寺，此是应该予以注意的。而大慧与士大夫交际，上起宰相、参政、枢密使，下至普通官吏，他圆寂后"丞相以次，致祭者沓来"，身为大慧的弟子们能不作为一种荣耀而加以宣扬吗？而且，大慧与其他禅僧不同的是力主抗金、提倡忠义之心，对其弟子的影响也不容置疑，那么力主抗金而又成为著名学者的朱熹与大慧的交往，不正是大慧弟子们扩大径山派影响的好材料了吗？

最后，从日僧到宋后的游历之处来分析。日本学者木宫泰彦指出：虽然南宋与日本之间无正式官方交往，"但商船的私自往来却颇为频繁"④，无官方交往则日本国的大臣就不能赴宋，最早接触朱熹思想的只能是前来求法的日本僧人。据木宫泰彦先生统计，1168年到1200年，留下名字的日僧有重源（入宋3次）、荣西（入宋2次）、觉阿、金庆、练中、胜辨、俊芿、安秀和长贺9人，未留下姓名者当不少（钟、窦两氏作画赠别的日僧便是一例）。重源、荣西都到过育王山、天台山，荣西还到过临安及天童山；觉阿及金庆到过临安灵隐寺及天台山；练中和胜辨到过育王山；俊芿、安秀和长贺到过临安径山及天台山等地。他们在宋少则数月，长则10余年。且上述诸处寺院，大多由大慧弟子们担任主持或其他高级僧职，日僧与他们接触并了解到朱

---

① 中国佛教协会：《中国佛教》（一），知识出版社1980年版，第331页。
② 普济：《五灯会元》卷19《径山宗杲法师》，第1274页。
③ 薛季宣：《浪语集》卷33《先大夫行状》，文渊阁《四库全书》，台北商务印书馆1982年版，第544—545页。
④ ［日］木宫泰彦：《日本文化交流史》，第293页。

熹思想的某些观点实属必然。事实上，练中与胜辨拜谒过大慧弟子德光是史有明文的。从12世纪70年代末起，朱熹已享有盛名，因而此后赴宋日僧接触到朱熹思想是无可置疑的。

当然，日僧接触朱熹思想，还不足以证明日本朱子学已萌芽，然而当他们在某种程度上接受了朱熹思想，并把朱熹著作带回日本传播，日本朱子学便萌芽了。换句话说，朱熹思想对日本思想界开始起到一些影响了。从这一观点出发，下面讨论朱熹思想正式传入日本的时间问题。

一般学者都认为，可知的最早携带朱熹著作回日本的是圆尔辨圆，时间为1241年，可确定带到日本的朱熹著作共6种①：《论语精义》《孟子精义》《晦庵集注孟子》《晦庵大学或问》《晦庵大学（章句）》《晦庵中庸或问》，计43卷，订成20册。另外，他带回的其他宋儒理学著作有《胡文定春秋解》《吕氏诗记》《（论语）直解》《无垢先生中庸说》共4种，计73卷，订成12册。两相比较，朱熹之书卷数少而册数多，那么说朱熹著作约占一半或恐不谬。另有《五先生语》二册，收入周敦颐、两程、张载和朱熹5人的语录，卷数不详。《郡斋读书志附志》《直斋书录解题》和《宋史·艺文志》均未著录《五先生语》，该书约为庆元党禁解除之初书肆拼凑五氏语录刻成。可见，朱熹在辨圆心中的地位极为重要，也同样反映出像辨圆一类的日本僧人对朱熹思想的重视态度，若非如此，辨圆何必要带朱熹著作回日本呢？

其实，辨圆不是首先带朱熹著作回日本的日僧，现存日本东洋文库的大江宗光于土御门天皇正治二年（宋宁宗庆元六年，1200）抄录的《中庸章句》（抄本）便是最具说服力的事实。同时，从佚名日僧带回日本的袭、钟两氏的画、从《中庸章句》抄本的流传，以及辨圆所带回的朱熹著作这些事实可推定，俊芿建历元年（1211）带回日本的256卷儒书中一定会有朱熹著作，只是当时书名没有记载下来而已。

事实上，朱熹著作早在他生前就被刻印出版，笔者已撰《朱熹生

---

① 参见《普门院经论章疏语录儒书等目录》，书名当为日僧著录名，故非原书名者用引号。郑梁生：《元明时代东传日本文献》，台北文史哲出版社1984年版。

前主要著述刊刻考》（见附录），这儿先罗列考证结论。

朱熹的文集在其生前共三刻：初刻为福建书肆窃刊的29卷本，二刻为朱熹于绍熙年间手订的麻沙本，三刻为庆元四年朱氏门人王晋辅刊刻的广南本。朱熹门人所记的语录，在朱熹生前主要以抄本形式流传，刻本则有黄士毅于庆元年间刊印的一种。另有将朱熹之文与语录合在一起的《临漳语录》，成于朱熹知漳州之后，或恐为刻本。《四书集注》是朱熹研究四书的重要成果，影响极大。它是从"集解"（其中《中庸》称"详说"）到"精义"（或称"要义"），最后定名为"集注"（《大学》《中庸》称之"章句"），刊刻情况为：《论语集解》《孟子集解》均成于绍兴三十年朱熹拜谒李延平之前，但未立即刊刻；朱熹对它们加以修改后，乾道二年在武阳县学刊刻出《论语要义》，乾道七年前曾刻印过《孟子集解》，但刻印地点不详；乾道八年，朱熹对两书再次修订，合称《论孟精义》，刊于建阳；到淳熙七年，朱熹将又修改过的两书易名《语孟要义》，交黄商伯刻于豫章郡学；《大学集解》与《中庸详说》虽有抄本流传，但未刻行；到淳熙四年，朱熹已完成了《四书集注》的总体框架，此后虽屡经修改，但未易其名，此书的合刻本初次刊行于淳熙十年，为婺州本，次年朱子门人詹仪之刻于德庆，绍熙三年曾致虚锓木于南康。

在朱熹完成《四书集注》总体框架到朱熹去世的24年间，各书单刻本除朱熹自己刻印外，闽浙书肆窃刊者不少。朱熹的《诗集传》有建安本、豫章本、江西本；《小学》则有建阳本和临漳本；《近思录》有张栻刻本和临漳本等等，都是在朱熹生前刻印的。

由上可见，朱熹著作在其生前大量被刻印，广泛流传，赴华日僧得到这些书籍并带回日本不是什么难事。事实上，日僧大量携带宋版书籍回国是史有明文的，此仅举朱熹去世前的例证：六条天皇仁安三年（孝宗乾道四年，1168）返日的荣西带回天台新章疏30余部共60卷；治承三年（淳熙六年，1179）平清盛把从南宋输入的《太平御览》献给高仓天皇；自仁安三年后三次入宋的重源曾"渡七千余轴之经论"① 回国。值得注意的是，荣西于后鸟羽天皇文治三年（宋孝宗淳熙十四年，1187）第二次赴宋，居住4年才返日，但未留下他带任何书籍回日本的记载。荣西此时学业大成，继天台山虚庵怀敞的法统返日，会不带书籍空手而回吗？显然史有缺文。由此联想到1168年到1200年间现存姓名的赴宋日僧9人中，最早赴宋的重源、荣西和最迟赴宋的俊芿都带回宋版书，而其余6人未见带回书籍的记载，或许是漏载于史吧。要知道，赴宋日僧（包括佚名者）到达地区是刻书业最发达的江浙地区②，这一地区是南宋理学最盛行的区域之一，有朱熹门人上百人③，不但朱熹生前就有人在这里刻印过他的著作，而且朱熹还在这里担任过职务，日僧们怎能不接触到朱熹思想呢？怎么会无人得到（无论是购买或他人赠送）朱熹著作呢？如果得到朱熹著作，又怎能不带回日本呢？如果从朱熹在12世纪70年代末才声名大振，其著作始广为刊行的角度考虑，那么把日本人携回朱熹著作的时间上限定为12世纪80年代当为可信的吧！

千里迢迢带回朱熹著作，自然不是作为摆设，而是为了阅读和研究，而且不但禅僧们要阅读，朝廷大臣也要阅读并加以研究，这样便有一个传播的问题。例如，朝廷大臣大江宗光并未赴宋，他肯定是在日本听说南宋大儒朱熹之名，才借来某日僧从宋朝带回的《中庸章句》进行阅读的，同时也可看出大江宗光在一定程度上信服了朱熹的《中庸章句》，即信服了朱熹的某些思想观点，否则便不会花精力去逐字抄录的。朱熹的著作首先被日僧接触到并带回日本，那么也就可以肯定朱熹思想首先在寺院中流传，然后才传到朝廷大臣处，除了可以肯定朱熹著作在大江宗光抄录《中庸章句》若干年之前就传入日本外，还可确证朱熹思想在日本已经有个传播的范围的问题。从寺庙到朝廷，从日僧到朝臣，可见朱熹思想的影响在日益扩大着。

---

① 分别参见木宫泰彦《日中文化交流史》，第306、754、346页。
② 参见吴自牧《梦粱录》卷7、王国维《观堂集林·两浙古刊本考序》、叶德辉《书林清话》卷2。
③ 陈荣捷考证浙江有80人，江苏有7人，但实际数目肯定超过此数。

到此，可以作出如下结论：最迟于 12 世纪 80 年代，日本人已接触到朱熹思想，并由在某种程度上重视这种思想的日僧（如辨圆）带朱熹著作到日本，于是开始了最初的阅读和研究，并在一定的范围内传播，换句话说，朱熹思想已经开始影响日本的学界了。

二 朱熹史学思想对日本的影响

朱熹的著作从 12 世纪 80 年代起传入了日本，朱熹思想便开始对日本学界起着影响，日本朱子学正式萌芽，它到明治维新（1868）基本退出历史舞台，大约延续了 700 年。

如果仅仅讨论朱熹史学思想对日本的影响，或许难以看清朱熹思想在日本的演变状况，实际上也难以正确揭示朱熹史学思想在日本影响的过程。因此，有必要从朱熹思想在日本流传的过程来分析，如此便可清楚地看出朱熹思想是如何一步步地从哲学层面扩展到史学层面来影响着日本的学界。

按笔者的区分，朱熹思想对日本的影响可分为五个阶段，每个阶段中，它的变化是比较明显的，各具特色。

第一个阶段是萌芽期，是从 12 世纪 80 年代到 13 世纪末，约 120 年。这期间，日本思想界接触到朱熹思想，朱熹著作开始在日本以禅寺为中心，包括少量朝廷大臣的较小范围内流传，从总体上看，朱熹的理学思想的哲学层面对日本有一些影响，但不可将它估计过高。因为从总体上来看，日本思想界还没有完全认可朱熹思想，当时在日本思想界占统治地位的是旧儒学与旧佛教。这是朱熹思想传入日本后，日本朱子学最初流行的特点。

所谓旧儒学指以朝廷大臣中博士家族为代表的汉唐儒学，这些固守汉唐旧注的博士家族缺乏进取精神[①]，仅是每年年初朝廷举办"御

---

① 日本《学令》规定：《周易》用郑玄注；《尚书》用孔安国、郑玄注；《三礼》《毛诗》用郑玄注；《左传》用服虔、杜预注；《孝经》用孔安国、郑玄注；《论语》用郑玄、何晏注。到清和天皇时，《孝经》改用唐玄宗御注，《日本思想大系·3·律令》，東京岩波書店 1970 年版，第 263—264 页。

读书始"的陪衬人而已①。旧佛教是指法相宗、天台宗、真言宗、三论宗等佛教派别，由于旧佛教固步自封，固守经传，也是日薄西山，气息奄奄。

而新佛教和新儒学在日本的崛起，无疑是一股春风吹遍东瀛岛国。新佛教指禅宗、净土宗及日莲宗，禅宗影响尤大。禅宗约是12世纪60年代末进入日本，按日本学者的研究，几乎一致认为明庵荣西是日本禅宗的始祖。日本学者柳田圣山指出："荣西的《兴禅护国论》，通过（荣西本人）入宋的经验，重新反省日本佛教的传统，是预见它将来的新的历史书。"② 柳田圣山对荣西的禅学予以很高的评价，认为他的禅学思想是对旧佛教的"反省"（批判），指出了日本佛教发展的方向，从日本思想史发展的角度来分析，柳田氏的见解是完全正确的。

值得注意的是，宋儒思想正是日本禅僧传入日本的，朱熹著作由禅僧带到日本，无论是不是偶然的巧合，作为对传统儒学进行批判和改造的宋儒之学（朱熹则是集大成者），与进行宗教改革的禅宗一样，在进入日本后必然会对墨守汉唐儒学的日本旧儒学与固步自封的旧佛教起到一种巨大的冲击作用，确实有利于日本思想界反省旧儒学与旧佛教的弊病，预示着日本儒学与佛教今后发展的方向。

如前所述，朱熹著作传入日本在12世纪80年代，与朱熹著作同时传入日本的其他宋代儒学家著作也有不少，但作为宋代儒学集大成者朱熹的著作尤其为日本人所重视，现存的日僧圆尔辨尔在四条天皇仁治二年（宋理宗淳祐元年，1241）带到日本的宋儒著作书目，朱熹著作占一半，而且朱熹的最主要的代表著作——《四书集注》（单刻本）也被带到日本，因而可以说，日本所传播的"宋学"的核心是朱熹思想是没有问题的。

朱熹思想传入日本之初，是作为禅僧学习汉文化的媒介而在佛寺

---

① 《学令》全文载《日本思想大系·3·律令》，第262—268页。
② ［日］柳田圣山：《荣西和〈兴禅护国寺论〉的课题》，《日本思想大系·16·中世禪家の思想》，東京岩波書店1970年版，第442页。

僧院中流传的，接触到朱熹思想的日本人，除僧侣之外，主要是到寺院学习的官宦子弟。因为在镰仓时期（1192—1333年）废灭了学校，而由寺院取代学校作为对儿童们进行启蒙教育的主要场所，这些儿童已经接触到朱熹思想是毫无疑义的。据尾形裕康博士的统计：镰仓到安土桃山时期（1192—1603年），儿童到寺院求学的平均年龄为8.73岁，在寺院学习内典（佛教）和外典（除佛经之外的各种书籍，但主要是儒家著作），不愿为僧者到十三四岁下山。①

僧侣传播宋代儒学是史有明文的，如辨圆曾专门讲解过宋儒之学②，朝廷大臣大江宗光于正始二年（1200）手抄朱熹著作《中庸章句》，他本人从未赴宋，因而可以断定是从禅僧处获知朱熹之名并借来《中庸章句》进行学习的。

镰仓时期，朱熹思想对日本究竟有多大影响，由于史料较少，至今尚无专门研究，然而这是个很值得研究的课题。前述大江宗光手抄《中庸章句》，证实已有朝廷大臣对朱熹思想感兴趣；寺院教育对儿童的启蒙教育，也多少涉及朱熹思想，而僧侣阅读朱熹著作更是无可怀疑。如禅僧虎关师炼（1278—1346年）自幼出家，少年时代起就在京都的三圣寺、东福寺"阅览过普门院藏书（辨圆带回之书）"③，据说后来精通"江西之宗，伊洛之学"④。尽管他力图将朱熹思想的来源归结到宋僧大慧宗杲处（详见下），但亦可看出他受朱熹思想影响的痕迹，类似虎关的禅僧当还不少。值得注意的是，朱熹思想传入日本之初，虽说没掀起轩然大波，但它的潜移默化作用亦不可忽视。

这里再举一个旁证材料，四条天皇贞永元年（1232）由北条泰时制定的《贞永式目》共51条，其中关于夫妇关系的条目中出现了"贞心"这一概念，特别强调妻子的贞节，而且以贞节作为原则，妻

---

① ［日］尾形裕康：《日本教育通史研究》，東京：早稻田大学出版部1980年版，第84—85页。
② 王家骅：《儒家思想与日本文化》，第58页。
③ ［日］木宫泰彦：《日中文化交流史》，第353页。
④ ［日］中巖円月：《东海一沤集》卷3《与虎关和尚》，《五山文学全集》，第2卷，東京思文閣1973年版。

子要为亡夫守寡，同时规定了由于女方过失而遭丈夫遗弃者，不许自由再嫁等等。① 众所周知，这种贞节观虽在中国隋代才出现的，但在宋代才盛行，尤其被朱子后学所强调，由此可见，《贞永式目》受到中国朱子学思想影响是十分明显的。

第二阶段是初步流行期，以元僧一山（一宁）抵日传教（1299年）作为开端，到应仁之乱（1467年）止，约170年。这一阶段的显著特点是：京都、镰仓的五山寺院的禅僧研究朱熹思想较为普遍，出现了一些对程朱理学颇有研究的禅僧，尽管他们对程朱理学（尤其对朱熹）的看法不一，但在他们对程朱的评价、研究甚至批判中，实际上扩大了朱子学的影响；同时在朝廷大臣中，服膺朱子学的人也相继出现，朱子学甚至传入天皇宫内，成为后醍醐天皇反对镰仓幕府统治的思想武器。

在这一阶段中，朱熹思想在日本的广泛传播，是与朱熹及朱子后学的著作大量传入日本是分不开的。朱熹死后不久，庆元党禁即被解除，于是朱熹著作被大量刻印，史称"文公之书，比年满天下"②，朱子门人各立门户，传授朱熹学术，在江浙地区形成一股不小的学术势力。宋濂曾云："（朱）文公绍伊洛之正绪，号为世适益衍而彰，传道授业者几遍大江之南，而天台为极盛。"③ 福建亦是传授朱学的重要根据地④。到元朝，元仁宗延祐年间（1314—1320）恢复科举，诏定以朱熹《四书集注》为标准答案；顺帝至元元年（1335）"诏立徽国公之庙"⑤。在这种历史条件下，朱熹之书广为流布，朱熹之名家喻户晓。据日本学者木宫泰彦统计，史册留名的入元日僧达220余人⑥，

---

① ［日］尾形裕康：《日本教育通史研究》，第75页；《贞永式目》，第11、18、21、23、24、34诸条。
② 黄宗羲：《宋元学案》卷69《沧州诸儒学案上》，第2262页。
③ 宋濂：《文宪集》卷24《故愚庵先生方公墓版文》，文渊阁《四库全书》，台北商务印书馆1982年版，第301页。
④ 参见高令印、陈其芳《福建朱子学》，福建人民出版社1986年版。
⑤ 彭家桂修，张图南等纂：《［乾隆］婺源县志》卷18《朱子世家》，清乾隆五十二年改定本，尊经阁藏版。
⑥ ［日］木宫泰彦：《日中文化交流史》，第420页。

"入元僧在元朝学习宋学的人，当必不少"①。这里所谓的"宋学"，是指以朱熹思想为主、包括朱子后学思想的程朱一派的理学，入元僧带回日本的中国书籍是当时的主要输入品之一，这些都是朱熹思想广泛传播的客观条件，如此便促进了日本朱子学发展。

在当时的日本，出现了大量收藏汉文图书的金泽文库和足利文库，不论其创立者主观意图如何，他们收藏的所谓"宋学"书籍实际上都对朱熹思想的传播与日本朱子学发展起到了推波助澜的作用。

金泽文库约创立于1258—1262年，大多数学者都认为是北条氏时所建。② 到北条氏灭亡时（1333年），该文库大约藏书三万多册③，其收藏途径主要是从中国购入图书，从时间上分析可断定有较多数量的所谓的"宋学"著作，朱熹著作也必然被收藏入库。金泽文库设在称名寺之内，曾一度改名为金泽学校④，它所收藏的书籍被僧侣以及其他学子所研读过当属无疑。

足利学校是足利义兼（1199年）晚年所建，该校收藏书籍情况不明，但教学中沿用汉唐旧注是史有明文的。如15世纪初禅僧岐阳方秀批评足利学校墨守成规时说："大唐（指明朝）一府一州以及郡县皆有学校，日本才足利一处学校，学生负籍之地也。然在彼而称儒学教授为师者，至今不知有好书，徒就大唐破弃之注释（指汉唐旧注），教诲诸人，惜哉！后来若有志本书（指《论语》）之学者，速求新注书而可读之"⑤，显然，此处的"新注书"是指朱熹的《论语集注》。岐阳方秀是批评足利学校的教学状况，但没有明确说明该学校是否收藏过"宋学"或朱熹著作问题⑥，从时间上分析，可能收藏过一些"宋学"书籍，大约不多而已。1432年，上杉宪实主持足利学校，聘

---

① ［日］木宫泰彦：《日中文化交流史》，第496页。
② ［日］尾形裕康：《日本教育通史研究》所附《年表》，第319页。
③ 日本关靖博士《金泽文库研究》统计数，转自［日］尾形裕康《日本教育通史研究》，第95页。
④ 现存的一些原金泽文库收藏的古籍上盖有"金泽学校"印记，参见郑梁生《元明时代东传日本文献》，第116页。
⑤ 王家骅：《儒家思想与日本文化》，第71页。
⑥ 现存该学校一些"宋学"著作（包括朱熹著作），很难判断其收藏的时间。

用对理学较有研究的五山禅僧快元为庠主（校长），陆续引进大量所谓"宋学"著作（当然包括朱熹著作），到1446年（后花园天皇文安三年）在该校校规中明确地把"四书六经"立为教学内容，显然对传播朱熹思想和推动朱子学的发展产生了一些不可忽视的作用。

下面讨论日本禅僧对理学思想的评价，以便确定朱熹思想在当时的影响，自然也可看出日本朱子学在这一期间内的某些特点。朱谦之先生认为："（日本）宋学的研究，可以说是从一山（一宁）开始，自此以后禅僧无不兼儒"①。这种说法值得商榷，因为朱熹著作早在12世纪80年代便传入了日本，而且已在朝廷大臣中传播，怎么能说日本从一山赴日后才有宋学（朱子学）研究呢？但是，如果说一山（一宁）开创了日本朱子学发展的新阶段，则是无可怀疑的。据说，一山于"教乘诸部，儒道百家、稗官小说、乡谈俚语"② 无不精通，禅僧虎关师炼向他求教过伊洛之学。由于现存的有关资料不多，很难弄清他对朱熹思想的态度，但可从他的高足虎关师炼抨击朱熹看出一些端倪："《晦庵语录》云：'释氏只有四十二章经，是他古书，其余皆中国文士润色成之。《维摩经》亦南北朝时作。'朱氏当晚宋巨儒，故语录品藻百家，乖理者多矣，释门尤甚。诸经文士润色者，事是而理非也。盖朱氏不学佛之过也……朱氏不委佛教，妄加诬毁，不充一笑"，"我又尤责朱氏之卖儒名而议吾焉。《大惠（慧）年谱》序云：朱氏赴举入京，匣中只有《大惠语录》一部，又无他书。故知朱氏剽大惠机辨而助儒之体势耳"。③ 虎关师炼贬斥朱熹，或许受到一山（一宁）的影响。略晚于虎关的中岩圆月（1300—1375年）也指出："伊洛之学，张程之徒，夹注孔孟之书，而设或问辨难之辞"，"然其注意在于此搥

---

① 朱谦之：《日本的朱子学》，人民出版社2000年版，第46页。
② [日]一山国师：《妙慈弘济大师行记》，塙保己一编纂，太田藤四郎補《續群書類叢》卷229，續群書類叢完成會印行，1958年，第390页。
③ [日]虎关师炼：《济北集》卷20《通衡》卷末语，《五山文学全集》，東京思文閣1973年版。

提佛老之道也"。① 此处所说的"夹注孔孟之书，而设或问辨难之辞"当是指朱熹的《四书集注》、《四书或问》无疑，显然中岩圆月对朱熹批判佛教也极为不满。稍晚于中岩圆月的义堂周信（1324—1388 年）曾说："今世儒书有新旧二义，程、朱等新义也。宋朝以来儒学者，皆参吾禅宗，一分发明心地。故注书（指宋代儒学）与章句（指汉唐儒学）迥然别矣。'四书'尽朱晦庵。又及第以《大慧书》一卷，为理性学本云云。"② 从虎关、中岩、义堂等人的言论中可以清楚看出，当时的日本禅僧对朱熹思想已有一定的研究，他们对朱熹反佛教思想是很不满的，同时企图把朱熹思想说成来源于宋僧大慧宗杲，调和儒学和佛学，这与中国唐宋以来儒佛道互相影响，互相吸收的交融趋势是一致的。上面提及的大慧宗杲提倡"忠义之心"，并不反对儒家③；第一个赴日的宋僧兰溪道隆（1246 年赴日）也主张儒佛为一，他的言论中儒学味极重："盖载发育，无出于天地，所以圣人以天地为本，故曰圣希天。行三纲五常，辅国弘化，贤者以圣德为心，故曰贤希圣。正身、诚意、去佞绝奸，英士蹈贤人踪，故曰士希贤。乾坤之内，宇宙之间，兴教化，济黎民，实在于人耳"④。这里引用《大学》《中庸》及周敦颐《通书·志学》来论述，与宋代理学家的言论有何区别？

正由于宋朝禅僧有此种认识，一以宋僧为师的日本禅僧持有调和儒佛的观点也就很容易理解，他们在某种程度上汲取理学思想也就是必然的事了。中岩圆月熟知《周易》，精通朱熹《论语集注》《中庸章句》等书，他曾在提及自己撰写《中正子》的动机时说过"中正子（中岩自称）与二三子语以仁义之道，乃及性命、死生之理。或请著

---

① ［日］中巌円月：《中正子》卷 6《問禪篇》，《日本思想大系·16·中世禪家の思想》，第 183 页。
② ［日］義堂周信：《空華日用工夫略集》，永德元年九月二十三日条，東京太洋社 1939 年版。
③ 潘桂明：《中国禅宗思想历程》，第 505—509 页。
④ ［日］兰溪道隆：《大觉禅师语录》卷中《建长禪寺小参》，《大正新修大藏經》，第 80 册，日本東京大藏經刊行会，2001 年，第 70 页。

书，以广流传"①，明显折射出宋代理学思想影响的痕迹。义堂周信甚至说"凡孔孟之书，于吾佛学，乃天人教之分，齐书也，不必专门，姑为助道之一耳"，因而提出"儒书即释书"②的观点。他曾劝室町幕府的将军足利义满学习朱熹所著四书："《大学》乃四书之一。唐学四书者，先读《大学》意者，治国家，先明德、正心、诚意、修身，是最紧要也。"③就连习四书的顺序也依据朱熹所言。但是，绝大部分禅僧是站在佛教立场上企图包容网罗理学思想，义堂周信曾说："其主法者（朝廷执政者），欲以佛理诱之，其可得乎？若夫先告以儒行，令彼知有人伦纲常，然后教以佛法，悟有天真自性，不亦善乎？"④基于此，这些禅僧反对逃佛归儒的行为，义堂斥责被儒学吸引的弟子："今时吾徒不坐禅，不看经，但骋驰外学"，"是乃佛法灭尽之相也"⑤，并扬言烧去寺内收藏的儒书。梦窗疏石（1275—1351年）也声称"醉心于外书，立业于文笔者，此是剃头俗人也"⑥。中岩圆月在《中正子》中以佛学观点讨论了"性""情""格物""精气""仁义""未发""已发"等朱熹之类理学家常用的理学概念，虽然在阐述上稍异于朱熹，但扩大了朱子学的影响则是毫无疑问的，下举一例来分析：

　　《乐记》曰："人生而静，天之性也。感物而动，情之欲也。"《中庸》曰："天命谓之性，"又曰："喜怒哀乐之未发，谓之中；发而皆中节，谓之和。"以予言之，所谓中则静也。（按：《近思录》卷1引程伊川："中也者，言寂然不动也。"）喜怒哀乐未发，则性之本也。天命禀之者也。（按：《中庸章

---

① ［日］中巌円月：《中正子》卷1《中正子叙篇》，《日本思想大系·16·中世禪家の思想》，第171页。
② ［日］義堂周信：《空華日用工夫略集》，应安四年六月六日条。
③ ［日］足利衍述：《鎌倉室町時代之儒教》，日本古典全集刊行會，1932年，第274页。
④ ［日］義堂周信：《空華日用工夫略集》卷11《演宗讲主诗序》。
⑤ ［日］義堂周信：《空華日用工夫略集》，应安四年十二月十六日条。
⑥ ［日］梦窗疏石：《三会院遗戒》，载《梦窗國師語錄》，1934年天龙寺藏版和刻本。此处所引转见朱谦之《日本的朱子学》，第148页。

句》:"其未发,则性也。""大本者,天命之性,天下之理皆由此出")性之静,本乎天也。是性也灵明冲虚,故曰觉。(按:《中庸章句序》:"心之虚灵知觉,一而已矣。")喜怒哀乐之发,则情也。情也者,人心之欲也。(按:《朱子语类》卷95"其为喜怒哀乐,即情之发用处";卷5"欲是情发出来底。")①

十分明显的是,除中岩所谓的"觉"指禅宗津津乐道的本觉,即大彻大悟的智慧(未觉指未悟)外,而其他论述均有浓厚的理学之味,若把觉与不觉换成知与不知,岂不是典型的朱熹之语了吗?事实上,在中岩圆月《中正子》一书中引用过大量朱熹的原话②,可以看出他对朱熹思想确实有较深入研究并也是吸收过的。晚于中岩圆月60余年的岐阳方秀(1363—1424年)则是日本第一个公开设席讲授朱熹《四书集注》的禅僧,为了让别人能咏读《四书集注》,岐阳为此书加了日本式训读点,在日本儒学史上称之为"岐阳点",极为有名。岐阳的弟子云章一庆(1386—1463年)专攻《周易》《大学》,还为《大学》作注,便于日本的学者学习。他曾阅读元朝朱子学者董楷的《周易程朱传义》,并作了宣传。

伴随着朱熹思想影响的日益扩大,至少在14世纪初,朱熹思想传入天皇宫内。1319年继位的后醍醐天皇"希诸技艺,阅内外典,深知倭汉之治道"③,他改变了过去宫廷进讲惯例,除保留原来把五经作为经筵进讲用书之外,还把四书作为廷讲用书④,规定《大学》《中庸》两书用新注。新注即朱熹之注,显然朱熹思想已经传入天皇宫内并发生了作用。后醍醐天皇还聘请禅僧玄惠法入宫讲授宋学(以朱熹思想为主的宋代理学),加之从博士家族内部分裂出的异端

---

① [日]中巖円月:《中正子》卷4《性情篇》,《日本思想大系·16·中世禪家の思想》,第179页。括号中的"按"为笔者所加,以便对照中巖円月的思想。
② 参见《日本思想大系·16·中世禪家の思想》,第402—408页。
③ 《樱雲记》卷之上,《改定史籍集览》,第3册,近藤活版所,1900年,第25—26页。此段与《南方纪傳上》在文字上有诸多不同。
④ [日]津田敬武:《日本的孔子圣庙》,東京國際文化振興会,1941年。

学者——师事玄惠的一批人，如明经博士中原家的师高、师夏、文章博士菅原家的公时、日野家的资朝、俊基等人，在宫廷讲筵上不拘礼节，高谈理学，以此掩人耳目，暗中策划反幕府活动，这在日本历史上称为"无理讲"①。后醍醐天皇反幕府的思想武器是"大义名分论"，其实就是朱熹思想中的"正名思想"在日本的代名词。大义名分论强调天皇是君，幕府是臣，要收回大权，建立以天皇为专制集权政府核心的国家。据后醍醐天皇的父亲花园上皇所记："近日风采，以理学为先"②，"近日禁里频道德儒教之事"，"近日禁里之风，即是宋朝之义也"。③ 显然，朱熹思想在天皇宫内已有相当影响。1333年5月，拥护后醍醐天皇的势力推翻了镰仓幕府；次年改元建武，史称建武中兴。下引建武元年的《改钱》诏书，来看理学的影响：

> 诏：居圣人之大宝，理究变通，天地之洪规，事沿革，察时制法，岂拘一途……今以新化为除旧币，始造官钱，须颁天下，济世便民，孰谓不尔，仍文曰乾坤通宝，铜楮并用，交易莫滞，仁义所原，定乐厥成，告以宸衷，若稽天理，主者施行。④

此诏显然印有理学之烙印，尤其是"天理"一词在天皇诏书中赫然出现，充分证明日本朱子学已发展到一个新阶段，这与后醍醐天皇接受朱熹思想是密切相关的。实际上，企图推翻幕府统治、加强皇室集权的后醍醐天皇，以有强烈的纲常思想的朱熹思想作为战

---

① 和岛芳男：《日本宋学史の研究》，東京吉川弘文館1988年增补版，第140页。
② 《花园上皇宸记》元亨三年七月十九日、七月二十七日等条，和岛芳男《日本宋学史の研究》，第140页。
③ 《花园上皇宸记》元亨三年七月十九日、七月二十七日等条，和岛芳男《日本宋学史の研究》，第138页。
④ 《改钱事》，《日本思想大系·22·中世政治社会思想》[下]，東京岩波書店1970年版，第76页。该书注此诏"汉文隆业，四铢之形制更彰"的"四铢"为"四种货币"，大误。

胜幕府的武器是必然的，因为当时的佛教和日本神道思想并不具有朱熹思想中的强烈要求维护皇权的这种功效。后醍醐天皇开创的把朱熹著作作为廷讲用书的风气被保留下来了，随着时间的推移，更多的朱子后学的著作传入了宫廷深院。如足利学校遗址图书馆保存着宋末元初朱子学者陈澔所著《礼记集说》（元刊本）5 册，第 1 册卷末署有明经博士清原良贤手书："（北朝后圆融天皇）永和元年（1375）五月二日以此本候禁里御读讫"①，便是明确证据。良贤的曾孙清原业忠（1409—1467 年）也是一个朱子学者，他曾介绍过明朝初年编辑的《四书大全》。值得注意的是，后醍醐天皇使用过的大义名分论，是日本朱子学中的一个极为重要的概念，对后代影响极大。它不但经常出现在日本朱子学的著作中，而且有人以此来评论日本的历史，如《亲房卿送结城状》《吉田定房奏状》等书便是以大义名分论——即朱熹正名思想来评论历史事件与历史人物的；也有以大义名分论来编撰史学著作，比较典型的有《增镜》《太平记》《神皇正统论》等。大义名分论出现在日本史著中，充分说明朱熹思想已经从哲学层面向史学层面扩展，朱熹的史学思想已经开始对日本史学起到一些影响。

朱熹思想在日本流传的第三阶段可以说是壮大期，从应仁元年（1467）爆发的"应仁之乱"起，到藤原惺窝易服还俗（1600 年）止，共 130 余年，其特点是：朱熹思想已经开始在日本各地传播，日本出现了区域性的日本朱子学学派；出现了藩刻朱熹著作；带有"阳释阴儒（朱学）"特色的禅僧开始充分肯定朱熹思想。

应仁之乱是日本历史上一个著名的事件，起因是室町幕府（1336—1573 年）统治后期的政治腐败，各地诸侯势力强大，于是在幕府将军继承人和各地诸侯继承人问题上产生了分歧意见，从应仁元年起爆发了一场长达 11 年的武装冲突。诸侯们分化为以细川氏为首的东军和以山名氏为首的西军两大集团，双方以京都为中心混战不休，其结果是两败俱伤、幕府威望扫地、庄园制度崩溃、各地武士势力崛

---

① ［日］和岛芳男：《中世の儒学》，東京吉川弘文館 1965 年版，第 170 页。

起，日本历史进入了战国大名领国制。在这场动乱中，大量的公卿大臣和禅僧逃到各地避难，以京都及五山寺院为中心的学术文化格局被打破，朱熹思想加快流向全国各地，从而促使区域性的日本朱子学派的产生。

禅僧桂庵玄树（1427—1508 年）曾赴明朝求学达 7 年（1467—1473 年），他尊奉朱熹思想，公开宣称"不宗朱子元，非学也"①。桂庵于 1477 年应肥后（今熊本）守护大臣菊池为邦之邀，赴肥后讲授朱子学；次年又应萨摩（今鹿儿岛）守护大名岛津忠昌之邀，到萨摩传播朱子学。玄树的门人中既有菊池、岛津这样的地方大名，又有大臣鸟取政秀、伊地知重贞、平山忠康、新纳忠亲，还有禅僧月渚、舜田、郁芳、云梦等人，在九州一带很有影响，被称之萨南学派。桂庵玄树是此派的开山鼻祖。尤其是在桂庵的劝说下，伊地知重贞于 1481 年刻印了《大学章句》，史称文明版《大学》（今佚），它是日本朱子学史上已知的最早刊刻的朱熹著作。② 由于需要者众多，雕版磨损，不得不在 1492 年重新雕版刻印《大学章句》，史称延德版《大学》（今存）。《大学章句》的刊刻，使朱熹思想在九州一带广泛传播。正由于桂庵玄树不遗余力地传播朱子学，因而后人给他的评价是"身披僧衣，心服阙里"③，指出其"阳释阴儒（朱学）"的实质，这是很恰当的评价。

萨南学派延续时间很长，江户初期在萨摩很有影响的文之玄昌（1555—1620 年）便是属于该学派的一名著名学者。据称"公卿及士大夫游其（文之玄昌）门者，问禅者少，皆受朱注，自此三州（指萨摩、大隅、日向）靡然成风"④。与萨南学派并起的是海南学派，主要在四国的土佐（今高知县）一带活动，开山鼻祖是南村梅轩。南村梅轩的生卒时间不详，他原为长州守护大名大内氏的家臣，约 15 世纪 30 年代到 50 年代赴土佐，给守护大名吉良等人讲授朱注《四书集注》

---

① 王家骅：《儒家思想与日本文化》，第 68 页。
② ［日］長澤规矩也：《長澤规矩也著作集》，第 2 卷，第 119 页。
③ ［日］足利衍述：《鎌倉室町时代之儒教》，第 561 页。
④ ［日］和岛芳男：《中世の儒学》，第 220—221 页。

及《孝经》等。

梅村虽非禅僧，但受禅宗影响较大。其门人中最著名的是忍性、如渊、天室三人，被称为"南学三叟"，这是海南学派的核心。这一派发展到江户时代，出现了著名的朱子学者山崎闇斋（是天室门人谷时中的弟子）。萨南、海南两派，一是禅僧为鼻祖，一为俗士为开山，殊途同归，都成为日本朱子学早期学派的代表学派。他们宣扬朱子学、开创区域性的学派，在日本朱子学发展史上应该占有一席之地。

这一阶段中，研究和传播朱子学者大有人在，如前述清原业忠之孙清原宣贤（1475—1550年）便是一个对朱子学颇有研究的宿儒。他一生著书近20种，曾任柏原、后奈良两位天皇及方仁亲王的侍读，又是幕府将军足利义植、义晴及其他一些大臣公卿的老师。他曾著《论语听尘》一书，采用汉唐旧注仅4种，而引用朱熹和宋元儒家（大多数是朱子学者）著作20余种。他为僧俗广开讲座，宣扬以朱熹为代表的义理之学，他认为"汉儒谙于心理之学而不识义理"①。宣贤在1530年到能登为守大名畠山义忠讲解朱熹的《中庸章句》，1545年后定居越前，在当地讲解《大学章句》《中庸章句》，还刻印《论语集注》（史称天文版《论语》，约1540年）。② 虽然清原宣贤也讲解过赵岐注《孟子》以及《古文孝经》，但他倾向于朱熹思想则是十分显然的。清原宣贤曾在他讲解过的《中庸章句》上作过如下一段亲笔眉批：

> 僧俗学徒，关东学士，十三经训点清浊，悉背先儒之说，且失师家之传，悲哉！予怜子孙赴邪路，一字不阙点之，亦清浊字声指之，为令读易，不依假名使，是亦一之术也，可深秘而已。③

显然，清原宣贤对朱熹的著作《中庸章句》是极为重视的。另外，当时日本西部最有势力的身兼周防等七国守护大名的大内义隆

---

① ［日］和岛芳男：《中世の儒学》，第174页。
② 王家骅：《儒家思想与日本文化》，第69页。
③ ［日］和岛芳男：《日本宋学史の研究》，第262页。

（1507—1551年）也十分尊崇朱子学，海南学派的南村梅轩曾在他手下供职。义隆还延请各地硕儒名僧来讲学，桂庵玄树便是被邀请者之一；他还多次专门遣使赴朝鲜，索取"朱子新注五经"①，为朱熹思想在日本的传播起到了不小的作用。在这一阶段，充分肯定朱熹思想的禅僧比比皆是，可以说在思想上他们是朱子学者，与桂庵玄树一样，都是"阳释阴儒（朱学）"，兹举几例这种禅僧的言论：

仲方圆伊（1354—1413年）：时紫阳朱元晦为天下儒宗，以纲常为己责。心究造化之原，身体天地之运，虽韩（愈）、欧（阳修）之徒，恐当敛衽而退矣！②

翱之慧凤（生卒不详）：建安朱夫子出于赵宋南迁之后，有泰山岩岩之气象。截战国、秦、汉以来上下数千年间诸儒舌头，躬出新意。圣贤心胸，如披雾而见太清。数百年后，儒门伟人名流，是其所见，非其所非，置之于邹鲁圣贤之地位，仰之如泰山、北斗，异矣哉！三光、五岳之气，钟乎其人，不然奚以致有此乎？③

季弘大叔（1421—1487年）：昔圣宋之盛也周、邵、程、朱诸夫子出焉，而续易学不焰之光于周、孔一千余年之后。④

笑云（生卒不详）：以一心穷造化之妙，至性情之妙。正《四书》、作《五经》之误，作《集注》、作《易本义》，流传儒道正路于天下者莫若朱文公。不以朱子为学，非学也。⑤

文之玄昌：源乎圣道之行于世。有晦有明。盖自周衰孟子殁，斯道晦盲。若夫濂溪周先生，生乎千五百岁之后，继不传之正统，再兴斯文已坠，诚天之所卑然也。斯道之晦盲，至斯时焕然复明

---

① 王家骅：《儒家思想与日本文化》，第74页。
② ［日］仲方圆伊：《懒室漫稿》卷5《野桥梅雪图诗序》。
③ ［日］翱之慧凤：《竹居清事·晦庵序》。
④ ［日］季弘大叔：《蔗庵遗稿·蔗轩日记》文明十七年九月二十六日条。
⑤ ［日］笑云：《古文真宝抄》前集《朱文公劝学文》条。

于世矣。①

上述日本禅僧尊崇朱熹的言论，显示出他们"阳释阴儒"的实质，"不以朱子为宗，非学也"是日本朱子学发展到第三阶段的典型特征之一，这为近世日本朱子学打下了基础。同时，从季弘大叔、笑云、文之玄昌的话中也可看出朱熹的道统论也开始在日本流传。

朱熹思想在日本流传的第四阶段是从藤原惺窝易服还俗（1600）起到宽政异学之禁（1793），共 194 年。这一阶段的特点是：出现了由林罗山开创的官方朱子学学派（即林家学）；出现了与林家学对立的其他私学（如古学、阳明学等学派）；出现了"阳朱阴王（王学）"的前期水户学派；朱熹思想对日本武士道也起到了重要的影响。

这一时期，可以说是日本朱子学全盛时期，也是朱熹思想对日本学界影响最大的时期。

后阳成天皇庆长五年（1600），京都相国寺的禅僧藤原惺窝（1561—1619）穿着深衣道服（惺窝自制的儒服），"以与僧侣不同的儒家立场"② 去见德川幕府的第一代将军德川家康。这是极为重要的事件，标志着日本的朱子学摆脱了佛学的束缚，与五山禅僧分道扬镳，并从中世纪的日本博士家族封闭的学问体系中闯出来，从此成为日本思想史上一股重要的力量，推动了日本尊朱思潮的发展，使日本朱子学进入了一个新的发展阶段。有的学者认为：像藤原惺窝这样有名的禅僧脱离佛教而入儒学，在当时思想界的影响非同小可，标志着新时代的到来③，因而"把藤原惺窝视为江户时代独立的儒家流派的开创者，有充分道理"④。

藤原惺窝是贵族冷泉氏家后裔，7 岁削发为僧，18 岁到京都相国寺，在那儿攻读佛学和儒学（当然主要是以朱熹思想为核心的理学思

---

① ［日］文之玄昌：《南浦文集・与恭畏阿闍梨书》。
② ［日］石田一良：《藤原惺窝的儒学思想》，《日本思想大系・28・藤原惺窝・林羅山》，東京岩波書店 1970 年版，第 452 页。
③ 王家骅：《儒家思想与日本文化》，第 79 页。
④ 王家骅：《儒家思想与日本文化》，第 82 页。

想),逐渐成为一个有学识的名僧。38 岁时,他在京都遇见朝鲜朱子学者姜沆,在姜沆帮助下用朱子学观点注释四书五经(后来编成的《四书五经倭训》),这在日本朱子学发展史上是个标志性的创举。因为过去禁止明经博士家之外的人注释经书,而藤原打破这一禁令,更加有力地促使朱熹思想在日本的传播,推动了日本朱子学的发展。不久,藤原惺窝还俗结婚,又易服去见德川家康。禅僧承兑等人批评他"弃真归俗"(即弃佛归儒),而藤原勇敢地声称"人伦皆真"①,批判佛教的出世主义,表示与佛教决裂。藤原惺窝的父兄都死于战乱,因此,藤原对日本战国时期(1467—1568 年)"数十年间,千怪百变,世道刻薄,乱逆无纪"②的现实极为不满,对"释氏既灭仁种,又灭义理"③表示愤慨,因而他勇敢地从佛教中逃脱出来而归入讲求纲常礼教的朱子学阵营,这一转变实在是很自然的事。虽然,藤原思想上仍带有一定的佛学色彩(其著《假名性理》最典型),但是,他毕竟是日本近世第一个公开与佛学决裂的从佛教徒转化为尊崇朱熹思想的学者,而且他还培养出像林罗山、松永昌三、那波活所、堀杏庵、菅得庵、三宅寄斋、石川丈山、吉田素庵等一大批朱子学者④,促使朱熹思想在日本的迅速传播,促进了日本朱子学的飞快发展。因此,藤原惺窝在日本朱子学发展史上的地位是不应忽视的。

林罗山(1583—1657 年)出身武士之家,幼时曾赴建仁寺读书,不愿为僧而离寺回家。庆长五年(1600)始读朱熹《四书集注》,接受了朱熹思想;庆长七年他著文批判佛教;八年于京都设私塾,收徒讲授《四书集注》。由于日本当时是禁止民间私人收徒讲学的,因而朝臣清原秀贤要求德川家康惩治林罗山,而家康并未责难林罗山,允许林罗山公开讲授朱熹思想和传播朱子学,于是民间私学合法化。林

---

① [日] 阿部吉雄:《日本朱子学と朝鲜》,東京大学出版会 1971 年版,第 89 页。

② [日] 藤原惺窝:《藤原惺窝文集》卷 4《次菅玄同份慈母诗韵并序》,《日本思想大系·28·藤原惺窩·林羅山》,第 441 页。

③ [日] 相良亨:《近世日本における儒教運動のの系譜》,東京理想社 1965 年版,第 28 页。

④ [日] 村冈典嗣:《日本思想史概説》,東京創文社 1961 年版,第 408 页。

罗山设私塾与藤原惺窝易服还俗一样重要，共同组成近世日本朱子学登台亮相的序幕。九年，林罗山拜藤原为师，十二年由惺窝推荐当上了家康的家臣，从此他为德川氏家族服务了50余年，历仕家康以下四代将军，成为德川幕府的最有影响的御用文人。在明正天皇宽永七年（1630），第3代将军德川家光为林罗山在忍冈建立学塾，标志着林家学成为幕府所扶持的官学正式诞生。林罗山死后，其子孙墨守成规，继续为德川幕府效劳。东山天皇元禄三年（1690），第5代将军纲吉在汤岛建圣堂，举行释奠礼①，并赐祀田，又建昌平坂学问所，以林罗山之孙林凤冈为大学头，规定此职由林氏后裔世袭。据石川谦博士统计：宽永七年到明治十三年（1890）的261年间，进入林家学塾（昌平坂学问所）学习者共2700余人②，各地藩校教授出于昌平坂学问所者甚多（详下），可见林家学在日本的影响是极大的。林罗山虽然推崇朱熹，声称"朱子家风摹二程，千年道统有谁争"③，实际上他的思想是极为复杂的。

他的理一元论有心学的倾向，他说："理气一而二二而一是宋儒（指朱熹）之意也。然阳明子（王阳明）曰：'理者气之条理，气者理之运用。'由是思焉，则彼（朱熹）有支离之弊"④；在伦理道德上，他宣称"天尊地卑，天高地低，如有上下差别，人亦君尊臣卑，分其上下次第，谓礼仪法度"⑤，严守朱子学的大义名分论；他坚决反对佛教和耶稣教，但又屈服于幕府的压力而削发为僧（僧名道春）；罗山对日本神道并不否定，而是以儒学加以改造，认为神道便是尧舜之道，是王道，实际上宣传的是儒家神道。⑥ 从林罗山思想的主要倾向来判断，他是一个朱子学者。总之，林罗山创立的日本林家学对日本近世的思想界起到了十分重要的作用，是日本朱子学的一个重要的组成部

---

① ［日］津田敬武：《日本的孔子圣庙》，第8页。
② ［日］尾形裕康：《日本教育通史研究》，第162页。
③ 朱谦之：《日本的朱子学》，第186页。
④ 朱谦之：《日本的朱子学》，第185—186页。
⑤ ［日］林羅山：《春鉴抄·礼》，《日本思想大系·28·藤原惺窝·林羅山》，第131页。
⑥ ［日］村上重良：《国家神道》，商务印书馆1990年版，第58页。

分。正由于林罗山的特殊地位，他所开创的昌平坂学问所中培养出大批具有尊朱倾向的学者，因此，朱熹思想迅速传播并成为日本当时的显学。林罗山还编纂过《本朝通鉴》，日本学者渡边广指出，"《本朝通鉴》是在（林）罗山的史学思想指导下，以《资治通鉴》为范例，并且参考《通鉴纲目》而编纂的"①。其实，此书从体例上说是依照《通鉴》，而思想上则是依据《纲目》。正因为林罗山是个著名的朱子学者，因此在《本朝通鉴》中便依"大义名分论"来评述日本历史。林罗山在《本朝通鉴》凡例中明确表示："据事直书则义自见，而劝惩之意亦在其中"，"忠臣孝子贞女，虽微贱而不漏"，"朝敌逆臣其始末悉记之，而叛乱之罪自见"。② 这里，可以看出林罗山确实受到朱熹史学思想的影响而撰写了《本朝通鉴》。

值得指出的是，林家学并非是当时唯一的朱子学派，且不说藤原惺窝的其他门人所传播的朱子学与林学家有所差异，就说萨南学派谷时中门下的野中兼山、小仓三省等人，被称为日本朱子学中的南学。属于该学派的山崎闇斋（1618—1682 年）公开宣称："我学宗朱子……学朱子而谬，与朱子共谬也，何遗憾之有？"③ 这一观点显然有强烈的教条倾向。山崎闇斋也根据朱熹《通鉴纲目》及范祖禹的《唐鉴》撰写过《倭鉴》④。闇斋开启朱子学崎门派，他的学生中有所谓的"崎门三杰"佐藤直方、浅见闇斋、三宅尚斋。正由于闇斋的学术影响，因此熊本的朱子学者薮弧山在《送赤崎海门序》中将闇斋作为孔孟乃至朱熹道统的继承者："孔子之道，传之乎曾子、子思而传乎孟子。孟子殁后久失其传。至宋程朱二子深求始得焉。其学传乎朝鲜李

---

① [日]渡边广：《罗山史学》，《日本历史讲座》第 8 卷，商务印书馆 1964 年版，第 74 页。
② [日]坂本太郎：《日本的修史和史学》，北京大学出版社 1991 年版，第 157 页。
③ [日]阿部隆一：《崎门学派诸家の略伝和学风》，《日本思想大系·31·山崎闇斋学派》，东京岩波书店 1970 年版，第 563 页。朱谦之：《日本哲学史》，第 51 页。
④ [日]阿部隆一：《崎门学派诸家の略伝和学风》，《日本思想大系·31·山崎闇斋学派》，第 563 页。

退溪，退溪而传之乎我国山崎闇斋。闇斋传乎先府君慎庵先生云云。"①

除上述之外，还有自成体系的朝山意林庵、江村闇斋②，以及代表町人（主要是商人）利益的大阪怀德堂学派。怀德堂学派开山鼻祖是三宅石庵（1665—1730年），属于该学派的还有五井兰洲（1697—1762年）、中井竹山（生卒不详）、中井履轩（生卒不详）等人。这些学派都以朱熹思想为宗，但在对朱熹思想的具体理解上各有不同，甚至对立，限于篇幅，此处不再详说。

除朱子学派外，当时还出现了阳明学、古学、国学，以及由荷兰人介绍的欧洲文化，即所谓的兰学。它们都以与朱子学对立的面目出现的。除兰学外，其他学派自然也或多或少地受到朱子学的影响，兹以赤穗事件为例来分析。

赤穗事件是指东山天皇元禄十四年（1702）赤穗侯浅野长矩刺伤少将吉良义英，被天皇赐死、其国被除之事件；次年，赤穗家臣大石等47人为主报仇，刺杀吉良义英之子，然后投案自首，被天皇赐以切腹自尽。对此事件，朱子学者室鸠巢（1658—1734年）站在幕府立场上，以大义名分论观点写了《赤穗义人录》③，详细记载了赤穗事件的过程，强调"二子（指孤竹二子）求仁得仁，诸士（指赤穗之士）舍生取义"，认为他们是"舍生取义"的义士，显示出朱子学与日本武士道结合的倾向。林家学的代表人物林凤冈（1644—1732年）于1704年作《复仇论》，认为大石等人与中国战国时代的刺客田横等人一样是义士，因为君父之仇不共戴天，"君臣父子，三纲之要，五常之本，天理人伦之至，无所逃于天地之间"④，这是十分典型的以朱子学观点进行评价的。佐藤直方认为天皇下令让他们自尽是慈悲的行为，"义

---

① 李洪淳：《孔子、儒学思想在朝鲜和日本的传播及影响的比较》，郑判龙主编《朝鲜学——韩国学与中国学》，中国社会科学出版社1993年版，第32页。
② [日] 村冈典嗣：《日本思想史概说》，第408页。
③ [日] 室鸠巢：《赤穗义人录》，《日本思想大系·27·近世武家思想》，东京岩波书店1970年版，第343—370页。
④ [日] 林凤冈：《复仇论》，《日本思想大系·27·近世武家思想》，第374页。

理明白也"①，批评林凤冈将他们比作田横等人，认为他们刺杀义英的行为是违背"君臣之义"的，显然佐藤也是站在朱子学的立场来分析问题的。

浅见絅宅则进一步批评大石等人以"私欲私意"起事，不顾"公庭大礼之节"，完全不符合"义理"②。古学派荻生徂徕批评长矩刺杀义英是"匹夫之勇"，"可谓不义"，而47士"生不能救其君于不义，宁死以成其君不义之志，事势之于此，是推其情，不亦大可悯乎？故予以为田横海岛五百人之伦也"。③

显然，徂徕虽与上述那些朱子学者的观点略有不同，但其出发点仍是忠、义、人伦之类概念，仍属于朱子学的大义名分论范围之内的。其他各派学者如太宰春台、五井兰洲、横井也有、伊奈忠贤、平山兵原等，虽然观点各异，但无一不是从忠义人伦立论，显示出朱子学对他们的影响。④

值得注意的是，这一时期的日本朱子学学者十分强调道统论，如佐藤直方说："孔曾思孟之后，接其道统者，周程张朱也，吾人所学岂外此而他求乎"⑤；尾藤二洲说："孔孟之所说，程朱之所传是也"⑥；安积艮斋称："孔孟殁，斯道不明……逮程朱二大儒起，继道绪于既坠，辟千圣之湮晦，振揭本源，阐发蕴奥，然后群圣贤之道，如太阳之再中，而其学遂遍寰瀛矣"⑦；贝原益轩强调："孟子之后，历汉唐，斯道之传将绝如线，至宋诸君子辈出继之，而复有可观者焉，如二程朱子……虽然，其德未及圣人，其学亦恐未至圣处，然则后学

---

① ［日］佐藤直方：《四十六人之笔记》，《日本思想大系·27·近世武家思想》，第378页。

② ［日］浅见絅宅：《四十六士论》，《日本思想大系·27·近世武家思想》，第390、397页。

③ ［日］荻生徂徕：《论四十六士事》，《日本思想大系·27·近世武家思想》，第401页。

④ 分别参见《日本思想大系·27·近世武家思想》，第403—452页。

⑤ ［日］佐藤直方：《〈道学标点〉序》，《韫藏录》，丛书集成续编本，台北新文丰出版公司1988年版，第199册，第97页。

⑥ ［日］尾藤二洲：《正学说》，《日本倫理彙編》第8册，東京育成會1908年版，第344页。

⑦ ［日］安積艮齋：《艮齋文錄》，卷上《明善堂记》，第10—11页，嘉永六年刊本。

之人，于二程及朱子，固可贵也"，"孔子之后，传圣人之教，而学到至处者，特孟子一人而已矣……而程朱之所传，最得其正，其学术亦比之诸儒特弘大精详，可为后学之模范，故孟子之后，程朱之功甚高矣，而朱子之功最大矣。然则孔孟之后，唯此二子（二程朱熹），诚可以为知道之人，学者之所当为宗师也"。①室鸠巢甚至在其著《骏台杂话》卷一中说："天地之道即尧舜之道，尧舜之道即孔孟之道，孔孟之道即程朱之道；舍程朱之道不能至孔孟之道，舍孔孟之道不能至尧舜之道，舍尧舜之道不能至天地之道。"②可见，道统论在日本已经十分流传，起到了排斥和威慑其他学派学者的作用。

下面再深入讨论这一时期中朱熹思想对日本武士道的影响。安房胜山城主酒井忠胤（1679—1712年）所撰的《酒井家教令》③，共48条，内容甚广，其中《家训并家法》中写道："士者，正身、尊上、抚下，对友劝善谏恶，党是抑非，虽短暂之相遇，亦须以忠义道德武艺武勇为本意"；"为士之职，励义守礼……义者励忠良，礼者正名实，不可遗失"④；要遵循"圣贤之格言，君子之善行"，如果陷一己之私智，则"不协天理"。⑤成于元禄五年（1692）的《楠诸士教》明确提出熟读朱熹所著《小学》、《四书集注》及《近思录》，"若有余力，及于五经等，寻其义理"⑥，认为这一切都是修行之事，是真学问。大约与《楠诸士教》同时的《明君家训》也强调君子小人之别，王霸治乱之分，要求武士行义理，去利欲，认为不以君臣父子之分，则"必将大乱"。⑦作于元禄十五年的《教训条条》，是萨摩藩第21代藩主岛津纲贵（1650—1704年）教训其子的训诫之词，他要求儿子

---

① ［日］貝原益軒：《大疑录》卷上，《日本思想大系·34·贝原益轩 室鸠巢》，東京岩波書店1970年版，第388—389页。
② ［日］室鳩巢：《駿臺雜話》卷首《老学自叙》，東京岩波書店1970年版。
③ ［日］酒井忠胤：《酒井家教令》，《日本思想大系·27·近世武家思想》，第44—62页。
④ ［日］酒井忠胤：《酒井家教令》，《日本思想大系·27·近世武家思想》，第52、53页。
⑤ ［日］酒井忠胤：《酒井家教令》，《日本思想大系·27·近世武家思想》，第53页。
⑥ 《楠诸士教》，《日本思想大系·27·近世武家思想》，第70页。
⑦ 《明君家训》，《日本思想大系·27·近世武家思想》，第82页。

"朝夕读四书五经而通其仪"①。上述所举例证,充分证明到江户时代时,日本武士是尊崇朱熹的,已将朱熹思想中的某些内容与日本武士道结合起来,这是朱熹思想在日本流传的第四阶段中的最典型特征之一。

最后谈一下水户学。水户学派是水户藩主德川光国(1628—1700年)扶植起来的朱子学派。光国在38岁时拜流寓日本的明朝朱子学者朱舜水为师,到1672年设立彰考馆,吸引了大批学者(其中有不少人是朱舜水的弟子),从事修史,形成了水户学派。这一学派延续了234年,分为前后两期:前期约到1740年,之后约中断数十年,到1786年德川齐昭设立弘道馆起,进入了后期。水户学派最大的成果是撰成了397卷的《大日本史》(1906年完成)。从修史角度说,他们是坚持朱子学的大义名分论观点,宣扬忠君(实际是忠于幕府)的思想,也夹杂着日本神道思想,在哲学上则有较多的王阳明心学的成分,可以归纳为"阳朱阴王"学派,这与阳明学在日本崛起分不开的。

水户学派前期属于日本朱子学发展第四阶段之中,这儿略作介绍。水户学派前期代表人物是安积澹泊、栗山潜锋、三宅观澜等人,他们效力于彰考馆,修撰《大日本史》的前半部分,在这部分中体现出强烈的朱子学思想,他们以朱熹《通鉴纲目》的正闰观、名分论作标准来处理日本历史,主张要有"忠奸之别",强调"义理名分"。例如:以往对执政长达69年的神功皇后是否属于天皇一事是有不同看法的,《日本书纪》仅称她为摄政,但同时又说她在摄政三年立誉田皇子(后来的应神天皇)一事中具有天皇的地位;《本朝通鉴》则明确说她是第15代天皇。

《大日本史》从名分论角度着眼,把她的事迹处理成应神天皇前纪,即把她类比成《通鉴纲目》处理唐朝历史中的武则天。另外,对"壬申之乱"(672年)中被迫自杀的弘文天皇,《日本书纪》未把他列入本纪,原因是该书的作者舍人亲王是逼弘文天皇自杀的大海人皇子(即天武天皇)的儿子,而《大日本史》认为不能以成败论正闰,

---

① 《教训条条》,《日本思想大系·27·近世武家思想》,第65页。

坚持把弘文天皇列入本纪。还有，《大日本史》从正统论的观点出发处理日本南北朝历史，认为南朝拥有象征天皇权力的三大神器（镜、玉、剑），从义理名分上是属于"正"，而北朝为"闰"，因此把南朝五主列在北朝小松天皇本纪前面。上述数例显示出水户前期代表人物在撰写史书时已经充分吸收了朱熹的史学思想，并自觉地以此为撰写的指导。值得注意的是，水户派前期人物的这种观点被后期学者所继承，并作了发展。

朱熹思想对日本流传的第五阶段是衰亡期，这从宽政异学之禁（1790 年）起到明治维新（1868 年）止，共 78 年。这一阶段的主要特点是：日本民族危机日益深重，幕府为维护专制统治而实行了宽政异学之禁，而水户学派后期代表人物打出尊王攘夷旗号，提出"敬幕锁国"的观点，企图将朱子学与日本神道更紧密地结合起来，用以维护幕府统治；同时，各藩兴起办藩学的高潮，宣扬朱子学，使朱子学思想深入到平民百姓的家庭，这起到了正反两方面的影响。与此同时，洋学（从英美等国输入的西方文明和西方文化）在与朱子学的较量中获得了胜利；随着明治维新推翻了幕府统治，作为幕府统治的思想基础——朱子学也寿终正寝，但它作为一种伦理道德观念则部分地被沿袭下来。这一阶段中，朱熹史学思想对日本的影响很大，最重要的表现是水户派的史学著作《大日本史》最终完成，极其明显地抹上了朱熹史学思想中的落后因素的色彩。

18 世纪后期，德川幕府的腐朽专制的统治，激起了国内尖锐的阶级矛盾，而此时西方殖民势力向东亚扩张，也向日本渗透，引起日本的民族危机，幕府统治摇摇欲坠。光格天皇天明七年（1787），幕府老中松平定信为挽救幕府体制的危机，依靠朱子学崎门学派学者柴野栗山、冈田寒泉、尾藤二洲等人，开始了"宽政改革"。这次改革涉及内容颇多，其中在思想文化上于宽政二年（1790）实行"异学之禁"，以"学术不正"和"宣扬异学"（阳明学、古学、兰学）为理由，下令取缔混合朱熹思想与王阳明思想的昌平学问所；又宣称凡不符合朱子学的学问均为异学，属取缔之例；宽政七年又严禁各藩任用非朱子学者。

宽政异学之禁的目的在于尊崇朱熹思想，贬斥其他一切思想，然而随着日本封建社会的衰弱和西方资本主义的崛起，企图以朱子学来巩固幕府的封建专制统治是难以奏效的。异学之禁的直接结果是，阳明学、古学、折中学等基本退出历史舞台，朱子学中却出现了"阳朱阴王"的学者（如幕府儒官佐藤一斋以及安积艮斋等），而西方思想不但没有退出历史舞台，反而有越演越烈的趋势。究其原因，无论是朱子学还是阳明学之类，实际上都是中国封建社会后期的儒家思想流派在日本的繁衍，他们都只能适应于封建社会后期，但是随着清朝这个"天朝上国"和日本近世幕府政权的衰弱，西方文明的东渐，这些思想流派都不能适应历史的发展，抱残守缺，必然不能逃脱与封建统治一起灭亡的历史命运。随着"坚船利炮"而来的西方资产阶级思想，则雄辩地证明自己优于封建思想意识。

昌平学问所被取缔，作为日本朱子学最后据点的水户藩，自然而然地成为日本朱子学的中心。光格天皇天明六年（1786），水户藩藩主德川齐昭设立弘道馆，提出"奉神州之道，资西土之教，忠孝无二，文武不岐，学问事业，不殊其效，敬神崇儒，无有偏党，集众思，宣群力，以报国家无穷之恩"①，奠定了水户学后期学派思想的基调，即把日本神道与朱子学紧密地集合，提倡忠孝，崇文修武，以捍卫国家（幕府）的利益。纵观水户学派前后两期的思想观点，最突出的一点在于后期学者在继承前期学者大义名分论思想的同时，又竭力宣扬尊王（幕府）攘夷（西方思想），以挽救幕府行将灭亡的命运。下面略作分析。

水户学派后期著名学者藤田幽谷（1774—1826年），在18岁时写下了《正名论》，认为"名分之于天下国家，不可不正且严也"②，强调"苟君臣之名不正，而上下之分不严，则尊卑易位，贵贱失所，强

---

① ［日］德川齐昭：《弘道馆记》，《日本思想大系·53·水户学》，第232页。此碑为藤田彪（藤田东湖）所书。［日］笠井助治：《近世藩校の总合的研究》，东京吉川弘文馆1960年版，第232页。

② ［日］藤田幽谷：《正名论》，《日本思想大系·53·水户学》，第370页。

凌弱，众暴寡，亡无日矣"①，公开宣称天皇是"圣子神孙，世继明德，以照临四海"②，不可变易，提出"幕府尊皇室，则诸侯崇幕府；诸侯崇幕府，则卿大夫敬诸侯；夫然后上下相保，万邦协和"③的观点。实际上，藤田尊天皇是假，尊幕府才是实质，其目的只是想上下相保，达到巩固已经腐朽不堪的封建专制统治。正由于此，他在《丁巳（1797年）封事》中提出"作内政""寓军令"的所谓"富国强兵"的策略，反复强调危机当前，"强兵之良机不可失也"。④藤田幽谷在评论水户藩主德川光国修撰《大日本史》时说："义公（指光国）之编史也，自言摭实阙疑，正闰皇统，是非人臣，辑成一家之言"⑤，明确表示了水户学派的编史宗旨。

藤田幽谷的儿子藤田东湖（1806—1855年）继承了幽谷的尊王（尊幕府）思想，并作了发展。他在《弘道馆记述义》中把"明道"解释为三事：敬神、爱民、尚武。所谓敬神，即是尊崇天神之盛德大业，也就必须尊崇神的子孙天皇；所谓爱民即是"神皇发政施仁"，换言之，即在尊崇天皇的前提下，天皇施仁政，但又须正名分，"君臣父子，彝伦之尤大者，尊卑内外，名分之重者"，显然要民众效忠天皇，以换取天皇的"慈悲"；尚武是宣扬武士力量。藤田东湖明确说："尊皇室，攘夷狄，文武之最大者"，"尚武之风振，则幕府昌，夷狄自远"⑥，即宣扬尊幕府攘夷狄（指西方殖民者）。

水户学派后期的代表思想家是会泽正志斋（1782—1863年），他打着"王政复古"的革新旗号，以尊崇天皇为幌子，企图达到维护幕府统治的目的。他生活在日本各地农民纷纷举行反抗幕府斗争、西方殖民势力日益渗透的幕末时期，在这内外交困的时期，他写下了著名

---

① ［日］藤田幽谷：《正名论》，《日本思想大系·53·水户学》，第370页。
② ［日］藤田幽谷：《正名论》，《日本思想大系·53·水户学》，第370页。
③ ［日］藤田幽谷：《正名论》，《日本思想大系·53·水户学》，第371页。
④ ［日］阿部隆一：《崎门学派诸家の略伝和学風》，《日本思想大系·31·山崎闇斎学派》，東京岩波書店1970年版，第561—600页。
⑤ 藤田幽谷：《与校正局诸学士》，《日本思想大系·53·水户学》，東京岩波書店1970年版，第371页。
⑥ 朱谦之：《日本的朱子学》第507、510页。

的《新论》。会泽认为:"君臣之义,天地之大义也;父子之亲,天下之至恩也"①,"天胤(天皇)之尊,严乎其不可犯,君臣之分定,而大义以明矣"②,因而"天下仰朝廷如天神,以孝事君,同心一志,共输其忠,风俗以惇矣"③。他进一步提出"天祖洋洋在上,皇孙绍述,爱育黎庶,大将军翼戴帝室以镇护国家,邦君各统治疆内,使民皆安其生而免盗寇,今共邦君之令,奉幕府之法,所以戴天朝而报天祖也,则幕府及邦君之治,有所统一焉"④,显然会泽从骨子里仍是尊崇幕府的,以达到维护其统治的目的。

为了达到这一目的,会泽强烈地提出排斥洋学和洋教,同时也排斥佛教,要求将儒教(朱子学)与日本的神道合为一体,作为幕府统治的基础,以大义名分论来维护封建等级制度,以农为本来强国,以制造巨舰大炮来攘夷,这就是会泽正志斋的"尊王攘夷论"。

会泽认为祭政合一、政教合一、尊王敬幕,才能真正达到攘夷的目的。由此可见,会泽继承了水户学派前期思想家安积澹泊等人和后期思想家藤田幽谷等人的思想,发展成为比较完整的尊王攘夷思想。值得注意的是,《新论》中十分明确地提出了日本的民族危机,而正是这一点却在当时起到了极大的影响,直接启发了后来的明治维新人士,他们确实曾以是否读过《新论》作为有无当维新人士资格的标准。不过应该指出,《新论》的实质是敬幕闭关,企图以朱子学思想作为维护幕府统治的思想工具,而维新人士则从《新论》中看到了幕府统治的弊病,看到了日本民族的危机,提出了"倒幕开国"的思想主张,因此,会泽正志斋与后来的维新志士仍是不可同日而语的。况且,作为会泽思想基础的朱子学,对维新人士并未起到多大的作用,恰恰是作朱子学对立面的阳明学、洋学给维新人士提供了维新变法的思想资料。

这一阶段另一个显著的特点是各地兴起办藩学的高潮,使朱子学

---

① [日] 會沢正志斋:《新论》,《日本思想大系·53·水户学》,第382页。
② [日] 會沢正志斋:《新论》,《日本思想大系·53·水户学》,第382页。
③ [日] 會沢正志斋:《新论》,《日本思想大系·53·水户学》,第387页。
④ [日] 會沢正志斋:《新论》,《日本思想大系·53·水户学》,第420页。

的影响扩展到下层民众中去。根据笠井助治统计，德川义直办明伦堂起（时间不详）到明治四年（1871）止，约245年间，各地办藩校共281所，而且所有的藩校均设立"汉学"，汉学分四等，以入学者的家庭出身及年序为标准，进入不同等级读书，但各等均需读《四书集注》《小学》及其他必读的经史子集之书，其中第一等另外加读《近思录》《玉山讲义附录》《周易本义》等朱熹之书。① 除昌平学问所曾刻印了《伊洛渊源录》《易说》（又称《朱文公易说》）、《周易参同契考异》《周易本义附录纂注》《通鉴纲目》《易学启蒙通释》《诗集传通释》《近思录集注》《白鹿洞书院揭示》及王懋竑《朱子年谱》等大量朱熹或有关朱熹的著作外②，其他各地的藩校还大量刻印朱熹著作③，刻印次数最多的是《四书集注》《小学》《近思录》，其次是《玉山讲义》《周易本义》等。值得注意的是，朱熹的史学著作《通鉴纲目》也刻印过④。《通鉴纲目》一书在日本藩校中多次印行，对日本学者有深刻的影响，如贝原益轩（1630—1714年）在《大和俗训》中便说过"朱子《纲目》乃最好书"⑤。

显然，各藩校的教学是以朱熹思想为核心内容的，朱熹思想不但从哲学层面影响着日本学界，而且其史学思想通过《通鉴纲目》及朱熹其他的著作日益对日本学界起着广泛、重要而且深远的影响。据日本学者统计：1630—1871年，各藩校担任过教授者共1912人，属朱子学派者1388人，其中出于林家学塾和昌平学问所者占541人。⑥ 因而藩校培养出大批学者，扩大了朱熹思想对日本的影响。

但是也须指出，幕末时期受到朱子学教育的人在洋学渗透日本及民族危机加剧的过程中，产生了分化，一部分抱残守缺，力图以朱子

---

① ［日］笠井助治：《近世藩校の总合的研究》，附录《近世藩校一览表》及第247—248页；另见唐泽富太郎《教科书の歴史》，東京創文社1956年版，第18—21页。
② ［日］長澤規矩也：《長澤規矩也著作集》第2卷，第247—276页。
③ ［日］笠井助治：《近世藩校の总合的研究》，第120页等。
④ ［日］長澤規矩也：《長澤規矩也著作集》第2卷，第132页。另见冈野他家夫《日本出版文化史》，東京原書房1981年版，第10页。
⑤ ［日］渡边广：《罗山史学》，《日本历史讲座》第8卷《日本史学史》，第79页。
⑥ ［日］田村园澄等：《日本思想史の基础知识》，京都有斐閣1974年版，第280页。

学对抗洋学,最终碰得头破血流;另一部分人则猛然觉醒,意识到朱子学挽救不了民族危亡,因而抛弃了朱子学,从洋学和阳明学中汲取思想资料,投身到维新变法中去,成为明治维新中的仁人志士;还有一部分人则力图调和朱子学和洋学的矛盾,寻求出路,这些人很具有时代特征。此举两例:横井小楠(1809—1869年)原来是个典型的朱子学者,他对西方思想和殖民势力渗透日本持强烈的反对态度。但他读了魏源的《海国图志》后,转而认为欧美的政治制度(如议会制、总统制)有可取之处,西方学校教育、科学技术也有长处,甚至他认为西方不少做法"殆至符合三代治教"①。佐久间象山(1811—1864年)的思想演进与横井一样,他后来说过:"周张程朱诸贤,影响虽多,得其实则甚少,看而厌之。故某以西洋实测之学补大学格致之功"②,"西方穷理亦符合程朱之意,故程朱二先生格致之说放之四海而皆准。依程朱之意,而洋学皆吾学之一端,本非他物。"③ 类似于横井小楠、佐久间象山者还有,从这里可看出他们虽然调和朱子学和洋学,但思想已倾向洋学一边,充分说明日本朱子学在幕末已是黄昏夕阳,行将退出历史舞台,也就是说,朱熹思想对日本的影响必将走向衰亡之路。

综上所述,朱熹思想在日本流行了700年,使日本出现了朱子学这一学派,它大致与日本幕府的封建专制统治相始终(日本幕府统治始于1192年),从其发展的过程来看,可分为萌芽期、初步流行期、壮大期、全盛期和衰弱期,每个时期各具特点,也可看出朱熹思想从哲学层面逐渐向史学层面扩大的整个过程。在我们看来,朱熹思想在南宋出现,并为其后的700年封建统治政权服务;而朱熹思想传入日本后,在日本发展出日本朱子学这一隶属于日本的思想派别,它是一

---

① [日]横井小楠:《国是三論》,《日本思想大系·55·渡辺華山 高野長英 佐久間象山 横井小楠 橋本左内》,東京岩波書店1970年版,第445页。

② [日]佐久間象山:《小寺常之助宛》,《日本思想大系·55·渡辺華山 高野長英 佐久間象山 横井小楠 橋本左内》,第347页。

③ [日]佐久間象山:《川路聖謨宛》,《日本思想大系·55·渡辺華山 高野長英 佐久間象山 横井小楠 橋本左内》,第330页。

种服务于幕府政权这个特定时代的封建时代的思想意识，它在日本从小到大的发展过程，尤其是它取代佛教思想而成为日本幕府政权实行封建专制统治的官方统治思想，是因为它具有浓厚的封建伦理道德观念；而它被洋学淘汰出历史舞台，与幕府的封建专制统治一起灭亡，同样也是它的封建社会的属性所决定的，因为它不能胜任为新兴的资本主义社会服务。可见，朱熹思想不但在中国，即使在日本，也不可能是为任何社会服务的万能的思想，只有基于这种观点，才能理解日本朱子学的兴衰为何与幕府的封建专制政权相始终的真正原因。

三 朱熹史学思想对朝鲜半岛的影响

朱熹史学思想不但对日本起过不可忽视的影响，同样，对朝鲜半岛上的学者们也有深刻的影响。关于这一问题，学界较少涉及，而笔者涉猎亦很有限，仅是列出一些概况，仅供学者同人进一步研究之参考。

这里先简单叙述朱熹思想在朝鲜半岛上的流传概况，以便展开论述朱熹史学思想在朝鲜半岛上的影响。

朱熹思想传入朝鲜半岛最早的明确记载：高丽忠烈王十五年（1290），集贤殿大学士安珦（安轩，1242—1306 年）随忠烈王赴元大都燕京，读到新刊《朱子全书》。安珦读后以为朱熹所传正是孔孟儒教之正脉，于是手抄《朱子全书》并摹写朱熹画像而归。安珦归国后，即在太学讲授朱子学，于是朱熹思想为朝鲜半岛学者所了解。安珦被称为是朝鲜半岛上第一位朱子学的传播者。实际上，大约与安轩同时接触到朱熹思想的还有一些人，如"（高）丽季益斋牧隐游中国，得闻程朱性理之说，……于是圃隐首先兴起为绝学之倡，同时如阳村、陶隐……亦以道德性命训诲后进"[1]。朱熹思想传入朝鲜半岛后，引起高丽王朝学者的浓厚兴趣，此后以研究朱子学著名的学者就有白颐正、辛藏、权溥、禹倬等等。安珦与他们都是早期在朝鲜半岛上传播朱子

---

[1] ［韩］《海東文獻總錄》，汉城奎章阁1969年版，第383页。

学的学者。

在朝鲜半岛，朱熹思想传入后，一些学者就用来同佛教进行斗争。在高丽王朝（918—1392 年）的大部分时间里，佛教在国家机器的保护和支持下成为占统治地位的意识形态。但到了高丽王朝末期，佛教已丧失生命力，面临崩溃。在引进朱熹思想后，高丽王朝灭亡，取而代之的是李朝。一些学者、士大夫企图以朱熹思想来取代佛教，以维护新的封建王朝的统治。以朱熹思想来批判佛教而做出杰出贡献的是郑道传（？—1398 年，号三峰），他不仅从伦理道德观上批驳了佛教，而且从哲理上、从世界观上抨击了佛教的荒谬，很快被李朝统治者所采纳。郑道传还建立起一套比较完整的政治体制，其理论基础就是朱熹思想，因此，朱熹思想很快成为李朝的御用统治思想，朝鲜半岛上的朱子学广泛流传。李朝的第四代王世宗（1419—1450 年）极其尊崇理学，他创置集贤殿，任用年轻才学之士为大学士，从事编纂书籍与典章制度的创设，被后世誉为海东尧舜。中宗（1507—1544 年）时，著名朱子学学者赵光祖（1482—1519 年）提出崇道学、正人心、法圣贤及兴至治的朱子学的主张，受到朝廷欣赏。

值得注意的是，李朝的朱子学学者很快将朱熹的理学思想演变为政治思想理论，即对朱熹的理学思想作出不同的解释，以此作为政治斗争的工具。李朝的一些政治斗争，也往往围绕着对朱熹理学思想中的某些观点的阐释而展开。例如，在李朝早期，出现了士林派与勋旧派之间的斗争，士林派是以朱子学思想为旗帜的新晋官僚集团，勋旧派是墨守词章之学的保守派。士林、勋旧两派之间产生激烈的斗争，士林派获得胜利而在政治上完全站住了脚跟。但是，崇尚朱子学的学者们之间仍有不同观点，如以徐敬德（1489—1546 年，号花潭）的主气派与以李彦迪（1491—1553 年，号晦斋）的主理派之间完全是对立的。

这种对立学派的论辩，虽然对朝鲜半岛上的朱子学的发展起到了推动作用，但直接后果是导致了从学术分歧转向了政治权力的斗争。到 16 世纪中叶，士林派中出现了一位著名的朱子学学者李滉（字退溪，1501—1570 年），他是岭南"主理"学派的首领。退溪提出了

"破邪显正""明道以正人心"的学问宗旨,将佛教及其他一切学说,甚至不同于自己观点的朱子学都斥为异端、邪教进行排斥与打击。自然,退溪不但能受到朝鲜李朝统治者的信任,而且也受到相当一部分朱子学学者的拥护,他被誉为东方夫子。而稍晚于李退溪的李珥(字栗谷,1536—1584年),则是"主气"的畿湖学派的开山鼻祖。栗谷不同意退溪的主理论,高举主气论与退溪进行论辩。于是,形成了以李退溪为首的"东人",以李栗谷为首的"西人",两派水火不容,斗争极为激烈。后来,东人分裂为南人与北人两派;至17世纪,西人分裂为老论与少论,合称为"四色"。这四派都属于朱子学学派,但观点有所差异。他们均站在自己的立场上指责他人,并以此划线,甚至士大夫的官职迁降也与学派完全结合在一起。另外,还有折中退溪与栗谷之间的张旅轩(1554—1637年,名显光)等朱子学学者。至17世纪六七十年代,形成以宋时烈(1607—1689年,号尤庵,栗谷门人)为首的老论派与以尹镌(1617—1680年)、许穆为核心的少论派,由于他们对朱子学意见上的分歧竟引起政治上的极端敌视,彼此争斗,互相不容。曾师事许穆的李玄锡(字夏端,号游斋,原籍全州人,1647—1703年),是朝鲜太宗之后的朝鲜实学派先驱李睟光(1563—1628年)的曾孙。李玄锡于1667年中进士,1675年增广文科乙科及第,进入仕途,担任正九品的检阅。最初,他仕途颇为顺利。1677年即升至正三品的承旨,在少论派得势之际,他先后两次上疏弹劾宋时烈。1680年以后,宋时烈掌权,老论派得势,李玄锡当即由正三品被降为从五品的副校理。不久,又由京官贬为地方小吏,为银溪察访使。

此后,李玄锡有相当长一段时间为地方官。① 其实,在李朝的政治斗争中,像李玄锡这样的官员大有人在。总之,朝鲜朱子学的一大特色就是将学术分歧与政治权力斗争结合得十分紧密,这是不容忽视的现象。

朱熹理学思想传入朝鲜半岛后,对朝鲜半岛的政治、学术及文化

---

① 参见孙卫国《朝鲜王朝的一部明史论著——李玄锡之〈明史纲目〉研究》,《中国历史与史学》,北京图书馆出版社1997年版。

的发展起到了深刻影响。史称"天资厚重，辅以学问，其发于议论、措诸事业者俱有可观"的李齐贤，"后得朱子《纲目》，自验其学之正"。① 恭愍朝知荣州的郑习仁"居父母忧，皆庐墓终制，治丧一用朱子家礼"②。恭愍九年科举"连魁三场，遂擢第一人"的大儒郑梦周，据称："时经书至东方者，唯《朱子集注》耳。梦周讲说发越，超出人意，闻者颇疑，及得胡炳文《四书通》，无不吻合，诸儒尤加叹服。李穑亟称之，曰：'梦周论理，横说竖说，无非当理。'推为东方理学之祖。"③ 据史记载，"时俗丧祭专尙桑门法，梦周始令士庶仿朱子家礼，立家庙奉先祀"④。与大儒郑道传同时代的儒生朴礎曾称赞郑道传："发挥天人性命之渊源，倡鸣孔孟、程朱之道学，辟浮屠百代之诳诱，开三韩千古之迷惑，斥异端，息邪说，明天理而正人心，吾东方真儒，一人而已。"⑤ 这里的"倡导孔孟程朱之道学……开三韩千古之迷惑"，十分清楚地点明了朱熹理学思想对朝鲜半岛的影响。台湾学者蔡茂松先生曾指出："汉城大学奎章阁图书馆藏有朝鲜时代文集1400 种。根据汉城大学车柱环教授的预估，散藏在韩国其他各地图书馆及民间者，连同上述奎章阁 1400 种，总数可能达到 3000 种。以一小半岛的国家，1800 年人口始达 1000 万，1910 年约 2000 万，500 年间，有文集 3000 种，实在可观。就笔者多年来对朝鲜文集之所涉及，属于朱子学者的文集，应占总数之八成以上。朝鲜时代 500 年，可称为朱学的王国时代。而其朱学，又以理气心性之学为主。"⑥ 显然可见，朱熹理学思想对朝鲜半岛的影响确实非常巨大。

---

① ［朝鲜李朝］郑麟趾：《高丽史》卷 110《金子粹传》，西南师范大学出版社 2014 年版，第 3373 页。

② ［朝鲜李朝］郑麟趾：《高丽史》卷 112《郑习仁传》，第 3432 页。

③ ［朝鲜李朝］郑麟趾：《高丽史》卷 117《郑梦周传》，第 3563 页。此记载称"时经书至东方者，唯《朱子集注》"，恐不确。其实，自唐宋后，传入朝鲜半岛的经书极多，即使两宋时期，也并非仅传入朱熹的《四书集注》。

④ ［朝鲜李朝］郑麟趾：《高丽史》卷 117《郑梦周传》，第 3585 页。

⑤ ［朝鲜李朝］郑麟趾：《高丽史》卷 120《金子粹传》，第 3673 页。

⑥ 蔡茂松：《韩国的朱子学》，武夷山朱熹研究中心《朱子学新论》，上海三联书店 1991 年版，第 639 页。

自然，朱熹的史学思想虽没有像其理学思想那么受到学者们的热忱关切，但应该肯定的是，朱熹的史学思想在朝鲜半岛上仍有一定的影响，这至少可以从以下几个方面来讨论：一是朱熹的道统论及名分思想（正统论）的影响；二是朱熹所创造的纲目体的影响；三是朱熹《伊洛渊源录》及《八朝名臣言行录》的体例对朝鲜半岛上学者的影响。

从道统论上来说，朝鲜半岛上的朱子学学者们几乎都承认中国存在自尧舜禹汤文武周公至孔孟，然后直至两宋程朱的道统系统，其后，他们各自又将自己看作是程朱道统在朝鲜半岛上的继承者，以此来反驳其他朱子学学者或学派。这种情况一直延续到韩末。如《东国名臣言行录》作者强调："（高）丽季益斋牧隐游中国，得闻程朱性理之说，自是东方始知词章之外有儒者之学。于是圃隐首先兴起为绝学之倡，同时如阳村、陶隐虽未免于词华，而亦以道德性命训诲后进。"①这里的"为绝学之倡"显然是道统论。韩末著名朱子学李华西（1792—1868年，名恒老）也是个强调道统论的学者，有学者认为，李华西"极具民族精神，平日'爱君如父，忧国如家'教门人，力倡尊王攘夷春秋大义，重视孔子《春秋》与朱子《纲目》，尊朱子为圣人，以为'孔子文章原本，朱子文章副本'，'孔子代天说话，朱子翻译孔子'。认为'朱子实为孔子后一人也'。依华西见解，朱子以后，则为宋尤庵（即宋时烈，朝鲜朱子学中极为有名者，仅他在朝鲜被称为'子'），认为'孔朱宋三夫子，天之养得最不寻常'。曾言'学问当以朱圣为主，欲学朱圣，当以宋子为法'。"②

同时，朝鲜半岛朱子学学者还对日本产生过一些影响。被人誉为东方夫子的李退溪，他的学术思想对日本起到过比较大的影响，日本一些学者以为程朱道统传入朝鲜半岛后被李退溪所继承，然后再传入日本。熊本的朱子学者薮弧山在《送赤崎海门序》中说："孔子之道，传之乎曾子、子思而传乎孟子。孟子殁后久失其传。至宋程朱二子深

---

① ［韩］《海東文獻總錄》，第383页。
② 蔡茂松：《韩国的朱子学》，武夷山朱熹研究中心：《朱子学新论》，第635—636页。

求始得焉。其学传乎朝鲜李退溪，退溪而传之乎我国山崎闇斋。闇斋传乎先府君慎庵先生云云。"① 日本现代学者友枝龙太郎认为朱熹是位"理气之辩证论者"，在此暂不论其结论正确与否，但他曾讲过这么一段极可注意的话："朱子以后，黄勉斋（1152—1221 年）、陈北溪（1157—1223 年）、薛敬轩（1389—1464 年），朝鲜李退溪（1501—1570 年）、李栗谷（1536—1584 年），日本山崎闇斋（1618—1682 年）、佐藤直方（1650—1719 年），皆继承理气之辩证论，而后朱子学得普及朝鲜、日本。"② 这段话实际也可看出"道统论"的影子，即将朱熹设定为"理气之辩证论者"，然后这一"嫡脉"由黄勉斋（榦）、陈北溪（淳）、薛敬轩（瑄），传至朝鲜半岛为李退溪、李栗谷，再传至日本为山崎闇斋、佐藤直方，显然将这些人列入"嫡脉"传承系统，与上述熊本的薮弧山之语确有相似之处。

在朝鲜半岛上，朱熹的名分思想（正统论思想）演变为《春秋》精神，或称春秋大义精神。宋时烈是唯一被后人尊为"子"的学者，他思想中便有强烈的春秋大义精神。有学者指出，宋时烈与少论派进行激烈的论辩，"胜则上朝从政，败则讲学林下，清州东洛阳山下之华阳洞，是宋时烈隐居讲学所在地。宋时烈死后，此地便是朝鲜后期著名的华阳书院。孝宗死后，宋时烈由北伐运动的挫折转为崇明反清的思想运动，提倡春秋尊周大义精神（崇明朝），华阳洞也成为崇明反清的精神所在地。"③ 此后，李华西"再度提倡春秋大义精神"，他"讲学不辍，所著除文集外，有《朱子大全札疑辑补》及《宋元华东史合编纲目》。尤以《宋元华东史合编纲目》一书，最具春秋精神，此书盖继朱子《资治通鉴纲目》止于五代之末而作，又承朱子'纲目主意在正统'之意"④。到韩末，春秋义理精神甚至起了一些积极作

---

① 李洪淳：《孔子、儒学思想在朝鲜和日本的传播及影响的比较》，郑判龙主编：《朝鲜学——韩国学与中国学》，第 32 页。
② 友枝龙太郎：《朱子学之基本特征》，辛冠洁等主编《日本学者论中国哲学史》，中华书局 1986 年版，第 328 页。
③ 蔡茂松：《韩国的朱子学》，武夷山朱熹研究中心《朱子学新论》，第 635 页。
④ 蔡茂松：《韩国的朱子学》，武夷山朱熹研究中心《朱子学新论》，第 635 页。

用:"春秋义理精神,在韩末形成一股风气,不但畿湖学者如此,岭南学者李寒洲著有《春秋集传》《春秋翼传》,其子李承熙(1846—1916年)亦于韩末潜入中国东北吉林一带从事抗日活动。所以,春秋义理精神,在韩末转变为反对侵略的民族独立运动。"① 总之,正名分思想在朝鲜半岛上的演变是值得深入研究的一项课题。

其次,朱熹所编纂的《通鉴纲目》对朝鲜半岛的影响也不容忽视,一方面是《通鉴纲目》所持的正统论的观点的影响,另一方面是《通鉴纲目》体例的影响。日本学者三浦国雄先生曾指出:宋时烈所撰的《朱子大全札疑》一书,"作为旁证而频繁地引用的书,在音释与语释方面,是《韵会》(《古今韵会举要》);在地名方面,是《大明一统志》;在历史事实方面,则不愧为朱子学者,于正史和《通鉴》之外,全部信赖《通鉴纲目》;在朱子传记方面,涉及明代叶公回《朱子年谱》、戴铣《朱子实记》原文。"② 宋时烈的弟子金昌协(农岩)为此书作《问目》(即《朱子大全札疑问目》),亦引《纲目》来证之。显然,"全部信赖《通鉴纲目》"一语,正反映出《通鉴纲目》对朝鲜半岛上的朱子学学者们的影响。柳希龄所撰的《东国史略》"凡十二卷。第一卷檀君朝鲜、箕子朝鲜、四郡、二府、九夷、三韩、高句丽;第二卷百济;第三卷至六卷新罗;第七卷至十二卷高丽。凡例叙事依《东国通鉴》(徐居正撰),仿《纲目》之例,先提其纲,后叙其实,删繁节要,务就简约,以中国东国传授总图、历代国都分理、世系等图,及世年歌置其首"③。除《东鉴纲目》是"仿《纲目》之例"外,还有忠宣王命闵渍(字龙涎,号默轩)修撰过纲目体的史书《编年纲目》④;李华西所撰的《宋元华东史合编纲目》,李玄锡所编纂的《明史纲目》,等等。李玄锡在《乞屏退卒撰明史疏》明确声称:"顾自妄惟皇明三百年,史记杂乱无统,所谓《昭代典则》、《明

---

① 蔡茂松:《韩国的朱子学》,武夷山朱熹研究中心《朱子学新论》,第636页。
② [日]三浦国雄:《关于〈朱子大全札疑〉》,辛冠洁等主编《日本学者论中国哲学史》,第484—485页。
③ [韩]《海東文獻總錄》,第368页。
④ [韩]《海東文獻總錄》,第370页。

政统宗》、《皇明通纪》、《大政纪》、《明纪编年》、《纪事本末》等书，不过烂朝报誊札者也。或一事而散出于数年之间，不能总会；或微事而错拟于大题之目，无所摽拈。律之以紫阳《纲目》之凡例，则大有径庭。至于我国先正之所撰，虽有《纪略》一书，而太简以疏，且止中叶。若衷取诸书，互相参考，加以隐括，作一成书，以续前代之史，则庶可以揭其不忘皇明之至意焉。"① 这里"律之以紫阳《纲目》之凡例"，即李玄锡在《明史纲目序》所声称的"述明朝之纪传，而用紫阳纲目之凡例，以正厘之"②。显然，《明史纲目》重点在于宣扬明朝之功德，阐明明朝之统绪。应该指出，李玄锡并不知此"凡例"是伪（详见第五章有关内容），但他毕竟看过《通鉴纲目》前面所附的凡例，并以为是朱熹的原意，由此才坚持以凡例的正统观念来编撰《明史纲目》一书。李玄锡之子李汉谦更是十分明确地指出《明史纲目》是为明亡而作史，以明华夷之别的大义："臣父研思积年，编撰明史者，盖其区区素蓄，伤皇朝遗泽之既泯，痛今日大义之莫伸。而乃观我圣上御制隆堂诗（李朝肃宗的《隆武堂二绝》），盖感圣意之激烈，包括锁录，衷成明史一书，庶乎表扬圣意，仰赞宸猷，此其平素之积志也。"③ 朱熹《通鉴纲目》以"内中华外夷狄"的正统论立论，强调正名分，而李汉谦所谓的"大义"虽仍指"风中华外夷狄"，此"中华"则指明王朝，"夷狄"则指清王朝，而当时的李朝则效忠明朝，以明亡为恨。柳希春编撰《历代要录》，自题其末曰："昔司马公作《稽古录》，朱子以为精神短者，《通鉴》难看，此书便是一部古今在肚里了。此愚所以编《历代要录》之意也。谨取先儒至论，粗加详节，起上古，迄于元，统绪相承……亦可粗识其梗概矣。"④ 这里也明

---

① 转自孙卫国《朝鲜王朝的一部明史论著——李玄锡之〈明史纲目〉研究》，《中国历史与史学》，第348页。
② 转见孙卫国《朝鲜王朝的一部明史论著——李玄锡之〈明史纲目〉研究》，《中国历史与史学》，第352页。
③ 转自孙卫国《朝鲜王朝的一部明史论著——李玄锡之〈明史纲目〉研究》，《中国历史与史学》，第349页。
④ ［韩］《海東文獻總錄》，第376页。

确指出以朱熹编撰《通鉴纲目》之意来编撰《历代要录》，使"统绪相承"，正反映出朱熹正统论思想对朝鲜半岛上朱子学学者们的深刻影响。

至于《伊洛渊源录》及《八朝名臣言行录》对朝鲜半岛上的学者们的影响，也是十分明显的。下列一些资料可说明：

《东国名臣言行录》："周世鹏所撰。"①

《东国名臣言行录》："柳西崖成龙书其后曰：'我国文学之士，自新罗以上邈矣，无可征。'（新）罗末崔文昌北学于中国东还，始为文学之祖，其后相继迭兴者亦不为少。大抵皆以词章名世耳。（高）丽季益斋牧隐游中国，得闻程朱性理之说，自是东方始知词章之外有儒者之学。于是圃隐首先兴起为绝学之倡，同时如阳村、陶隐虽未免于词华，而亦以道德性命训诲后进。故吉注书学于阳村，金司艺学于注书，司艺之子曰占毕斋，寒暄金公（名宏弼）、一蠹郑公（名汝昌）皆出于占毕斋。赵静庵又寒暄之徒，其间虽有青于蓝而寒于水，考其渊源所自，则皆有所授受而不可诬也。然则今此名臣中，当抽出此一脉以类编之，其他柳观、黄喜、郑光弼诸公当以相业列于名臣之流；三足以下，又以隐逸附焉。则庶乎各从其类而不紊矣。俟尚论君子求正焉。"②

《师友言行录》："辛永禧所撰。辛永禧字德优，渊水堂硕祖之孙，倜傥不羁多，大节出世俗科臼外，寒暄先生尝谓曰：观今士气且类东汉之末，朝夕之祸起，请君远遁，公忽引去稷山斜山下，号安亭诗思萧洒出尘，读之可清人骨。成俔尝称其诗可出入苏黄中。"③

《前言往行录》："许晔所著，子葑撰《海东野言》多引其说。许晔字太辉，扬州人。明庙元年登第，历敭清要，官至弘文提学，

---

① [韩]《海東文獻總錄》，第382页。
② [韩]《海東文獻總錄》，第383—384页。
③ [韩]《海東文獻總錄》，第416—417页。

风姿凝重,操履端雅,士林推重之。"①

《国朝儒先录》:(原注:并收其行状及遗事汇次凡例仿《伊洛渊源录》,于寒暄则取《景贤录》所载,稍亦增减。晦斋文字频多只录其紧要者若干篇,其他简于闻见。)"柳希春奉教撰进,记金寒暄、郑一蠹、赵静庵、李晦斋四先生言行。"②

这里,我们可以看出,朝鲜半岛上的朱子学学者们所编纂的这些先贤言行录,一方面反映出他们重视朱子学传入朝鲜半岛后的传承统绪,另一方面反映出他们接受了朱熹《伊洛渊源录》及《八朝名臣言行录》的这种记事记言体例,换句话说,他们是受到了朱熹所著的这两部史书的十分深刻的影响。

总而言之,朱熹史学思想对朝鲜半岛上的学者们的影响是有史可证的,只是目前学术界对此问题注意不够,还有待今后进一步研究。对此,笔者愿与学界同人共勉而继续努力。

---

① [韩]《海東文獻總錄》,第417页。
② [韩]《海東文獻總錄》,第417页。

附 录 一
朱熹年谱要略

高宗建炎四年庚戌，朱熹生。

秋九月甲寅（十五日）朱熹生于建阳尤溪之郑氏寓舍。

绍兴元年辛亥，二岁。

绍兴十年庚申，十一岁，受学于家庭。

绍兴十三年癸亥，十四岁。

三月，韦斋忧于建州城南之寓舍，年四十七岁。病革，手自为书，嘱朱熹受学于三先生：屏山刘子羽彦冲、白水刘勉之致中、籍溪胡原仲宪。后刘勉之妻之以女。屏山亡于绍兴十七年、白水亡于十九年，籍溪亡于三十二年。故朱熹事胡仲宪最长。

绍兴十四年甲子，十五岁。

葬韦斋先生于崇安五夫里西塔山。

绍兴十七年丁卯，十八岁。

秋举建州乡贡。考官蔡兹谓人曰："吾取中一后生，三篇皆欲为朝廷措置大事，他日必非常人。"

绍兴十八年戊辰，十九岁。

春，登进士第，五甲第九十人。夏，赐同进士出身。

绍兴二十年庚午，二十一岁。

春，如婺源展墓。

绍兴二十一年辛未，二十二岁。

春，铨试中第，授左迪功郎，泉州同安县主簿。

绍兴二十三年癸酉，二十四岁。

夏，始见李延平。

秋，七月至同安。是月丁酉，子塾生。

绍兴二十四年甲戌，二十五岁。

秋，七月，子埜生。

绍兴二十五年乙亥，二十六岁。

春，建经史阁。

定释奠礼、申请严婚礼。

夏，同安有警，与监盐税曹沅（德广）分守西城。

*《祠事斋居听雨呈刘子晋》《与钟户部论亏欠经总制钱书》《与李教授》《答陈宰书》《答戴迈》《答林峦》《答林倬》《答杨守卿》《答柯国材》

绍兴二十六年丙子，二十七岁。

秋七月秩满，冬奉檄走旁郡。

绍兴二十七年丁丑，二十八岁。

春，还同安，候代不至，罢归。

绍兴二十八年戊寅，二十九岁。

春正月见李先生于延平。

冬十一月，以养亲请祠，十二月差监潭州南岳庙。

*《与范直阁书》（范如圭、范丈，卒于绍兴己卯六月）、《答吴耕老》（吴宪弟子）、《答刘平甫》（刘屏山之子，刘珙共甫从弟。庆国卓夫人乃平甫之母，卒于乾道九年；刘平甫为范如圭之婿，卒于淳熙十二年，担任中书舍人为绍兴末年之事）

绍兴二十九年己卯，三十岁。

春三月，校定谢上蔡先生语录。

秋八月，召赴行在，辞。

*《与籍溪胡原仲先生》《答许顺之》

绍兴三十年庚辰，三十一岁。

冬，见李先生于延平，始受学焉。

＊《答程允夫》

是年汤思退罢相。

绍兴三十一年辛巳，三十二岁。

是年与黄枢密（祖舜）通信。

＊《答黄枢密》《答刘子澄》（刘清之，绍兴二十七年进士，调袁州主簿，丁父忧，服除改建德县主簿）

是年三月陈康伯为相。

绍兴三十二年壬午，三十三岁。

春迎谒李先生于建安，遂与俱归延平。

夏五月祠秩满，复请祠。

六月高宗内禅，孝宗即位，复差监南岳庙。

秋八月，应诏上封事。

＊《与魏元履》《与文叔》（不详姓）

是年逐去使金辱命的洪迈。

孝宗隆兴元年癸未，三十四岁。

春三月复召，辞，有旨趋行。冬十月至行在。（秋九月十八日出发，二十四日到铅山）

十一月六日，奏事垂拱殿。

十二月除武学博士待次。

《论语要义》《论语训蒙口义》成，均有序。

归刘氏田。原为刘屏山给朱熹二百亩，至此还其子刘玞，不受，转南峰寺。

李延平十月十五日亡，朱熹于十一月归。

＊《与陈漕论盐法》《答汪尚书》（汪应辰）、《答吕伯恭》《答范伯崇》

是年五月史浩罢相；辛次膺参政，洪遵同知枢密院；七月，汤思退为右相，王龟令出知饶州，九月罢杨存中御营使。十月以王之望、龙大渊充金通问使议和。是年李显忠、邵宏渊入宿州。

隆兴二年甲申，三十五岁。

正月赴延平哭李先生，比葬复往会。

秋九月二十日到豫章，于舟中哭张魏公，与张钦夫同住三日而归。《困学恐闻》成，有序。

＊《答江元适》《答陈明仲》（在《答柯国材》信中提及陈齐仲）《答李伯谏》《答吴公济》《答罗参议》（罗博文）、《答江隐君》（陈来认为是江元适）

王之望、尹穑皆罢于是年。石丞指石子重，任同安县丞，乙酉至丁亥调尤溪县待次。

乾道元年乙酉，三十六岁。

春省札趣就职，夏四月至行在，与执政钱端礼主和不合，复请祠，五月复差监南岳庙。

＊《答陈侍郎》

汪应辰帅蜀为乾道元年到四年。崇安有范芑通判。郴州李金暴动。是年，刘珙任湖南安抚知潭州，至丁亥七月召回。

乾道二年丙戌，三十七岁。（陈来认为此年是朱熹中和之悟）

此年有诗，"半亩方塘一鉴开，天光云影共徘徊；问渠那得清如许，为有源头活水来。"

＊《答张敬夫》《答何叔京》《答徐元聘》

是年张敬夫在长沙，与刘珙刻程集。是年林择之从朱熹学。

乾道三年丁亥，三十八岁。

秋七月，崇安大水，奉檄视水灾。

八月八日抵长沙访张南轩于潭州。

冬十一月六日，偕张南轩登南岳衡山。十三日登山，十六日下，十九日始离南岳，二十三日至楮州，次日与南轩别。与伯崇、择之同东归。有《南岳唱酬集》，张敬夫为序。与李伯崇等人东归，唱和之诗编为《东归乱稿》，有序。

十二月至潭州。除为枢密院编修待次。

＊《与曹晋叔》，是年林扩之从学。《答胡伯逢》《答林师鲁》（师鲁卒于乾道五年）、《答林熙之》

《续资治通鉴长编》孝宗乾道二年"十二月，甲申，以叶颙为尚书左仆射、魏杞为右仆射并平章事，蒋芾参知政事、陈俊卿同知枢密院事兼参知政事","二月,知阁门事龙大渊、权知阁门曾觌,窃弄事权,屡致人言……出大渊为江东总管,觌为淮西副总管,中外快之"。

乾道四年戊子,三十九岁。

夏四月崇安饥,请粟于府赈之。

《程氏遗书》成,有序。

＊《答曾裘父》《答王近思》,给许顺之信中提及叶学古。《答范伯崇》《答蔡季通》《与罗师孟罗师舜兄弟》

乾道五年己丑,四十岁。

春正月戊午朔,子在生。

夏五月省札再趣就职,再辞。

秋七月省札复趣行,辞。乾道五年三次辞职,与魏元履以布衣召、被曾觌弹劾去国、为台州教授有关。魏氏于夏秋间还家。

此年讨论已发未发、持敬诸问题。

九月戊午,丁母祝孺人忧。母为歙州祝处士之女,卒年七十。

十二月,张敬夫新除严州入见。此年八月吕伯恭差严州教授。

＊《与芮国器》（芮烨,是年除国子司业)、《与郑景望》（伯熊,时为福建仓使、提及龚帅、何丞即何叔京)、《答林谦之》《答徐元敏》《答吴晦叔》（湖南学者)、《答詹兼善》《答曾致虚》《答詹元善》《答杨深父》《答方耕道》

乾道六年庚寅,四十一岁。

春正月葬祝孺人于建阳县崇泰里后山天湖之阳,名曰寒泉坞,自作圹记。

秋七月迁韦斋墓于里之白水鹅子峰下。

冬十二月,召赴行在,以丧制未终辞。

＊此年李伯谏到朱熹处,季通来会,剧论儒佛之异；何叔京至朱熹处。《答胡广仲》《答陈师德》《答尤尚书》（尤袤)、《答刘共甫》（共甫乾道五年安抚湖北、六年遭丧而归)

范成大为金国祈请使。夏,召入张敬夫为尚书吏部员外郎,六月上疏论罢祈请,见《续资治通鉴长编》卷141。吕伯恭五月七日除太学博士,闰五月如临安。十二月兼国史院编修字实录院检讨官。

乾道七年辛卯，四十二岁。

夏五月创立社仓于五夫里，有《五夫社仓记》。

冬十二月省札趣行，以"禄不及养辞"。

*《答杨子直》《答胡伯逢》

张敬夫二月任侍讲，夏罢，出知袁州。是年五月十三日吕伯恭丧妻韩夫人，六月请告归婺州。是岁夏，祭酒芮国器亡。太史刘公夙、詹事王公皆卒。（《东莱年谱》）

乾道八年壬辰，四十三岁。

春正月《论孟精义》成，有序。先刻于建阳，淳熙庚子冬黄商伯刻之南康郡学，朱熹于是年十一月作《书〈语孟要义序〉后》。

夏四月有旨趣行，复辞。

六月省札再趣行，再辞。

《资治通鉴纲目》大纲成，有序。

《八朝名臣言行录》成，有序。

冬十月《西铭解义》成，有《西铭后记》。

*《答沈侍郎》《答冯作肃》

游诚之相过。秋，李伯谏任蕲州教授。程深父亡。石子重宰尤溪，命林择之掌县学事。

乾道九年癸巳，四十四岁。

春三月省札复趣行，复辞，并请祠。

夏四月《太极图说解》《通书解》成，均有"后序"（己丑）、"后记"（癸巳、丁未、戊申）。

五月有旨特改左宣教郎，主管台州崇道观，再辞。丞相梁克家上奏褒朱熹，帝亦赞之"安贫守道"。

六月《程氏外书》成，有"后序"。

《伊洛渊源录》成。

冬十一月，省札检会已降指挥，不合，乃辞免。

*《答薛士龙》（壬辰知湖州）、许顺之娶妻。林择之夏秋间二月在朱熹处，刘子澄小住二三日。朱熹叔母丧，十月扶柩走政和，往返月余，十一月回。《答胡宽夫》《答潘叔度》（潘叔度当时主讲丽泽书

院，朱熹子居于书院，故通信）、《答潘叔昌》《答吕子约》（吕子约与伯恭同居明招堂）、《答林子玉》《答陈抑之》《答余彝孙》《答魏诚之》（元履弟）

魏元履亡于乾道九年春。《东莱年谱》：薛季宣（士龙）赴吕伯恭处，七月亡；十月，陆子静入浙访吕伯恭。朱熹子入浙从吕伯恭学。

淳熙元年甲午，四十五岁。

春二月，复辞；三月有旨不许辞免，复辞；夏六月始拜命。

编次《古今家祭礼》，有"跋"，由郑景望（伯熊）刊刻（时间不详）。

＊《答傅守札子》（傅自得，建州守）、《东莱年谱》载刘子澄春正月访吕氏，是月韩尚书守婺州，散遣生徒。是年夏朱熹之子归闽。与建阳范泽民解元通信。《答韩无咎》《答连嵩卿》，与吕伯恭约次年春游怀玉、天台、雁荡等。托俞尉带书给方伯谟。《答江德功》《答廖子晦》《与王尚书》

张敬夫淳熙元年除知静江。

淳熙二年乙未，四十六岁。

夏四月，吕伯恭来访于寒泉精舍，居十余日，同编《近思录》成，有《书〈近思录〉后》。

吕伯恭归，朱熹送至鹅湖，陆九渊兄弟来会，相与论辩。与会人还有临川守赵景明，清江刘子澄、赵景昭、潘叔昌。五月八日分手（见《答王子合》；《东莱年谱》称六月八日）。冬十月何叔京与邵武数人访朱熹于寒泉，住十余日，归即病，十一月亡。

秋七月云谷晦庵成，有《云谷记》。

＊《答龚参政》（茂良，元年冬十一月任）、答林择之信中提及潘端叔、恭叔兄弟，有书信往来。《答邓卫老》

淳熙三年丙申，四十七岁。

春三月如婺源，蔡元定从，滕璘陪；途中赴三衢会见吕伯恭。作《茶院朱氏谱序》。到达时为五月十二日，至六月初离开婺源，到家闻除命。

夏六月授秘书省秘书郎，辞，不允。秋八月辞，并请祠，许之，差管武夷山冲祐观。参政龚茂良嘉之。八月于昭武见黄端明（《大全》卷49《答吕伯恭》，《年谱》系于丁亥，考异称见黄中在八月，黄氏乾道末为兵部尚书，淳熙初为端明殿大学士）。

冬十一月令人刘氏卒。次年葬于唐石里大林谷，名亭曰宰如，名其奄（庵）曰顺宁。十一月至建阳。

＊《答韩尚书》（韩元吉）、《答程正思》（该年于婺源从学）、《答刘君房》（刘氏为刘安世之孙）、《答黄直卿》（此年从学，由刘子澄推荐）

《南轩文集》卷三《过碧泉》云张氏二月二日过碧泉，故知张氏赴广西任知静江府之行在一月末。汪应辰卒于此年正月。据《朱子大全》卷47《答吕伯恭》云："熹正初复至邵武，还走富沙、上崇安，四旬而后归。将为婺源之行，未及而韩丈如还，道出邑中，寄声晋叔必欲相见，不免又出山一巡，疲曳不可支矣。极欲一到三衢一哭汪丈之丧而未敢前，未知所以为决，旦夕上道却徐思其宜耳。"

蔡季通丧母。《朱子大全》卷44《答方伯谟》云："茂实、（黄）仲本前日至此"云云。刘子澄卒年不详。端明殿学士汪圣锡卒。

淳熙四年丁酉，四十八岁。

夏六月《论孟集注》《或问》成。被乡人传去，遂刻版流传。后有南康本等。《朱子语类》张元德问"《语孟或问》乃丁酉本，不知后来改定如何？"云云。

《诗集传》成，序于冬十月。《大全·续集·与叶彦忠》书中云："《诗传》两本，烦以新本校旧本，其不同者，依新本改正，有纸卅副在内，恐要帖换也。"时间不详。

《周易本义》成。（另有《易学启蒙》成于淳熙十三年）《大全·别集·答孙季和》云，《周易本义》为人传出而刊，而《易学启蒙》则自己刊刻。

参政龚茂良于六月丁丑罢归。陈俊卿淳熙二年帅闽，四年累章告归，除特进、提举洞霄宫。春，王钦之主簿来访。

＊《答廖子晦》《答张仁叔》

淳熙五年戊戌，四十九岁。

秋八月差知南康军，辞。时史浩再为宰相，必欲起之。冬十月有旨不许辞免，复请祠。十二月省札趣之任。

＊《答郑自明》

七月，刘共甫卒，次年二月葬瓯宁县。九月，陈俊卿入对。张敬夫除荆湖北路转运副使，寻改知江陵安抚湖北。七月二十九日，与廖子晦、刘纯叟、伯休同自屏山西登云谷（《朱子大全》卷6《秋日登天湖诗》）。

淳熙六年己亥，五十岁。

春正月复请祠。二十五日启行，候命于铅山止崇僧舍。

二月复请祠。陆子寿来访朱熹于铅山观音寺。

三月省札复趣行，是月晦赴上。

立濂溪祠于学宫，以二程相配，立五贤祠。

夏五月，遣使祭唐孝子熊仁赡墓。请祠不报。作《卧龙庵记》，绘诸葛亮像于堂中，书武侯语"洪毅忠壮，忘身忧国，鞠躬尽力，死而后已"十六字。

六月，奏乞减星子县税钱。请祠不报。

秋七月以庶僚不合用札子（朱熹用札子奏事，被劾），申省自劾。

八月严别籍异财之令。

冬十月复建白鹿洞书院。是月因秋旱自劾。十二月又自劾。

申请赐晋太尉陶威公庙额。

＊《与王枢密札子》《与袁寺丞》《与杨教授》（元范）、《答李滨老》《答杨元范》《答周舜弼》（初从学）、《答徐子融》《答丘子服》《答刘德华》（允迪、时为德安宰）、《答向伯元》《与皇甫文仲》（江州都统皇甫倜之子）、《答黄商伯》（在南康结识，黄后赴隆兴府教授）

秋刘子澄在朱熹处。七月二十八日，吕伯恭夫人芮氏卒。黄榦因兄亡而归。汪子卿见朱熹。

淳熙七年庚子，五十一岁。

春正月请祠，不报。

二月复奏免星子县税钱。

是月，张敬夫讣至，罢宴而哭。

三月请祠，不允。修葺军学，申乞以泗水侯孔鲤从祀。申乞颁降礼书。

夏四月申减到木炭钱。

应诏上封事。请祠不报。泉司为提点坑冶司。

秋七月再奏南康军旱灾，大修荒政，乞除经总制钱。

江东陈帅为陈俊卿、王漕为江东转运判官王师逾。

九月申请修筑沿江石堤。

*《与皇甫帅书》（江州都统）、《与江东陈帅》《与王运使札子》《答程可久》（程丈、程沙随）、《答郭冲晦》《与吴茂实》《答吕季克》（方伯谟之舅）、《答汪伯虞》（于临安结识）、《与汪太初》《答曾节夫》（原为张敬夫门人）、《答曹立之》《答万正淳》《答吴伯丰》《答李叔文》《答傅子渊》《答沈有开》（原南轩门人）、《答汪子卿》《答包显道》（原陆氏门人）、《答李次张》《答孟良夫》《与蔡权郡》《答卢提翰》

春，蔡季通、黄子直到南康。后石子重代朱熹守南康。周必大五月为参政。九月，青田教授陆子寿卒。陆子寿学生万人杰（正淳）来学，曹立之于己亥来学。湘阴主簿戴师愈。郑鉴（自明）亡。石寺簿即石子重。

淳熙八年辛丑，五十二岁。

春正月开场济粜。

二月陆子静来访，请至白鹿洞书院升座讲学。陆氏讲稿《朱子年谱》收录。

三月除提举江南西路常平茶盐公事，待次。

闰三月二十七日去郡东归，四月十九日到家。

夏四月过江州，拜濂溪书堂遗像。

秋七月除直秘阁，三辞。

八月，吕伯恭讣至，设位以哭之。

是月改除提举两浙东路常平茶盐公事。是时浙江饥，宰相王淮荐，遂拜命。

冬十一月己亥奏事延和殿。

十二月六日始视事于西兴。奏劾贾祐不抄札饥民。二十四日诏行社仓法于诸郡。

*《与陈师中》《答颜鲁子》《答程泰之》《答滕德粹》《答康炳道》《答吴宜之》《答吴申》《答胡平一》《答卓周佐》《答刘韬仲》《答叶永卿诸人》

提及张广文亡（《别集》卷6《答叶永卿诸人》）

淳熙九年壬寅，五十三岁。

春正月巡历绍兴府婺州、衢州。劾密克勤偷盗官米。劾上户朱熙绩不伏赈粜。劾衢州守李峄掩盖灾情，不恤民人。劾张大声孙孜检放不实。

正月十七日哭吕伯恭墓。陈同甫来访。

二月回绍兴府，以灾乞赐镌削。

夏六月旱，上修德政以弭天变状。条奏诸州利病。

秋七月奏蝗虫伤稼。奉御笔回奏。巡历绍兴府属县，入台州界。劾知江山县王执中不职。奏劾知宁海县王辟纲不职。申乞许令佐自陈岳庙。奏乞留婺州通判赵善坚措置赈济有功。劾前知台州唐仲友不法。（唐氏为宰相王淮姻亲，吏部尚书郑丙、侍御史张大经交荐之，迁江西提刑，未行而朱熹奏劾之。

八月留台州，乞赐罢黜。陈毁秦桧祠。除直徽阁，再辞。改除江南西路提点刑狱公事，辞。

九月十二日去任。诏与江东梁总两易其任，辞；诏免回避，复辞。

冬十一月始受职名，仍辞新任，并请祠。太府丞陈贾为监察御史，陈贾奏："近日荐绅，有所为道学者，大率假名以济伪，愿考察其人，摈弃勿用。"此指朱熹。

*《与颜漕札子》《答任伯起》《答曹子野》《与陈伯坚》《答胡季履》《答石天民》《答刘晦伯》《答林子方》（始识?）《志南上人》《与詹尚宾》

石子重亡。陈同甫来访。胡季随到朱熹处？（待查核）朱熹认识陈肤仲在浙东任上。浙东任上荐杨敬仲、孙季和。七月，赵汝愚为帅福州。陆九渊除国子正，秋赴都。梁克家为右相。

淳熙十年癸卯，五十四岁。

春正月差主管台州崇道观。

夏四月武夷精舍成，在五曲，居之，四方士友来者甚众。

傅安道（自得）与朱熹有先人之旧，八月卒，往吊之，十二月归。

* 《答耿直之》《答严居厚》《答林伯和》（据《水心文集》卷15林伯和"铭文"说林氏亡于绍熙三年。《答林叔和》《答项平父》《答时子云》（东莱门人）、《答毛舜卿》《答潘谦之》《答符复仲》《答符国瑞》《与颜子坚》《答熊梦兆》《答李好古》《答廖德明》

陆九渊冬迁删定官至丙午至。朱熹去年臂病，至此不能写字（见卷55《答符国瑞》）。包显道在朱熹处。

淳熙十一年甲辰，五十五岁。

是岁辨浙学之非。

* 《答陈体仁》《答梁文叔》《答吕士瞻》《答吕道一》《答汪子文》《答汪圣可》《答董叔重》《答宋深之》

林择之召为赵汝愚的幕府。汀州有寇警。《宋元学案》卷51《吕祖俭传》："滕德粹为鄞县尉，朱文公语之曰：'四明多贤士，可以从游……熹所识者，杨敬仲（简）、吕子约，所闻者沈国正（焕）、袁和叔（燮），到彼皆可从游也。'"滕为尉时间不详。淳熙十一年三月，赵汝愚除敷文阁待制。春，朱熹"到泉南宗司，教官有陈葵（叔向）者，处州人，甚佳。"（卷35《答刘子澄》）

淳熙十二年乙巳，五十六岁。

二月祠满，复请祠。夏四月差主管华州云台观。

是年辨陆学之非。作曹立之墓表。

辨陈学之非。

* 《与史太保》（史浩）、《答廖季硕》《答潘端叔》（早有往来）、《答刘公度》《答沈叔晦》《答石应之》《答周叔谨》《答陈正己》《答路德章》（原东莱门人）、《答叶正则》《答陈叔向》（葵）、《答颜子寿》《答边汝实》

梁克家罢右相。与泉州黄寺丞通信。五月八日福州地震，江浙闽广皆然。向芎林（向伯元之父）托朱熹为其文集作后序（《朱子大全》卷76），二月作。是年杨万里荐朱熹、袁枢等六十人（见《宋史·杨万里传》）。是年赵汝愚差刘韬仲为漕司属官行盐法。陈廉夫为陈俊卿之孙。赵汝愚十二月除蜀帅，次年春赴。

淳熙十三年丙午，五十七岁。

三月《易学启蒙》成，有序。

秋八月《孝经刊误》成，作《后记》（八月十二日）。

＊《答陆子美》《答林黄中》（栗）、《答赵提举》《答王子充》《答潘文叔》《答刘公度》《答诸葛诚之》《答符舜功》《答赵子钦》《答郑子上》《答窦文卿》《答高应潮》（高商老，陆门弟子，时任教授）、《答蔡伯静》《答赵都运》（善誉，即卷38的赵提举）、《答程沙随可久》

詹仪之以吏部侍郎为广西帅知静江府是淳熙十年至十三年。春，赵汝愚赴成都，招杨子直赴蜀。冬十一月，陆子静奉祠。刘子澄守衡州为丙午四月至戊申正月。林栗任潭州为淳熙十年至十三年，与朱熹辩论《易》《西铭》，不合。

淳熙十四年丁未，五十八岁。

春正月如莆中吊陈福公（俊卿）。

三月《小学》成，有《题小学书》（三月朔旦）。差主南京鸿庆宫。

秋七月除江南西路提点刑狱公事，待次，以疾辞，不允。此为杨万里荐，周必大为宰相。

＊《与张定叟》（张栻）、《与王漕》（王师愈）、《与曹晋叔》《答朱鲁叔》《答应仁仲》《答周叔谨》《答赵几道》《答刘定夫》《答包详道》《答包敏道》《答黄几先》《答陈超宗》《答徐居厚》《答赵履常》《答孙吉甫》《答江清卿》《与皇甫帅》

朱熹第三女亡。程正思、董叔重到朱熹处数日。滕德粹赴朱熹处。祝櫰任知汀州为淳熙十四年四月十八日，十六年八月十一日除潼州府路提刑，祝氏与朱熹行经界意见不合。二月，周必大为相，三月除朱熹鸿庆宫，七月除江西提刑。

淳熙十五年戊申，五十九岁。

春正月有旨趣行在奏事之任，复以疾辞，不允。三月十八日启行。在道再辞，并请祠。

夏五月复趣入对。

六月壬申（初七日）奏事延和殿。时王淮罢相、曾觌已死、王忭亦逐，只有内侍甘升在，朱熹故奏避小人。癸酉除兵部郎官，以足疾辞。次日林栗奏劾朱熹本无学术云云，朱请祠。乙亥诏依旧职名江西提刑。叶适奏劾林栗，林氏出知泉州。七月，胡晋臣亦奏林栗喜同恶异；薛叔似亦支持朱熹。朱熹在道辞免新任，有旨趣之任。

秋七月二日磨勘转朝奉郎，复以足疾辞江西提刑，并请祠，除直宝文阁，主管西京嵩山崇福宫。

八月辞转官，辞职名，皆不允，遂拜命。

九月复召，辞。

冬十月趣入对，十一月一日复辞，并上封事，言六事。除主管西太乙宫，兼崇政殿说书，辞。

是年二月己巳出《太极图说》（乾道九年成）《西铭解义》（乾道八年成）出示学者。

*《答刘漙》《答黄叔张》《答黄子耕》《答刘仲升》《答俞寿翁》《答郭希吕》《答沙县宋宰》（宋元强）、《答苏晋叟》《答方宾王》《答李处谦》《答杨子顺》《答余正叔》《答杜叔高》《答汪易直》《答奚仲渊》《答郭邦逸》《答张孟远》《答刘知（智）夫》

十一月初，江德功到朱熹处。约十一月，黄子耕、吴伯丰在朱熹处。

淳熙十六年己酉，六十岁。

春正月除秘阁修撰，依旧主管西京崇福宫，辞职名。

二月，孝宗内禅，光宗即位。

二月甲子序《大学章句》；三月戊申序《中庸章句》。

夏四月复辞职名，许之。依旧直宝文阁，降诏奖谕。

闰五月，更化覃恩，转朝散郎，赐绯衣银鱼。

秋八月除江南东路转运副使，辞。

冬十月，诏免回避，疾速之任，复辞。

十一月改知漳州，再辞，不允，始拜命。

*《答李诚父》《答张元善》《答王谦仲札子》（王蔺，为知枢密院兼参政知事）、《答刘仲则》《答潘谦之》《答李守约》《答李时可》《答邵叔义》（邵叔义有两人）、《答汤德远》《答徐载叔》《答李周翰》《答宋深之》《答宋容之》《答丁宾臣》《答黄嵩老》《答黄令裕》《答李巽卿》《答程次卿》《答龚惟微》《答龚伯善》《答汪叔耕》《答陈与叔》《答章季思》《答颜伯奇昆仲》《答许进之》《答程传之》《答吕绍先》《答江端伯》《答汪会之》《答范叔应》《答徐景光》《答吴深父》《答朱岑》《答滕诚夫》《答叶彦忠》

是年余正叔卒（陈文蔚《克斋集》卷12《余正叔墓碣》）。三月，周必大拜少保、益国公，五月罢右相。正月，广西经略应孟明奏盐钞之弊（詹仪之行盐钞），詹氏罢官，令袁州安置。刘德修为侍御史，绍熙元年四月罢。

光宗绍熙元年庚戌，六十一岁。

夏四月二十四日，到郡，首颁礼教。

奏除属县上供、罢科茶钱，乃蠲减本州无额经总制钱，凡万余缗。

条画经界事宜，申诸司。

诏相度漳州先行经界，秋八月上条奏经界状。

九月奏劾黄岌罪状。

冬十月以地震及足疾，不能赴赐宴，自劾，仍请祠，不允。

刊四经四子书于郡。

列上释奠礼仪。

十一月诏先将漳州经界措置施行。（泉州反对，宰执只奏请行于漳州）

*《与陈宪札子》《答姜叔权》《答汪长孺》《答林一之》《答黄道夫》《答方履之》《答方若水》《答方子实》（方若水之弟）、《答吴斗南》《答赵恭父》《答林质》《答田侍郎》《答郑景明》

刘子澄卒。朱熹守漳，方若水为长泰主簿。赵致道、师恭父在朱熹处。刘炳（韬仲）为知应城县。绍熙元年四月刘德修罢侍御史。

绍熙二年辛亥，六十二岁。

春正月，申转运司，经界乞修冬季打量。留正为泉州人，里党多以为不可行，故只行于漳州一地，而朱熹之子二月亡，去郡，是年十月漳州进士吴禹圭讼朱熹行经界扰人，诏寝其事。

奏请褒东溪高登直节，因其直言忤秦桧，削官徙容州，客死。

正月癸酉子塾亡于婺州，二月，请祠。

奏荐知龙溪县翁德广。

三月复除秘阁修撰，主管南京鸿庆宫。

夏四月二十九日去郡，辞职名。

五月二十四日抵建阳，寓同䌽桥。购买旧屋一幢，欲改修居住，不再赴五夫。

秋七月，复辞职名，不允，乃拜命。

九月除荆湖南路转运副使，辞，不允。

十二月复辞，以经界不行自劾。（该年与留正数信，均言远小人、近君子）

是岁与永嘉陈君举论学。（《朱子大全》53 卷《答胡季随》"君举、（薛）象先未相识……"卷 38《与陈君举》一书提及自己与陆、陈、林诸人论辩事）

*《答陈君举》《答梁文叔》《答刘叔文》《答江梦良》《答杨简卿》《答徐斯远》《答赵昌父》《答徐彦章》《答杨至之》《答李尧卿》《答陈安卿》《答杨仲思》《答李子能》《答宋泽之》《答徐居甫》（寓）、《答郑良》《答曹元可》《答曾光祖》《答杜仁仲》《答何倅》《答江彦谋》《答郭察院》《与林安抚》（林枅，字子方，绍熙二年为福州安抚）、《答丁仲澄》

九月，赵汝愚自知福州除为吏部尚书，十月入都。漳州朱飞卿到朱熹处。李燔（敬子）到朱熹处。朱熹守漳时来学者颇多。陈君举门人曹器远赴朱熹处。

绍熙三年壬子，六十三岁。

春二月，有旨趣之任，复辞，并请补祠秩，许之。

始筑室于建阳考亭，六月成而居之。

冬十二月，除知静江府广南西路经略安抚使，辞。

《孟子要略》成。

＊《答黄仁卿》《答安仁吴生》（卷55《答赵然道》中说此生狂僭无礼）、《答李元翰》《答李公晦》《答赵咏道》《答赵致道》《答赵尉》

赵致道在朱熹处数月。薛叔似绍熙年间为福建转运判官（称薛漕）。是年黄榦罢举。林子方为帅福建，卒于是年九月。闽宪辛弃疾到朱熹处。广西知宜州沙世坚自请于朝，得僧牒以治边防。光宗绍熙二年冬感疾，不视朝，至三年三月始御延和殿听事。陆子静卒于十二月。

绍熙四年癸丑，六十四岁。

春正月有旨趣之任，复辞。

二月差主管南京鸿庆宫。

冬十二月除潭州荆湖南路安抚使，辞。

＊《答郑仲礼》《答赵然道》《答许生》《答黎季忱》《答潘立之》《答赵民表》《答陈倅》《答刘朝弼》《答陈颐刚》《答姚楝》《答谢与叔》

是年蔡季通游湖北，张森帅湖北、詹元善为总卿，接待之。五月留正劾姜特立，不报，郊居侍罪百四十余日。郑侨于绍熙三年十一月至四年八月知福州为帅。常郑卿（睿孙）为福州教授，时黄榦居福州。

绍熙五年甲寅，六十五岁。

春正月复辞，二月有旨趣之任。

夏五月五日至镇。

洞獠侵属郡，遣使谕降之。

奏劾将官陆景任多病无能。

祭南轩祠。修复岳麓书院。

申请飞虎军隶潭州节制，诏可。

六月申乞放归田里。

秋七月，光宗内禅，宁宗即位，庚午，召赴行在奏事，辞。此为赵汝愚首荐。

立忠节祠，祭五人。

考证释奠礼仪行于郡。

八月赴行在。癸巳，除焕章阁待制兼侍讲，再辞，不允，仍趣前来供职。

九月奏乞带原官奏事。

晦丁亥至潭州，次于郊外。到上饶，闻逐丞相留正为知建康，有忧色。

冬十月己丑入国门，申省乞带原官职奏事。

辛卯奏事行宫便殿。面辞待制侍讲，不允。

壬辰申省辞待制职名，乞改作说书差遣。

丁酉奉御笔不允，乃拜命，系衔供职。

上孝宗山陵状。

辛丑受诏进讲《大学》。

差兼实录院同修撰，再辞，不允。

十月十七日，更化覃恩授朝请郎，甲辰，赐紫金鱼袋。

奏乞令后省看详封事。

奏乞讨谕嫡孙承重之服。（《宋史·宁宗纪》：十一月辛亥，诏行孝宗三年丧制。）

瑞庆节，奏乞却贺表，并乞三年内贺表并免。（《宁宗纪》丙午以朱熹奏请，却瑞庆节贺表。）

乙巳，晚讲。

庚戌讲筵留身，面奏四事。

闰十月戊午朔，晚讲。次日编次讲章以进。

庚申，早讲。辛酉，晚讲。

上论灾异札子。

甲子，上庙祧议。是日在告。乙丑，直日，准告。封婺源县开国男，食邑三百户。丁卯，宣引入对。庙议与赵汝愚不合，楼钥、陈傅良皆主赵汝愚说。

戊辰入史院。

庚午面对，乙亥直日。

丙子晚讲。是日御批除宫观。赵汝愚留御札固谏，上不省。赵汝愚要求罢政，不许。戊寅付下，韩侂胄遣内侍王德谦封此内批付下。朱熹即附奏谢。申省乞放谢辞，出灵芝寺，遂行。中书舍人陈傅良、起居郎刘光祖、起居舍人邓驿、御史吴猎、吏部侍郎孙逢吉、登闻鼓院游仲鸿、给事中楼钥，交章留之，皆不报。工部侍郎黄艾因对问所以逐朱熹，宁宗曰：初除为侍讲，今乃事事与闻。吏部侍郎孙逢吉因讲权舆之诗，反复讽上，宁宗曰：朱某所言多不可用。（《宋史·韩侂胄传》：戊寅，侍讲朱熹以上疏忤韩侂胄罢。）

壬午，除宝文阁待制，与州郡差遣。辞。寻除江陵府荆湖北路安抚使，辞。乞追还待制职名。

十一月戊戌，至玉山县学讲学。丁未还考亭。

十二月诏依旧焕章阁待制，提举南京鸿庆宫。辞。

竹林精舍成，后更名为沧州精舍。

*《答叶味道》《答张敬之》（显父）、《答方平叔》（铨）、《答何巨元》《答程成甫》《答吴仲□》《答辅汉卿》《答程珙》（玉山学子）、《答王南卿》《答林德久》《答余国秀》（余宋杰）、《答李敬子》（李燔）、《答杜贯道》《答孙敬甫》（孙自修）、《答余正甫》《答陈郎中》

陈傅良为中书舍人为绍熙末年事。张洽赴朱熹处。朱熹去国时，陈傅良为中书舍人，刘光祖（德修）为起居舍人，彭子寿为吏部侍郎，十二月，陈、彭、刘皆罢。詹体仁知福州（庆元元年罢）。八月，赵汝愚为右相。王谦仲（王蔺）在宁宗即位后为帅湖南。

宁宗庆元元年乙卯，六十六岁。

春三月三日复辞旧职名，并以议庙议自劾。

磨勘转朝奉大夫。

夏五月，复辞职名，并乞致仕。

秋七月复以议永阜攒陵自劾。

冬十一月，复辞职名。

十二月诏依旧秘阁修撰，提举南京鸿庆宫。

*《答杨庭秀》《答黄文叔》（黄度，宁宗初为御史、右正言）、

《答曾致虚》《答陈器之》《答刘履之》《答陈思诚》《答陈卫道》《答朱朋孙》《答刘君房》《答曾无疑》《答林叔恭》《答潘子善》《答杜仁仲、良仲》《答池从周》《答胡文叔》《答潘坦翁》《答常郑卿》《答暖亚夫》《答孙敬甫》《答孙仁甫》《答田侍郎》《与章侍郎》（章颖）、《答李端甫》《答汪时法》（汪大度，吕子约门人，随吕氏赴韶州）

二月罢赵汝愚相。二月九日，兵部侍郎章颖以赵汝愚党罢。四月，郑侨为参知政事，余端礼为右丞相。四月，太府寺丞吕祖俭留赵汝愚丞相事贬韶州，后改庐陵，时杨方（子直）为庐陵守；王晋辅因吕子约而通问朱熹。王德修卒于是年。是年项安世、刘公度罢。储宰即储行之，知建阳时为庆元年间。詹体仁罢福州。

庆元二年丙辰，六十七岁。

春二月申乞改正已受从官恩数。

冬十二月，落职罢祠。

是岁修礼书。

*《答许景阳》《答周南仲》《答潘子善》《答欧阳希逊（谦之）》《答严时亨》《答曾景建》《答高国楹》（长溪人）、《与赵昌父》《回刘知县》（刘君房）

正月，赵汝愚在衡州受衡守钱鍪之辱，暴卒。时湖南帅王蔺请归葬赵汝愚，朱熹高之。廖德明时为莆田令。

庆元三年丁巳，六十八岁。

春正月拜命谢表（指落职罢祠之命）。朱熹正与诸生讲学，读命表，复讲论如初。翌日，诸生方知之。

正月，钱别蔡季通于净安寺。

《韩文考异》成，有《书〈韩文考异〉前》。

*《答林正卿》《答李宝之》《答曾择之》（祖道，此年来学）、《答度周卿》（度正，庆元间从学）、《答甘节甫》《答傅敬子》《答傅诚子》《答叶仁父》《答郑景实》《答黄子厚》《答祝汝玉》《答章茂献》《答杨伯起》

方伯谟至朱熹处。吴伯丰（必大）亡。夏沧州精舍从学者均回。刘砥、刘砺来学。林子武、傅定（敬子）在朱熹处。蔡季通家为乡人所扰。黄榦丧母。徐谊在庆元中始移婺州后许自便（《宋史》本传）。储用（字行之）晋江人，庆元间为知建阳（称储宰），因沈继祖弹劾其陈寺修县学而镌两官、朱熹落职、蔡季通道州编管。张帅。朱鲁叔亡。周纯仁谪。学古（佚姓）亡。

庆元四年戊午，六十九岁。

集《书传》

冬十二月引年乞致仕。

＊《答任行甫》（即任尉，建阳县尉）、《答袁机仲》《答丘子服》《答詹子厚》《答王季和》《答谢成之》《答杨志仁》《答徐志柏》《答辅汉卿》《答周纯仁》《答林退思》《答李继善》《答甘道士》《答陈道士》《答郭子从》《答吴元士》《与饶廷老》《答李孝述、继善问目》

《宋史·宁宗纪》"（庆元三年）丁酉以知绵州王沉请，诏省部籍伪学姓名"。秋八月，吕子约与蔡季通先后亡（吕稍先）。上饶某人到朱熹处从学。叶适、薛叔似此年皆起为郡。此年有少量人随朱熹学。林退思（补）与李敬子在朱熹处。胡伯量来学。周南（南仲）亡。十月下旬，蔡季通枢到家。丁逢极论调停之害，授军器监。丘仲高在朱熹处。李敬子得襄阳教授，到朱熹处。

庆元五年己未，七十岁。

春三月《楚辞集注》（有序）、《楚辞后语》《楚辞辨证》成。

夏四月有旨令守朝奉大夫致仕，拜命谢表。始用野服见客。

＊《答陈建宁札子》《与李彦中帐干论赈济札子》《答林正夫》《答余占之》《答康户曹》《答折子明》《答巩仲至》《答田子真》《答马奇之》《答王抚州》

杨楫（通老）来访。夏，孙逢吉（从之）因牙痛为庸医所误，亡。李敬子、胡伯量在朱熹处，有十余人。李儒用（仲秉）在朱熹处。黄子厚、方伯谟先后亡。正月以蔡璉弹劾，彭龟年、曾三聘罢。二月，刘德修罢，房州居住。约年底，黄榦至朱熹处，约次年春初走。春，韩氏走卒胡纮罢。吕焕、吕焘来考亭。陈才卿在考亭。

庆元六年庚申，七十一岁。

春正月，作聚星亭赞。

三月初，病甚；辛酉（初六）改《大学》"诚意"章、又修《楚辞》一段，午后即大泻不止，入宅室，不复能下楼入书院。

甲子（初九）五更，朱熹卒。时有蔡沈等门人在侧。卒前作三书，一命其子朱在收拾遗文；一命黄榦了断礼书；一托范念德写礼书。

冬十一月壬申葬于建阳县唐石里大林谷。

＊《答王才臣》《答王元石》《答周深父》

《朱子大全》卷29《答黄直卿》"三月八日"一书为朱熹绝笔。

冬十一月壬申，葬于建阳县唐石里大林谷令人刘氏之旁。前来会葬者几千人。

朱熹生前主要著述流传考

南宋理学集大成者朱熹一生著述颇多，而且在他生前也广为流传，因此，朱熹才不无得意地说："若要来此（求学），先看熹所解书也。"① 显然，朱熹著作在其生前已经比较广泛流行，否则，他便不会如此说了。然而，至今为止对其生前著述出版情况，仍不甚了了，虽然有个别学者进行过一些考证，但是错误仍然很多。现将最能反映朱熹理学思想的朱熹文集、语类及有关四书的注释等主要著述在其生前以刻本或抄本方式流传的情况，作一考证，以供学者参考，并向方家求教。

（一）朱熹的文集

有的学者认为：绍熙四年（1193）由朱熹手订而刻版于麻沙的文集，"必是最原始编本"，庆元四年（1198）朱熹门人王晋辅又刻之广南，因而朱熹文集在其生前共两刻。② 此说不确。台湾于1982年影印了台湾故宫博物院所藏的29卷本《晦庵先生文集》（前集11卷，后集18卷），据该博物院的昌彼得先生根据此书避讳字的研究，考证出前集刻于孝宗淳熙十五年（1188）二月到次年二月间，后集则刻于淳熙十六年二月前，均为闽版书的字体，而且该书编辑杂乱无章法，

---

① 黎靖德：《朱子语类》卷一二一，中华书局1986年版，第2917页。
② 束景南：《朱熹佚文辑考》，江苏古籍出版社1991年版，第561—562页。

"似属就所得而随时付刻者"①。29卷本文集绝非上述朱熹手订的麻沙本，因为如属朱熹亲手编定，则不可能毫无章法而随时付刻；更为重要的是，光宗嗣位于淳熙十六年二月，次年改元绍熙，29卷本不避光宗之讳，则可断定非绍熙后所刻。

朱熹生前有手订本文集行世是可以肯定的，现存《朱熹集》中可以找到根据。《朱熹集》卷六三《答吴伯量》为吴氏问礼书事，应为朱熹晚年之事。信中有"续观麻沙所印先生文集中有复陆教授书"，显然，吴氏所见的麻沙本既不是上述所提到的29卷本的毫无章法的书商所刻的麻沙本，也不是朱熹所反对刻印的王晋辅广南刊本。因为吴氏问礼书已是朱熹晚年之事，朱熹手订文集已经出版，现存《朱熹集》卷三〇收录《答张敬夫》数信就是明证，其中两封有"先生自注"等字，"先生自注"应是当时朱熹手订本的明确记录。朱熹手订本刊刻时间约在绍熙二年五月至绍熙五年五月之间，这可从朱熹手订文集并刊刻的原因入手分析。朱熹手订文集并刊刻的原因应是当时激烈的党争与订正福建书商所盗刊的文集。淳熙九年，郑丙上疏诋毁程氏之学，暗斥朱熹理学；接着陈贾指责"道学"；到淳熙十五年夏，发展到林栗上书弹劾朱熹之罪的地步。幸而太常博士叶适极力为朱熹辩护，斥责林栗"其言无一实者"②，才解了围。在这种反复受围攻的氛围下，朱熹趁光宗初立、挚友赵汝愚为相之时，刊刻文集来阐明自己学术观点是极为自然的事，时间应在绍熙二年五月辞去漳州职返家到绍熙五年五月赴潭州职之间，因为只有这段时间朱熹才有暇顾及编定文集。上述《答吴伯量》中所说的"麻沙本"文集便是朱熹手订本文集。到绍熙五年闰十月，朱熹被罢免，处境转恶，加之接踵而来的庆元党禁，朱熹自然就不敢再编集与刻印自己的文集了，以免惹祸。正由于此，朱熹才一再阻止门人王晋辅刊刻自己的文集。③ 不过，王晋辅仍在广南刊刻了朱熹文集。

---

① 陈来：《台湾影宋本〈晦庵先生文集〉略说》，《朱子学刊》第一辑，福建人民出版社1989年版，第155页。
② 《宋史》卷四二九《朱熹传》，第12758页。
③ 朱熹：《朱熹集》卷五三答刘季章的几封信。

综上所述，朱熹文集在其生前共刊刻三次，初刻为 29 卷淳熙绍熙年间本，是福建书商窃刊；二刻是为朱熹手订绍熙麻沙本；三刻为未经朱熹同意的庆元四年王晋辅庆元广南本。至于朱熹文章以单篇或基于篇抄件（抄本）流传者，现存《朱熹集》中记载颇多，有些还以单篇刻印方式流传，如朱熹的《家祭礼》（即《家礼》）① 等均是。

（二）朱熹的语录

学术界均以朱熹女婿黄榦所说"先生没，其书（指各种朱熹的语录）始出"② 一语，认为朱熹生前没有语录刻本或抄本流传。实际是误解了黄榦的原意。

束景南考证出朱熹的语录达 46 种，当然仍有疏漏，如赵师恕《答问》③、叶味道《朱子语录》、林恪《师传笔录》④。另外，束景南所著录的胡常《语录汇编》未列卷数，实为 10 卷。实际上，至今已知姓名的朱熹的门人近 600 人⑤，佚名者应有不少，因此他们或多或少都作过笔录，其中必有刻印者，只是未能传世而已。黎靖德《朱子语类》仅收录 97 家（其中 4 人佚名），然而该书卷首《朱子语录姓氏》未载其名、而在具体条目中署录姓名者达 41 人之多，其中 20 人存疑，如"夔"或为"夔孙"之漏字；"杞"或为"杞"之形误等等；见于《朱子语类》有问目，而陈荣捷《朱子门人》未著录者仅达 70 余人。可见至今失传的语录仍是很多的，肯定超过束景南所罗列的 46 种。笔者认为，当时朱熹之语曾以抄本或刻本方式流传过。

要证明朱熹在世时有语录流传，最具说服力者当为《朱子语类》中的材料。《朱子语类》卷一二四汤泳所录一条下注道："此说得之

---

① 朱熹：《朱熹集》卷三七《答郑景望》，第 1645 页。
② 《池州刊朱子语录后序》，《朱子语类》卷首，第 2 页。
③ 魏了翁：《鹤山先生大全文集》卷五五《朱文公五书·问答序》，四部丛刊本，第 7 页。此为孟博刊刻，魏了翁作序。
④ 参见宋慈抱《两浙著述考》，浙江人民出版社 1985 年版。
⑤ 陈荣捷《朱子门人》考得 488 人，遗漏极多，而且在论述中错误甚多，此当另撰专文辨析。学生书局 1982 年版。

文卿（窦从周）。"窦从周从朱熹学下限为绍熙五年，而汤泳师从则上限为庆元元年，两人并未同过学。然而两人均为丹阳人，《宋元学案》卷六九：汤泳"润州学者，自窦氏兄弟从朱子游，继之者为先生"，因此可以肯定，汤泳是在丹阳从窦氏处听闻或抄录。卷九八无名氏所录一条："旧闻履之（刘砥）记先生语"，亦可见该氏曾见过或听过刘砥所记或所传朱熹之语。卷四廖德明问条为"临漳士友录先生语，论气之清浊处甚详"，应是廖氏见过临漳的朱熹门人所录的朱熹之语的抄本或刻本。据《朱熹集·别集》卷五《答丁仲澄》、卷八《释奠申礼部检状》及卷九《漳州延郡士人入学牒》等三文之注"见《临漳语录》"，可知《临漳语录》是临漳的朱熹门人所编辑（或刻印）的朱熹知漳州时的语录、文章之书，因为黄镛指出余师鲁在编辑朱熹文集的《别集》时，"每篇之下必书其所从得"①。《临漳语录》应是朱熹门人所编的十分独特的语录、文章合在一起的本子，即使我们不能证明它是刻本，但至少应是作为抄本形式在漳州一带广为流传。

我们还可以举出一些例证。在《朱子语类》卷七三林学履所记问"未济"条下有"本注：'（黄）士毅本记此段尤详，但今未见黄本'"。此"本注"决非黎靖德所注，因为黎氏所编《朱子语类》已全部收入黄士毅收集、史廉叔所刻于嘉定十三年（1220年，魏了翁所序之年）的《蜀类》，而黎氏就不可能说"但今未见黄本"了，故可排除"本注"为黎靖德所作的可能性。比较合理的说法是此"本注"为林学履所记的"注"，但他未见过"黄本"。林学履字安卿，永福人，他所记的朱熹之语至少有抄本，因为后来林学履所记的朱熹语录被编入蔡杭编纂的《饶后录》卷廿一②。蔡杭编纂《饶后录》时抄录了林学履的注，因此形成现在的情况。黄士毅师从朱熹始于庆元二年，林学履始于庆元五年，两人并未同时师从朱熹。

---

① 黄镛：《晦庵先生朱文公别集序》，载《朱子大全·别集》卷首，文渊阁《四库全书》本。

② 黎靖德：《朱子语类》卷首《朱子语录姓氏》，第19页。

据魏了翁《眉州刊朱子语类序》称："今史廉叔所得黄子洪类本，则公（指朱熹）之说至是几无复遗余矣。廉叔将板行（雕板印行），以予有志于斯也，属叙所以作。"此处"类本"指类次之本，即分类编排朱熹语录的本子（按：此序记"子洪名士毅，姑苏人"，与《朱子语录姓氏》所说不同），即今所说的眉州所刻的《蜀类》，现亦编入黎靖德本。黄士毅类次本当为抄本，时间在庆元二年至庆元五年之间，林学履未见的"黄本"应是指此抄本。换句话说，林学履说未见黄本，但他至少是听说过有"黄本"，那么，"黄本"在一定范围内传播过则无可怀疑。除此，还有两种经朱熹之手的语录，一是朱熹与蔡元定合编的《翁季录》；一是辅广所录、经朱熹手订过的语录，时间均在庆元间，但朱熹生前未能刻行，在一些朱熹门人的小范围内传播则可以肯定。

从上可见，在朱熹生前，朱熹门人间互相传抄朱熹的语录还是十分流行的，这些语录以抄本（或刻本）形式流传，对传播朱熹理学思想起到了较大的作用，并在当时产生了一定的影响。

(三)《四书集注》

朱熹一生研究四书所费精力最大，成果最多，对当时的学界影响也最大、最深远。这里应该指出，朱熹所著的《四书集注》生前刊刻次数最多。

从《四书集注》的形成来说，大致是从"集解"（集前人之说）到"精义"（或称"要义"，即删节精选），最终形成"集注"（或为"章句"，即存前贤精义，附以自己发明）。下面稍加考述。

朱熹作四书集解阶段始于他在同安主簿任满时（绍兴二十六年，1156年），首先从《论语》《孟子》入手，到绍兴三十年拜谒李延平时，"集诸公《孟子》说为一书，已就稿"[①]，《论语集解》也完成于此前后。因为朱熹晚年曾说"某于《论孟》，四十余年理会"[②]，倒退

---

① 朱熹：《朱熹集·别集》卷三《与程钦国》，第5390页。
② 黎靖德：《朱子语类》卷一九，第437页。此条王过所记，王过为绍熙五年后师从。

40余年，则约为绍兴三十年前后。

但此书原稿并未立即刊行，原因是朱熹师从李延平后，发觉自己求博而不求精的缺陷。因此，他开始认真理解前贤之语，对四书的研究进入了筛选浮华、精选少存的阶段。乾道初，他修订完成了《论语要义》，到乾道二年（1166）"武阳学中已写本，次第下手刊板"①，此为现今所知的初刻本。《孟子集解》也作过删改，沿袭旧名刊刻，这从乾道七年朱熹给蔡季通的信中可证实："伯谏书中说托料理《孟子集解》，今纳去旧本两册"②，这儿的"旧本"就是指乾道七年前的初刻本，到此时朱熹对它进行修改，并同时由匠人刊刻，这在此信中说得十分明白："两匠在此，略刊得数行矣。字画颇可观，未可印，未得寄去也"，虽"略刊得数行"，但"未可印"，正说明朱熹是一边修改一边付印的。到乾道八年，该书修改完毕，同时，朱熹又对《论语要义》进行修改，将两书合称《论孟精义》，刊刻于建阳，这是至今所知最早的合刻本。之后，朱熹仍对两书进行修改，至淳熙七年，朱熹将《论孟精义》易名为《语孟要义》，由黄商伯刻于豫章郡学。朱熹还专为此版作序曰："熹顷年编次此书，锓版建阳，学者传之久矣。后细考之。程、张诸先生说尚或时有所遗脱。既加补塞，又得毗陵周氏说四篇有半于建阳陈焞明仲，复以附于本章。豫章郡文学南康黄某商伯见而悦之，既以刻于其学，又虑夫读者疑于详略之不同也，属熹书于前序之左，且更定其故号'（论孟）精义'者曰'（语孟）要义'云。"③据《朱子语类》载，窦从周师从朱熹前在丹阳读过《语孟精义》（即《论孟精义》），可见此书确实流传较广。

朱熹对《大学》《中庸》的研究，也是从集解入手，最后成于章句。朱熹集解《大学》《中庸》的成果称为《大学集解》与《中庸详说》。不称为《中庸集解》而称之《中庸详说》的原因，是因为朱熹之友石子重有同名之书，朱熹于乾道九年曾为石氏《中庸集解》

---

① 朱熹：《朱熹集》卷四〇《答何叔京》，第1844页。
② 朱熹：《朱熹集·续集》卷二《答蔡季通》，第5181页。
③ 朱熹：《朱熹集》卷八一《书〈语孟要义序〉后》，第4198—4199页。

作序。

乾道三年（1167），朱熹给林师鲁写信时已提及《大学集解》是"原于先贤之旧，然去取之间，决于私臆"①，显然已经有了初稿。成此初稿之后，刊刻过一次，但时间不详。

淳熙元年，朱熹给吕祖谦的信中提到将"《大学（集解）》《中庸（详说）》墨刻各二本"②赠给吕祖谦，这是淳熙元年两书分刻本的明证，因为同卷《答吕伯恭》还说"《中庸》《大学》等书如何？未相见间，便中得条示所未安者"，显然是指此两书。是年秋冬之间，朱熹写信给吕祖谦时曾说："《中庸章句》一本上纳（朱熹自注：'此是草本，幸勿示人'），更有详说一书，字多未暇"，"《大学章句》并往，亦有详说，后便寄也"。③ 可见，该年已从《大学集解》《中庸详说》中分离出《大学章句》与《中庸章句》，因此朱熹说是"草本"——草定之本，因此除吕伯恭等特别友善者外则不肯示及他人。事实上，朱熹未作过《大学详说》，此处所指当为乾道三年给林师鲁信中提及的《大学集解》，由此推断，到淳熙元年《大学章句》《中庸章句》均未刊行。

淳熙十二年朱熹曾将"《集解》两册，纳呈福公"，但认为"其间亦有少未安处，后来多改动"，并表示准备另外抄出再"寄去换旧本"④，此是再次刊行的确证。

李性传《饶州刊朱子语续录后序》："《大学中庸章句》、《或问》成书虽久，至己酉（淳熙十六年）乃始序而传之"，李氏把朱熹作序等同于刊行，实误。因为绍熙元年朱熹曾在给张洽的信中说过："《大学（章句）》近已刊行，今附去一本。虽未是定本，然亦稍胜于旧也"⑤，"近已刊行"之本即是李性传所谓的由朱熹序定的己酉本，而"旧（本）"则早于己酉本。实际上，淳熙十年就有《四书集注》的

---

① 朱熹：《朱熹集·别集》卷五《答林师鲁》，第 5460 页。
② 朱熹：《朱熹集》卷三三《答吕伯恭》，第 1442 页。
③ 朱熹：《朱熹集》卷三三《答吕伯恭》，第 1445 页。
④ 朱熹：《朱熹集·别集》卷四《林井伯》，第 5429—5430 页。
⑤ 朱熹：《朱熹集》卷六二《答张元德》，第 3210 页。

合刻本，也早于己酉本。从《四书集注》淳熙十年初刻来考虑，《大学中庸章句》的单刻本应早于淳熙十年无疑。新旧本之别也见于《朱子语类》卷六二廖德明、袭盖卿等人所记的两条语录中。

《论语》《孟子》则有"集注"和"或问"。张洽曾写信问其师朱熹："《语孟或问》乃丁酉本（淳熙四年），不知后来改定如何？"朱熹答曰："《论》、《孟集注》后来改定处多，遂与《或问》不甚相应。又无功夫修得《或问》，故不曾传出。"① 显然《语孟集注》有丁酉本。

由上可见，淳熙四年前朱熹已完成了《四书集注》的总体框架，此后虽屡加修改，但书名不再变易，于是就出现了"四书"的合刻本。中华书局《四书章句集注》的点校说明称最早合刻本是绍熙元年（1190）朱熹知漳州时刊行，误。朱熹知漳州并未刻《四书集注》，因为该年朱熹给张洽的信中明说："《大学（章句）》近已刊行，今附去一本……临漳四子四经各往一本。"既然刊行《大学章句》，就不会另外刊刻《四书集注》，点校说明恐误将"四经"为《四书集注》，"四经"是指"经"的原文，而非朱熹作的注；而且绍熙元年也非《四书集注》最早的刊行时间，因为早在淳熙十年，朱熹曾说："熹向在浙东刻本，见为一编。"② 朱熹在浙东是淳熙十年，刻本"见为一编"则是指合刻《四书集注》。但朱熹对此刊本并不满意，他说："《论语集注》盖某十年前本，为朋友间传去，乡人遂不告而刊。及知觉，则已分裂四出，而不可收矣。"③ 这里也可发现另有"乡人"所刻本。另外还有一种未经朱熹同意而刊刻的是广东德庆本，此为朱熹门人广西帅詹仪之于淳熙十一年所刻。詹氏为广西帅是淳熙十年四月至十三年九月④，朱熹在淳熙十三年给詹仪之的信中明确表示两年来对《四书集注》"所改尤多"⑤，要求詹仪之将未经他同意而其实已经印成的《四

---

① 朱熹：《朱熹集》卷六二《答张元德》，第3218页。
② 朱熹：《朱熹集》卷五八《答宋深之》，第2967页。
③ 黎靖德：《朱子语类》卷一九，第438页。
④ 参见吴廷燮《南宋制抚年表》卷下，中华书局1984年版，第587页。
⑤ 朱熹：《朱熹集》卷二七《答詹帅书》，第1163页。此前后两信中说得十分明确。

书集注》毁版或修订。朱熹比较满意的是南康版，刊行时间为绍熙三年。朱熹曾说过此版被毁事："得曾致虚书云，江东漕司行下南康毁《语》《孟》板，刘四哥却云被学官回申不可，遂已"①，文中"《语孟》"即是指南康本《四书集注》。次年，朱熹还提到过"刻板南康"的《四书集注》②。由于《大学中庸章句》于淳熙十六年序定，《语孟集注》也基本改定，因此所刻之本朱熹本人也比较满意，此可见《朱熹集》卷六三《答孙敬甫》："南康《语》《孟》，是后来所定本"③一语可证，因此，朱熹比较重视南康版。

至今可以确定的四书合刻本为浙东本、"乡人"所刻本、詹仪之本及南康本4刻。但朱熹未因为南康版的刊行而不再加以修改，事实上，直至庆元年间朱熹仍表示"尚有合改定处"④，只是当时党禁未弛，加之朱熹已年老体弱，最终未能实现这一愿望。另外，赵汝愚在淳熙十二年十二月到十五年为蜀帅⑤，曾刻《论孟集注》⑥，有人认为这是四书的合刻本，恐非是。

到此，尚须指出三点：其一，合刻后，单刻本仍有之，如庆元二年朱熹赠给孙敬甫"新刻《中庸（章句）》一本"便是明证。合刻后仍出单行本的原因是朱熹对此四书不断在修改，因此修改成一种可能刊刻"新本"以订正"旧本"（此可见上述多次引用过的各条资料）。其二，无论是单刻还是合刻，闽浙书肆均有窃刊者，如《朱子年谱》卷二提及《学庸章句》《或问》"书肆有窃刊行者"；魏了翁《朱氏〈语孟集注〉序》中也说该书有"闽浙间书肆所刊"之语。其三，四书合刻后，"集解""精义""要义"之类著述逐渐淘汰，以致有些失传。其四，还有一些无法断定其是单刻还是合刻

---

① 朱熹：《朱熹集·续集》卷一，《答黄直卿》，第5135页。
② 朱熹：《朱熹集·别集》卷一《与刘德修》，第5349页。
③ 朱熹：《朱熹集》卷六三《答孙敬甫》，第3307页。
④ 朱熹：《朱熹集》卷六三《答孙敬甫》，第3307页。
⑤ 吴廷燮：《南宋制抚年表》卷下，第545页。
⑥ 魏了翁：《鹤山先生大全集》卷五三《朱氏〈语孟集注〉序》，第6页。按：此文中明确说有"闽浙间书肆所刊"之本。

者，如绍熙元年方若水为长泰主簿，曾刻过《大学》，朱熹提及"《大学》近改两处，及未印间改之为善"①，但此书是合刻还是单刻无法确定。

综上所述，朱熹一生勤于著述，但最直接、最集中地反映其理学思想者当为《朱熹集》《四书集注》以及其弟子、后人所编纂而成的语录，在其生前镂版印行者已作如上考述，大致可见淳熙四年以后为多。朱熹其他著述在其生前亦刊行不少，如《近思录》（与吕祖谦合作）有张敬夫淳熙五年刻本②、临漳本③及书坊刻本④；《小学》有淳熙十三年刘子澄所刻的鄂州版⑤、次年朱熹托蔡季通刻的建阳本⑥、绍熙初朱熹在漳州刻的临漳本⑦；《诗集传》至少有三刻，一是建安本⑧、二是豫章本⑨、三是江西本⑩；《伊洛渊源录》有邵武本⑪；《五朝名臣言行录》有建阳麻沙本⑫；《参同契考异》有建阳本⑬；《易学启蒙》有建阳丙午本（淳熙十三年本）⑭，此后大约修订过⑮；《周易本义》

---

① 朱熹：《朱熹集·别集》卷四《方若水》，第 5436 页。
② 朱熹：《朱熹集》卷三四《答吕伯恭》，第 1470 页。
③ 朱熹：《朱熹集·别集》卷五《答学古》第 5444 页；朱熹：《朱熹集》卷五八《答宋择之》，第 2974 页。
④ 朱熹：《朱熹集》卷六〇《答汪易直》，第 3098—3099 页。
⑤ 朱熹：《朱熹集》卷五〇《答潘薛叔》，第 2437 页。
⑥ 朱熹：《朱熹集·续集》卷二《答蔡季通》，第 5170 页。
⑦ 朱熹：《朱熹集·别集》卷五《学古》，第 5444 页。
⑧ 陈振孙：《直斋书录解题》卷二，上海古籍出版社 1987 年版，第 39 页。
⑨ 朱熹：《朱熹集》卷五二《答吴伯丰》，第 2565 页。此刻约在淳熙十六年。
⑩ 陈振孙：《直斋书录解题》卷二，第 39 页。据《朱熹集·续集》卷一《答黄直卿》可断定为庆元四年刊行。
⑪ 朱熹：《朱熹集》卷五九《答吴斗南》，第 3044 页。此为未经朱熹同意而被人私刻者。
⑫ 吕祖谦：《东莱别集》卷八，文渊阁《四库全书》本，第 251 页。
⑬ 朱熹：《朱熹集·续集》卷二《答蔡季通》，第 5198 页。
⑭ 朱熹：《朱熹集》卷五三《答胡季随》称"《易》书刊行者，只是编出象数大略"，第 2666 页。
⑮ 朱熹：《朱熹集·续集》卷二《答蔡季通》，第 5178 页云："《[易学]启蒙》中欲改数处，今签出奉呈，幸更审之，可即改为佳，免令旧本流布太广也。"除此，在《续集》卷三《答蔡伯静》中明确提及修订此书，此为蔡季通流放期间，参见第 5200 页。

有盗印本①;《楚辞叶韵》有漳州本②。自然,这些著作虽有不少刻本,但影响不及上述三书大,故不再赘述。

《中华文史论丛》第 60 辑,上海人民出版社 1999 年版

---

① 朱熹:《朱熹集》卷六〇《答刘君房》,第 3102 页,此信写于 1195 年。
② 黎靖德:《朱子语类》卷八〇,第 2079 页。此书署名为子厚。《朱熹集》卷五九《答吴斗南》称《楚词协韵》,恐因吴才老有《楚辞叶韵》一书,朱熹只是在其基础上作些修订,故有同名书。参见第 3043 页。亦可参见黎靖德《朱子语类》卷八〇,第 2081 页。

有关"朱陈之辩"的几个问题

南宋时期的"朱陈之辩"是中国哲学史上的一个重大的问题,长期以来学者专家对此作过很多的研究,澄清了其中的一些问题,但仍有不少问题值得进一步研究与讨论。笔者特提出以下几点予以讨论,不妥之处还望学者专家指正。

(一) 关于"朱陈之辩"的起因

研讨这一问题最直接的资料是双方来往的有关信件。据中华书局点校本《陈亮集》卷二〇所载,朱陈来往的信件共23封,其中陈亮的信8封;朱熹的信15封,分别载于《朱熹集》卷二八和卷三六,实际上《朱熹集·续集》卷七还有一封信没有收入,不过此信写于绍熙三年,与双方辩论无关。另外,上述24封信也不是朱陈双方通信的全部,至少在双方辩论中就有数封信已遗失。现根据《陈亮集》所载,编排有关双方论辩之信的顺序如下:朱信四→陈信四→朱信五、六→陈信五→朱信七、八→陈信六→朱信九→陈信七→朱信一〇→陈信八→朱信一一,共13封。

从上述13封信来分析,笔者以为引起争论的原因有两个:其一,是陈亮的"免死之计"(见陈信八)。淳熙十一年春,陈亮受诬而系狱,四月,朱熹听到陈亮出狱的传闻,便以朋友的交谊驰函表示慰问,同时也对陈亮进行规劝,认为陈亮受诬是"平日狂妄","自处于法度之外,不乐闻儒生礼法之论"所致,因而劝他"宜痛自收敛","绌去义利双行、王霸并用之说,而从事于惩忿窒欲,迁善改过之事,粹然以醇儒之道自律"，这样"培壅本根，澄源正本，为异时发挥事业之地者，益光大而高明矣"。（见朱信四）朱熹之言，纯粹从理学家的角度出发，以为陈亮系狱仅仅是个人的修养问题，故着眼点在劝陈亮提高个人的修养以"培壅本根"，以醇儒自律，放弃义利双行、王霸并用的观点。而陈亮却对此次变故另有看法：

> 如亮今岁之事，虽有以致之，然亦谓之不幸可也。当路之意，主于治道学耳。亮滥膺无须（即莫须有）之祸……凡亮今日之坐谤者，皆其虚影也……然亮自念有虚形而后有虚影，不恤世间毁誉怨谤，虽可以自立，亦可以招祸。（见陈信四）

显然，陈亮已经感觉到整治他的人是针对朱熹为首的所谓"道学家"们的，而他则是无辜受害者。具体说来，陈亮怀疑有人认为他"假秘书（朱熹）诸人之势，干与州县以求贿"，并附和道学。他认为与淳熙九年朱熹弹劾唐仲友事件是密不可分的。陈亮的看法可以从淳熙十年给朱熹的信看出"唐与政乃见疑相谗，是真足当田光之死矣"（见陈信三），因为唐氏是宰相王淮的姻亲，朱熹得罪王淮，已自劾辞职，陈亮以为自己受牵连而得祸也在所不免，况且此时郑丙、陈贾等人已上书力诋程氏之学，实际暗指朱熹之学是伪学。由此，陈亮力图与朱熹划清界限："亮之居乡，不但外事不干与，虽世俗以为甚美，诸儒之所通行，如社仓义役及赈济等类，亮力所易及者，皆未尝有分毫干涉。只是口唠噪，见人说得不切事情，便喊一声，一似曾干与耳。"（见陈信四）如此洗刷自己，无非是表白与朱熹之"道学"毫不相关。他说："亮虽不肖，然口说得，手去得，本非闭眉合眼，萺瞳精神以自附于道学者也。"划清界限，挑起争端，无非是为了免死而已。这不是笔者的推测之词，陈亮自己也并不否认："世以（陈亮）相附和为党而欲加之罪者，非也。此数书亦欲为免死之计，见世之有力者（指当权者）亦使一读之。"（见陈信八）这不是十分明白的事吗？诚然，陈亮对问题看法确实比朱熹看得深一些，但是，笔者以为陈亮力图划清与朱熹等理学家界限的做法并不值得肯定。

陈亮力图洗清自己的做法，还可以从他给别人的信中得到印证：

> 二年之间，一半为囚。自馀奔走，人扼其喉。①
>
> 亮拔身于患难之中，蚤夜只为椀饭杜门计，虽天下豪俊，皆不敢求交焉。②
>
> 二月间匆匆告违，即有金陵京口之役……亮已交易得京口屋子，更买得一两处芦地，便为江上之人矣。地广则可以藏拙，人朴茂则可以浮沉。五七年后，庶几一成不刺人眼也。③

上述数例不正是陈亮在感觉到"人扼其喉"的危险境地中，企图在京口买一住房，不交天下豪杰而成一"不刺眼人"和"免死之计"心态的注脚吗？陈亮挑起争论，本想逃脱他人的陷害，实际上并没有达到目的，他在表示停止争论的第八封信中承认："此数书未能免罪于世俗（指当权者），而得罪于门下士多矣；不止，则楚人又将钳我于市。进退维谷，可以一笑也。"（陈信八）

引起争论的第二个原因是陈亮的"不平之气"。陈亮"为人才气超迈"④，"视毁誉如风而不恤"⑤，喜讽议品评人物，由于其早年得到执政周葵赏识，受到提携推崇，故陈亮得以与朝臣往来，虽无功名，却能名闻朝野。然而陈亮又很自负，对所谓"道学家"们是不屑一顾的，批评极多而且尖锐，今存《陈亮集》中保存这类语言甚多，此举两例证之：

> 世之学者玩心于无形之表，以为卓然而有见。事物虽众，此其得之浅者，不过如枯木死灰而止耳。得之深者，纵横妙用，肆

---

① 陈亮：《陈亮集》卷二四《祭石天民知军文》，中华书局1974年版，第367页。
② 陈亮：《陈亮集》卷一九《复李唐钦》，第272页。
③ 陈亮：《陈亮集》卷一九《复吕子约》，第270页。
④ 《宋史》卷四三六《陈亮传》，中华书局1977年版，第12929页。
⑤ 陈亮：《陈亮集》卷一八《谢罗尚书启》，第243页。

而不约，安知所谓文理密察之道！①

（道学）相蒙相欺以尽废天下之实②。

上述可见，陈亮对"道学家"们的态度并不是客观的。陈亮学无师承，自创一格，虽不反对孔子学说，然"喜谈兵"③，偏重智术事功，尤其认为自己从小练就"屠龙之技"，"亦尝思与一世豪杰之人审订其是非可否"，然而却"技成而无用，且更以取辱"。④ 这对陈亮来说是个极大的打击，不平之气无处发泄，加之受诬而入狱，却遭到朱熹的批评，说他"狂妄"，而且要他放弃"义利双行、王霸并用"的观点，以醇儒自律，这无疑是火上浇油，于是陈亮的不平之气终于爆发出来了。下引陈信四（引起争论的信）几段话：

司马迁有言："贫贱未易居，下游多谤议。"因来教而深有感焉。亮之生于斯世也，如木出于嵌崎之间，奇蹇艰涩，盖未易以常理论。而人力又从而掩盖磨灭之，欲透复缩，亦其势然也。

亮二十岁时，与伯恭同试漕台，所争不过五六岁，亮自以姓名落诸公间，自负不在伯恭后。而数年之间，地有肥硗，雨露之养，人事之不齐，伯恭遂以道德为一世师表；而亮陆沉残破，行不足以自见于乡间，文不足以自奋于场屋，一旦遂坐从于百尺楼下。

来谕谓伯恭相处于法度之外，欲有所言，必委曲而后敢及，则当出于其徒之口耳……亮非假人以自高者也，擎拳撑脚，独往来于人世间，说自伤其孤另而已。

这些引文已足以显示陈亮的"不平之气"了。这一点，朱熹在看信后已经发现了，因而在回信中说："细读来书，似未免有不平之气。

---

① 陈亮：《陈亮集》卷一九《与应仲实》，第259—260页。
② 陈亮：《陈亮集》卷一五《送吴允成运干序》，第179页。
③ 《宋史》卷四三六《陈亮传》，第12929页。
④ 陈亮：《陈亮集》卷二一《与勾熙载提举》，第323页。

区区窃独妄意：此殆平日才太高、气太锐、论太险、迹太露之过。是以困于所长，忽于所短，虽复更历变故，颠沛至此，而犹未知所以反求之端也。"（见朱信六）并寄手书张公集句《座右铭》为赠，以示规劝之意。陈亮虽自己承认"谓亮书中有不平之气，则诚有之矣"，但心中之气仍未平息，以为"负一世之谤，颓然未尝自辩，设死后，谁当为我明之？"（陈信五）这儿的"一世之谤"，即所谓的附和道学之事。由此可见，朱陈之辩的起因，一是陈亮的免死之计，二是出于陈氏的不平之气；而朱熹则基于希望陈亮能改变以往的行为，加强道德修养，以成为一个"醇儒"。

（二）"朱陈之辩"的核心问题

弄清陈朱之辩的起因后，接着应该分析双方辩论的核心问题。以往学术界一直把朱陈之辩的核心问题说成是双方历史观的争辩，认为陈亮持"义利双行、王霸并用"的观点，肯定汉唐角智斗力比三代进步，因而他是历史发展论者；而朱熹则崇义贬利、尊王贱霸，认为汉唐之世不如三代，故是历史倒退论者。按这种观点，是难以解释陈亮信中许多言论的，此仅摘两条证之：

> 来谕谓亮推崇汉唐以为三代不异，贬抑三代以为与汉唐不殊。如此则不独不察其心，亦并与其言不察矣。某大概以为三代做得尽者也，汉唐做不到尽者也。（陈信六）
>
> 亮大意以为本领闳阔，工夫至到，便做得三代；有本领无工夫，只做得汉唐。（陈信七）

这里，陈亮不是一再声称三代优于汉唐吗？他与朱熹的观点有什么"质"的差异呢？可见，上述的观点是大有商榷余地的。产生上述观点的原因，笔者认为是没有正确把握朱陈之辩的核心问题造成的。那么，双方争辩的核心是什么？笔者认为是"道统"问题，即三代圣贤、孔孟传授之"道"由谁来继承，汉唐时道统是否中断，以及宋代的道学家是不是道统的继承人这些相关问题。

道统即所谓"圣学"统绪，按照朱熹的说法："盖自上古圣神继天立极，而道统之传有自来矣。其见于经，则'允执厥中'者（笔者按：见《论语·尧曰》），尧之所以授舜也；'人心惟危，道心惟微，惟精惟一，允执厥中'者，舜之所以授禹也。尧之一言，至矣尽矣；而舜复益之以三言者，则所以明夫尧之一言必如是而后可庶几也。"①在朱熹看来，圣学统绪是从尧舜禹汤武孔子而到孟子，其传道秘诀就是上述16字，这"便是尧舜相传之道"②。朱熹认为道统是十分重要的："周公殁，圣人之道不行；孟轲死，圣人之学不传。道不行，百世无善治；学不传，千载无真儒。无善治，士犹得以明夫善治之道，以淑诸人，以传诸后；无真儒，则天下贸贸焉莫知所之，人欲肆而天理灭矣。"③他认为圣学道统虽不行于世间，但仍由儒家学者递相传授而如缕如丝地传承下来，尤其是到了宋初，才由周、程诸贤重新发扬光大。

在朱熹看来，圣学是从个人修身养性乃至于治国平天下的不可须臾离开的至宝，是万世不变的常法，真正体现了天理；如果舍弃它，则"人欲肆而天理灭"了。朱熹从人性理论角度来论述这个问题。他继承了孟子的性善论，同时采纳了张载的"天地之性"与"气质之性"说，并作了发挥，认为天地之性（天命之性）是人生来就具有的，故禀天理而为善，即所谓的"道心"；气质之性是人出生之时所禀之气而规定的，因人而异，故常被人欲所蔽而显现为恶，即所谓的"人心"，因而必须用后天的修养来去恶存善，摈弃人欲，恢复天理。

朱陈之辩中，朱熹信中有一段十分重要的话，此节录如下：

> 人自有生而梏于形体之私，则固不能无人心矣；然而必有得乎天地之正，则又不能无道心矣。日用之间，二者并行，迭为胜负，而一身之是非得失，天下之治乱安危，莫不系焉。是以欲择

---

① 朱熹：《朱熹集》卷七六《中庸章句序》，第3994页。
② 黎靖德：《朱子语类》卷五八，中华书局1986年版，第1362页。
③ 朱熹：《四书集注·孟子集注》卷一四《尽心章句下》，中华书局1983年版，第377页。

之精而不使人心得以杂乎道心，欲其守之一而不使天理得以流于人欲，则凡其所行无一事之不得其中，而天下国家无所处而不当。（朱信八）

这里的道心，即朱熹所说的"道心是本来禀受得仁义礼智之心"①，"道心，天理也"②；而所谓的人心，即"人欲也"③，这种人欲是"饥而思食，寒而思衣底心"，因而"虽圣人不能无人心，如饥食渴饮之类；虽小人不能无道心，如恻隐之心是"④。在朱熹看来，"人心不全是不好"，但"人心易得走从恶处去"，因此必须"有道心，则人心为所节制"⑤。由此，朱熹认为要做"惟精惟一"的修身养性的功夫，因为"惟精是不杂，惟一是始终不变，乃能允执厥中"，在大千世界中，只有"圣人不以人心为主，而以道心为主"⑥，行天理而弃人欲，其他人都不能如此。在讨论汉唐问题上，朱熹认为汉高祖、唐太宗等人都是人欲炽盛："高祖斩丁公，赦季布，非诚心欲伸大义，特私意耳。季布所以生，盖欲示天下功臣。是时功臣多，故不敢杀季布。既是明大义，陈平（韩）信（季）布皆项羽之臣，信布何待反而诛之？"⑦ 而"唐太宗以晋阳宫人侍高祖，是致其父于必死之地，便无君臣父子夫妇之义"⑧；"太宗诛建成，比于周公诛管蔡，只消以公私断之。周公全是以周家天下为心，太宗则假公义以济私欲者也。"⑨ 类似这样的评论，在《朱熹集》和《朱子语类》中是很多的，朱陈之辩中朱熹也反复强调这些观点。虽然，朱熹也承认汉唐君王有功绩，也认为他们有本领，但是他们都是以人欲为主，而非以天理为主，那就不

---

① 黎靖德：《朱子语类》卷七八，第2018页。
② 黎靖德：《朱子语类》卷七八，第2018页。
③ 黎靖德：《朱子语类》卷七八，第2018页。
④ 黎靖德：《朱子语类》卷七八，第2011页。
⑤ 黎靖德：《朱子语类》卷七八，第2011页。
⑥ 黎靖德：《朱子语类》卷七八，第2009页。
⑦ 黎靖德：《朱子语类》卷一三五，第3221页。
⑧ 黎靖德：《朱子语类》卷一三六，第3245页。
⑨ 黎靖德：《朱子语类》卷一三六，第3245—3246页。

可能继承古代圣贤的道统，如此就剥夺了汉唐君王继承道统的权利。

陈亮不同意朱熹的观点，他说："然谓三代以道治天下，汉唐以智力把持天下……诸儒之论，为曹孟德以下诸人设可也，以断汉唐，岂不冤哉！"（陈信四）按陈亮的意见，尧舜禹之道，也传于汉唐，这是由本领"洪大开廓"的汉唐之君继承下来，而至于曹孟德之类则另当别论，他们则无继承道统的资格。在陈亮看来，汉唐之君能使国与天地并立，"人物赖以生存"，故"人道"与"天道"并行不悖。从陈亮的论述中可见，他是偏重功业，也不完全否定德行，如果坚持这种观点，倒也能自成一说。遗憾的是，陈亮并未将此观点来考察所有的历史人物。如果认为功业大便可继承道统的话，为什么曹孟德不能继承道统？如果说曹孟德不能继承道统是因为他的德行不好，那么，为什么汉高祖、唐太宗就能继承道统呢？显然陈亮的论述中存在着严重的逻辑矛盾，不能自圆其说，因此陈傅良说陈亮"无修辞之功"①，确实是一针见血。这里再以陈亮自己的话来证明双方争论的核心问题："使汉唐之义不足以接三代之统绪，而谓三四百年之基业可以智力而扶持者，皆后世儒者（指朱熹）之论也。世儒之论不破，则圣人之道无时而明，天下之乱无时而息矣。"② 陈亮之语，不正是十分明确地说明了双方争论的核心问题了吗？其实，陈亮所说的"亮与朱元晦所论，本非为三代、汉、唐设，且欲明此道在天地间如明星皎月"③ 一段话，也是学者们经常引用的，但这里的"道"字被解释成"历史发展的规律"，而不是上述陈亮自己所说的"三代之统绪"（道统）之"道"，笔者以为太勉强了。值得补充的是，陈亮信中所说的破"世儒之论"，为了达到所谓平息"天下之乱"，与郑丙、陈贾攻击朱熹的言论是一致的，客观上对当时反假道学的风波起到了推波助澜的作用。

（三）"朱陈之辩"分歧的原因

朱熹与陈亮的交锋，分歧的原因究竟是什么？笔者认为需要从两

---

① 陈亮：《陈亮集》卷二一附陈傅良《致陈同甫书》，第331页。
② 陈亮：《陈亮集》卷三《问答一》，第33页。
③ 陈亮：《陈亮集》卷二一《与陈君举》，第330页。

者的治史目的来分析。

朱熹一贯主张"先经后史","先经后史"就必须"明道正谊";他虽然不反对治史,但反对说王道霸的治史功利说,他认为陈亮的错误便在于不重视治经,缺乏自身的道德修养,而治史又只讲功利、王霸,如此治史是十分"可畏"的。在朱熹看来,治史必须像治经一样去达到治国平天下的"及人"境界,这就是治史的价值所在,这充分显示朱熹把史学作为经学附庸的观点。那么,朱熹在明道正谊的治史功利说有什么特点呢?笔者认为有以下几个方面值得注意。

第一,治史者懂得明道正谊的话,那么就会更有利于其本身的道德修养。"明道正谊"是汉儒董仲舒的话,他说:"正其谊不谋其利,明其道不计其功。"[1] 而朱熹在解释这段话时说:"道、义是个体、用。道是大纲说;义是就一事上说。义是道中细分别,功是就道中做得功效出来。"[2] 显然,朱熹把道与义区分为体用关系,即道是"大本",义是"大本"的具体运用。"大本"当然是天理,在人类社会中体现为三纲五常,那是不可变易的,也就是亘古亘今不可变易的核心;而"义"是三纲五常具体的运用,因而一举一动、一静一默都必须符合"义",即符合三纲五常,反之就"不义",即违反三纲五常,也就是违反了天理。朱熹对"利"的态度如何呢?他在回答门人问"子罕言利,与命、与仁"时说:"这'利'字是个监界尘糟的物事。若说全不要利,又不成特地去利而就害。若才说著利,少间便使人生计较,又不成模样","利不是不好。但圣人方要言,恐人一向去趋利;方不言,不应是教人去就害,故但罕言之耳","利,谁不要。才专说,便一向向利上去"。[3] 由此可见,他一方面承认"利"是客观存在的事物,也承认人们求利去害的合理的行为;但另一方面又反对"专说"利而最终害义的行为,因为这是违背三纲五常的。朱熹赞成董仲舒的观点,强调明道正谊,认为"正其谊,则利自在;明其道,则功自

---

[1] 《汉书》卷五六《董仲舒传》,中华书局1962年版,第2524页。
[2] 黎靖德:《朱子语类》卷九五,第2451页。
[3] 黎靖德:《朱子语类》卷三六,第948—949页。

在。专去计较利害,定未必有利,未必有功"①,强调"得道义则功利自至",但是,他也承认"有得道义而功利不至者",然而即使如此,也不能去追求功利,因为一提起功利两字就会产生"不顾道义"② 的结果。显然,朱熹只是避开了功利两字,把它换成明道正谊四字而已,从道德角度立论,特别强调个人的修养,认为这就是治史的"功利"。要求治史者加强道德修养,不能说完全不对,这至今仍然有可取之处的;但是朱熹把道德与功利对立起来,从另外一个方面走向绝端,则是错误的。

具体到治史问题上,他反对浙学偏重史学而轻视经学的治史方法,他说:"近日又有一般学问,废经而治史,略王道而尊霸术,极论古今兴亡之变而不察此心存亡之端,若只如此读书,则又不若不读之为愈也。"③ 这里的"不察此心存亡之端",就是指不从自身的道德修养入手治史,这正是朱熹极力所反对的。在朱熹看来,这种治史方法是路头不正,于自己的修养毫无好处。他说:"今须先正路头,明辨为己为人之别。直见得透,却旋旋下工夫,则思虑自通,知识自明,践履自正……若见不透,路头错了,则读书虽多,为文日工,终做事不得。比见浙间朋友,或自谓能通《左传》,或自谓能通《史记》,将孔子置在一壁,却将左氏司马迁驳杂之文钻研推尊,谓这个是盛衰之由,这个是成败之端。反而思之,干你身己甚事?你身己有多多少少底事合当理会,有多多少少底病未曾去,却来说甚盛衰兴亡治乱,这个直是自欺!"④ 如此,只会造成"自家心术坏了"⑤ 的结果,当然也就达不到明道正谊的要求,也就失去了治史的价值所在。朱熹所批判的"浙间朋友"是指陈亮、陈傅良及叶适乃至吕祖谦等人。

正如前面指出的那样,朱熹并不反对治史,不反对去理会名物制度,但他强烈反对不做切己功夫,认为偏重于治史,只理会名物制度,

---

① 黎靖德:《朱子语类》卷三七,第 988 页。
② 黎靖德:《朱子语类》卷一三七,第 3263 页。
③ 朱熹:《朱熹集》卷五三《答沈叔晦》,第 2683 页。
④ 黎靖德:《朱子语类》卷一一四,第 2757 页。
⑤ 黎靖德:《朱子语类》卷七三,第 1848 页。

那就是舍本求末，这种治史是没有价值的。朱熹曾说："今人于制度文为一一致察，未为不是；然却于大体上欠阙，则是弃本而求末也"，"今人讲明制度名器，皆是当然，非不是学，但是于自己身上大处却不曾理会，何贵于学！"① 他批评："今世文人才士，开口便说国家利害，把笔便述时政得失，终济得甚事！只是讲明义理以淑人心，使世间识义理之人多，则何患政治之不举耶！"② 在他看来，"凡事求可，功求成，取必于智谋之末，而不循天理之正者，非圣贤之道"③。因此，朱熹强调"先经后史"的治史顺序，以为学者必须先于大本上着手，治经为主，以史为辅，否则就不是"圣贤之道"了。

值得指出的是，朱熹以为先经后史的治史顺序是不可改变的，因为只有大本正、天理明，才能对学者有帮助，这便是治史的价值所在。然而要做到大本正、天理明，必须"明道正谊"，否则路头错了，举措事业便不可能符合圣贤之道，将于世无补。显然，朱熹更强调从道德入手讨论问题，关心的是提高学者的道德修养，认为这是做一切事业的出发点。当然，这是提倡封建的伦理纲常，但是，从历史的眼光来分析，朱熹强调这种伦理纲常是无可厚非的。因为一种道德思想体系是一定的历史条件下的产物，没有超时代的道德思想体系，他不可能超越当时的历史条件而提出更为科学的道德思想体系。问题在于这种道德思想体系在当时有无合理性，以及提倡者日常所行与这种道德准则是否一致，这便是判断其提倡的伦理道德在当时进步与否的标准。笔者认为：朱熹所处的南宋王朝，正处于中国封建社会的上升期，社会经济发展上达到了前所未有的高度，由此产生的这种封建的伦理纲常仍属于一种与社会经济基本适合的道德思想体系，从总体上说，它是一种在当时历史条件下具有一定合理性的道德规范，因而没有必要以现在的眼光来指责它。当然，指出它在某一方面的缺陷也是必要的，但仍须用历史主义的眼光看待这个问题。从朱熹平时所操守的道德准

---

① 黎靖德：《朱子语类》卷三五，第917页。
② 黎靖德：《朱子语类》卷一三，第237页。
③ 黎靖德：《朱子语类》卷一〇八，第2687页。

则来看，他一生主张抗金而恢复失地，宣扬民族气节；敢于直谏，批评弊政，宁可辞官而穷死僻壤；坚持儒家重仁义、重民生的观点，创建义仓，赈济灾民；其个人生活作风严谨，因而可以说他是一个道德思想较为高尚的古代知识分子，其所以被后人尊为"圣贤"也不是偶然的。当然，道德规范是有时代性的，到现在再完全照搬朱熹宣扬的道德规范，就像朱熹宣称的那样，把封建伦理纲常说成是万世不变的天理，那便毫无合理性了，这是应该特别指出的。

第二，朱熹认为治史者明天理后，可以用"义理"去评判历史上的是非，也就是说，明道正谊的治史是具有现实的"功利"的。朱熹的格物穷理学说中承认："格物亦非一端，如或读书讲明道义，或论古今人物而别其是非，或应接事物而处其当否，皆穷理也。"① 这种"论古今人物而别其是非"，是基于明天理之上的，明天理就是明道正谊，既是前提，又是结果，这就是朱熹以理阐史、以史证理的史学观。

这里先从朱熹论读史书问题入手讨论。朱熹的学生邵浩提及"赵书记云：'自有见后，只是看六经、《语》、《孟》，其他史书杂学不必看'"，朱熹断然回答："如此，即不见古今成败，便是荆公之学。书那有不可读者？只怕无许多心力读得。六经是三代以上之书，曾经圣人手，全是天理。三代以下文字有得失，然而天理却在这边自若也。要有主，觑得破，皆是学。"② 这里，朱熹确有迷信圣人和把六经地位绝对化的弊病，这是当时人的通病；但是，朱熹又明确反对"其他史书杂学都不必看"的观点，认为只要"觑得破，皆是学"，实际上仍坚持在明道正谊的前提下，治史书、杂学仍是"学"，即具有现实的价值，这种价值便是进一步理解天理的无所不在。此再举几例来论证：

> 所谓致知者，正是要就事物上见得本来道理，即与今日讨论制度、较计权术者意思功夫迥然不同。若致得吾心本然之知，岂

---

① 朱熹：《四书或问·大学或问》卷二，文渊阁《四库全书》本，第231页。
② 黎靖德：《朱子语类》卷一一，第190页。

复有所陷溺耶？正坐论事而不求理，遂致生此病痛耳。①

文字虽不可废，然涵养本原而察于天理人欲之判，此是日用动静之间不可顷刻间断底事。若于此处见得分明，自然不到得流入世俗功利权谋里去矣。②

上述第一例是朱熹答康炳道之信。据《宋元学案》卷七三《丽泽学案》，康氏为吕伯恭的学生，亦属浙东学派一员。吕氏开创的浙东学派偏重史学，朱熹对此是深表反对的，认为是大本不正。由此，朱熹就力辨自己治史与浙东学派治史的异同，认为自己治史是在治经之后，只是对治经的补充而已，目的在于"见得本来道理"，与仅仅"讨论制度，计较权术者，意思迥然不同"。第二例出自朱熹给吕伯恭之弟吕子约的信中，其中更加明确地指出要在大本上见得分明，否则就会流入到"世俗功利权谋进而去"，当然，这也就失去了治史的真正价值所在了。在《朱熹集》与《朱子语类》中，朱熹对婺学（专指吕伯恭为代表的婺州学者）和永康、永嘉学派批评是相当多的，如说："伯恭于史分外子细，于经却不甚理会"③，"婺州朋友专事闻见，而于自己身心全无功夫"④，"婺州士友只流从祖宗故事与史传一边去。其驰外之失，不知病在不曾于《论语》上加工"，"浙间学者推尊《史记》，以为先黄老，后六经，此自是太史谈之学"。⑤ 实际上，朱熹没有区分开史学与理学的界限，企图把史学纳入理学的体系之内，这是他的理学思想所决定的。

值得指出的是，朱熹在判断历史人物、历史事件时，并不是以某人言语来判断，而是透过表象来分析问题，显示了他的卓越史识。此举例如下：

---

① 朱熹：《朱熹集》卷五四《答康炳道》，第2724页。
② 朱熹：《朱熹集》卷四七《答吕子约》，第2308—2309页。
③ 黎靖德：《朱子语类》卷一二二，第2951页。
④ 朱熹：《朱熹集》卷四九《答陈肤仲》，第2382页。
⑤ 黎靖德：《朱子语类》卷一二二，第2956页。

或问："维州事，温公以（李）德裕所言为利，（牛）僧孺所言为义，如何？"曰："德裕所言虽以利害言，然意却全在为国；僧孺所言虽义，然意却全济其己私。且德裕既受其降矣，虽义有未安，也须别做置处。乃缚送悉怛谋，使之恣其杀戮，果何为也！"①

这里，朱熹并未以李德裕言利与牛僧孺言义而作直观的判断，而是通过表面现象，以他们为国（即为公）为私来作判断，显示出他超人的卓识。

朱熹还用陂塘蓄水与溉田作比喻来论述己身修养与治史关系：

今人读书未多，义理未至融会处，若便去看史书，考古今治乱，理会制度典章，譬如作陂塘以溉田，须是陂塘中水已满，然后决之，则可以流注滋殖田中禾稼。若是陂塘中水方有一勺之多，遽决之以溉田，则非徒无益于田，而一勺之水亦复无有矣。读书既多，义理已融会，胸中尺度一一已分明，而不看史书，考治乱，理会制度典章，则是犹陂圹塘之水已满，而不决以溉田。若是读书未多，义理未有融会处，而汲汲焉以看史为先务，是犹决陂塘一勺之水以溉田也，其涸也可立而待也。②

这段话，也十分清楚地显示出朱熹对自身修养与治史的关系，体现出他的治史的价值判断。在朱熹看来，只有真正掌握住天理，才能治史，这样便可以像蓄水溉田一样，滋润禾稼，于自身修养才有价值，反之，没有掌握天理而去治史，不但不能滋润禾稼，反而使陂塘之水也干涸了，按朱熹的话来说，即"坏了心术"，这种治史当然就"堕落"到说王道霸的治史功利说中去了。朱熹以为，真正处理好两者关系也是很难的事，他在给好友张敬夫的信中说："大率学者须更令广

---

① 黎靖德：《朱子语类》卷一三六，第3249页。
② 黎靖德：《朱子语类》卷一一，第195页。

读经史，乃有可据之地。然又非先识得一个义理蹊径，则亦不能读，正惟此处为难耳。"① 在这种情况下，朱熹便提出先经后史的治史顺序说。

陈亮的治史目的与历史观，究竟与朱熹有什么差别？如何理解这种差别？这是很值得研究的问题。陈亮在《上孝宗皇帝第二书》中说："孔子伤宗周之无主，痛人道之将绝，而作《春秋》。"这一"人道"，在陈亮与朱熹辩论中常常提及，实际是指封建纲常。陈亮在《勉疆行道大有功》中说得很清楚："夫道非出于形气之表，而常行于事物之间者也。人主以一身而据崇高之势，其于声色货利，必用吾力焉，而不敢安也。其于一日万几，必尽吾心焉，而不敢忽也。惟理之徇，惟是是从，以求尽天下贤者之心，遂一世人物之生，其功非不大，而不假于外求。天下固无道外之事也，不恃吾天资之高，而勉疆于其所当行而已。"而一些学者只取这段话的前两句，来"证明"陈亮具有所谓与朱熹思想对立的唯物主义因素，这实在是南辕北辙之事。如果肯定陈亮上述的"道"是指封建的纲常，那么可以看出，陈亮认为孔子作《春秋》是为了维护封建纲常——虽然陈亮混淆了孔子生活的时代与他所处的时代的界限，但确实可以看出陈亮的真实观点。

在陈亮看来，"孔子之作《春秋》，其于三代之道或增或损，或从或违，必取其与世宜者举而措之，而不必徇其旧典。然于君臣之大义，未之有改也。"② 这君臣大义，当然是人道——即封建纲常了。由此可见，陈亮并没有也不可能摈弃封建纲常的，与朱熹一样，他也是极力维护这种纲常的，这就是陈亮的治史目的。如果我们仔细看一下现存的《陈亮集》的《问答》《中兴论》《酌古论》及其他篇目，确实可以得出这一结论。

陈亮认为读书治史要切于世用，他曾说："自昔圣贤之生于世也，岂以一身之故而求以自见于斯世哉！适会其时，而人道之不可少者待吾而后具，则其责不可得而辞。进而经世，退而著书，亦惟所遇而已

---

① 朱熹：《朱熹集》卷三二《答张敬夫》，第1370页。
② 陈亮：《陈亮集》卷三《问答六》，第38页。

矣",例如"贾生之一书,仲舒之三策,司马子长之记历代,刘更生之传五行",虽有异于先秦诸儒,"其切于世用而不悖于圣人"。① 这里可见陈亮读书治史切于世用的思想,这种有价值的思想是应该肯定的。

陈亮的历史观与朱熹相比并无先进之处。首先,他探求历史发展的规律时是以神秘主义的历史循环论作基础的。陈亮常以《易》来解说,如说"夫阴阳之气,阖辟往来,间不容息","天地盈虚消息之理,阳极必阴,阴极必阳,迭相为主而不可穷也"。② 他以天道60年一变,如在《与章德茂侍郎》中说:"垂象之异,村落中无从知之。渡江安静且六十年,辛巳之变,行三十年,和议再成又二十三年。老秦掀天扑地,只享十六年之安,通不过二十二年。今者文恬武嬉,宜若可为安静之计;揆之时变,恐劳圣贤之驰鹜矣,不待天告而后知也。"在《与王季海丞相》一文中也有类似的"天数"的说法,这都体现出陈亮的神秘主义的历史循环论观点。其次,陈亮持英雄创世的观点。在他看来,只有才能杰出的人物才可建大功、立大业,他在《戊申再上孝宗皇帝书》中说:"臣闻有非常之人,然后可以建非常之功。求非常之功而用常才,出常计,举常事以应之者,不待智者而后知其不济也。前史有言:'非常之原,黎民惧焉。'古之英豪岂乐于惊世骇俗哉!"这种才能杰出者,"多只一个两个,便了一世事。超世迈往之才,岂可以人人而求之乎!"③ 这十分清楚地体现出英雄创世的观点。

显然,陈亮与朱熹在历史观上并无多少差别,其主要差别在于治史目的上。陈亮主张治史要切于"世用",朱熹则主张治史要切于"己用"。陈亮曾提到自己"寓临安,却都无事。但既绝意于科举,颇念其平生所学不可不一泄之以应机会,前日遂极论国家社稷大计以彻于上听。忽蒙非常特达之知,欲引之面对,乃先令召赴都堂审察。亮一时率尔应答,遂触赵同知之怒……内外合力沮遏之,不使得面

---

① 陈亮:《陈亮集》卷九《扬雄度越诸子》,第95页。
② 陈亮:《陈亮集》卷一九《与徐彦才大谏》,第254页。
③ 陈亮:《陈亮集》卷二〇《又壬寅夏书》,第276页。

对……岂有欲开社稷数百年之基，乃用以博一官乎！"① 这里，陈亮所说的"平生所学"即是他在《谢赵同知启》所说的"素所自喜，《兵法》《六韬》"②之类书籍。显然他读书治史都围绕着切于世用的目的。他曾强调不愿做"管萧以下规摹（模）"③，要做一番轰轰烈烈的大事业，这种抱负是应该肯定的，当然，由于他没有尝试的机会，我们没有必要去讨论他究竟能否成功。只是要指出的是，陈亮在《上孝宗皇帝书》及其他的一些文章中提出的拒和、迁都、练兵、聚财、贬理学、恢复宋太祖的"立国之本"（集权）之类主张，并不比当时之人有多少高明之处。除贬理学之外，朱熹也提出过这些主张，而且比陈亮的见解要深刻得多。

陈亮切于世用的治史目的论并未摆脱孔孟之道，陈亮曾说："秦汉以来，世有所谓英雄豪杰者，自矜其智力于夫子之外，亦可叹也已！"④他还说："道之在天下，何物非道，千途万辙，因事作则，苟能潜心玩省，于所已发处体认，则知'夫子之道，忠恕而已'非设辞也。亮少不自力，放其心而不知求；行年三十，始知此事。"⑤这里的道即是"人道"，也就是封建的伦理纲常，明显地体现出陈亮对孔孟之学的认同。值得指出的是，一些学者仅截取"道之在天下，何物非道，千途万辙，因事作则"数字，得出陈亮所谓具有"朴素唯物主义"的结论，笔者认为实在太断章取义了。这里再举陈亮《勉疆行道大有功》作为他自己所谓的"道"的注脚："盖人心之危，道心之微，出此入彼，间不容发，是不可一息而但已也。夫喜怒哀乐爱恶，欲之所以受形于天地而被色而生者也。六者得其正则为道，失其正则为欲……一息不操，则其心放矣。放而不知求，则惟圣罔念之势也。夫道岂有他物哉，喜怒哀乐爱恶得其正而已。行道岂有他事哉！审喜怒哀乐爱恶之端而已。"这里的"道"不是可以清楚地看出是"人道"

---

① 陈亮：《陈亮集》卷一九《复何叔厚》，第269页。
② 陈亮：《陈亮集》卷一八《谢赵同知启》，第232页。
③ 陈亮：《陈亮集》卷二〇《又乙巳春书之一》，第287页。
④ 陈亮：《陈亮集》卷二二《告先圣文》，第340页。
⑤ 陈亮：《陈亮集》卷一九《与应仲实》，第260页。

吗？如果将"道"换成"天理"，不就是十分典型的理学家的口吻了吗？显然，陈亮与朱熹的区别只在于朱熹强调要从"未发"中体认天理，陈亮则从"已发"处寻找孔孟之道而已，从中可以清楚地看出陈亮受到当时理学思想的影响，不过，他确实也极力想与理学划清界限。当然，这一在"已发"处寻找孔孟之道的真谛，表现出陈亮的实用的倾向，而朱熹要在"未发"处体认则具有神秘主义的倾向。这种差异导致陈亮治史切于"世用"，而朱熹治史则偏重"己用"。

综上所述，朱熹反对说王道霸的治史功利说，主张明道正谊的治史功利说，这是围绕着学者以什么态度来治史、以什么观点来评判历史这些问题而展开的。按朱熹的观点就是：学者治史必须先有较高的道德修养，以明道正谊的态度来治史，这是道德标准；在这种前提下治史，才有仁爱功利可言，才显示出治史的真正价值。而陈亮治史目的是围绕着切于世用现实功效来展开的，他回避了治史对本身修养有无功利的问题，而强调它的现实的社会功能。由此陈亮对朱熹要他以醇儒自律是极其反感的。显然，朱熹与陈亮的治史目的是有较大不同的，因此双方辩论的出发点就有明显的不同，因而就造成了双方观点上的分歧，互相论辩驳难就在所难免了。

《中国哲学》第 21 辑，辽宁教育出版社 2000 年版

朱熹编修《资治通鉴纲目》的再探讨①

——答郭齐教授

笔者《朱熹与〈通鉴纲目〉》与《朱熹给赵师渊"八书"考辨》②两文，着重研讨《通鉴纲目》的作者问题，指出自宋末王柏提出《资治通鉴纲目》成于赵师渊，到《四库全书总目》加以认定后，这一延续数百年的观点乃是一错误观点。为慎重起见，拙作均以朱熹亲笔撰写的书信为主要依据，对朱熹撰写《通鉴纲目》问题进行比较深入的考辨，并指出四库馆臣错误的来龙去脉。拙文发表后，笔者一直等待学界批评指正，因为学术只有在商讨之中加以去伪存真，才能使历史真相得到大白。《朱熹集》的主要点校者郭齐先生曾对拙稿进行了商榷③。笔者近来对拙稿、郭文认真细读，又比对有关朱熹撰述《通鉴纲目》的原始资料，感到有些问题值得与郭先生商议，以求史实之真相。同时，郭齐先生点校《朱熹集》，撰写过不少有关朱熹的论著④，笔者也庆幸有机会直接向郭先生求教了。

---

① 本文初稿写成于1999年，然一直未发表。此次编文集，将文章前半部分改成此文收入，亦是向郭齐教授及其他先生求教之意。
② 分别载于《史学史研究》1998年第2期、第3期。《半甲集》已收入。
③ 《关于朱熹编纂〈资治通鉴纲目〉的若干问题》，《四川大学学报》2001年第6期。收入氏著《朱子学新探》，四川大学出版社2008年版。按，郭先生于1999年将原文投寄北京某刊，而该刊编辑曾将郭氏大著寄给我先阅，并征求意见。笔者同意刊用，并附上数千言阐述自己看法。某刊将笔者意见转告郭先生，未刊用。郭先生修改后在《四川大学学报》发表。
④ 郭先生有关朱熹的论文收入其著《朱子学新探》，蒙郭先生惠赐，已拜读，受益匪浅。

郭先生一文，从整体印象上说，对笔者提出的朱熹花费大量时间亲自撰写《纲目》的结论是肯定的，而对具体编撰过程中的一些问题有些不同看法。当然，学术研究中见仁见智自不必勉强，但一些关键问题亦当细加商议。

（一）关于《通鉴纲目》最初名称问题

《通鉴纲目》是否曾以《通鉴节》为名，这是郭文提出的第一个问题。朱熹原文为："《通鉴节》只名《纲目》，取举一纲众目张之义，条例亦已定矣。三国竟须以蜀汉为正统，方得心安耳。"① 郭文认为"'通鉴节'只是朱熹从篇幅比《通鉴》原书小得多的意义上，对拟编而尚未定名的《纲目》一书一时随意的指称，等于说'《通鉴》之节略'，而不是正式的书名"。因而，郭先生认为"通鉴节"的标点方式应该为"《通鉴》节"。

诚然，郭先生点校《朱熹集》曾称"节：疑当作'即'"，现郭文中坦率承认这一校释"不妥"，这显示一位学者勇于改正错误的踏实科研品质，值得赞赏。然郭先生将"通鉴节"标点为"《通鉴》节"，仍然不妥。因为朱熹之信很短，不足40字，但从语意分析，显然是乾道八年撰成《资治通鉴纲目序》之前，因为此"序"写成时，朱熹已经明确将该书定名为《资治通鉴纲目》了②。因此，朱熹此前与蔡季通通信中称《通鉴节》亦完全可以理解，而写此信时则"取举一纲众目张之义"，改称《资治通鉴纲目》。如此，"《通鉴节》只名《纲目》"一语是顺理成章之语，符合古汉语习惯用法③。

---

① 朱熹：《朱熹集·续集》卷二《答蔡季通书》，四川教育出版社1996年版，第5184—5185页。此为全信内容。标点为笔者所加。

② 值得注意的是，此信绝非写于朱熹构想撰写《纲目》之初，因为朱熹大致确定了"条例"，并考虑成熟三国以蜀为正统之类重要之事。笔者以为此信时间大致是确定《凡例》之时到撰写"序"之前。

③ 按书信内容，大致可以判断的是：朱熹原与蔡氏通信中曾用《通鉴节》，此信之前一封改称《资治通鉴纲目》，因此蔡氏或有疑惑，朱熹回此信再作解释。只是蔡元定文集未能保存下来，朱熹书信亦有亡佚，因此无法用确切史料证实笔者这一观点。但用此来解释朱熹此信，则十分顺畅，不必再曲解成其他含义了。

郭先生认为节是"节略"的意思，与笔者《通鉴节》的含义并不矛盾①，分歧在于《纲目》是否曾以《通鉴节》为名？笔者认为，就这段文字疏释来说，应是朱熹最初拟名《通鉴节》的根据。因为，"节"字归入书名还是解释成"节略"，从表面看来确实可以两存，然而将"节"字放在书名之外，通读又出现问题，反复斟酌，愚意归入书名之内为妥。其实，笔者在撰述时，已经注意到王懋竑《朱子年谱》中在"节"下加"本"，认为此不可取。同样，标点为"《通鉴》节只名《纲目》"也不符合古汉语习惯，读不通了。②因为《纲目》确实贯穿着朱熹的史学思想，不是单纯节略③；而且，在没有更多资料印证的话，必须在正确把握古汉语特点的基础上对现存文字加以合理解释，否则就会犯臆断的错误。

郭文将"节"字放在书名之外，认为只是"对拟编而尚未定名的《纲目》一书一时随意地指称"，这种说法则存在问题：一是所谓"拟编之书"不确，因为朱熹实际已经着手进行编撰，朱熹不是明确说"条例亦已定矣"吗？显然，这不是"拟编"而是"正在进行编写"了。二是称此是朱熹"一时随意指称"亦不妥。"随意指称"是指朱熹编书之事还是书名？郭先生之意当然是前者，但编书之事何来"随意指称"？或许郭先生可说是指朱熹拟编而未定名之书，但郭先生如何证明这是朱熹"一时随意指称"？为何不能根据这段原始文献将"通鉴节"当作书名呢？实际上，郭先生尽管可以猜测"节"字含义，但无论如何不能否定朱熹《纲目》原名《通鉴节》这一可能④。况且，

---

① "节"字无论放在书名之内或之外，均表示节略的意思。
② 郭先生也指出王懋竑《朱子年谱》疑"节"下漏"本"字不可取。郭说十分正确。因为没有确切根据，古籍不可随意添字、减字来曲解。
③ 郭先生认为《纲目》有节、有补、有调整，十分正确，但他认为如此朱熹就不可能采用《通鉴节》之名。这种说法十分牵强。按郭先生见解，笔者可以作如此解释：正由于《纲目》有节、有补、有调整，朱熹才认识到原来用《通鉴节》不妥，于是改为《资治通鉴纲目》。这不正反证原来可以采用《通鉴节》吗？
④ 笔者用"可能"，是基于郭先生不同意拙文观点之上。其实，就朱熹此信而言，只能这样点校。点校成"《通鉴》节只名《纲目》"读不通，必须在"节"字后添"略"、"本"之类字。然这是点校古籍所不允许的。退一万步而言，说《通鉴节》是朱熹最初考虑不成熟的书名亦可，但不能说是"一时随意指称"。

真如郭先生所说"随意指称"的话，那么朱熹不如说"此书只名《纲目》"更能直接表达自己定书名的想法了，就完全没有必要在前面加上"通鉴节"三字。由此，笔者以为"通鉴节"三字应该是书名。至于郭先生认为书名一定要涵盖全书内容，那只是郭先生个人的看法，并不能代替朱熹最初定书名时的想法。因为即使定名为"纲目"，也只是从体例特点上着眼，也无法"涵盖"全书内容。

实际上，"节"（节要、节略）是学者改编某书的一种形式，远者不说，仅宋代史书以"节"为名者甚多，如司马光有《通鉴节要》60卷，稍早于朱熹者有江贽《通鉴节要》一书，共50卷，与朱熹同时者有吕祖谦《宋通鉴节》5卷，还有《吕氏家塾通鉴节要》24卷、洪迈《节资治通鉴》150卷、范师道《垂拱元龟会要详节》40卷。后世如元代刘剡撰《资治通鉴节要》30卷，明人丁奉撰过《通鉴节略》，清康熙时举人黎同吉亦有《资治通鉴节要》30卷。显然，以"节"来突出某书"节略"特点是历代学者惯用的方法，那么，为何朱熹就不能用"节"字作书名呢？又为何非得把"节"排斥在书名之外来加以解释或以为是"一时随意指称"呢？可见，郭先生的观点可能存在一些认识上的误区。

（二）关于今本《凡例》

朱熹曾写过《凡例》，这是谁也无法否认的事实，但问题焦点是，现存之《凡例》是不是朱熹撰写的凡例。

笔者认为：朱熹曾依《春秋》笔法为准撰过《凡例》，但后来在亲自撰述、修订过程中思想有了很大变化，最终认为"春秋笔法"不可取①，因此放弃了以此而作的《凡例》。因而，首刻《纲目》的李心传曾说见过《纲目》"草本"，此草本并未附《凡例》，也不追究《凡

---

① 参见拙稿《朱熹"重理据实"的史著评价思想》，《浙江学刊》1999年第1期。《半甲集》已收入。该文分析了朱熹对所谓的《春秋》褒贬"凡例"的态度，朱氏否认孔子著过"凡例"，这只是后人所为，毫无意义。因此，朱熹不同意所谓的"一字褒贬"的春秋笔法，因而也就不会坚持用"春秋笔法"来贯穿自己所著的《通鉴纲目》之中。退一万步说，即使所谓的"凡例"原是朱熹所撰，实际也已被朱熹否定与抛弃，不能代表朱熹的思想。

例》是否存在。李氏如此处理，亦确有原因矣。关于此，笔者原来两文考辨十分清楚，在此不赘，读者自可查看。

笔者曾指出：朱熹门人李方子（果斋）于嘉定十二年刻《纲目》于泉州，据李氏《后序》称："著书之凡例，立言之异同，又附列于其后，使览者得考焉"①，但王柏见过李方子《后序》，却未见过《凡例》，王氏所见《凡例》来自赵姓。

其实，笔者认为今存所谓朱熹所撰《凡例》的来历不明，实为伪作的结论，实是根据王氏《朱子年谱》而提出，并以史料进行证实来源确有问题，王懋竑《朱子年谱考异》卷一："凡例刻于王鲁斋柏，勉斋诸公皆未之及，或以后出为疑。"郭文引用此语，认为"对凡例的真伪完全可以提出怀疑，但要下结论则尚待进一步的研究，宜持谨慎态度。"此说甚佳。笔者正是依据王氏所疑而"进一步的研究"后得出的结论。自然，笔者提出若干条证明此《凡例》并非为朱熹所撰《凡例》，自以为有根据。

但郭文从文献角度流传的"曲折性"出发，以为朱熹"凡例也象王柏所叙述的那样曲折地流传下来，也是完全可能的"，这种"可能"自然可以成为一说，但毕竟仍属是"推测"之词，毫无资料根据。事实上，王柏为人轻率、好高务异，四库馆臣对他颇有批评："（王）柏好妄逞私臆，窜乱古经……盖其天资卓荦，本一桀骜不驯之才。后虽折节学问，以镕炼其气质。而好高务异之意，仍时时不能自遏。"②"发现"八书亦是其"好高务异之意，仍时时不能自遏"的表现而已。

问题在于，若《凡例》的确流传在世而被王柏发现，那么在朱熹去世之后、王柏发现之前当有蛛丝马迹可寻，但笔者查阅相关典籍并未发现有价值的线索。朱熹去世之后，后人编集其文集，刊印《纲目》，又陆续编其《语录》，而"凡例"一词应屡见不鲜。那么编纂者为何对此重要著述视而不见而"遗漏"之？为何等数十年之后让王柏来"发现"？至少，他们应该在谈及《资治通鉴纲目》时应该提到

---

① 《资治通鉴纲目》卷首《李方子后序》，文渊阁《四库全书》本。
② 《四库全书总目》卷一六四《鲁斋集》"提要"。

《凡例》如何如何。① 这一现象，应该视为他们已经认同朱熹放弃"春秋笔法"的观点。事实上，只是在王柏"发现"《凡例》后，学者才对"春秋笔法"大加讨论。

至于李心传《建炎以来朝野杂记》一段引文，笔者早已注意到，但不取。因为李氏是从维护朱熹角度来讨论问题的，将《纲目》存在的问题说成是朱熹门人众手编辑所导致，以此来"维护"朱熹的声誉，此不可取。笔者认为，《纲目》最初编撰确实是出于众手，但修改则是朱熹一人承担，郭文对此也未提出反对意见。事实上，黄榦提出《纲目》数条遗漏，朱熹采纳而加入，正说明《纲目》修改是朱熹独立为之。就目前所能见到的资料来说，除所谓"八书"外，找不出一条朱熹托他人修改的证据。郭先生点校《朱熹集》，对此文集及相关资料一定相当熟悉，那么能否再列出一二条不同的有关证据呢？郭先生大作回避这一问题，因为若有根据，想来一定早就罗列出来了。

郭文说："今存凡例本身较为完备，如以与李心传所言相类的出于众手、未定之书作为原因来解释正文与凡例的牴牾，似更合情理。"其实，这恰恰反证有问题，因为朱熹思想转变，最终抛弃了《凡例》，故流传应该极少，且不受学者重视。然而，王柏、倪士毅都是在朱熹去世之后很久才均从"赵姓"处得到《凡例》，确实令人不得不提出怀疑。

其实，李果斋《后序》成于嘉定己卯（十二年），他称朱在处始获《纲目》为庚午（嘉定三年），其序是由朝廷命其作之，虽在泉州刻本收录《凡例》，但王柏所见《凡例》并非此本，这从王柏序中可见。② 此问题，拙文已经以史料证实。因此，郭文硬将王柏"发现"的《凡例》当作李果斋所序泉州本的《凡例》，这确实张冠李戴了。③

---

① 现存黄榦《勉斋集》、陈淳《北溪大全集》等均未发现有关《凡例》记载。
② 王柏自称从未看到李果斋所序的刻本，因而也就未见过泉州本的《凡例》。
③ 郭先生的观点沿袭四库馆臣，《四库全书总目》卷四七《纲目续麟》提要称"《纲目》一书，非惟分注非朱子手定，即正纲亦多出赵师渊手"，此是全盘否定朱熹撰述《纲目》。然此观点实误，得不到任何可靠资料证实。

（三）与赵师渊"八书"及赵氏是否参与修订《纲目》

拙文曾提出如此标准："判断是否托赵师渊修订《纲目》，应该根据最具说服力的《朱熹集》的资料"来看朱熹撰写《资治通鉴纲目》的过程，只要朱熹确实撰写过《资治通鉴纲目》，那么所谓朱氏给赵师渊的信就不攻自破了。必须补充的是，所谓赵师渊撰《纲目》是依朱熹提供的'凡例'修撰的（见王柏序），即以《春秋》笔法来修撰的，那么，只要本文提出朱熹抛弃《春秋》笔法的明确证据，便可以断定八书是伪，那么赵师渊修改《通鉴纲目》之说就难以站住脚了"。

朱熹寄赵师渊"八书"，历来是判断朱熹托赵氏修订《纲目》的最重要的根据，因为除此之外是找不到明确可靠资料的。

所谓朱熹完成《纲目》初稿后，托门人赵师渊修订完成之说，早在数百年前就有人说过，直至《四库全书总目》作者定为朱熹只撰"纲"，而赵师渊撰成其书的调子定下后，很少有人反对了。钱穆先生《朱子新学案》亦提出朱熹撰有草稿，而由赵师渊修订过，显然此说也非郭先生的"新见"。另外，肯定凡例与"八书"均为朱熹手书，自然早有人说过，而且至今仍是肯定者多，当非郭先生"创见"。然笔者强调朱熹"亲撰"《纲目》，依据大量的朱熹书信为证，逐条辨析时间，分析其长达数十年中"亲撰"（包括修订）过程，应该说是根据第一手资料而得出的结论，自信确实可靠。

郭先生以为《纲目》由众人写成初稿，后由朱熹修订，再由赵师渊作最后修改定稿，此亦是沿袭旧说①，且不足取。其实，《纲目》最初由众手编撰并非虚言，这在朱熹信中有明确证据，拙稿中指出最初

---

① 钱穆先生就说过类似之语，参见《朱子新学案》。另，叶建华先生曾提出朱熹"主编"该书，实际是用现代概念说古代之事，不确。古代没有主编一说，即使是诏命委某人主持编某书，题写作者时亦不称"主编"，而是直接题最高领衔者，其他人则附于下，与现代"主编"署名方法完全不同。因此笔者不取此说。

参加者有蔡季通、李伯谏、张元善等人。① 然而他们只是参与编写部分"纲"的内容，而非"目"（详细内容）。② 从现存资料来分析，乾道八年之后朱熹断断续续地亲自编写、修订《纲目》，蔡季通、李伯谏、张元善等人则不再参与了。③ 虽说《纲目》仍属修改未定之作，但由朱熹亲撰是完全可以确定的。显然，郭先生提出的《纲目》由众人"写成初稿"的观点是站不住脚的。④

郭先生又称最后朱熹托赵师渊修订《纲目》，如前所言，这仅是沿袭旧说。问题在于持此说应该拿出确实根据来"证明"委托的实际情况，不能不认真考证朱熹书信写作时间而作笼统言之。因为在笔者看来，只有考证清楚朱熹有关《纲目》的书信撰写时间，才有可能解决《纲目》作者问题。笼统说之，不但失之武断，也无法证实朱熹撰写过程并解决作者问题，无法了解朱熹最终撰述的《纲目》达到什么程度，也根本无法推翻前人所说的委托门人赵师渊撰述的观点。

笔者认为四库馆臣最终认定的《纲目》修改是朱熹委托赵师渊的

---

① 郭先生称"汤文认为东晋部分承担者为字少舆者，是因错改信中'六象'作'六朝'致误……少舆乃李伯谏亲友，居住建宁府或境中某县，只是负责朱熹与李伯谏邮件的往来传递"。首先得感谢郭先生指出拙稿认为"少舆［姓佚］则为东晋部分"这一结论的草率。笔者确是据朱熹给蔡季通之信："《通鉴》诸书全不得下功，前此却修得晋事，粗定条例，因事参考，亦颇详密。但晋事最末两三卷未到，故前书奉速。今承喻已寄少舆处，必是少舆遗下，不曾送来也。此亦不难，俟卒成之耳。宋以后事分属张元善，已修得大字数卷来，尚未得点勘。若得年岁间无出入，有人抄写，此甚不难了。但恐不得如人意耳。六象似亦送少舆，不知何故未到，俟别摹去。"然拙稿并未引此段原文，只是归纳大意而言之，何来"错改信中'六象'作'六朝'致误"？此恐是郭先生臆断矣！另外，笔者阅读大量时人相关著述，除《朱熹集》此段记载外，尚未查到其他"少舆"的记载，因此郭先生称"少舆乃李伯谏亲友，居住建宁府或境中某县，只是负责朱熹与李伯谏邮件的往来传递"，请赐告相关资料。若是根据上述"承喻已寄少舆处"来作证据，那么朱熹为何不直接寄达李伯谏处，而要少舆转递？

② 退一步说，这些作者可能在编定"纲"时带到一些"目"的内容，朱熹撰写时自然会参考它们，但朱熹亲撰过程中修改十分复杂，因此与原先他们所撰肯定有很大不同。

③ 据《朱熹集》所收给诸人之信大致可判断，蔡季通有可能继续协助过朱熹，而李伯谏、张元善则完全退出修撰之事。

④ 拙稿原来对蔡季通所撰部分一直未确认，但朱熹在编定"纲"时给蔡季通的信中曾说："《纲目》数日曾看得否？《高（祖）纪》中数诏极佳，如立口赋法及求贤诏皆合入，更烦推此类添入。有看了册，旋付此童来，似乎蔡季通应承担秦汉部分"纲"的编写。《朱熹集》卷四四《答蔡季通》，第2063页。

观点是完全错误的，因为笔者已作长篇辩证，梳理了这一谬传的来龙去脉。郭先生则肯定"八书"为朱熹所写（因为这是确认《凡例》为朱熹手撰的根据），但同时也认为"八书"出于"赵氏一家孤证"。在笔者看来，如果不是从"赵氏"手中得到"八书"，倒还有一点可信之处，因为至少可以避免"赵家人"作伪的可能。但"八书"出于赵家，自然应该谨慎对待了。① 如果只信"赵氏一家孤证"，从而肯定赵师渊修订过《纲目》，不但有误信之可能，而且还有臆断之虞。当然，郭先生在文章中甚至想否定"八书"在《讷斋文集》中，但读之王柏之序，显然是郭文未判断准确。进一步说，郭文称"赵氏一家孤证"也有误，因为倪士毅《朱子纲目凡例序》称，他在至元戊寅（1278年）冬也见过从一赵姓传出的得到"凡例"②，显然并非是"孤证"。然此凡例亦出于这一可疑的"赵氏"！

郭文力图区分"八书"是否为王柏所见"往来书问"，力图证实"八书"非王柏所见朱熹与赵师渊往来书问，这实际是个难以证"实"或证"伪"的问题，因为郭先生应该知道《讷斋文集》已不存，谁也无法证实这一问题。然而，尽管如此，我们可以肯定地回答：虽不能说现存"八书"就是全部之"往来书问"，但作为其中一部分则是可以肯定的。事实上，郭先生已经发现王柏所序与八书之间有不吻合之处，甚至说"根据王柏的结论与八书不符的情况，八书甚至可能根本不在《讷斋文集》之中"，那么郭先生如何来证实"八书"确实不在往来书问之中呢？或者说"八书"不在《讷斋文集》根据何在呢？当然，郭先生不可能回答出这一问题。因为我们只能基于目前能知的史料来回答问题，而不能以目前不存在的史料来加以"推测"或者"臆断"。

在这里，笔者仍可提出一些证据来维持自己一孔之见：倘若朱熹

---

① 赵家人为其祖上编文集，自然应该收入赵师渊本人的文章，编入相关文章也是有例可依。但毕竟在考量这事真伪时，应该引起高度警惕。况且赵师渊《讷斋文集》未能传世，更无法判断其编入的情况了。

② 参见倪士毅《朱子纲目凡例序》，文渊阁《四库全书》本《资治通鉴纲目》卷首；或《宋元学案》卷七〇《沧州诸儒学案下》，中华书局1986年版，第2359—2360页。

确实在庆元年间托赵师渊修订《纲目》，应该在朱熹与其他人通信中有所蛛丝马迹可寻，因为从朱熹的大量信件中可以归纳出他的通信习惯，即他比较喜欢将正在做的事情告诉自己所信任者，就说晚年编《礼》书之事，他与友人与门人的通信中不知说到多少次。而郭先生以为朱熹托赵师渊修订《纲目》是庆元间事，为何在这一期间的朱熹信件中就无此踪迹可寻呢？为何在现存朱熹门人的文集中也无此踪迹呢？退一万步说，即使说朱熹在修订曾听取过赵师渊的意见，但不等于《通鉴纲目》也一定要让赵师渊来修改，其实笔者已经用大量史料证明朱熹确实一直自己在修订《通鉴纲目》。由此，郭先生认为"赵师渊在庆元初官场失意而归之时参与《纲目》的修订，是完全可能的"的说法，是不能成立的推测之词，不能作为定论。

　　本文围绕着郭文中提出的主要问题加以回答，其他需辨别的问题尚多，当另撰文请教了。

　　　　　　　　　　　　　　原刊《半甲集》，上海三联书店出版社2010年版

"道统"之辩：再论"朱陈之辩"

——答方如金、姜鹏两先生

拙作《有关"朱陈之辩"的几个问题》①发表后，引起陈亮研究专家方如金先生以及姜鹏先生的关注，并提出了批评意见（下简称方文），实属意外②。方、姜两位先生从四个方面来反驳拙文：一、"汉唐之辩"由朱熹率先发难，而陈亮的应战是为了取得朱熹的正确理解；二、陈亮有关"王霸义利"的思想具有一贯性和连续性；三、朱熹与理学的境遇并非如汤文想象的那么困厄，陈亮没有必要与他们划清界限以求免死；四、汤文之所以形成陈亮为免死而挑起论战的观点，一个重要原因是对陈亮的品性为人和朱陈之间的关系缺乏最起码的了解。从这四个方面来看，似乎"完全"可以将拙文击倒在地了。然而不得不指出，笔者拜读方文后，感到仍有必要继续辨明这一问题，同时也希望得到两位先生及学界同人批评指正。

（一）"免死之计"确是"朱陈之辩"的起因之一

拙作认为，导致"朱陈之辩"有两个原因：一是陈亮的免死之计，二是陈亮的不平之气。其中"免死之计"问题，笔者着笔千余字

---

① 本文原是提供给1996年在昆明召开的宋史年会。刊于《中国哲学》第21辑，辽宁教育出版社2000年版。
② 文章口气之激烈出乎常情，然情有可原，因为方先生是浙江陈亮研究会的顾问，为乡贤不平也。方如金、姜鹏：《论"朱陈之辩"并非陈亮的"免死之计"》，《浙江师范大学学报》1999年第6期。

（不足全文的十五分之一），其中列举了陈亮本人说的 10 段话来作证据，以断定"朱陈之辩"的确包含陈亮"免死"的想法。方文不同意这一看法，认为："汤文将这场严肃的学术思想交锋简单地归结为陈亮为'免死'而制定的诡计"、"汤勤富同志的文章之所以认为'汉唐之辩'起于陈亮的'免死之计'，是因为对陈亮的思想及其为人缺乏起码的根本的了解，掇拾陈亮的只言片语，断章取义"云云。① 笔者实为不解，因为，方文所述与拙文差异颇多。

这里先罗列拙文一段原话。拙文在讨论陈亮的"免死之计"后紧接着指出："陈亮学无师承，自创一格，虽不反对孔子学说，然'喜谈兵'，偏重智术事功，尤其认为自己从小练就'屠龙之技'，'亦尝思与一世豪杰之人审订其是非可否'，然而却'技成而无用，且更以取辱'，这对陈亮来说是个很大的打击，不平之气无处发泄；加以受诬而入狱，却遭到朱熹的批评，说他'狂妄'，而且要他放弃'义利双行、王霸并用'的观点，以醇儒自律，这无疑是火上加油，于是陈亮的不平之气终于爆发出来了。"显然，拙文强调在上述两个原因的作用之下，引发了"朱陈之辩"。方、姜两位先生将拙文提出"朱陈之辩"引起的两个原因只说成是陈亮"免死之计"这一个原因，如此歪曲他人论述的基本事实，强加己意于他人的做法实不可取。其二，"免死之计"是陈亮自己所说，笔者已经明确指出了出处，况且拙文从头到尾并未使用过"诡计"两字，方文硬加上"诡计"两个字不知何意？其三，方文以为拙文是"掇拾陈亮的只言片语"，"断章取义"而得出错误的结论，那么笔者整段引用陈亮的 10 段原话，并未删节，为何方文不一一指出在哪些地方是"掇拾陈亮的只言片语"或"断章取义"呢？为何不敢正面分析陈亮上述 10 段话呢？如此回避陈亮自己所说之语，而又指责拙作"掇拾陈亮的只言片语""断章取义"能使人心服口服吗？方文回避分析陈亮之语，能达到防止歪曲"这场严肃的学术思想交锋"吗？

---

① 方文中一直称笔者为"汤勤富"，将论辩对象名字都搞错了，写文章实在太不仔细。另外，"缺乏起码的根本的了解"，"起码"与"根本"两词不该连用。

自然，方如金先生对陈亮素有研究，否认"朱陈之辩"中陈亮有"免死之计"因素或许另有过硬的资料根据，但笔者希望能摆出来，以免笔者今后再犯"掇拾陈亮的只言片语"、"断章取义"的错误。但是，笔者仍得请教方、姜两位先生，应该如何解读拙文所引用的陈亮"世以（陈亮）相附和为党而欲加之罪者，非也。此数书亦欲为免死之计，见世之有力者（指当权者）亦使一读之"。这里的"欲为免死之计"如何解释呢？方文为何回避而不作正面疏释呢？陈亮又说"亮之居乡，不但外事不干与（参与），虽世俗以为甚美，诸儒之所通行，如社仓义役及赈济等类，亮力所易及者，皆未尝有分毫干涉。"① 众所周知，朱熹是力主社仓之说的，且还实行过。请教方、姜两位先生：陈亮明知朱熹所持观点，却又为何要表白与"诸儒之所通行"毫无关系呢？为何力图区分这一些呢？这与"欲为免死之计"有无关系呢？陈亮又说"使汉唐之义不足以接三代之统绪，而谓三四百年之基业可以智力而扶持者，皆后世儒者（明确是指朱熹）之论也。世儒之论不破，则圣人之道无时而明，天下之乱无时而息"② 一语，极其明确要"破世儒之论"，方先生对此又作如何解释呢？陈亮在停止争论的那封信中明确表示："此数书未能免罪于世俗（暗指当权者），而得罪门下士多矣；不止，则楚人又将钳我于市。进退维谷，可以一笑也。"陈亮所承认的"未能免罪于世俗"，而又使自己陷入"进退维谷"，又作如何解释？显然，陈亮最后自我解嘲"进退维谷，可以一笑"只是出于无奈罢了。笔者以为，方文回避以上那些陈亮之语，而断然否认陈亮"免死之计"是引发"朱陈之辩"的原因之一，是难以说服人的。至于拙文中列举的陈亮给朋友的信中说到自己欲避地而居以避祸的话语，方文也一概回避不谈，不知是否方、姜两先生认为这些资料都是不属于"根本的了解"范围之内而不必解释呢？

　　笔者以为，若方文真想要否认陈亮在"朱陈之辩"中抱有"免死之计"的因素，就必须解释并驳倒陈亮所说的这10段话，否则无法排

---

① 陈亮：《陈亮集》卷二〇《又甲辰秋书》，中华书局1974年版，第280页。
② 陈亮：《陈亮集》卷三《问答一》，第33页。

除陈亮的"免死之计"是引发"朱陈之辩"的原因之一。不过也须补充，陈亮仅是从自身"免除"灾祸角度出发，决无陷害朱熹之意，这与庆元时期韩侂胄走卒刘德秀、李沐、胡纮之流的出发点完全不同。

（二）"朱陈之辩"并非朱熹"率先"发起

与上述相关，方、姜两位先生为了证明"朱陈之辩"中不存在陈亮的"免死之计"，因此提出如下一个观点："'汉唐之辩'是由朱熹率先发难，而陈亮的应战是为了取得朱熹的正确理解。"因为肯定此次论辩是朱熹"率先发难"，自然陈亮抱有"免死之计"的说法就是天方夜谭了。由此，方文强调："若如汤文所云，这场辩论是陈亮精心设计的'免死之计'，则理应由陈亮首起非难朱氏的论调，而陈亮在辩论中也势必将摆出与朱熹势不两立的架势，力图将他与朱熹的论点对立起来。而事实却并非如此。恰恰相反，此次辩论由朱熹拉开战幕，而陈亮在辩论中是极力寻求朱熹的理解，企图建立双方的共同语言。"①

方文认为此次辩论是朱熹"率先发难"不合事实真相。拙文明确指出：朱熹听到陈亮出狱后写信给陈亮，完全是"以朋友的交谊驰函表示慰问，同时也对陈亮进行规劝，认为陈亮受诬是'平日狂妄'、'自处于法度之外，不乐闻儒生礼法之论'所致，因而劝他'宜痛自收敛'，绌去义利双行，王霸并用之说，而从事于惩忿窒欲、迁善改过之事，粹然以醇儒之道自律"。方文也承认"等到他（指陈亮）获释后，朱熹写了封信给他，进行规劝。信的主要内容是说，陈亮的系狱，他虽还不知其原因所在，但从陈平时的言行来看，似乎也有足以招致怨谤之处"，"对于朱熹这番奉劝的话，陈亮认为不能全都接受。他遂写信给朱熹，对他所劝告的一些意见进行辩论。战幕从此揭开"。从表述上看，方文已经承认朱熹写信只是"奉劝"陈亮，而陈亮对朱熹的奉劝"不能全都接受"，因此"对他所劝告的一些意见进行辩论。

---

① 值得声明的是，拙文从未说过"朱陈之辩"是陈亮"精心设计"的，方文却臆测愚意，硬套在拙文头上，这恐怕不合学术辩论的基本规范吧。

战幕从此揭开",显然,方文已经承认"揭开"战幕者是陈亮而非朱熹,为何方文又强调说是朱熹"率先发难"呢?难道方文所说的"奉劝"与"发难"是同义词吗?可见,方文这一自相矛盾的说法是很难站住脚的。

在笔者看来,朱熹所写的第一封信确有浓厚的理学家的气息,然而他确实像方文所承认的那样,是出于"奉劝"的目的而写此信的,并非是"率先发难"。其次,方文在文章中反复强调"朱陈之辩"是一场"严肃的学术思想的交锋",指出"在这次'汉唐之辩'中,陈亮在当时的学术界之权威,思想界之泰斗的责难面前,鲜明地树起事功主义的大旗,坚持自己讲求实效的主张,使得经世致用的思想在中国古代思想史上大放异彩"。但是,方文又说:"此次辩论由朱熹拉开战幕,而陈亮在辩论中是极力寻求朱熹的理解,企图建立双方的共同语言""陈亮在辩论过程中并不想把自己与朱熹完全对立起来,而是努力地求同存异,企图取得朱熹的谅解"等是存在十分明显的矛盾之处。因为,既然陈亮"鲜明地树起事功主义的大旗,坚持自己讲求实效的主张",怎么又去"极力寻求朱熹的理解,企图建立双方的共同语言""努力地求同存异,企图取得朱熹的谅解"呢?如果真像方文所说的那样,陈亮是为了"求同存异"地寻求与朱熹建立"双方的共同语言",那么陈亮也就不是"鲜明的树起事功主义的大旗"了,因为寻求双方共同的语言就必然需要各自作出一定的妥协,否则就是要朱熹放弃自己的观点来附和陈亮的"事功"观点了。这里,笔者还想进一步求教,两位先生提出陈亮企图"建立双方的共同语言""求同存异",那么请问这"共同语言"究竟是什么呢?朱陈的观点在什么地方可以建立"求同存异"呢?方先生是研究陈亮的专家,我想应该能够根据可靠的第一手资料回答得出这些的吧。如果方先生真能回答这一问题,那么,方先生一定会与自己提出的陈亮"鲜明地树起事功主义的大旗,坚持自己讲求实效的主张"这一基本观点发生矛盾,因为陈亮已经作出了妥协而不再"坚持"了。

至于方文所提出朱陈之间早已存在观点上的差异,实际拙文也已提及陈亮"对所谓'道学家'们是不屑一顾的,批评极多而且尖锐"。

但是笔者与方、姜两位先生的差异在于：笔者认为爆发于淳熙十一年的"朱陈之辩"并不是方文所说的"是朱熹抓住了一个机会率先提出来"的。事实上，早在淳熙九年正月，朱熹巡历绍兴府属县，陈亮"来访（朱熹）于衢、婺间，旬日而别"，其间，朱熹曾以"博约"之说劝说陈亮，陈亮之后曾写信给朱熹，所提及的"山间获陪妙论"即指此事，而且，陈亮也承认"平生有坐料人物世事之癖，今而后知其不可也"①。但事实上，陈亮并未改变品评人物做法，而且又撰作《杂论》10篇来阐述自己的观点。② 在朱熹的要求之下，陈亮将《十论》寄给朱熹一阅，朱熹阅后虽然十分不满，但也未加尖锐批评，只是劝陈亮道："去年《十论》，大意亦恐援溺之意太多，无以存不亲授之防耳。后生辈未知三纲五常之正道，遽闻此说，其害将有不可胜救者，愿明者之反之也。"③ 也就是说，朱熹在淳熙十一年听闻陈亮出狱所写之信的观点，早在山间会面时及"朱陈之辩"爆发前一年就多次劝说过陈亮了，而朱熹甲辰四月所写的信并未意识到陈亮受诬入狱的真相，误解为是陈亮平时为人所致，因此才写此信规劝，前后观点完全一致，并非"率先"挑起这场争辩。研究陈亮素有成果的方先生该不会否认这一史实吧。另外，大约方、姜两位先生也不会否认朱熹在接到第一封2000余字的回信后，仅写了一封不足200字的回信，一方面仍表示慰问，另一方面再行劝说之事吧。此信对理解朱熹是否"率先"挑起争辩十分关键，因此全文摘录如下：

> 昨闻汹汹，常托叔度致书奉问，时犹未知端的，不能无忧。便中忽得五月二十六日所示字，具审曲折，喜不可言。且得脱此虎口，外此是非得失，置之不足言也。
>
> 林叔和过此，又得闻其事首末尤详，是亦可叹也已。还家之

---

① 陈亮：《陈亮集》卷二〇《壬寅答朱元晦秘书》，第273页。
② 陈亮：《陈亮集》卷二〇《又壬寅夏书》中明确说道："不获听博约之诲，又复三月……近有《杂论》十篇，聊以自娱，恨举世未有肯可其论者，且录去五篇，或秘书不以为谬，当继此以进。"
③ 朱熹：《朱熹集》卷三六《答陈同甫》，四川教育出版社1996年版，第1588—1589页。

后,诸况如何?所谓少林面壁,老兄决做不得,然亦正不当如此,名教中自有安乐处。区区所愿言者,已具之前书矣。大率世间议论不是太过即是不及,中间自一条平稳正当大路,却无人肯向上头立脚,殊不可晓。老兄聪明非他人所及,试一思愚言,不可以为平平之论而忽之也。偶有便,忽忽未暇索言。①

此信所言,朱熹显然仍劝陈亮做个醇儒的意思,语言极为委婉,对陈亮情绪激动、措辞激烈的来信并未驳斥,显然是有意回避双方冲突,更不像是挑起争辩的话语。如果真像方、姜两先生断定的是朱熹"抓住机会""率先"挑起这场争辩的话,既然"机会"已经抓住,争辩也已开始,朱熹为何面对陈亮的来信而说得那么委婉呢?这不正是一个进一步"发动"攻击的极好机会吗?合理的解释只能是一个,此时朱熹仍不想与陈亮争辩。只是陈亮在接到朱熹此信后,又写了一封长达3000余言的措辞更为激烈的回信后,朱熹才正式进行反驳。于是这场大争辩算是双方都全力参与了。此为其一。其二,从双方争辩的重要内容之一的"义利王霸"问题来分析,虽说朱熹第一封信中要陈亮放弃"义利王霸",但陈亮回信进行反击后,朱熹再次回信则回避此四字,事实上,强调义利王霸之别正是朱熹一贯的观点。而陈亮之信则紧紧围绕着"义利王霸"问题展开的,并力邀朱熹回信论辩,如第一封信中言:"秘书勿以其(陈亮自指)狂而废其往复",第二封信中更是明确要求"宜来教之辩答也","秘书必未肯遽以为然,更三五往复,则其论定矣。亮亦不敢自以为是也,秘书无惜极力铺张以见教。论不到底,则彼此终有不尽之情耳。"如此积极邀朱熹论辩,难道可以说是朱熹"率先挑起"争辩吗?按方、姜两位先生所言,"若如汤文所云,这场辩论是陈亮精心设计的'免死之计',则理应由陈亮首起非难朱氏的论调,而陈亮在辩论中也势必将摆出与朱熹势不两立的架势,力图将他与朱熹的论点对立起来。而事实却并非如此。恰恰相反,此次辩论由朱熹拉开战幕,而陈亮在辩论中是极力寻求朱熹

---

① 朱熹:《朱熹集》卷三六《答陈同甫》,第1590页。

的理解,企图建立双方的共同语言",究竟是朱熹"率先"非难陈亮的观点呢,还是陈亮先非难朱熹的观点呢?究竟是朱熹邀陈亮论辩还是陈亮邀朱熹论辩呢?从双方前两封信来分析,究竟是谁先摆出"势不两立的架势"呢?显然,这是一眼就可看清的史实,只要平心静气、公平而又客观地对待这一史实,就不会作出其他结论的。

(三)"道统":"朱陈之辩"的核心

拙稿明确提出"朱陈之辩"的核心问题是"道统"问题,这一观点与传统观点完全不同,然仅是笔者一孔之见,提出来向学界同人求教,希望得到学界善意批评,以求史实之真相,并非奢望学界都认同。

笔者指出,双方论辩围绕着三代圣贤、孔孟传授之"道"由谁来继承、汉唐时道统是否中断而展开的,论辩中提出义利、王霸、人心、道心诸概念,评价三代圣贤、汉唐帝王优劣。朱熹强调三代圣贤所传之"统绪"到汉唐出现中断,至宋才由周、程诸子重新继承。而陈亮则不同意这一观点,强调汉唐帝王功业甚大,完全能够继承三代"道统",他认为"使汉唐之义不足以接三代之统绪,而谓三四百年之基业可以智力而扶持者,皆后世儒者之论也。世儒之论不破,则圣人之道无时而明,天下之乱无时而息",因此他在给陈傅良的信中强调:"亮与朱元晦所论,本非为三代、汉、唐设,且欲明此道(道统)在天地间如明星皎月"①,这是双方争辩核心的最直接的言论。

方文不同意拙稿观点,坚持传统观点当然完全可以。但是,既然要反驳笔者观点,自然要摆出过硬的资料根据来反驳,或对笔者所罗列的资料进行疏释,以证实笔者对原始资料释读有误,这样才能驳倒笔者。然而遗憾的是,笔者细读方文,除引用了前辈学者在论证"义利王霸"观点时所引用过的资料外,没有发现一处新的资料。同时,也没有对笔者所罗列的资料进行疏释辨析,而是回避这些资料!因而,笔者无法从方文声嘶力竭的指责中获得教益,却感受到一种莫名其妙

---

① 陈亮:《陈亮集》卷二一《与陈君举》,第330页。

的政治压力①！当然，笔者仍然希望方先生能继续摆出过硬的资料来否定拙稿的观点，也希望方先生能正面解释一下陈亮所说的"使汉唐之义不足以接三代之统绪"、"世儒之论不破，则圣人之道无时而明，天下之乱无时而息"、"亮与元晦所论，本非为三代、汉、唐设，且欲明道在天地间如明星皎月"等语，倘若笔者真是理解错了，自然不会坚持自己错误观点的。

如果进一步分析，我们就可以看出朱熹与陈亮在治史问题上的重大差异。朱熹并不反对治史，但他强调先经后史，治史的目的是明天理，将史学纳入到理学的轨道中去，最终达到维护封建的伦理纲常。② 陈亮并不反对治史明"道"，他曾说："孔子伤宗周之无主，痛人道之将绝，而作《春秋》"③，"孔子之作《春秋》，其于三代之道或增或损，或从或违，必取其与世宜者举而措之，而不必徇其旧典。然于君臣之大义，未之有改也。"④ 显然，陈亮也没有反对治史具有维护当时伦理纲常这一关键问题。不过，两人的重大区别在于对治史功利问题的看法。陈亮主张治史要切于"世用"，朱熹则以为要切于"己用"。因此，陈亮思想就带有经世致用的色彩，所以他会肯定汉唐帝王，强调他们能够继承道统；而朱熹强调个人的修身养性，所以他从道德角度出发，必然要批评汉唐帝王，否认他们能够继承道统。显然，朱熹批评浙东学派并非偶然。方文的失误就在于停留在双方争论的表面现象之上：汉唐帝王的义利王霸问题，而缺乏进一步思考双方真实的目的。

---

① 上述所举方文："汤文将这场严肃的学术思想交锋简单地归结为陈亮为'免死'而制定的诡计"、"汤勤富同志的文章之所以认为'汉唐之辩'起于陈亮的'免死之计'，是因为对陈亮的思想及其为人缺乏起码的根本的了解，掇拾陈亮的只言片语，断章取义"等。帽子确实够大的。

② 笔者在《朱熹历史哲学的层次分析》中就提出朱熹的"以史证理，以理阐史"的特点，载《朱子学刊》第二辑，黄山书社1990年版。

③ 陈亮：《陈亮集》卷一《上孝宗皇帝第二书》，第10页。

④ 陈亮：《陈亮集》卷三《问答》，第38页。

（四）学术论辩的规范

最后还需提出学术讨论的规范问题。应该说，时至今日，理应对学术论辩的基本规范有一个比较清醒的认识。但笔者在拜读方文之后感到这一问题确实应该再次提出，以祈得到方、姜两先生的理解。

笔者自知学浅才疏，虽撰写过一些文章，并不敢自以为是，因此非常希望获得学者专家的善意批评。然方文在不少地方超出了学术争辩的范围，唯我独尊，不许他人发表与之不同意见。此并不是笔者的臆想，下面举方文来印证：

> 近读汤勤富同志之《有关"朱陈之辩"的几个问题》，该文对于"朱陈之辩"似颇有新异之论。
>
> 若如汤文所云，这场辩论是陈亮精心设计的"免死之计"，则理应由陈亮首起非难朱氏的论调，而陈亮在辩论中也必将摆出与朱熹势不两立的架势，力图将他与朱熹的论点对立起来……

请问：拙文在什么地方说过是陈亮"精心设计"的？方文又说：

> 并非像汤文所指出那样，这次辩论是陈亮急于同朱熹划清界限而仓猝拼凑的。

请问：拙文在什么地方"指出"过这次辩论是"陈亮急于同朱熹划清界限而仓猝拼凑的"[①]？方文又说：

> 当时朱熹与道学的处境并不像汤文所指出的那样困厄，远不需陈亮苦用心计来与他们划清界限以求"免死"。更何况林栗攻击朱熹是淳熙十五年（1188）的事，是在"汉唐之辩"结束之后的第三年，与陈亮、朱熹之间的思想论战并无牵碍。朱熹与理学

[①] 顺便指出，"辩论"是"不可仓猝拼凑"的，笔者即使再愚蠢，也不至于如此用词。

的境遇并非如汤文想象的那么困厄,陈亮没有必要与他们划清界限以求免死。

拙文写道:"唐氏(唐仲友)是宰相王淮的姻亲,朱熹得罪王淮,已自劾辞职,陈亮以为自己受牵连而得祸也在所不免,况且此时郑丙、陈贾等人已上书力诋程氏之学,实际暗指朱熹之学是伪学。由此,陈亮力图与朱熹划清界限:'亮之居乡,不但外事不干与,虽世俗以为甚美,诸儒之所通行,如社仓义役及赈济等类,亮力所易及者,皆未尝有分毫干涉。只是口唠噪,见人说得不切事情,便喊一声,一似曾干与耳。'"拙文描述"朱陈之辩"前夕情况,这是学界公认之史实,是否属于"困厄"当由各人自己判断。然而,毕竟拙文没有提到过"林栗"之事,也未提及林栗之名。笔者再浅薄,也不致粗疏到如此地步。奇怪的是,为何方、姜两先生如此无视原文而臆造出如此低级"硬伤"呢?这种"批判"他人的方法早已远离了正常学术论辩的轨道。其次,拙文根据史料客观地说了朱熹弹劾唐仲友之后得罪王淮而自劾辞职,这是史实,不是笔者的臆造。为了不再"断章取义",故只得引王白田《朱子年谱》讨论朱熹弹劾唐氏与辞职的数节:

知台州唐仲友与丞相王淮为姻家,吏部尚书郑丙、侍御史张大经交荐之,迁江西提刑,未行。七月,先生(朱熹)巡温州,涉台州境,民诉太守、新除江西提刑唐仲友不法者纷纷,急趋台城,则诉者益众,至不可胜穷。因尽得其促限催税、违法扰民、贪污淫虐、蓄养亡命、偷盗官钱、伪造官会等事,节次劾之,仍送绍兴司理院鞫实。章三上,王淮匿不以闻,先生论愈力,仲友亦自辨。淮乃以先生章进呈,上令宰属看详,都司陈庸等乞令浙西提刑司委清强官体究,仍令先生速往旱伤州郡相视。先生时留台未行,既奉诏,益上章论,前后六上,淮不得已,夺仲友江西新命。初,王淮营救甚至,而绍兴狱具情得,按章至六上,淮度其势益炽,乃取首章语未甚深者,乃仲自辨疏同上,曲说开陈,故他无镌削,止罢新任。

> 况前按知台州唐仲友,反被论诉,虽蒙圣断,已罢本人(指唐仲友)新任,而体究指挥,尚未结绝。方藉稿以俟斧诛,岂容遽窃恩荣,以紊赏刑之典。
>
> 时郑丙上疏,诋程氏之学,以沮先生(指朱熹),王淮又擢大府寺丞陈贾为监察御史。贾面对,首论近日荐绅有所谓"道学"者,大率假名以济伪,愿考察其人,摈弃勿用。盖指先生也,故先生奏言及之。

方先生研究浙东学术有年,想来对此稔熟。拙文只是表述了这一史实,并无一言描绘或"想象"过朱熹及理学的处境是如何"困厄",不知方、姜两先生如何判断是笔者对朱熹与理学的"困厄"处境的"想象"呢?

至于陈亮是否力图与朱熹划清界限,其实例证颇多,如"亮虽不肖,然口说得,手去得,本非闭眉合眼,瞢瞳精神以自附于道学者也"①"亮之不肖,于今世儒者无能为役,其不足论甚矣,然亦自要做个人"②"世以相附和为党而欲加之罪者,非也"③,不是表明陈亮认为有人将他视与理学"附和为党"而大叫冤屈吗?这不是划清界限又是什么言论呢?不是为了"免死之计""免罪于世俗",又是什么目的呢?方文否认陈亮与朱熹论辩抱有"免死之计"的心理,那么就应该举出"确证"来否认陈亮上述的话,为什么闪烁其词而回避呢?方文说道:

> 汤文中所指出的朱熹因"台州事件"得罪王淮而去职,陈亮又因惧怕此事牵连自己而极力与朱熹脱离干系等等诸说,都是不符实情的。更何况,陈亮信中已明言,他对此事的态度只是"一笑"而已。

---

① 陈亮:《陈亮集》卷二〇《又甲辰秋书》,第280页。
② 陈亮:《陈亮集》卷二〇《又乙巳春书之一》,第287页。
③ 陈亮:《陈亮集》卷二〇《又丙午秋书》,第294页。

其实，陈亮的"免死"心理早在淳熙十年已露端倪，他在那封说到台州之事的信中说道："亮已为一世所弃，只得就冷处自讨个安乐道路，以故久久不得拜起居之问"，"亮平生不曾会说人是非，唐与正（仲友）乃见疑相诳，是真足当田光之死矣。然穷困之中又自惜此泼命，一笑。亮方整顿室宇，什物就绪，且更就南边营葺小园，架数处亭子，遂为老死田间之计，不敢望今世之见知见恕也"①。方先生擅长于陈亮研究，想来一定深刻了解陈亮所说"只得就冷处自讨个安乐道路"，"唐与正乃见疑相诳，是真足当田光之死矣"的含义，能否坦率说一说拙文在哪里"不符实情"呢？方文所说的陈亮的态度是"一笑而已"，原文在"唐与正乃乃见疑相诳，是真足当田光之死矣"之后，紧接着说"然穷困之中又自惜此泼命，一笑"，显然带有无可奈何、自我解嘲之意，并非处之"泰然"，而方文断章取义，曲证己说，实在有违于学术规范。"一笑"两字后是："亮方整顿室宇，什物就绪，且更就南边营葺小园，架数处亭子，遂为老死田间之计，不敢望今世之见知见恕也"，方先生又作如何解释？

实际上，陈亮看清了"当路之意，主于治道学"②，确实担心无故牵涉到自己，从上述陈亮自述中可以清楚看出，方文也承认陈亮"急欲予以表白"。拙文并未讨论陈亮与台州事件有何干系，因为与全文没有太多直接关系。方文不惜笔墨讨论陈亮与台州事件的关系确是超过论辩范围的不着边际的空论。再者，拙文指出朱熹弹劾唐仲友后得罪王淮而自劾辞职，只是沿袭前人结论，方、姜两先生自然可以不同意，但引证王淮回答孝宗之语来"证明"他未曾参与朱唐交恶，强调王淮"更没有袒唐抑朱"，这种引证史料的方法有欠妥当。另外，方文所讨论的庆元党禁问题，拙文也未涉及庆元党禁与"朱陈之辩"的关系，因此这也是不着边际的论述。方文又说：

> 汤文之所以形成陈亮为免死而挑起论战的观点，一个重要原

---

① 陈亮：《陈亮集》卷二〇《又癸卯秋书》，第276、278页。
② 陈亮：《陈亮集》卷二〇《又甲辰秋书》，第279页。

因是对陈亮的品性为人和朱陈之间的关系缺乏最起码的了解。

"对陈亮的品性为人和朱陈之间的关系缺乏最起码的了解"，这是全盘否定拙文"最有力"的根据。不过，笔者倒是要提醒方、姜两位先生：其一，如果真要否定拙文的观点，那么就必须正面将拙文观点、论据一一进行批驳，以求其实。其二，研讨应该限在特定范围内，不要不着边际地扩大研讨范围。其三，研讨应该实事求是，没有必要先定下"缺乏最起码的了解"的结论。以吓人的口气来论辩，是得不到正常的学术探讨目的的。

笔者希望方、姜两位先生能对学术讨论的规范问题进行深入探讨，也希望能继续发表有关"朱陈之辩"新见解，以真正弄清中国哲学史上的一个重大问题，无论观点正确与否，无疑对学界仍会有贡献的。

按：原文作于 2000 年 10 月，一直未发表。2006 年 6 月改定，收入《中国思想与社会研究》第一辑，中国社会科学出版社 2007 年版。方、姜两先生读到此文后，亦分别与笔者交换过意见。

朱熹是个"空谈义理"的理学家吗?

——试论朱熹经世致用思想

长期以来,专家学者们将朱熹视为空谈义利道德的理学家,虽然近年来有些学者注意到朱熹经世致用的思想,但语焉不详,根据不足。本文依据《朱熹集》中有关资料作一统计,然后来论述朱熹的经世致用思想,以向持不同观点的学者专家们求教。

所谓"经世"一词作为"治理世事"使用,始见于葛洪《抱朴子·审举》:"故披《洪范》而知箕子有经世之器,览《九术》而见范生怀治国之略。""致用"一词出于《易·系辞下》:"精义入神,以致用也。"由此可知,"经世致用"即是"治理世事而致用"的意思。细分起来,又有经世致用的实绩(行为)和经世致用的思想。我们认为,朱熹既有经世致用的实绩,也有经世致用的思想。

这里,先讨论朱熹经世致用的实绩,以便突显其一生并非仅是以"空谈义理"的理学家而存在。朱熹虽在18岁中举,19岁登进士第,到71岁去世,实际上先后任职合计7年零2个月,另在绍熙五年任侍讲46天,其余均为祠官,赋闲在家教书授徒为生。现存《朱熹集》中保存了有关朱熹在公务方面的文件:有"封事"(共7件)、"奏札"(共36件)、"奏状"(共66件)、"申请"(共55件)、"辞免"(共171件)、"公移"(共135件),其中"奏状""申请""公移"为朱熹任内所奏的各种事务,现统计如下:

表1　　　　　　　　　《朱熹集·奏状》统计

总目	分类目	涉及文件篇数	共计篇数	百分比
公务	叙述一般公务	1	1	1.22
军事刑狱	筹措军粮	2	4	4.89
	刑狱	2		
国计民生	乞蠲赋税、差役	已计入下项	44	36.59
	和买、经总制钱之弊	19		
	乞厘定酒税	1		
	反映管内农业状况	9		
	经界	1		
	赈济	13		
	乞修水利贷款	1		
褒奖弹劾	褒奖地方忠烈	2	3	3.66
	办学	1		
	乞褒奖赈济人士	5	30	53.66
	褒举官员	4		
	弹劾官员	17		
	自劾	4		

注：1. 共计文件次数82次（涉及内容不同则分别计算次数，下同）。

2. 《朱熹集》无同安任上资料。

3. 褒奖弹劾不包括褒奖有关理学的人士。自劾4件均为与弹劾唐仲友有关。

表2　　　　　　　　　《朱熹集·申请》统计

总目	分类目	涉及文件篇数	共计篇数	百分比
公务	一般公务	6	9	15.25
	请移治所	2		
	史馆修史	1		

续表

总目	分类目	涉及文件篇数	共计篇数	百分比
军事刑律	刑律	3	6	10.17
	军事	2		
	筹措军粮	1		
国计民生	议借稻种	1	31	52.54
	兴修水利	2		
	反对"督责"收税	1		
	经界	3		
	赈济	10		
	乞免赋税	9		
	乞减和买、折色数额	1		
	乞请缓征赋税	1		
	乞请减免差役	1		
	申报管内农业状况	2		
有关理学	建书院	1	8	13.56
	立祠庙	2		
	议修、颁礼书	2		
	厘正风俗	1		
	祧庙议	2		
褒奖弹劾	举荐士人	2	5	8.47
	褒奖陶侃	1		
	弹劾官员	2		

注：1. 共计文件次数59次。

2. 褒贬类与理学无关。

表3　　　　　　　　《朱熹集·公移》统计

总目	分类目	涉及文件篇数	共计篇数	百分比
公务	一般公务	5	10	6.80
	禁赌博、禁私钱	1		
	征税公告	4		
事刑狱	地方治安	6	6	4.08

续表

总目	分类目	涉及文件篇数	共计篇数	百分比
国计民生	征求解决赋税繁重方法	1	111	75.51
	不许差吏欺民、扰民	5		
	劝农	11		
	兴修水利	2		
	赈济安民	65		
	减税告示	7		
	视察管内农业状况	7		
	建社仓	2		
	经界	1		
	缓差役、不违农时	1		
	科卖酒告示	1		
	限豪民、禁侵占他人田产	8		
有关理学	褒奖忠孝节义、地方先贤	4	19	12.93
	劝行礼仪	3		
	厘正地方风俗	2		
	兴办学校	8		
	劝女道还俗	2		
褒奖弹劾	毁秦桧祠	1	1	0.68

注：1.《朱熹集》"文件"共135件。其中3件目录失载，均在《别集》中。

2. 共计文件次数为147次。

从表1至表3可见，朱熹在短短的7年多时间内，所上的公文中有关国计民生者分别为："奏状"类占56.10%、"申请"类占52.54%、"公移"类占75.51%，而涉及理学者（其中包括办学、褒忠烈，而后者并非完全为理学之事）分别为3.66%、13.56%、12.93%，根据这一统计，我们有充分理由可以说，朱熹在为官任上，所办的有关理学之事并不是主要内容，而恰恰是有关国计民生的经世实绩是主要内容，由此应该承认朱熹在任官时期内有大量的经世济民的实绩。对此，就连孝宗皇帝也承认："朱熹政事却有可观"①。如果我们再将朱熹于任上与宰执、上司、同僚讨论赈济、蠲免赋税问题的信件也计入其经世实绩中，那么朱熹经世致用的实绩就更为明显了。

朱熹除了有经世致用的实绩外，还有十分明显的经世思想。应该指出，朱熹很少直接使用"经世致用"一词，但使用类似的词汇并不少见。朱熹经世致用思想有以下几个特色。

第一，强调加强修养、学以致用。作为一个理学家，朱熹确实十分强调学者个人的道德修养。在朱熹看来，"为学之序，为己而后可以及人，达理然后可以制事"②，即强调学者治学首先要加强自己道德修养，只有"达理"（通晓天理，即为己）才能"制事"（致用，即及人）。因此，朱熹对那种忽视甚至放弃自身道德涵养的为学方法提出强烈批评："今世儒者，能守经者，理会讲解而已；看史传者，计较利害而已。那人直是要理会身己，从自家身己做去。"③朱熹反对吕伯恭、陈亮等人治学热衷于说王道霸、忽视甚至放弃道德涵养的为学方法，认为这对学者有百害而无一利，即使"读史成诵"，也属于"玩物丧志"。④他强调学者应该在"读书史、应事物之间求其理之所在而已"⑤。显然，朱熹认为为学的最终目的是为了教育人们加强道德修养，认识天理、纲常的无所不在，决不允许有半点离经叛道。毋庸讳言，朱熹这种观点是提倡封建的伦理纲常，是其理学思想必然的要求。但是，如果我们以这一点来否定朱熹也提倡学以致用的经世致用思想，那么也是偏颇的。

朱熹曾为筑室崇安、苦读《通鉴》的张仲隆作了《通鉴室记》，认为张氏日读《通鉴》数卷，对"上下若干年之间，安危治乱之机，情伪吉凶之变，大者纲提领挈，细者缕析毫分，心目瞭然，无适而非吾处事之方者。如是盖三年矣"，而张氏"有当世之志、当世之才，

---

① 《宋史》卷四二九《朱熹传》，中华书局1977年版，第12756页。
② 朱熹：《朱熹集》卷三五《答吕伯恭》，四川教育出版社1996年版，第1535页。
③ 黎靖德：《朱子语类》卷八，中华书局1986年版，第141页。
④ 黎靖德：《朱子语类》卷一二〇，第2904页。
⑤ 朱熹：《朱熹集》卷五六《答陈师德》，第2851页。

又能因是书以求尽其术"①，因此朱熹对他大加赞赏，这不是充分体现出朱氏的经世致用思想吗？另外，朱熹对作《军政策》的施良翰的志向也大为赞赏的，认为他"言当世利病之实，本末备见，皆可施行。"② 朱熹对作《兵要》一书的孙稽仲也有赞誉之词："观其述作之体，不为文字之空言，而必要于实用……足以见其学之所以为用。"③ 显然，从朱熹对张仲隆、施良翰、孙稽仲的称赏中，十分明显地反映出他所提倡的学以致用的经世致用思想。朱熹曾说："士之所以能立天下之事者，以其有志而已。然非才则无以济其志，非术则无以辅其才。是以古之君子未有不兼是三者而能有为于世者也。然而所谓术者，又岂阴险诡仄、朝三暮四之谓哉！"④ 这里的"有为于世"就是经世致用。朱熹给谢成之的信中也说："至如天文地理、礼乐制度、军旅刑法，皆是著实有用之事业。"⑤ 朱熹要求掌握"著实有用之事业"，十分清楚地体现出他的经世致用的思想。正由于此，朱熹激烈地反对那种仅为科举服务而毫无实用的时文，认为作时文只会有害学者的修养。

第二，针对南宋积贫积弱的现状而提倡经世致用。南宋积贫积弱的现状，学者们多有论述，在此不赘，这里仅讨论朱熹提倡的经世致用针对这种现状的现实意义。

笔者认为，经世致用思想应该具有现实性，否则就难以体现经世而致用的特点。就朱熹所生活的时期而言，如何改变积贫积弱的政治局面是最切合实际的经世致用。朱熹对南宋自戊午（绍兴八年，1138年）讲和之后的20余年南宋的政治局面是大为不满，认为"朝政不纲，兵备弛废，国势衰弱，内外空虚"⑥的现状，不可不作改变。孝宗初立，他便上了著名的长达5000余言的《壬午应诏封事》，集中阐述了讲学以明大本（此讲正君心）、任贤以修阙政、拒和以收失地等

---

① 朱熹：《朱熹集》卷七七《通鉴室记》，第4027页。
② 朱熹：《朱熹集》卷八二《跋施良翰〈军政策〉》，第4242页。
③ 朱熹：《朱熹集》卷七六《孙稽仲文集序》，第4000—4001页。
④ 朱熹：《朱熹集》卷七七《通鉴室记》，第4026页。
⑤ 朱熹：《朱熹集》卷五八《答谢成之》，第2947页。
⑥ 朱熹：《朱熹集》卷二四《与黄枢密书》，第1012页。

问题；次年，他又上了《垂拱奏札》三章，再次阐述了这些观点，明确提出举贤授能的主张，并认为"考之于经，验之于史，而会之于心，以应当世无穷之变，则今日之务所当为者不得不为，所不当为者不得不止"①；到淳熙七年《庚子封事》中又提出"正君心""立纲纪""恤民省赋"以及废除杂税、屯田养军等主张，言辞激烈，触犯了孝宗皇帝；淳熙十五年的《戊申封事》更是长达万言，除了重提正君心外，又说六事，包括辅助太子、选任大臣、振举纲纪、变化风俗、爱养民力、修明军政；次年的《己酉封事》进而提出九事：讲学以正心、修身以齐家、远便嬖以近忠直、抑私恩以抗公道、明义理以绝神奸、择师傅以辅皇储、精选任以明体统、振纲纪以厉风俗、节财用以固邦本。从朱熹的这些奏章来看，虽然其中不乏浓厚的理学色彩，然其核心思想正是企望改变南宋积贫积弱的政治局面，充分体现出朱熹经世致用的思想。我们不能因为这些奏章中有浓厚的理学气息，便完全否认其中包含着的经世致用思想，何况《己酉封事》中已经十分明确提出精选宰相人选，以便"彼得以尽其献可替否之志而行其经世宰物之心"，这"经世宰物"确实是十分明显的经世致用思想。如果学者们认为这些奏章还不足以认定为经世致用思想，那么这里再录一节朱熹《学校贡举私议》中的话："至于诸史，则该古今兴亡治乱得失之变。时务之大者，如礼乐制度、天文地理、兵谋刑法之属，亦皆当世所须而不可阙，皆不可以不之习也"，甚至朱熹主张设史科，"论则分诸子为四科，而分年以附焉。策则诸史，时务亦然。则士无不通之经，无不习之史，而皆可为当世之用矣"。②朱熹强调诸史是"该古今兴亡治乱得失之变"而"皆当世所须而不可阙"，强调习史"皆可为当世之用"，不正是经世致用吗？至于朱熹给执政们（丞相，参政及其他大臣）写的信件，保留在朱熹文很多，大量谈到汲引人才、改革弊政等等建议，这儿就不再引证了。至于朱熹给一般士大夫的信中，除了谈论道德修养之外，也有不少地方谈到经世致用问题的，在此略

---

① 朱熹：《朱熹集》卷一三《癸未垂拱奏札一》，第 506 页。
② 朱熹：《朱熹集》卷六九《学校贡举私议》，第 3637 页。

举一例以证之。汪叔耕曾寄诗文集给朱熹，朱熹回信答道："用力于文词，不若穷经观史以求义理而措诸事业之为实也。"① 这里"措诸事业"正是经世致用。至于朱熹在各种场合下提到的抗金卫国、兴办社仓、措置经界等问题，无不是其经世致用思想的明确体现。

第三，在教育生涯中贯穿经世致用思想。如前所述，朱熹一生主要从事于教育事业，因此，应该从他的教育实践中来判断其是否具有经世致用思想。从现存资料来分析，朱熹确实在教育中贯穿着经世致用思想。例如朱熹反复教导自己学生要"律历、刑法、天文、地理、军旅、官职之类，都要理会。虽未能洞究其精微，然也要识个规模大概，道理方浃洽通透"②。他教导自己学生要关心民瘼、体恤民情、尽公守法，这也体现出朱熹的经世致用思想。朱熹曾说："为守令，第一是民事为重，其次则便是军政"③，"某与诸公说，下梢去仕宦，不可不知。须是有旁通历，逐日公事，开项逐一记，了即勾之。未了，须理会教了，方不废事"，"当官文书簿历，须逐日结押，不可拖下"④，他认为："官无大小，凡事只是一个公。若公时，做得来也精采。便若小官，人也望风畏服。若不公，便是宰相，做来做去，也只得个没下梢"⑤，由此他强调"如今做官，须是恁地廉勤。自君子为之，只是道做官合著如此"⑥。他的学生李思永曾任职衡阳，朱熹见他后问道："衡阳讼牒如何？"⑦ 其弟子滕德粹自婺源来，他问："婺源旱如何？"⑧ 廖德明赴潮州职，求安乐法，朱熹生气地答道："圣门无此法！"⑨ 他批评门人俞亨宗"做知县，只做得五分"⑩。朱熹甚至对门

---

① 朱熹：《朱熹集》卷五九《答汪叔耕》，第 3015 页。
② 黎靖德：《朱子语类》卷一一七，第 2831 页。
③ 黎靖德：《朱子语类》卷一一二，第 2733 页。
④ 黎靖德：《朱子语类》卷一一二，第 2736 页。
⑤ 黎靖德：《朱子语类》卷一一二，第 2735 页。
⑥ 黎靖德：《朱子语类》卷二七，第 703 页。
⑦ 黎靖德：《朱子语类》卷一一二，第 2734 页。
⑧ 黎靖德：《朱子语类》卷一一二，第 2734 页。
⑨ 黎靖德：《朱子语类》卷一一三，第 2743 页。
⑩ 黎靖德：《朱子语类》卷一一二，第 2733 页。原文为："俞亨宗云：'某做知县，只做得五分。'曰：'何不连那五分都做了？'"

人说:"自今以往,境内有一夫不得其死,一夫身被刀创,则左右皆不得辞其责。切幸察此苦言"①。从这些朱熹的言论中完全可以看出他并非是一个单纯"空谈义理道德"的理学家,而是个比较关心国计民生的有经世致用思想的学者。因此,将朱熹描绘成一个空谈义理的理学家是不符合朱熹一生的真实情况。

那么,为什么朱熹会被人认为仅是个空谈义理道德的理学家呢?笔者认为至少有以下几个原因:

其一,在庆元党禁中,朱熹思想被严禁。党禁稍懈,朱熹门人为恢复朱熹名誉大声疾呼,作了不少努力,但他们恰恰是将朱熹作为理学家来阐述的,认为朱熹的理学思想上承孔孟、下续周(周敦颐)程(二程),有助于治道,把朱熹描绘成一个道貌岸然的理学家。比较典型的是朱熹的女婿黄榦,他所作的《朱子行状》正是把朱熹描绘成这样一个人。同时,朱熹门人在传播其师理学思想时,也基本上闭口不提朱熹的经世致用的思想。因而,朱熹门人是始作俑者!

其二,后代帝王在维护自己统治时,不遗余力地褒奖和宣扬朱熹的理学思想,而不提朱熹的经世致用思想,更不提朱熹经世济民的实绩,也给人一种朱熹仅是理学家的印象。诚然,朱熹的经世致用思想与经世济民实绩比起他的理学思想来,确实影响要小得多,因为在他的前代或后代,在经世济民方面做出更大成绩者大有人在,因而,即使宣扬朱熹的经世济民的实政,也不会提高他的地位,也显示不出朱熹的"伟大",久而久之,朱熹的经世济民思想和他的经世济民的实绩,也就没有什么人再愿意提起了。即使有少量学者偶尔提及,也只不过是一小朵浪花,稍纵即逝。

其三,朱熹在与陈亮辩论"义利王霸"时,理学气味确实较重;加以朱熹平时也经常强调"正其谊而不谋其利",也给人一种道学家的"不事功利"的印象。

其四,明清两朝的一些进步思想家在批判朱子后学时,尤其对那种空谈义理、陷在空疏学风中的"假道学"深恶痛绝,口诛笔伐,有

---

① 朱熹:《朱熹集·续集》卷六《答储行之》,第5258页。时建阳饥荒。

时也带上朱熹之类"前儒",由此,移花接木,朱熹则成了空谈性命道德的"假道学家"了。

最后,也必须指出,过去较长一段时间内,由于种种原因,作为中国封建社会中的仅次于孔子的思想家朱熹自然逃不脱被"穷批猛打"的命运,由此朱熹的经世致用思想与经世济民的实绩"理所当然"地被人"遗忘"了。值得庆幸的是,近年来的学术研究已经走上了正轨,一部分学者开始对朱熹作重新评价,对他研究也更加深入。无可否认,朱熹的经世致用思想确实含有浓厚的理学色彩,但我们不能无视其经世致用思想的存在,而以偏概全地否定其原本存在的经世致用思想,将他描绘成一个空谈义理的理学家,如此,就不可能客观地、正确地评述朱熹的思想了。

备注:此文原为博士学位论文一节,答辩时删去其中一部分。在《安徽史学》上发表时有删节,《华发集》未收入。现将此文复原刊入。

原刊于《安徽史学》1999 年第 2 期

附 录 二

引用书目

（一）典籍：（按拼音排序）

班固：《汉书》，中华书局1962年版。

晁公武撰，孙猛校证：《郡斋读书志校证》，上海古籍出版社2011年版。

晁说之：《景迂生集》，文渊阁《四库全书》，台北商务印书馆1982年版。

陈淳：《北溪大全集》，海峡文艺出版社2016年版。

陈傅良：《止斋集》，四部丛刊初编本，商务印书馆1912年版。

陈亮：《陈亮集》，中华书局1974年版。

陈振孙：《直斋书录解题》，上海古籍出版社1987年版。

程颢、程颐：《二程集》，中华书局1992年版。

董仲舒：《春秋繁露义证》，中华书局1992年版。

范晔：《后汉书》，中华书局1965年版。

方龄贵校注：《通制条格校注》，中华书局2001年版。

房玄龄：《晋书》，中华书局1974年版。

韩愈：《韩愈文集汇校笺注》，中华书局2017年版。

洪迈：《容斋随笔》，上海古籍出版社1978年版。

胡安国：《春秋传》，文渊阁《四库全书》，台北商务印书馆1982年版。

胡宏：《胡宏集》，中华书局1987年版。

黄榦：《勉斋集》，文渊阁四库全书本，台北商务印书馆1982年版。

黄绾：《明道编》，中华书局1959年版。

黄震：《黄氏日抄》，丛书集成本，中华书局1985年版。

黄宗羲：《宋元学案》，中华书局1986年版。

黎靖德编：《朱子语类》，中华书局1986年版。

李焘：《续资治通鉴长编》，中华书局1979年版。

李侗：《李延平集》，丛书集成本，中华书局1985年版。

李昉等：《册府元龟》，中华书局1960年版。

李心传：《建炎以来朝野杂记》，中华书局2000年版。

李心传：《建炎以来系年要录》，中华书局2013年版。

李心传：《旧闻证误》，中华书局1981年版。

李元度：《国朝先正事略》，近代中国史料丛刊本，台北文海出版社1966年版。

刘昫：《旧唐书》，中华书局1975年版。

刘知幾著，浦起龙通释：《史通通释》，上海古籍出版社2009年版。

陆九渊：《陆九渊集》，中华书局1980年版。

陆九渊：《象山语录》，文渊阁《四库全书》，台北商务印书馆1982年版。

吕祖谦：《大事记解题》，黄灵庚、吴战垒主编《吕祖谦全集》，浙江古籍出版社2008年版。

吕祖谦：《东莱博议》，黄灵庚、吴战垒主编《吕祖谦全集》，浙江古籍出版社2008年版。

吕祖谦：《东莱集》，黄灵庚、吴战垒主编《吕祖谦全集》，浙江古籍出版社2008年版。

吕祖谦：《丽泽论说集录》，黄灵庚、吴战垒主编《吕祖谦全集》，浙江古籍出版社2008年版。

吕祖谦：《左氏传说》，黄灵庚、吴战垒主编《吕祖谦全集》，浙江古籍出版社 2008 年版。

吕祖谦：《左氏传续说》，黄灵庚、吴战垒主编《吕祖谦全集》，浙江古籍出版社 2008 年版。

欧阳修：《欧阳文忠公集》，四部丛刊初编本，商务印书馆 1912 年版。

欧阳修、宋祁：《新唐书》，中华书局 1975 年版。

欧阳玄：《圭斋集》，文渊阁《四库全书》，台北商务印书馆 1982 年版。

普济：《五灯会元》，中华书局 1984 年版。

钱大昕：《潜研堂文集》，丛书集成三编本，台北新文丰出版公司 1997 年版。

钱惟乔、钱大昕：《鄞县志》，续修四库全书本，上海古籍出版社 2002 年版。

《清高宗实录》，《清实录》本，中华书局 1985 年版。

《清圣祖实录》，《清实录》本，中华书局 1985 年版。

权衡撰，任崇岳笺证：《庚申外史笺证》，中州古籍出版社 2000 年版。

石介：《徂徕石先生文集》，中华书局 1984 年版。

司马光：《资治通鉴》，中华书局 1956 年版。

司马迁：《史记》，中华书局 1959 年版。

宋慈抱：《两浙著述考》，浙江人民出版社 1985 年版。

宋濂：《文宪集》，文渊阁《四库全书》，台北商务印书馆 1982 年版。

宋濂：《元史》，中华书局 1976 年版。

苏天爵：《元文类》，上海古籍出版社 1993 年影印本。

孙复：《孙明复小集》，文渊阁《四库全书》，台北商务印书馆 1982 年版。

陶宗仪：《南村辍耕录》，中华书局 1959 年版。

脱脱：《宋史》，中华书局 1977 年版。

王懋竑：《朱子年谱》，丛书集成本，中华书局 1985 年版。

王明清：《挥麈录余话》，上海书店出版社2009年版。

王世贞：《纲鉴会纂》，清光绪三十五年上海美华书局石印本。

魏了翁：《鹤山先生大全集》，四部丛刊初编本，商务印书馆1912年版。

徐松辑：《宋会要辑稿》，中华书局2014年版。

徐鼒：《小腆纪年附考》，中华书局1957年版。

徐自明：《宋宰辅编年录校补》，中华书局1986年版。

薛季宣：《浪语集》，文渊阁《四库全书》，台北商务印书馆1982年版。

薛季宣：《薛季宣集》，上海社会科学院出版社2003年版。

叶适：《习学记言序目》，中华书局1977年版。

叶适：《叶适集》，中华书局1961年版。

佚名：《续编两朝纲目备要》，中华书局1995年版。

永瑢等：《四库全书总目》，中华书局1965年版。

俞云耕修、潘继善等纂：《（乾隆）婺源县志》，清乾隆二十二年改定本，尊经阁藏版。

张伯行：《正谊堂文集》，丛书集成本，中华书局1985年版。

张九成：《张九成集》，中国社会科学出版社2021年版。

张栻：《张栻集》，中华书局2015年版。

张廷玉等：《明史》，中华书局1974年版。

张载：《张载集》，中华书局1978年版。

章学诚撰，仓修良编：《文史通义新编》，上海古籍出版社1993年版。

章学诚撰，叶瑛校注：《文史通义校注》，中华书局1985年版。

赵歧注，孙奭疏：《孟子注疏》，北京大学出版社1999年版。

赵翼：《陔余丛考》，中华书局1963年版。

赵翼著，王树民校证：《廿二史札记校证》，中华书局1984年版。

真德秀：《真文正公文集》，四部丛刊初编本，商务印书馆1912年版。

郑樵：《通志》，浙江古籍出版社2000年版。

郑樵：《郑樵文集》，书目文献出版社1992年版。

周敦颐：《周敦颐集》，中华书局2009年版。

朱谦之校释：《老子校释》，中华书局1984年版。

朱松：《韦斋集》，文渊阁《四库全书》，台北商务印书馆1982年版。

朱熹：《八朝名臣言行录》，朱杰人、严佐之、刘永翔主编《朱子全书》，上海古籍出版社、安徽教育出版社2002年版。

朱熹：《楚辞集注》，上海古籍出版社1979年版。

朱熹：《诗集传》，中华书局1958年版。

朱熹：《四书或问》，朱杰人、严佐之、刘永翔主编《朱子全书》，上海古籍出版社、安徽教育出版社2002年版。

朱熹：《四书章句集注》，中华书局1983年版。

朱熹：《伊洛渊源录》，丛书集成本，中华书局1985年版。

朱熹：《朱熹集》，四川教育出版社1996年版。

朱熹：《资治通鉴纲目》，朱杰人、严佐之、刘永翔主编《朱子全书》，上海古籍出版社、安徽教育出版社2002年版。

（二）当代学者著作：（按拼音排序）

白寿彝：《白寿彝史学论集》，北京师范大学出版社1994年版。

白寿彝：《中国史学史》（第一册），上海人民出版社1986年版。

仓修良、魏得良：《中国古代史学史简编》，黑龙江人民出版社1983年版。

陈俊民：《张载哲学思想及关学学派》，人民出版社1986年版。

陈来：《朱熹哲学研究》，中国社会科学出版社1988年版。

陈来：《朱子书信编年考证》，上海人民出版社1989年版。

邓广铭、漆侠：《两宋政治经济问题》，知识出版社1988年版。

杜维运：《清代史学与史家》，台北东大图书出版公司1984年版。

方祖猷、滕复主编：《论浙东学术》，中国社会科学出版社1995年版。

高令印、陈其芳：《福建朱子学》，福建人民出版社1986年版。

高令印：《朱熹事迹考》，上海人民出版社1987年版。
管敏义主编：《浙东学术史》，华东师范大学出版社1993年版。
郭沫若：《十批判书》，人民出版社1954年版。
郭朋：《宋元佛教》，中华书局1981年版。
侯外庐等：《中国思想通史》，人民出版社1957年版。
侯外庐主编：《宋明理学史》，人民出版社1984年版。
贾顺先：《宋明理学新探》，四川人民出版社1987年版。
姜广辉：《走出理学》，辽宁教育出版社1997年版。
姜国柱：《张载的哲学思想》，辽宁人民出版社1982年版。
金毓黻：《中国史学史》，商务印书馆1999年版。
李宗桐：《中国史学史》，中国友谊出版公司1984年版。
梁启超：《中国历史研究法补编》，上海古籍出版社1987年版。
林庆彰：《明代考据学研究》，台北学生书局1983年版。
刘节：《中国史学史》，中州古籍出版社1982年版。
刘树勋主编：《闽学源流》，福建教育出版社1993年版。
蒙培元：《理学范畴系统》，人民出版社1989年版。
南开大学中国历史与史学编辑组：《中国历史与史学》，北京图书馆出版社1997年版。
潘富恩等：《程颢程颐理学思想研究》，复旦大学出版社1988年版。
潘富恩等：《吕祖谦思想初探》，浙江人民出版社1984年版。
潘桂明：《中国禅宗思想历程》，今日中国出版社1992年版。
漆侠：《宋代经济史》，上海人民出版社1987年版。
钱穆：《朱子新学案》，巴蜀书社1986年版。
束景南：《朱熹佚文辑考》，江苏古籍出版社1991年版。
王家骅：《儒家思想与日本文化》，浙江人民出版社1990年版。
王煜：《新儒学的演变》，香港中文大学出版社1990年版。
吴怀祺：《宋代史学思想史》，黄山书社1992年版。
吴怀祺：《中国史学思想史》，安徽人民出版社1996年版。
吴廷燮：《南宋制抚年表》，中华书局1984年版。

吴泽主编：《中国史学史论集》，上海人民出版社 1980 年版。
武夷山朱熹研究中心：《朱熹学新论》，上海三联书店 1991 年版。
武夷山朱熹研究中心：《朱熹与中国文化》，学林出版社 1989 年版。
辛冠洁等主编：《日本学者论中国哲学史》，中华书局 1986 年版。
杨翼骧：《清代史部序跋选》，天津古籍出版社 1992 年版。
杨翼骧：《中国史学史资料编年》（第二册），南开大学出版社 1994 年版。
尹达：《中国史学发展史》，中州古籍出版社 1985 年版。
张立文：《朱熹思想研究》，中国社会科学出版社 1981 年版。
郑梁生：《元明时代东传日本文献》，台北文史哲出版社 1984 年版。
郑判龙主编：《朝鲜学——韩国学与中国学》，中国社会科学出版社 1993 年版。
中国佛教学会：《中国佛教》（第一册），知识出版社 1980 年版。
中国哲学史学会、浙江省社会科学研究所编：《论宋明理学》，浙江人民出版社 1983 年版。
钟彩钧主编：《国际朱子学会议论文集》，台北"中研院"1993 年版。
周一良：《中日文化关系史论》，江西人民出版社 1990 年版。
朱谦之：《日本的古学及阳明学》，上海人民出版社 1962 年版。
朱谦之：《日本的朱子学》，人民出版社 2000 年版。
朱谦之：《日本哲学史》，生活·读书·新知三联书店 1964 年版。
邹永贤主编：《朱熹思想论丛》，厦门大学出版社 1993 年版。
邹永贤主编：《朱子学研究》，厦门大学出版社 1988 年版。

（三） 海外学者著作（以拼音排序）

［朝鲜李朝］郑麟趾：《高丽史》，西南师范大学出版社 2014 年版。
［韩］《海東文獻總錄》，汉城奎章阁 1969 年版。
［美］陈荣捷：《朱熹》，台东图书大出版公司 1961 年版。
［美］陈荣捷：《朱学论集》，学生书局 1982 年版。

［美］陈荣捷：《朱子门人》，学生书局1982年版。

［美］陈荣捷：《朱子新探索》，学生书局1988年版。

［美］田浩：《功利主义儒家陈亮对朱熹的挑战》，江苏人民出版社1997年版。

［日］阿部吉雄：《日本朱子学と朝鮮》，東京大学出版会，昭和四十六年（1971）。

［日］安積艮齋：《艮齋文錄》，嘉永六年刊本。

［日］坂本太郎：《日本的修史和史学》，北京大学出版社1991年版。

［日］坂田太郎：《日本史概说》，商务印书馆1992年版。

［日］日本历史研究会编：《日本历史讲座》（第八卷），商务印书馆1964年版。

［日］《日本思想大系・34・貝原益軒　室鳩巢》，東京岩波書店，昭和四十五年（1970）。

［日］《日本思想大系・55・渡辺華山　高野長英　佐久間象山　横井小楠　橋本左内》，東京岩波書店，昭和四十五年（1970）。

［日］《日本思想大系・27・近世武家思想》，東京岩波書店，昭和四十五年（1970）。

［日］《日本思想大系・3・律令》，東京岩波書店，昭和四十五年（197年）。

［日］《日本思想大系・31・山崎闇斎学派》，東京岩波書店，昭和四十五年（1970）。

［日］《日本思想大系・53・水户学》，東京岩波書店，昭和四十五年（1970）。

［日］《日本思想大系・28・藤原惺窩・林羅山》，東京岩波書店，昭和四十五年（1970）。

［日］《日本思想大系・16・中世禪家の思想》，東京岩波書店，昭和四十五年（1970）。

［日］《日本思想大系・22・中世政治社会思想》（下），東京岩波書店，昭和四十五年（1970）。

［日］長澤規矩也：《長澤規矩也著作集》，第二卷，東京汲古書院1982年版。

［日］村冈典嗣：《日本思想史概說》，東京創文社1961年版。

［日］村上重良：《国家神道》，商务印书馆1990年版。

［日］村上专精：《日本佛教史纲》，商务印书馆1992年版。

［日］岛田虔次：《朱子学和阳明学》，陕西师范大学出版社1986年版。

［日］東京大学日本史研究室编：《日本史概说》，東京大学出版会1961年版。

［日］渡边广：《罗山史学》，《日本历史讲座》，第8卷，商务印书馆1964年版。

［日］冈野他家夫：《日本出版文化史》，東京春步堂1959年版。

［日］冈野他家夫：《日本出版文化史》，東京原書房1981年版。

［日］和岛芳男：《日本宋学史の研究》，東京吉川弘文館1988年增补版。

［日］和岛芳男：《中世の儒学》，東京吉川弘文館1965年版。

［日］虎关师炼：《济北集》，《五山文学全集》，東京思文閣1973年版。

［日］津田敬武：《日本的孔子圣庙》，東京國際文化振興会1941年版。

［日］京都大学：《日本中近世史》，東京創元社1953年版。

［日］赖祺一：《近世後期朱子学派の研究》，广岛溪水社1986年版。

［日］兰溪道隆：《大觉禅师语录》卷中《建长禪寺小参》，《大正新修大藏經》，日本東京大藏經刊行会，2001年。

［日］笠井助治：《近世藩校の总合的研究》，東京吉川弘文館1960年版。

［日］梦窻疏石：《梦窻國师语錄》，1934年天龙寺藏版和刻本。

［日］木宫泰彦：《日中文化交流史》，商务印书馆1980年版。

［日］山本健吉：《日本の思想家们》，東京光書房1959年版。

［日］石田一良：《思想史》，東京山川出版社 1976 年版。

［日］石原一良：《江户の思想家们》，東京研究社 1979 年版。

［日］室鳩巢：《駿臺雜話》，東京岩波書店 1970 年版。

［日］唐泽富太郎《教科书の歷史》，東京創文社 1956 年版。

［日］田村园澄等：《日本思想史の基础知識》，京都有斐閣 1974 年版。

［日］田中谦二：《朱子门人师事考》，京都大学《東方学报》第 44 期，1973 年；京都大学《東方学报》第 48 期，1975 年；氏著《田中谦二著作集》（第三卷），東京汲古書院 2001 年版。

［日］尾藤二洲：《正学说》，《日本倫理彙編》，第八册，東京育成會，1908 年。

［日］尾形裕康：《日本教育通史研究》，東京早稻田大学出出版部 1980 年版。

［日］西村天囚：《日本宋学史》，東京梁仁堂 1909 年版。

［日］相良亨：《近世日本における儒教运动的の系谱》，東京理想社 1965 年版。

［日］一山国师：《妙慈弘济大师行记》，塙保己一編纂、太田藤四郎補：《續群書類叢》，續群書類叢完成會印行 1958 年版。

［日］義堂周信：《空華日用工夫略集》，東京太洋社 1939 年版。

［日］《樱雲记》，《改定史籍集览》，第 3 册，近藤活版所，明治三十三年（1900）。

［日］中巖円月：《东海一沤集》，《五山文学全集》，第 2 卷，東京思文阁 1973 年版。

［日］足利衍述：《鎌倉室町时代之儒教》，東京日本古典全集刊行會 1932 年版。

［日］佐藤弘夫：《概说日本思想史》，京都ミネルヴァ书房 1970 年版。

［日］佐藤直方：《韫藏录》，丛书集成续编本，台北新文丰出版公司 1988 年版。

附录三

"博士学位论文"评议意见

　　南开大学教授、博士生导师、史学史专家、导师杨翼骧先生评议：
　　朱熹史学思想的内容非常丰富，但过去进行认真仔细研究的人很少。汤勤福的这篇论文，从朱熹史学思想形成的历史背景，以及朱熹的历史哲学、治史方法论、史著编纂思想、史学批评思想等方面，对朱熹史学思想进行了全面而深入的研究，充实了史学史研究的薄弱环节，是有创造性贡献的研究成果。尤其是根据第一手资料，证实朱熹亲自撰写了《资治通鉴纲目》，澄清了数百年来认为该书是其门人所撰的误解，取得了突出的成就。

　　汤勤福在认真钻研原始资料的基础上，广泛参考了其他有关的论著，通过独立思考，提出了自己的见解。全文资料翔实，有理有据，条理分明，文字通畅，论断明确，颇多创新之处，实为一篇有较高学术水平的博士论文。建议准予进行答辩，并授予博士学位。

评阅人：杨翼骧
1995 年 5 月 10 日

　　河北大学历史研究所教授、博士生导师、宋史专家漆侠先生的评议：
　　朱熹是南宋最大的博学家，不仅集理学之大成，对史学亦颇有建树。汤勤福同志选朱熹史学作为自己的研究对象，选题是很好的。

作者在《朱熹的史学思想》一文中，全面系统地研究了朱熹史学思想的各个方面，并对朱熹史学的特点，诸如朱熹的先经后史的治学态度，朱熹治史途径、重视实证的方法，都极切合朱熹的实际。特别是对《通鉴纲目》一书是否为朱熹所作的考辨，以及在结论中对朱熹与吕祖谦在史学上的异同，甚为精彩。

文字条畅、明白，稍失之冗长。

总之，汤勤福同志此文为一篇有较高学术价值的论文，建议准予答辩。

评阅人：漆　侠
1995 年 4 月 25 日

中国社会科学院研究生院院长、教授、博士生导师、哲学史专家方克立先生的评议：

关于朱熹思想研究的学术成果甚多，但多偏重其哲学思想，本文是我读到的第一篇系统论述朱熹的史学思想、从而确定其在中国史学史上重要地位的学术论著，完全符合博士论文需是本人独立完成的"创造性的成果"的要求。

本文作者基础理论和专业知识坚实宽广深厚，熟悉和善于运用有关文献资料，能够驾驭和全面展示朱熹以天理论为核心的，包括历史哲学、治史态度、治史方法论、史著编纂理论、史学批评在内的完整的史学理论体系，正确揭示这一理论的唯心主义哲学基础及其严重的历史局限性，又实事求是地肯定朱熹注重时势变化的历史损益论、注重实证的治史方法论、史体互补的史著编纂思想、秉笔直书、功过不掩的人物评价方法等有价值的史学思想及其留下的《通鉴纲目》、《伊洛渊源录》等重要史学遗产，并注意到朱熹史学思想对后世的广泛而深刻的影响，从而为其在中国史学史上给予恰当的定位。

本文作为一项创造性的研究成果，还突出表现在主要运用最具说服力的《朱子大全》的资料，考证了朱熹亲撰《资治通鉴纲目》的过程，从而否定了王柏提出的该书为赵师渊所撰的流行了七百余年的观点，基本上解决了史学史上的这桩公案。这应该说是一大贡献。此外，关于朱熹史学人才观是刘知幾和章学诚"才、德、学、识"理论之中间环节的论述，关于陈亮和朱熹王霸义利之辩的核心是"道统"传承问题而不是历史发展观问题的辨析，皆有独到见解，自成一家之言，有利于推动学科的发展。

就本文所达到的学术水平来说，我认为是一篇优秀的史学博士论文。

评阅人：方克立
1995 年 5 月 5 日

中国人民大学哲学系教授、博士生导师、哲学史、朱熹研究专家张立文先生评议：

汤勤福先生的博士论文从朱熹史学思想形成的历史背景、历史哲学、治史态度、治史方法、编纂思想、史学批评，以及其史学地位作了系统论述，是当前学术界最全面、详尽地阐述朱熹史学思想的论著，对于朱熹思想的研究是一贡献。

两宋时代，史学家辈出。朱熹自觉地以其理学思想为指导，试图建立一种"天理"与"史事"相统一的史学体系，而展开史学对象、评价标准、修史准则、读史方法等一系列问题的探讨，而达到了一定的高度，被明清时期奉为修史的圭臬和评价历史善恶的规矩。该文指出，朱熹把评史与论政结合起来，而具有以史证理的特色，正确地把握了朱熹史论的特点。

该文在分析朱熹历史哲学，能够准确地把握朱熹历史哲学的概念范畴"理""势""心术"的内涵，以及其逻辑结构。该文认为：最高层次的"理"，决定"势"的发展方向；"势"只能顺应它所规定的方向发展，即为"理势"；人的"心术"只能顺应"势"，才符合"理"的规定，达到圣贤境界。这个分析既符合朱熹历史哲学的实际，又具有宏观的思辨，是一独到新见。

该文在史料的辨析上，亦有独到的见解。特别对《资治通鉴纲目》的写作过程作了详细的考证，证明为朱熹亲撰，从而否定了王柏提出该书为赵师渊所撰的观点，使这一问题得以澄清。

该文不仅论述了朱熹史学的地位及其对明清时史学的影响，而且还探讨了其对东南亚诸国的影响。诸如韩国、日本等。如日本水户学者所编的《大日本史》以《通鉴纲目》的正闰观、名分论为标准来评价历史事件。对朱熹史学思想作了正确的评价。

汤勤福的博士论文，运用马克思主义立场、观点、方法分析朱熹史学思想，有自己独立见解。且逻辑性强，资料翔实，论据充分，文字流畅，已达到博士论文的水平。

评阅人：张立文

1995 年 4 月 20 日

南开大学历史系教授、博士生导师、中国思想史、先秦史专家刘泽华先生评议：

汤勤福的论文《朱熹的史学思想》具有开拓性，可以说，是迄今为止，最全面、最系统、最深入的研究成果。

朱熹对史学的影响，最主要的是历史哲学，汤勤福关于朱熹历史哲学由"三个层次"组成说，我认为是十分准确的。朱熹的历史哲学对其后七百年的史学发展有着重大的影响，因此汤勤福的研究结论，对把握朱熹之后七百年的史学史有着"纲举目张"的意义。

汤勤福的研究方法可以说把哲学与史学的方法有机地结合在一起，既有高度的抽象，又有详细的实证。抽象而不空泛，实证而不烦琐。

在史学史的研究中，史学思想研究相对薄弱。汤勤福的论文为推进这方面的研究可以说"解剖了一只麻雀"。

如果论文今后要进一步完善，建议在"如何从朱熹思想中走出来"这个问题上，多着一些笔墨。

汤勤福的论文符合要求，同意答辩，建议授予博士学位。

评阅人：刘泽华

1995 年 5 月 6 日

北京师范大学史学所教授、博士生导师、史学史专家瞿林东先生评议：

汤勤福同志的《朱熹的史学思想》一文，是目前所见的有关这一课题的论述最全面、分析最深刻的成果。作者于文献上搜求广泛，于问题上爬梳清晰，于学术上考镜源流，于分析上力戒片面，故此文材料充实，写作认真，屡出新见，是一篇有较高学术水平的博士论文。

一，本文从历史哲学、治史态度、治史方法、史书编纂、史学批评等五个方面，作认真、细致的分析，揭示出朱熹史学的理论体系，并着重指出这一理论体系的核心是其以理学为基础的历史哲学；这一认识，对于全面揭示和把握朱熹史学，有重要的学术参考价值。

二，本文作者受到侯外庐先生主编之《中国思想通史》的启发，并进而阐述和发挥了该书朱熹"天理论"引入历史哲学的论点，从历史决定论、历史损益论、历史经世论、历史可知论等四个方面，概括了朱熹的历史哲学，指出其思辨特色的理论价值和理学本质的历史局限，从而从根本上阐明了理学和史学之结合面貌及其特质，具有较高的史学认识价值。

三，本文作者在研究方法上贯穿着辩证的分析，这与时下某些空疏化、绝对化的学风、文风比较起来，尤为可贵，而其所作的若干结论，也更有说服力，更富于启发性。如其以朱熹与吕祖谦二人史学的比较，指出宋代之史学与理学的关系，在不同学人那里亦有不同的内容与形式；如指出理学在元代的兴盛而元修宋、辽、金三史又并未受到朱熹正统论的束缚，但史家毕竟不能不受到理学的影响；如指出明清两朝，朱熹史学思想影响更为广泛，而这种影响正是朱熹史学思想中的落后方面，等等。这些分析，都反映出本文作者在研究方法上的辩证的、冷静的态度，这对本文所取得的成功和作者今后的发展，具有重要的意义。

本文的不足之处，是对朱熹史学思想的理论体系在南宋以后的封建社会史学的"震慑"作用，缺乏全面的分析，这一结论不免有武断之嫌，但这已属于宋、元、明、清史学发展上的问题了，与本文主旨并无根本上的妨碍，只是提出来供作者进一步探讨时参考。

综上，我认为这是一篇有较高学术水平的论文，达到了申请博士学位答辩的要求，同意组织答辩，并建议授予作者博士学位。

评阅人：瞿林东
1995 年 5 月 5 日

南开大学哲学系教授、博士生导师、哲学史专家刘文英先生评议：

朱熹不但是著名的理学大师，其有关史著也有自己的特色，其史论材料也相当丰富。但是长期以来，学界对其理学思想研究很多，而对其史学思想这一侧面则用力不够。或有论及，一般也很笼统或零碎。本文以朱熹的历史哲学为核心，依次就其治史态度、治史方法论、史著编纂思想和史学批评思想，向人们全面地展示了朱熹的史学思想体系，并确定了他在宋代史学上的地位及其对后世的影响。这是一项很有意义的工作，无论就朱熹思想的这一侧面，还是就中国古代史学史的一个环节，都具有开拓的意义。

论文不但认真钻研了朱熹的有关原著，而且从许多相关人物的相关著作中蒐集了大量的材料。在运用史料时特别注意辨伪和考据，表现了一种严肃的扎实的学风。

论文根据客观的材料，力求对朱熹的思想作出客观的评价，既不美化所谓"圣人"，亦不苛求古人，有肯定、有批判，尊重历史的本来面目，体现了马克思主义历史主义的原则。

论文坚持观点和材料的统一，思路清晰，言之有据，文字朴实而流畅。由于独立思考而方法得当，有些问题挖掘较深，析理透彻，具有重要的学术价值。如，朱熹既重视史学的功用，又坚持先经后史、经主史从；朱熹虽重视义理之学，并不反对汉儒训诂之学，而且多有汲取，只是认为不可"守之太拘"；朱熹之学、朱子学、朱子三个概念自有差异，必须审慎辨析。尤其是关于朱熹亲撰《纲目》的考证，很有说服力，是一重大突破。

当然，有关朱熹的"理""天理"和"心术"等概念的内涵，还可再进一步斟酌。尤其是近年来理学研究新的进展，可资参考。

总的来说，这是一篇有功力、有深度、有创见的优秀论文。我认为已经达到了博士学位应有的水平。

评阅人：刘文英
1995 年 4 月 24 日

中国社会科学院历史所研究员、博士生导师、史学史专家施丁先生评议：

汤勤福博士生《朱熹的史学思想》一文，对朱熹史学思想进行了全面、系统、深入、细致的研究，提出了一些看法和新见，具有一定的学术价值和意义。

朱熹的学术思想在中国思想史上占有重要的地位。八百年来，学术界对其哲学思想的研究颇为深入；而对其史学思想涉及较少，汤文则对此作了专题研究，实填补了中国思想史和史学史上的一个空白。

朱熹的著述及数百年古今中外学者有关朱熹学术的论著虽颇多，阅读和掌握之，并非易事。本文作者既掌握了大量材料，又通过细致的辨析，理出头绪，提出问题，发表见解，足见治学认真，功夫扎实，态度科学而严肃。

本文提出朱熹的历史哲学、朱熹的治史态度、朱熹的治史方法论、朱熹的史著编纂思想、朱熹的史学批评思想，以及朱熹史学思想在宋代史学上的地位等诸新问题，展开实事求是的论述，提出了自己的看法，论断"朱熹是宋代第一个以理学思想来完整地、全面地、深入地阐述史学思想的理论家"，既是新见，也较公允。

本文新见累累，这里仅举值得重视的两点：一是"从朱熹亲撰《通鉴纲目》看其编纂思想的演变"一节中，摆了许多证据，提出《通鉴纲目》为"朱熹亲撰"，翻了学术史上的一个"错案"；二是"偏重道德的史学人才观"一节中，将朱熹与章学诚史学观点进行比较研究，指出朱氏与章氏间的"渊源关系"，断言前者对后者"有较大影响"。此皆言之有据，合情合理，完全可信。

我认为，本文是篇博士学位论文之佳作。

评阅人：施　丁
1995 年 4 月 20 日

中国社科院历史所研究员、思想史研究室主任、思想史专家黄宣民先生评议：

朱熹是集理学之大成的思想家，也是著名史学家和文学家。在元明清诸代，他的思想学术长期处于官学地位，影响巨大。但是，在学术界，人们对于朱熹的研究，大都重视其理学思想，这方面的专著很多；相对说来，对于朱熹史学思想的探讨就显得少，除见于若干史学史专著的有关章节外，迄今未见有关这一方面的专题著作。故在近日得读汤勤福同志的博士论文《朱熹的史学思想》，十分高兴。

我认为：汤文较为全面、系统地论述了朱熹史学思想，而且作者在自己所涉及的领域内，多有心得之见。从整体上看，这是一篇视野开阔、引证翔实，颇为坚实的力作。具体地说，我以为本文第五章写得最有特色。

朱熹像许多理学家一样，沿袭了古代学术经史不分的传统，但是，朱熹却与其他（如吕祖谦等）理学家不同，是他更多地将理学思想引入史学领域，或者说，是他更为明显地将史学与理学密切起来，形成了最具代表性的天理史观。我认为，本文作者对这一方面的论述是较为深入的，也是成功的。本文结语（95页）对朱、吕史学之异同是令人信服的。但是，作者对于朱熹如何通过天理史观提升史学的政治伦理功能的研究，仍有待深入。

关于《通鉴纲目》，是否朱熹所作，是一个长期争论的问题。然自《四库全书总目提要》以来，学术界几乎都持否定朱熹的意见。汤文第五章第四节对此作了详细的辨析。他经过旁征博引，以朱熹自己留下的资料，证明朱熹的确参与该书的撰著。应该说，这样的考辨令人耳目一新。当然，这个考证还难说就是结论，但由此我们看到作者读书之用心，读书之有得，以及他在科研方面的创造精神。

本文全文结构严谨，条理清楚，文字流畅，是一篇优秀的学术论文。我以为，该文已经达到博士学位论文水准，建议通过。

评阅人：黄宣民
1995年4月28日

北京师范大学史学所教授、史学史专家吴怀祺先生评议：

朱熹是我国南宋的大思想家，是理学的集大成者，其学术成就是多方面的，对我国封建社会后期的思想文化、政治生活产生多方面而深刻的影响。研究朱熹学术思想是批判继承民族文化遗产的重要组成部分。多年来，朱学研究取得了重大进展，朱学研究也有不足和不平衡的地方，其中一个方面是对朱熹的史学研究、特别是对朱熹的史学思想研究不充分，而这反过来，又影响对朱熹的理学的认识。汤勤福同志《朱熹的史学思想》的论文无疑对中国史学史有重要的价值，同时对理学发展史的研究也有重要的意义。

文章从本体论、认识论、方法论、史学批评和学术思想对后世的影响几个方面入手，从"理""势""心术"等几个层次全面剖析了朱熹的史学思想。作者的研究具有开阔的历史眼光：在宋代的政治、经济、学术文化和民族关系的大变动中考察朱熹的思想；在理学的发生、发展中思考朱熹史学思想的特征；在朱熹的理学体系中评价朱熹史学思想的地位；从封建社会的思想文化的变化，讨论朱熹史学思想的影响。

作者不因袭陈说，独抒己见。作者认为不能视朱熹的历史观为倒退的历史观，朱熹推崇三代，意在批判两宋的弊政；朱熹并非是一个空谈性命道理的学者，而是关心国计民生的学者；对于朱熹在治史上的先经后史论，不能轻易地否定。论文认为朱熹的方法论一个重要特点是强调实证，展示朱熹在文献学各个方面的成就；作者指出朱熹"博而不杂"的治史途径，是精见卓识与迂腐固执混杂在一起。朱熹的正统论是以理学为基础，企图把以往的正统论哲理化，并纳入理学的轨道。作者从《资治通鉴纲目》的成书过程，辩论《纲目》的作者与朱熹的历史编纂思想等有关问题。作者钩稽探微，分析朱熹的史学批评思想，具体地讨论朱熹评论历史事件与评价历史人物上的特点。作者注意论述朱熹史学思想在中国封建社会后期所产生的负面影响。

总之，论文显示作者的功底深厚，文章引证博洽，注意吸收当代学术界的朱学研究的成果，从整体上把握朱熹的学术，以联系变化的观点研究朱熹的史学思想，多发前人之所未发，从而全面推进这一课题的研究，这是一篇优秀的博士论文，建议提交答辩。

评阅人：吴怀祺
1995 年 4 月 20 日

附：

《中华孔子基金会学术文库》同行专家推荐意见

中国社科院历史所研究员、思想史研究室主任、《中国哲学》主编姜广辉：

朱熹为封建时代百科全书式的大思想家，对他的思想应该从多方面多角度加以研究，以期有比较全面的了解。但长期以来学者对其思想的研究往往只偏重哲学方面，而对其思想的其他方面，譬如史学思想方面的研究则几乎成为空白，这是我们一直感到缺憾的事情。

汤勤福先生的新著《朱熹的史学思想》正好可以填补这样一个空白。

汤勤福先生大学时读历史系，以后在高校讲授中国历史，曾担任历史系主任和朱子研究所所长，后又为了深造，考取了天津南开大学历史系博士生，而以《朱熹的史学思想》作为学位论文选题。汤勤福本人很博学，于中、西哲学、中国古代史学、文学以及文物考古等多有所涉猎，视野广阔，这些都对于他较好地完成此一课题是必不可少的条件。

书稿从历史哲学、治史态度、史学方法论、历史编纂学、史学批评等方面系统论述了朱熹的史学思想，同时对朱熹史学思想形成的历史背景、朱熹史学思想的历史地位以及后世对日本、东南亚诸国之影响皆加论及，读此书稿对朱熹的史学思想可以有比较全面的认识。

特别值得提到的是，作者不囿成说，实事求是地对一些历史公案重新检讨。如他对朱熹、陈亮的"义利王霸之辩"的起因、思想分歧的分析就是一例。他指出，朱陈所争之"道"是"道统"之争，不是"历史发展规律"之争；陈、朱辩论的前提是他们都认为"三代优于汉唐"，在此问题上两人观点并无"质"的差异。作者所举证的材料是很有说服力的，相比之下，现代学者对此问题的分析不免有拔高之嫌。

再如，朱熹《资治通鉴纲目》是对后世极有影响的史学著作。可是以疑古著称后世的宋末人王柏提出，此书为朱熹门人赵师渊所撰，《四库全书总目提要》作者未加深考，便采纳了王柏的说法，以致成为数百年的"错案"。作者运用《朱子大全》的资料，考证了朱子亲撰《资治通鉴纲目》的过程，也是极具说服力的。

总之，这是一部结构宏大，论述精谨的一部力作，建议《中国孔子基金会文库》资助出版，以促进学术之繁荣。

推荐人：姜广辉
1998年2月5日

后　　记

今天，终于将《朱熹的史学思想》一书修改完毕。回首往事，历历在目，心绪确实久久不能平静。

我接触朱熹的著述是1981年在江西上饶师专工作时。当时，上饶师专接受了江西省哲学学会的研究朱熹的任务，这一任务就落实在我头上。如此，我就被"逼着"上了这条船。坦率说，当时上饶师专有关朱熹的资料极少，就连《朱子语类》及完整的《朱子大全》都没有，因此我只得到江西大学及江西省图书馆去查阅资料。江西省哲学学会副会长、时任江西大学政教系主任的陈正夫教授（后任江西大学副校长）给予我热情的接待，使我在江西大学图书馆的古籍室查阅了明版的《朱子语类》及《朱子大全》等许多资料。虽说当年写出了一篇极为浮浅的有关朱熹的论文，以搪塞职责，但深知自己功力不够，有许多问题并未弄清楚。

自此，我开始对朱熹有了一点兴趣，也比较注意收集有关论文及资料。记得在1986年前后，中国社会科学院历史所的黄宣民、姜广辉等先生来上饶师专，拟将上饶师专作为中国社科院历史所联系及帮助的下属研究单位。于是，我便将朱熹的史学思想作为自己长期研究的课题。一有心得体会，往往先向黄宣民、姜广辉等先生请教，以避免失误。数年来，虽有少量不太成熟的成果问世，也先后参加了厦门大学主办的国际朱子学会议、武夷山主办的国际朱子学会议、德国慕尼黑大学主办的国际中国哲学学会第六届年会等一系列重要的有关会议，使我更加体会到朱熹是位博大精深的学者，研究他的思想不是一年两年就能写出高质量的论文的。于是,我很想进一步深造。本来,黄宣民先生曾建议并拟介绍我到中国社科院历史所随邱汉生先生攻读,但由于种种原因未能成行,至今感到十分遗憾。

1992年,蒙著名史学史专家杨翼骧先生的厚爱,使我有机会到南开大学历史系随杨先生攻读博士学位。当时,杨先生已75岁高龄了,为了使我更好地研究朱熹的史学思想,他还专门为我开了一门"中国史学思想史"专业课,使我受益匪浅。回想当时杨先生为我上课的情形,使我深受感动并永难忘怀。在我撰写《朱熹的史学思想》学位论文时,先生提出很高的要求:第一,没有资料不准写;第二,没有心得不许写;第三,他人已经研究很深而自己则无新见者不许写。自然,论文虽经杨先生反复点拨,但是由于我功力太浅,天智不高,尽管已经尽力而为,可是深深感到写成的学位论文离杨先生的要求仍有相当的距离,至今想来十分惭愧。当我答辩时,杨先生又请国内各门学科的著名的专家学者予以严格审查,如哲学史专家方克立教授、张立文教授、黄宣民研究员;史学史专家施丁研究员、瞿林东教授、吴怀祺教授等诸位先生作为我的学位论文审读人;同时聘请著名的宋史专家漆侠教授作为我的论文答辩主席,请哲学史专家刘文英教授、思想史专家刘泽华教授(也是我的副导师)、宋史专家高树林教授与杨先生本人组成论文答辩组,并进行了近两个半小时的严格答辩。虽说这些专家给予我较高的评价,并建议授予我博士学位,但我也深知他们是出于关怀与爱护。在此,我只能对诸位先生说声谢谢!

毕业后,我到上海工作。在教学工作之余,我仍坚持研究朱熹,将这一课题深入研究下去。1998年5月中旬,我将这项成果提请参加中国孔子研究基金会的第一次资助出版评审,蒙评审会诸位先生厚爱而有幸获得通过,列入《中国孔子基金会文库》第一批资助出版。在此也对诸位先生深表谢意!值得一提的是,著名学者刘蔚华先生为使我的成果能列入当年讨论,于4月底专门致电寒舍,要我立刻寄论文到中国孔子基金会,如此才使我的论文能按时呈交而列入讨论范围。这一情谊使我深受感动,在此对刘蔚华先生表示最真挚的谢意!

我在南开大学攻读,曾获当时任历史系主任陈振江先生、副主任朱凤瀚先生的关爱,在此深表谢忱!同门叶振华、乔治忠、姜胜利、牛润珍、任冠文、张秋生、孙卫国诸兄也给予不少帮助,尤其是孙卫国博士,他去韩国参加学术会议时,专门为我复印了不少韩国的有关资料,在此一并感谢!

最后,对曾给予我帮助的美国夏威夷大学哲学系教授成中英博士、国内的陈正夫教授、黄宣民研究员、姜广辉研究员以及挚友巴新生、左东岭、李世英、张晓芒、王晓德、李道湘、李翔海等诸位博士及同学吴长庚教授等诸位先生与友人,表示恳切的谢意!

在此还得补充一句,《朱熹的史学思想》虽然出版了,我仍诚惶诚恐,深知其中定有不少错误与弊病,在此恳望学界诸位同人对此予以批评与帮助,以利我今后对朱熹进行深入的研究。

汤勤福写于沪西南郊宅中
1999 年 3 月 28 日

修订版补记

今天终于将《朱熹的史学思想》一书修改、校对完毕。回首数十年往事，白驹过隙，心绪难以平静。

首先需要说明的是，此次修订再版，实是因为当时《中国孔子基金会文库》第一批资助著作放在齐鲁书社出版，然限于当时客观条件，本书仅印1000册，而且没有在书店上架出售。除基金会赠送学者外，需要者都要向基金会秘书处联系邮购。因而除我购买部分赠送相关学者外，此书大多为作思想史、哲学史研究的学者所拥有，作史学史、宋史研究者则接触不多。此亦为一大憾事。其次是原版的注释放在每章之后，查核极不方便。故很有必要出修订本。再次，当年阅读典籍，许多重要著作（如朱熹文集等）看的都是线装本，故诸版本文字讹夺、本人点校错误亦明显存在。近年来古籍整理获得长足发展，本书参考的许多著作已经出了点校本，因此确有必要依照质量有保证的点校本重新校核一遍。

此次修订，学术观点上不作任何改动，章节也一仍其旧。少量地方补充一些史料，文字作了一些修订，主要工作是重新校对史料。实际上，这一校核工作量是极大的，因为更换了大量典籍的版本，此次仅校对史料就化了近三个月时间，但是我认为这是值得的。

附录一除《朱熹年谱要略》是当年为研究而自己作的年谱外，收入5篇相关论文。其中《朱熹是个"空谈义理"的理学家吗?》一文原是博士论文删节部分，整理后发表在一家刊物上，其中统计表格当有一些价值，现予收入。《朱熹生前主要著述流传考》原来也属博士学位论文,此论文也单独发表过,曾附录于齐鲁书社出版的拙著中。该文实际是解决朱熹著作传入日本的时间问题作参考的,与朱熹史学思想关联不大,因此听从杨先生意见从博士论文中删去了。《有关"朱陈之辩"的几个问题》《朱熹编修〈资治通鉴纲目〉的再探讨》《"道统"之辩:再论"朱陈之辩"》三文,是与一些学界同人商榷相关问题的,对于了解本书有一定参考价值,故也一并收入。

附录二是本书引用的书目,收录本书引用过的典籍及学者们的专著。其实,当时的博士论文不要求写学术研究综述,因此无法体现出撰写论文时参考过的学界成果,故而"引用书目"中未能列出相关学者著作及参考过的大量论文。在此深表歉意,也恳望有关专家予以谅解。

当年评审专家和参与答辩的专家曾对我的博士论文提出许多颇有价值的意见,我在修改时有所吸收。如今这些专家大多已经作古,而我本人也年逾古稀,故趁此书出修订本,完整附录这些专家的评审意见,以示永久纪念。

需要补充的是,《朱熹的史学思想》修订本虽然出版了,但错误与弊病恐亦有之,在此恳望学界同人予以批评与指正。

本书修订过程中,受到湖南大学岳麓书院领导的关心与支持,在此也表示由衷的感谢!

书名由老同学、书法家于林庚先生题签,在此深表谢忱!

汤勤福写于沪西南郊宅中
2021 年 8 月 3 日